ISBN 978-1-332-54448-6
PIBN 10323907

This book is a reproduction of an important historical work. Forgotten Books uses
state-of-the-art technology to digitally reconstruct the work, preserving the original format
whilst repairing imperfections present in the aged copy. In rare cases, an imperfection in
the original, such as a blemish or missing page, may be replicated in our edition. We do,
however, repair the vast majority of imperfections successfully; any imperfections that
remain are intentionally left to preserve the state of such historical works.

1 MONTH OF
FREE
READING

at

www.ForgottenBooks.com

By purchasing this book you are eligible for one month membership to ForgottenBooks.com, giving you unlimited access to our entire collection of over 700,000 titles via our web site and mobile apps.

To claim your free month visit:

www.forgottenbooks.com/free323907

English
Français
Deutsche
Italiano
Español
Português

www.forgottenbooks.com

Mythology Photography **Fiction**
Fishing Christianity **Art** Cooking
Essays Buddhism Freemasonry
Medicine **Biology** Music **Ancient
Egypt** Evolution Carpentry Physics
Dance Geology **Mathematics** Fitness
Shakespeare **Folklore** Yoga Marketing
Confidence Immortality Biographies
Poetry **Psychology** Witchcraft
Electronics Chemistry History **Law**
Accounting **Philosophy** Anthropology
Alchemy Drama Quantum Mechanics
Atheism Sexual Health **Ancient History**
Entrepreneurship Languages Sport
Paleontology Needlework Islam
Metaphysics Investment Archaeology
Parenting Statistics Criminology
Motivational

Geschichte der Religion im Altertum

bis auf Alexander den Großen

von

C. P. Tiele.

Deutsche autorisierte Ausgabe

von

G. Gehrich.

I. Band.

Einleitung. Ägypten. Babel - Assur. Vorderasien.
Bibliographische Anmerkungen.

Gotha.

Friedrich Andreas Perthes.

1896.

Dem Andenken

meiner unvergefslichen Eltern,

des Pastors prim. **Gustav Gehrich**

und seiner Gemahlin **Henriette** geb. **Brandt.**

Der Herausgeber.

Vorrede des Verfassers.

Zu den Talenten, welche mir versagt geblieben sind, gehört dasjenige, Vorreden zu schreiben. Ich neige denn auch sehr zu der Ansicht eines geistvollen Freundes, des verstorbenen Dichters de · Génestet, dafs die meisten Vorreden zu dem Genre des Überflüssigen gehören. Ein Buch, so meinte er, müsse für sich selbst reden. Doch möchte ich gern dem Wunsche des verehrten Bearbeiters meiner „Geschiedenis" entsprechen, der mich um ein Einleitungswort für die deutsche Ausgabe ersuchte. Freudig habe ich sein Unternehmen begrüfst, denn aufserhalb der Niederlande mit ihren Kolonieen und Belgiens ist die Zahl derer, welche Holländisches lesen, naturgemäfs beschränkt. Und was ich von der Übersetzung gesehen habe, giebt mir die Überzeugung, dafs Herr Pastor Gehrich die Aufgabe, welcher er sich mit Liebe unterzog, gewissenhaft, mit grofser Sorgfalt und mit sachkundiger Hand gelöst hat. Er hat sich auch nicht mit der blofsen Übersetzungsarbeit begnügt, sondern das Original ergänzt, wo dies für den deutschen Leser von Belang sein konnte.

Über Anlage und Tendenz dieses Werkes glaubte ich mich in der Einleitung genügend ausgesprochen zu haben. Aber ich habe eingesehen, dafs ich selbst für einen aufserordentlich befähigten und obendrein sehr wohlwollenden und anerkennenden Beurteiler noch nicht deutlich genug gewesen bin. Er meint nämlich, dafs

der Inhalt meines Buches nicht seinem Titel entspreche:
daſs es keine Geschichte der Religion im Altertum,
sondern die Geschichte einiger vorchristlichen Religionen
sei. Ein Wort zur Erklärung und Rechtfertigung ist also
nicht überflüssig. Geschichte der Religion ist nicht eine
nach einem gewissen Prinzip — sei es nun nach der
wechselseitigen Verwandtschaft oder nach dem erreichten
Entwicklungsgrade — geordnete Beschreibung aller Religionen, sondern eine Schilderung der Entwicklung der
Religion, d. h. des religiösen Menschen, in der Geschichte
der Menschheit. Sie geht nicht von einer bestimmten
Voraussetzung aus, wie z. B. der, daſs die Religion von
Periode zu Periode regelmäſsig wachse an Reinheit, Erhabenheit, Vernünftigkeit oder irgendwelchen anderen
Eigenschaften, sondern sie gründet sich auf Wahrnehmung
und Untersuchung des wirklich Geschehenen. Und eine
Geschichte der Religion im Altertum bis auf Alexander
den Groſsen umfaſst natürlich lediglich die Religionen
derjenigen Völker, welche von allen Sachverständigen
zum klassischen Altertum — denn was soll „Altertum"
sonst bedeuten? — gerechnet werden. Wenn man die
Geschichte der Religion nicht konstruieren, sondern beschreiben will, so kann sie allein aus der Geschichte
historisch zusammenhängender Religionen erkannt werden.
Jede historische Religion trägt durch ihre eigenartige,
einseitige Entwicklung zu der allgemeinen Entwicklung
der Religion das Ihrige bei; und die Religionen der
Völker, welche miteinander in Berührung kommen, wirken entweder befruchtend oder — selbst wenn sie sich
bekämpfen — bildend aufeinander ein. Die Entwicklung
der Menschheit geschieht nun einmal auf keine andere
Weise, weder in Religion, noch in Kunst, Wissenschaft,
Staat und Gesellschaft; und wir haben kein Recht dazu,
ein von uns erdachtes Schema, wie geistreich es auch
sein möge, stattdessen einzusetzen.

Man fasse also meinen Titel in demselben Sinne auf,

wie den des grofsen Werkes von Perrot et Chipiez:
„Histoire de l'Art dans l'Antiquité", welches die
Entwicklung der Kunst bei denselben Völkern beschreibt.
Die von mir hier bezüglich der Religionsgeschichte ver-
tretene Auffassung ist durchaus derjenigen gleich, welche
Eduard Meyer seiner „Geschichte des Altertums",
G. Maspéro auf etwas beschränkterem Gebiete seiner
„Histoire ancienne des peuples de l'Orient
classique" zugrunde gelegt, und Curt Wachsmuth in
seinem kürzlich erschienenen Werk „Einleitung in
das Studium der alten Geschichte" anerkannt hat.

Leiden, im März 1895.

Prof. Dr. **C. P. Tiele.**

Vorrede des Herausgebers.

Selbst auf die Gefahr hin, dem eben von dem Herrn Verfasser angezogenen Urteil de Génestet's neues Beweismaterial zu liefern, möchte ich es doch nicht unterlassen, das vorliegende Werk mit einigen Worten in den deutschen Leserkreis einzuführen, soweit dieser noch nicht mit demselben bekannt geworden ist. Mit der Übersetzung und Herausgabe von C. P. Tiele's „Geschiedenis van den godsdienst in de oudheid, Eerste deel, Amsterdam 1893" wünschte ich allen denen einen Dienst zu erweisen, welche sich aus irgendwelchen Gründen mit den Religionen des klassischen Altertums wissenschaftlich zu beschäftigen haben.

Hierbei denke ich nicht nur an Historiker, Archäologen und Religionsphilosophen, sondern vor allem auch an meine engeren Fachgenossen, die Theologen. Freilich zweifle ich nicht einen Augenblick daran, dafs nur wenige die Notwendigkeit solcher Studien für die letzteren zugestehen werden. Das vermag bei mir jedoch nicht die Überzeugung zu erschüttern, dafs der Theologe, welcher niemals vergleichende Studien auf dem Gebiete der Religionsgeschichte getrieben hat, dem wissenschaftlichen Verständnis des Christentums ebensowenig gerecht zu werden vermag, als der Mediziner, welcher die Anatomie und Physiologie der Wirbeltiere nicht kennt, den menschlichen Organismus wissenschaftlich zu begreifen und zu würdigen imstande ist. „Begriffe ohne An-

schauungen sind leer" — dieses oft citierte Wort Kant's
gilt nicht nur für den niederen, sondern auch für den
höheren und höchsten Unterricht. Die sogenannten Prolegomena zur Dogmatik oder die dogmatisch-ethische
Prinzipienlehre und besonders die Religionsphilosophie
arbeiten mit einer Fülle von allgemeinen Begriffen,
deren Kenntnis und Anwendung zwar überall zu der
normalen theologischen Bildung gerechnet wird, trotzdem aber völlig wertlos bleibt, wenn jene nicht von
ihrem Besitzer wenigstens teilweise durch einen selbständigen Abstraktionsprozeſs von der geschichtlichen
Wirklichkeit gewonnen sind. Und je breiter die kon-
krete Grundlage ist, auf welcher dieser Abstraktionsprozeſs
sich vollzieht, um so sicherer führt er zu wirklicher,
wissenschaftlicher Erkenntnis.

Aus diesem Grunde ist es unumgänglich, daſs jeder,
welcher zu einem wissenschaftlichen Verständnis christlichen Glaubens und Lebens gelangen will, auſser der
israelitischen mindestens noch eine oder zwei der bedeutenderen historischen Religionen in ihrer Entwicklung etwas
genauer kennen lernt. Erst durch das Studium fremder
Religionen schärft sich das Auge für die spezifische
Eigentümlichkeit und den ewigen Inhalt der eigenen —
nur so lernt man es, auch in dieser objektiv und pie-
tätvoll die unvergängliche Wahrheit von dem vergäng-
lichen Gleichnis zu scheiden. So tritt die vergleichende
Religionsgeschichte für das theologische Studium als
Schwesterdisziplin neben die christliche Dogmen-
geschichte, ähnlich wie auf dem Gebiete der Natur-
wissenschaft die Phylogenie neben die Ontogenie.

Gleichwohl findet bislang die Religionsgeschichte in
dem Lektionsplan der deutschen Universitäten nicht die
verdiente Berücksichtigung. Auſser Prof. v. R o t h in
Tübingen und Prof. D u h m (jetzt in Basel), welcher sie
früher einmal, wenn ich nicht irre, in Göttingen vortrug,
ist mir wenigstens niemand bekannt geworden, der die

Geschichte der nichtchristlichen Religionen zusammenfassend in einer besonderen akademischen Vorlesung
behandelt hätte. Litterarisch wird sie bei uns meist in
Verbindung mit der allgemeinen Geschichte oder in
monographischer Form von Historikern, Orientalisten,
klassischen Philologen und Ethnologen — weit seltener
von Theologen — gepflegt, und zwar vielfach in einer
der deutschen Wissenschaft durchaus würdigen Weise.
Ich erinnere nur an die Verdienste Eduard Meyer's
um unsere Disziplin. Aber es fehlt an zusammen-
hängenden Darstellungen; das z. Z. brauchbarste Handbuch in deutscher Sprache über das Gesamtgebiet
stammt aus der Feder eines Ausländers: P. D. Chantepie de la Saussaye, Lehrbuch der Religionsgeschichte, 2 Bde, Freiburg i. B. 1887—89. Unter
den theologischen Universitätslehrern hat m. W. nur
Hermann Schultz in Göttingen die Grundzüge der
Hierographie seiner Fachwissenschaft organisch ein-
gegliedert; und zwar schon seit längerer Zeit in seinen
regelmäfsigen Vorlesungen über die Apologie des Christentums, deren Hauptgedanken kürzlich auch durch den
Druck veröffentlicht sind (Grundrifs der Apologetik.
Zum Gebrauche bei akademischen Vorlesungen. VI,
126 S. gr. 8. Göttingen 1894 [1])). Ähnlich — wennschon
nicht mit der gleichen Ausführlichkeit — scheint Otto
Pfleiderer in Berlin bei seinen Vorlesungen über syste-
matische Theologie zu verfahren, welche ich jedoch
nicht aus eigner Anschauung kenne; ich schliefse es nur
aus den §§ 19—29 seines „Grundrisses der christlichen
Glaubens- und Sittenlehre" (4. Aufl. Berlin 1888).

Ob es nun der vergleichenden Religionswissenschaft
im Laufe der nächsten Zeit gelingen wird, sich auch in
Deutschland den ihr gebührenden Platz in dem Kreise der

[1) Die Bezeichnung des 2. Hauptteils (S. 44—77) als „Religion-
philosophie" ist m. E. nicht ganz zutreffend.

akademischen Disziplinen zu erringen, bleibt abzuwarten.
Die moderne Hyperorthodoxie wenigstens würde sich
wohl kaum dazu aufschwingen können, in ihr mehr als
ein überflüssiges Anhängsel und einen gefährlichen Sauer-
teig des theologischen Studiums zu erblicken. Die genetische und die komparative Methode, die beiden Haupt-
faktoren wissenschaftlicher Erkenntnis, erscheinen ihr meist
in gleicher Weise verdächtig und verwerflich. Und nicht
jeder Theologe ist dazu befähigt, zwischen der rein em-
pirisch - kausalen Betrachtungsweise der Wissenschaft,
welche das vorliegende Buch vertritt, und der ethisch-
teleologischen Betrachtungsweise des christlichen Glaubens so zu unterscheiden, wie es die Sache erfordert.
Wie der Mensch ein Sohn der Erde und des Himmels
zugleich ist, so trägt auch seine Religion ein doppeltes
Antlitz: ein göttliches und ein menschliches. Jenes
schauen wir im Glauben, dieses zeigt uns die Wissenschaft — darf man dem, welcher das zweite schildert,
ohne weiteres vorwerfen, daſs er das erste nicht kenne
und liebe?

Bei der Herausgabe meiner deutschen Bearbeitung
des vorliegenden Tieleschen Werkes, dessen Bedeutung
namentlich von Albert Réville in der „Revue de
l'Histoire des Religions" und Karl Furrer im „Theologischen Jahresbericht" hervorgehoben ist, war es mir
lediglich darum zu thun, Studien in der oben bezeichneten Richtung zu fördern und anzuregen. Der Herr
Verfasser ist meinem Anerbieten in der liebenswürdigsten
Weise entgegengekommen und hat mich auch brieflich
mannigfach mit seinem Rat unterstützt, wofür ich mich
ihm zu besonderem Dank verpflichtet fühle. Ich halte
meine Übersetzung nicht für vollkommen und weiſs sehr
gut, daſs sich mancher Satz im Deutschen noch besser
stilisieren lieſse — aber dann hätte ich häufiger Um-
formungen einzelner Perioden vornehmen müssen, und
das wollte ich im Interesse der Treue meiner Übersetzung

thunlichst vermeiden, da diese Eigenschaft m. E. zumal
bei der Wiedergabe eines wissenschaftlichen Werkes unbedingt in erster Linie zu erstreben ist. Einige Versehen
und Druckfehler, welche sich trotz aller Sorgfalt ein-
geschlichen haben, werde ich in einem Verzeichnis be-
richtigen, welches ich der binnen kurzer Zeit nachfolgenden Zweiten Hälfte des 1. Bandes beizugeben gedenke.
Diese, die Geschichte der Religion in Vorderasien um-
fassend, wird auch eine Übersicht über die wichtigste
Litteratur zum Studium der bisher behandelten Religionen
bringen, welche ich durch die Hinzufügung der deutschen
Übersetzungen fremdsprachlicher Werke und der hauptsächlichsten neueren Erscheinungen vermehrt habe. Der
2. Band, über dessen Inhalt die „Einleitung" S. 12 Auf-
schluſs giebt, wird zur Ausgabe gelangen, sobald das
niederländische Original vollendet ist.

Der Verlagsbuchhandluug von Friedrich Andreas
Perthes in Gotha statte ich auch an dieser Stelle für
die bereitwillige Förderung und die ansprechende Aus-
stattung, welche sie meiner Arbeit zuteil werden liefs,
meinen verbindlichsten Dank ab. Den Namen meines
treuesten Studienfreundes, dessen helle Augen mich bei
der Korrektur der Druckbogen freundlich unterstützt
haben, verschweige ich hier — aber nicht aus Undank-
barkeit.

Hannover, im März 1895.

Pastor **Georg Gehrich.**

Der nunmehr nachfolgenden Zweiten Hälfte des I. Bandes, welche die Geschichte der Religion in Vorderasien enthält, habe ich nur Weniges hinzuzufügen. Sie ist nach denselben Grundsätzen bearbeitet, wie die erste. Bei der Lektüre der Paragraphen, welche von der israelitischen Religion handeln, darf nicht aufser Acht gelassen werden, was der Verfasser selbst an verschiedenen Stellen geflissentlich betont hat: nämlich einmal, dafs es sich in dem Zusammenhange dieses Werkes nicht um eine eigentliche Darstellung der Geschichte dieser Religion, sondern nur um eine Skizze ihrer geschichtlichen Genesis mit besonderer Berücksichtigung ihrer wechselnden Beziehungen zu den Nachbarreligionen handeln kann (S. 221. 224. 290 f.) — und sodann, dafs eine Würdigung der Religion Israels vom Standpunkte des christlichen Glaubens aus hier nicht nur nicht beabsichtigt, sondern durch den Charakter der vergleichenden Religionswissenschaft direkt ausgeschlossen ist (S. 367. 368 vgl. S. 4 f.). Denn diese kennt keinerlei religiöse, sondern lediglich anthropologische Prämissen, wie die allgemeine Geschichte (vgl. z. B. die bündige Zusammenfassung derselben bei E d. M e y e r, Geschichte des Alterthums, Bd. I, § 1—10). Ich fühle mich veranlafst, diese für jeden Sachkundigen selbstverständliche Thatsache ausdrücklich hervorzuheben, um die allgemeine Position des Verfassers vor Mifsverständnissen seitens minder informierter Leser nach Möglichkeit zu schützen.

Die bibliographischen Anmerkungen am Schlusse dieses Bandes werden für manche eine willkommene

Zugabe sein. Ich habe sie in zweckentsprechender Weise
und innerhalb bestimmter Grenzen fortzuführen und zu
vermehren gesucht, wobei ich mich in einzelnen Fällen
mit dem Herrn Verfasser besonders verständigte und
seiner gütigen Unterstützung erfreuen durfte. Doch
konnte die seit 1893 erschienene Litteratur im Texte
selbst nicht mehr berücksichtigt werden. Für die mit
einem Asteriskus bezeichneten Zusätze ist der Herausgeber verantwortlich.

Eine einheitliche Transscription habe ich wenigstens
angestrebt, freilich in dem Bewußtsein, daß Vollkommen-
heit auch auf diesem Gebiete ein unerreichbares Ideal
bleibt. Aussprachebezeichnungen sind häufig nur anfangs
gesetzt und bei späterer Wiederkehr desselben Wortes
weggelassen, um den Druck nicht noch mehr zu erschweren. Einige Versehen und Druckfehler, welche
mir nachträglich auffielen, habe ich in einem besonderen
kleinen Verzeichnisse berichtigt. Band II, welcher die
Geschichte der Religion bei den iranischen Völkern
behandeln wird, befindet sich in Vorbereitung.

Hannover, Weihnachten 1895.

Pastor **Georg Gehrich.**

Inhalt.

Erstes Buch.
Die Religion in Agypten.

Erstes Kapitel.
Einleitung.

Zweites Kapitel.
Die Religion in der Memphitischen Periode.
(Das Alte Reich.)

Drittes Kapitel.
Die Religion in der ersten Thebanischen Periode.
(Das Mittelreich.)

Viertes Kapitel.
Die Religion in der assyrischen Epoche.

Fünftes Kapitel.
Die Religion in dem neubabylonischen Reiche.

Sechstes Kapitel.
Charakteristik und Beurteilung der babylonisch-assyrischen Religion.

Drittes Buch.
Die Religion in Vorderasien.

Erstes Kapitel.
Einleitung.

Zweites Kapitel.
Das Gemeinschaftliche in den Religionen Vorderasiens.

Seite

Bibliographische Anmerkungen.

Einleitung.

Erstes Buch.
Ägypten.

Zweites Buch.

Babel-Assur.

Drittes Buch.

Vorderasien.

1. Begriff der Religionsgeschichte.

Religion nennt man im allgemeinen Sinne des Wortes die Beziehung zwischen dem Menschen und den übermenschlichen Mächten, an welche er glaubt und von welchen er sich abhängig fühlt. Diese Definition begrenzt lediglich den Gegenstand unserer historischen Untersuchung und ist keine philosophische; was das Wesen der Religion ist, muſs als Resultat der historischen wie der psychologischen Untersuchung durch die Philosophie bestimmt werden. Wenn wir von übermenschlichen und nicht von übersinnlichen Mächten sprechen, so geschieht dies mit Vorbedacht. Auch sinnlich wahrnehmbare Mächte, sichtbare Götter werden in vielen Religionen angebetet, aber übermenschlich sind sie immer, wenn nicht stets in Wirklichkeit, so doch in der Schätzung ihrer Verehrer.

Unter Religionen versteht man die Weisen der Gottesverehrung, wie sie verschiedenen Stämmen, Nationen oder solchen Vereinigungen eigentümlich sind, welche sich auf einen ihren Mitgliedern gemeinschaftlichen Glauben gründen. Es ist ein Miſsverständnis, wenn man manchen Volksreligionen die Einheit abspricht und behauptet, man dürfe z. B. nicht von der griechischen, der römischen, der ägyptischen Religion, sondern nur von griechischen, römischen und ägyptischen Religionen reden. Wir reden davon mit demselben Recht, wie von der griechischen Sprache, wenn wir auch wissen, dafs ihre Dialekte sehr verschieden waren und ihre Formen in den einzelnen Perioden ihrer Entwicklung nicht dieselben sind. Und ebenso wenig darf man wegen der Verschiedenheit der lokalen und provinzialen Kulte und wegen der Veränderungen, welche sie im Laufe der Zeit erlitten, die wirkliche Einheit der erwähnten und anderer Religionen verkennen.

Das Wort Geschichte hat eine doppelte Bedeutung. Ebenso wie das griechische ἱστορια, dessen Übersetzung es ist, wird es gebraucht sowohl für die beschreibende Untersuchung wie für die zusammenhängende Erzählung von Ereignissen oder eines Entwicklungsganges. So spricht man wohl von einer allgemeinen Geschichte der Religionen, in demselben Sinne, in welchem man von Naturgeschichte spricht, und meint dann eine nach einer gewissen Ordnung angelegte Beschreibung und Charakteristik aller bekannten Religionen, auch derjenigen, deren eigentliche Geschichte im Dunkel liegt. Dies ist die Hierographie im engeren Sinne, die beschreibende und vergleichende, welche jedoch nicht den Gegenstand dieser Schrift bildet [1]).

Aber die Hierographic umfafst auch die eigentliche Geschichte der Religion, und mit dieser wollen wir uns jetzt beschäftigen, wenigstens soweit sie das Altertum betrifft. Sie ist noch etwas anderes als eine Sammlung von historischen Beschreibungen der Religionen, welche die Entwicklung des religiösen Glaubens beeinflufst haben, wäre dieselbe auch rein chronologisch und nicht ethnologisch oder morphologisch angeordnet. Um ihrem Namen vollkommen zu entsprechen, müfste

---

[1]) Sollte ich Zeit und Gelegenheit dazu finden, so hoffe ich später einen Abrifs oder eine Einleitung zu dieser beschreibenden und vergleichenden Hierographie geben zu können. Mehr als einmal behandelte ich sie für meine Zuhörer; an Baumaterialien fehlt es mir also nicht.

sie nicht nach den Völkern, sondern nach den großen
historischen Perioden eingeteilt sein. In der ersten Periode
würde dann die Geschichte der Religion in Ägypten
während des Alten und des Mittel-Reiches und in Babylonien vor der Stiftung des assyrischen Reiches erzählt
werden müssen. Die Geschichte der Religion in der
zweiten Periode würde sich mit derjenigen Ägyptens
während des Neuen Reiches bis zum Sturze der Ramessiden, Babels und Assurs bis zum Regierungsantritt
Tiglatpilesars III., Israels bis zum Exil, der Hellenen in
der pelasgischen, achäischen und homerischen Epoche,
der vedischen, alt-zarathustrischen und einigen gleich-
zeitigen in West- und Kleinasien zu beschäftigen haben
u. s. w. Aber zu diesem Zwecke müßten unsere Quellen
reichlicher fließen, und die Chronologie gesicherter sein.
Auch würde man jedesmal in der Beschreibung der Entwicklung der einzelnen Religion abbrechen müssen und
dadurch sowohl den Überblick erschweren wie Verwirrung verursachen. Auch hier thut man also am besten,
die Geschichte jeder Religion für sich und im Zusammenhange zu behandeln und die Religionen dann in der
Zeitfolge zu gruppieren, in welcher sie in der Geschichte
auftreten. Nur sei man darauf bedacht, beständig auf
ihren Zusammenhang und ihre Verwandtschaft, auf ihre
historischen Beziehungen, auf den Einfluß, welchen sie
aufeinander ausüben, und was sie voneinander übernehmen, auf ihre Vermischung und ihren Kampf, und
vor allem auch auf die Vergangenheit, in welcher sie
wurzeln, hinzuweisen. Auf diese Weise giebt selbst solch
eine Geschichte der Religionen eine Vorstellung von der
Entwicklung des religiösen Gedankens und Sinnes in
der Weltgeschichte und wird sie in der That zu einer
Geschichte der Religion [1]).

---

1) Vgl. dazu meine Ausführungen in der Encycl. Brit. Vol. XX,
p. 370 f. Art. Religions.

2. Methode der Religionsgeschichte.

Es versteht sich von selbst, dafs für diese historische
Untersuchung keine andere Methode gelten kann als für
jede andere. Sie mufs von gewissenhaftem und sach-
kundigem Quellenstudium ausgehen und darf nichts als
sicher betrachten, was nicht durch die Quellen bestätigt
wird. Natürlich kann man nicht von jedem Bearbeiter der
Hierographie fordern, dafs er für jede Religion, welche
er kennen lernen will, jene grofsenteils philologische
Untersuchung selbst anstelle. Selbst der begabteste
Geist würde dazu nicht imstande, und das längste Men-
schenleben nicht ausreichend sein, um sich auch nur
die hierzu erforderliche Sprachkenntnis zu erwerben.
Auf einem so ausgebreiteten Gebiete wie diesem ist
Teilung der Arbeit dringend notwendig. Einen gröfseren
oder kleineren Teil des Gebietes mufs jeder Hierograph
gänzlich beherrschen; für das Übrige mache er ver-
ständigen Gebrauch von der wissenschaftlichen Arbeit
anderer. Wo aber diese Arbeit noch nicht oder nicht
streng methodisch vollbracht ist, oder die Anhaltspunkte
fehlen, hüte er sich vor Schlüssen, die durch nichts gerechtfertigt werden, und vor Urteilen, welche auf keiner
soliden Grundlage ruhen.

Hypothesen, wenn wissenschaftlich gerechtfertigt, mögen zur Ausfüllung von Lücken und zur Erklärung von
Erscheinungen dienen, aber es darf niemals auf ihnen
fortgebaut werden, als ob sie bewiesene Thatsachen wären,
und sie dürfen auch nicht mit den Thatsachen im Widerspruch stehen. Da jedoch Geschichte etwas mehr sein
mufs als eine dürre Chronik, und es sich auch hier, wie
in jeder anderen Geschichte, darum handelt, die Vergangenheit wieder zu beleben und, soweit das möglich ist,
zu begreifen, können solche Hypothesen hier ebenso wenig
als in jeder anderen Wissenschaft entbehrt werden [1]).

---

1) Vgl. hierüber Maurice Vernes, L'Histoire des religions,

3. Die Entwicklungshypothese.

Da die einzig wissenschaftliche historische Methode
die genetische ist, welche die pragmatische verdrängt
hat, so muſs auch die Religionsgeschichte, wenn sie ihren
wissenschaftlichen Charakter nicht einbüſsen soll, von
der Entwicklungshypothese ausgehen. Diese Hypothese
besagt, daſs alle Veränderungen und Reformen in den
Religionen, sie mögen nach subjektiver Auffassung als
Entartung oder als Fortschritt zu bezeichnen sein, die
Folge natürlichen Wachstums sind und hierdurch am
besten erklärt werden. Die Religionsgeschichte zeigt,
wie die Entwicklung sowohl durch den Charakter der
Völker und Völkerfamilien, wie durch den Einfluſs der
Verhältnisse, in denen sie leben, und einzelner Personen
bestimmt wird und an welche Bedingungen sie geknüpft ist.

Die Entwicklungshypothese läſst unentschieden, ob
alle Religionen die Schöſslinge einer einzigen prähistorischen Religion, oder ob die verschiedenen Religions-
familien, wie die semitische, die ario-europäische und
andere, aus ebenso vielen, nur ideell verwandten, aber
selbständig entstandenen Religionen entsprossen sind;
eine Frage, welche auf Grund vergleichender Untersuchung durch die Philosophie zu beantworten ist. Sie
ist am allerwenigsten ein philosophisches Postulat, nach
welchem sich die Thatsachen richten müſsten, sondern
gerade eine Frucht der historischen Untersuchung selbst,
denn ihr einziger Grund ist die Wahrnehmung von Er-

---

sa méthode et ses divisions etc. Paris, Leroux 1887, und dagegen
meine Arbeit „Tweeërlei godsdienstgeschidenis“, Theol. Tijds. XXI,
1877, blz. 253 vgg.; ferner Goblet d'Alviella, Introduction à
l'histoire des religions, Brux. et Par. 1887, besonders Leçon
d'ouverture, a. a. O. p. 1 ff. und Réponse à quelques objections, a. a. O.
p. 135. Für die Methode der Geschichte im allgemeinen ziehe man das
tüchtige Werk von Ernst Bernheim, Lehrbuch der historischen
Methode, Leipzig 1889, 2. Aufl. 1894, zurate.

scheinungen, welche sie allein genügend zu erklären vermag. Ohne sie kann die Wissenschaft keinen Schritt
vorwärts thun.

Um Mifsverständnisse zu vermeiden, soll ausdrücklich hervorgehoben werden, dafs die Annahme einer
Entwicklung auch auf diesem Gebiet weder den Glauben
an die göttliche Wirksamkeit noch die Anerkennung der
Macht der Persönlichkeit, d. h. hier den Einflufs von
Religionsstiftern, Reformatoren, Propheten u. dgl., ausschliefst. Denn für den religiösen Menschen hat auch
alle Entwicklung ihren tiefsten Grund in Gott, und der
Einflufs frommer und hochbegabter Charaktere ist das
kräftigste Mittel zu ihrer Beförderung ¹).

4. Animistische Rudimente in den historischen Religionen.

Eine andere Hypothese, die gleichwohl mit der Entwicklungshypothese sehr nahe verwandt und für das
rechte Verständnis unserer Geschichte gleich unentbehr-

---

1) Im Jahre 1874 habe ich über diese Fragen einen litterarischen
Streit mit Prof. Doedes und im Jahre 1875 mit Prof. Pfleiderer aus-
gefochten. Vgl. J. J. Doedes, De toepassing van de ont-
wikkelingstheorie niet aan te bevelen voor de Geschiedenis der Godsdiensten. Utr. 1874. Dagegen C. P. Tiele, „De
Ontwikkelingsgeschiedenis van den godsdienst en de hypotheze waarvan
zij uitgaat" in De Gids, 1874, Nr. 6, worauf Doedes antwortete in
seinem „Over de ontwikkelingshypotheze in verband met de Geschiedenis
der godsdiensten" in Stemmen voor waarheid en vrede, 1874.
Siehe ferner O. Pfleiderer, „Zur Frage nach Anfang und Entwicklung der Religion" in Jahrbb. für prot. Theol., 1875 Heft 1.
Dagegen C. P. Tiele, „Over den aanvang en de ontwikkeling van den
godsdienst. Een verweerschrift", in Theol. Tijds. 1875, blz. 170 vgg.
Über die Gesetze, welche die religiöse Entwicklung beherrschen,
oder wie ich jetzt lieber sagen würde, über die Bedingungen, an welche
sie geknüpft ist, schrieb ich Theol. Tijds. 1874, blz. 225 vgg. Verkürzte
französische Übersetzung von M. Vernes in der Revue politique et
littéraire, 12 août 1876.

lich ist, ist diese, - dafs eine Anzahl von Vorstellungen und Gebräuchen, Eigentümlichkeiten der Lehre und des Kultus in den historischen Religionen der zivilisierten Völker, welche mit den höheren Begriffen, die man in ihnen antrifft, wenig übereinstimmen, nichts anderes sind als Rudimente tieferstehender Religionsformen, wie sie jetzt noch bei den Naturvölkern herrschen und in animistischen Anschauungen ihre Erklärung finden.

Der Animismus ist nicht selbst eine Religion, sondern eine Art von primitiver Philosophie, welche nicht allein die Religion, sondern das ganze Leben des Naturmenschen beherrscht. Er ist der Glaube an die Existenz von Seelen oder Geistern, von welchen allein die mächtigen, solche, von denen der Mensch sich abhängig fühlt und vor denen er sich fürchtet, den Rang göttlicher Wesen einnehmen und als solche angebetet werden. Man stellt sich diese Geister vor als frei auf Erden und in der Luft umgehend und, sei es aus eigenem Antriebe, sei es durch Zaubermacht beschworen und also gezwungen, den Menschen erscheinend.

Diese Vorstellung, welche die eine Seite des Animismus darstellt, nennt man am besten Spiritismus. Aber die Geister können auch zeitweilig oder für immer in einem oder dem anderen lebenden oder leblosen Objekte Wohnung nehmen; und dann wird dieses Objekt, als mit höherer Macht begabt, verehrt oder zur Beschirmung von Personen und Gemeinschaften verwendet. Für diese Seite des Animismus gebraucht man das nach dem portugiesischen feitiço gebildete Wort Fetischismus [1].

---

1) Feitiço, wie die Portugiesen die Gegenstände nannten, welchen die Neger eine wunderbare Kraft zuschrieben, wurde von de Brosses unrichtig mit fatum, chose fée in Verbindung gebracht und kommt, wie Tylor mit Recht bemerkt hat, von dem mittelalterlich-lateinischen factitius, „mit Zauberkraft begabt", her, welches im Altfranzösischen faitis, im Altenglischen fetys lautete und die Bedeutung „nett, wohlgebildet" bekommen hat. Vgl. den Doppelsinn unseres deutschen Wortes „bezaubernd".

Einige meinen, dafs der Fetischismus, als Verehrung
durch einen Geist beseelter Objekte, dem Spiritismus,
als Verehrung frei sich bewegender Geister, voraufgegangen sei, ehe beide zum Animismus verschmolzen.
Dies ist jetzt nicht mehr zu konstatieren, denn in der
Geschichte und bei den jetzt noch auf animistischem
Standpunkte befindlichen Völkern kommen sie immer
verbunden vor, obschon hier dieser, dort jener überwiegt.
Andere sind der Ansicht, dafs neben den animistischen
Rudimenten in den historischen Religionen noch Spuren
einer älteren Anschauung zu entdecken seien, des Naturismus, der Verehrung von Naturgegenständen und
Naturerscheinungen als lebendiger und mächtiger Wesen,
von denen der Mensch sich abhängig fühlt. So würde
dann, wie sich der Polytheismus aus dem Polydämonismus entwickelte, dem Polydämonismus das voraufgegangen
sein, was man etwa Polyzoïsmus nennen könnte. Diese
Meinung, obgleich nicht unwahrscheinlich und deshalb
nicht ohne weiteres zu verwerfen, ist ebenfalls noch nicht
überzeugend bewiesen.

Wir werden sehen, ob in den Religionen, mit deren
Geschichte wir uns beschäftigen, wirklich Erscheinungen
auftreten, welche, ohne mit dem Entwicklungsstadium
übereinzustimmen, in welchem die ersteren sich befinden,
ebenso wenig aus dem Animismus, sondern allein aus
dem Naturismus erklärt werden können.

Unsere Hypothese ist eine rein historische. Sie läfst
unentschieden, ob es einmal eine Zeit gegeben hat, in
welcher die animistische Anschauung schlechthin allgemein war, und ob dieser nicht noch ein anderes Entwicklungsstadium voraufgegangen ist; sie behauptet auch
nicht, dafs alle, selbst die höher entwickelten Religionen,
von derselben Art und von demselben Geist gewesen
sein müfsten, wie jetzt noch die der unkultivierten und
barbarischen Völker — Probleme, welche mehr in die prähistorische Anthropologie und in die Philosophie als in

die Geschichte gehören. Sie gründet sich auf Beobachtung und Vergleichung. In den Religionen, deren Geschichte am höchsten hinaufreicht, wie der ägyptischen,
der altchaldäischen, der chinesischen, mehr noch als in
den erst später entwickelten, und bei allen am meisten
in den ältesten Perioden und dann wieder in denen des
Verfalls, findet man magische Vorstellungen und Riten
von so ausgeprägt animistischem Charakter, dafs man es
nicht unterlassen kann, sie mit ähnlichen Einbildungen
und Gebräuchen zu vergleichen, wie sie in den Religionen der halb- und nichtzivilisierten Völker vorkommen
und dort mit dem Standpunkt, auf dem diese Religionen
sich noch befinden, völlig harmonieren. Hieraus zog
man die durchaus gerechtfertigte Schlufsfolgerung, dafs
jene Erscheinungen in den höher stehenden Religionen
Rudimente, Überbleibsel (s u r v i v a l s) aus einer früheren
Epoche ihrer Entwicklung seien — zu tief gewurzelt, um
sich durch die Macht rationellerer Vorstellungen gänzlich ausrotten zu lassen, und sich kräftig wieder hervor-
drängend, sobald die Religionen in Verfall gerieten, mit
andern Worten: sobald die Gebildeten sich von ihnen
abwendeten.

Keineswegs jedoch behaupten wir, dafs die noch
lebenden Religionen der unkultivierten Völker ein ge-
treues Bild davon gäben, was die Religionen der Ägypter,
der Babylonier, der Griechen oder anderer Kulturvölker
einmal gewesen sein müfsten. Können wir doch die jetzt
noch bestehenden, vom Animismus beherrschten Religionen nur als Ruinen betrachten. Die einseitige Entwicklung der unkultivierten Rassen, eine Folge ihrer
Isolierung, hat ihren Glauben an Zaubermacht und Wunder-
wirkungen stets zunehmen und allerlei Formen des Aberglaubens, allerlei Zauberpraktiken und Fetische entstehen
lassen, welche früheren Zeiten sicherlich unbekannt waren.
Obendrein haben diese Religionen sich selbst überlebt
und sind dadurch gebrechlicher und lückenhafter, bis-

weilen auch wüster und roher geworden. In dem Maſse, in welchem .die niederen Fetische sich vervielfältigten, traten die höheren Mächte mehr in den Hintergrund, wenigstens im Kultus. Ein merkwürdiges Beispiel dafür liefern die polynesischen Völker. Auf den Inselgruppen, welche am dichtesten bei dem Punkte liegen, von welchem aus die Stämme sich über den Archipel ausbreiteten, sind die höheren göttlichen Wesen noch viel zahlreicher, mächtiger und geehrter als auf denen, welche von jenem Punkte am weitesten entfernt sind. Die Neuseeländer verehren fast nichts anderes mehr, als die Geister oder die Seelen der Abgeschiedenen, obgleich ihre Sagen beweisen, daſs sie die höheren Götter ihrer Rasse sehr wohl kennen.

Doch wird man gut daran thun, zum besseren Ver- ständnis der historischen Religionen eine oder mehrere der animistischen kennen zu lernen. Besonders eigenen sich dazu die Religionen der Ureinwohner Amerikas, weil in dieser Gruppe der religiöse Animismus sich auf jeder Stufe der Entwicklung zeigt. Alle diese Religionen, auſser denjenigen der Hyperboreer und der Feuerländer, weisen denselben Grundcharakter auf und haben gewisse eigenartige Gebräuche und Einrichtungen miteinander gemein; aber was ihre religiöse Entwicklung anlangt, findet man bei ihnen die reichste Abstufung. Zwischen der Kultur und Religion der Shoshoni und Comanche in Nord-, der Pampas-Indianer, Botokuden, Ottomaken und brasilianischen Wilden in Südamerika einerseits und derjenigen der Azteken in Mexiko, der Maya-Völker, der peruanischen Incas anderseits ist ein himmelweiter Unterschied, und doch scheinen sie wohl alle miteinander verwandt zu sein [1]). Eine Beschreibung der animistischen Religionen würde hier nicht am Platze sein; wir müssen

---

1) Vgl. A. Réville, Les Religions des peuples noncivilisés I, p. 208—211.

dafür auf andere Werke verweisen [1]). Nur das ist hier
zu bemerken, dafs die vom Animismus beherrschten Religionen charakterisiert werden durch eine bunte, ver-
worrene, schwankende Lehre, einen ungeordneten Polydämonismus, welcher gleichwohl den Glauben an einen
höchsten Geist nicht ausschliefst, und endlich durch
Zauberei und Wahrsagerei (Magie und Mantik).

5. Begrenzung und Plan dieser Geschichte.

Aus unserer Auffassung von der Aufgabe der Religionsgeschichte, wie sie bereits dargelegt wurde, folgt
ohne weiteres, dafs Fragen, wie die nach dem Ursprung
der Religion und ihren vermutlich ältesten Formen, also
Probleme, welche sich auf prähistorische Zustände beziehen, als solche aufserhalb unserer Betrachtung liegen.
Unsere Geschichte beginnt nicht eher, bevor die wirkliche Geschichte beginnt, das heifst da, wo historische
Urkunden und Denkmäler reden, oder eine wohlverbürgte
Überlieferung die Probe der Kritik bestehen kann. Nur
wenn in einer Religion selbst die unverkennbaren Spuren
einer früheren Epoche zu finden sind, oder die Vergleichung zweier bezw. mehrerer selbständiger, jedoch
verwandter Religionen dazu berechtigt, solch eine Epoche
zu mutmafsen, werden wir davor die Augen nicht schliefsen.
Allerdings werden wir uns dabei auf das Allersicherste
beschränken. Wir können auch nicht gänzlich schweigen
von Religionen, deren Geschichte so gut wie völlig unbekannt ist, die aber in einem oder dem anderen Zeitpunkte
mit einer der grofsen historischen Religionen in Berührung gekommen sind und sie beeinflufst haben. Bei der
Behandlung der verschiedenen Religionen halten wir uns
an die chronologische Folge, in welcher sie auf der
Bühne der Weltgeschichte aufgetreten sind.

---

1) Die wichtigsten Werke, welche von diesen Religionen im allgemeinen und von einzelnen derselben im besonderen eine gute Vorstellung geben können, werden wir in der Bibliographie nennen.

Beginnen wir mit der ältesten Geschichte, dann versteht sich von selbst, dafs entweder die ägyptische oder die altbabylonische Religion den Vortritt haben mufs.; es kann sich nur um die Frage handeln, welche von diesen beiden. Eine Rolle in der Weltgeschichte hat Babel sicherlich um viele Jahrhunderte früher als Ägypten gespielt, wenn auch beider Spezialgeschichte ungefähr gleich weit zurückreicht. Dennoch stellen wir die ägyptische Religion voran. Als Religion ist sie in der That altertümlicher, und sie hat eher den Höhepunkt ihrer Entwicklung erreicht, wie die babylonische; dazu kommt, dafs letztere schwerlich durch die ägyptische von den jüngeren semitischen Religionen geschieden werden kann, mit denen sie so eng zusammenhängt. Nach den gröfstenteils semitischen Religionen Westasiens mufs, als Erbe der Weltherrschaft, Persien in Betracht kommen. Aber die zarathustrische Religion ist ohne eine Vergleichung mit der naheverwandten vedischen nicht zu begreifen. Wir lassen daher auf die semitischen Religionen des Altertums erst die indopersische oder ostarische, dann die altiranische oder zarathustrische folgen und wenden uns danach über Kleinasien nach Griechenland und Italien.

Vorläufig beschränken wir uns auf diese, also auf die Religionsgeschichte des Altertums. Die innere Entwicklung, die Ausbreitung und der Ringkampf der drei sogenannten Weltreligionen, des Buddhismus, des Christentums und des Islâm, welche den Inhalt der neueren Geschichte der Religion bilden, liegen noch aufserhalb unseres Planes [1]).

---

1) Sollte ich mich jemals an die Abfassung einer Übersicht der neueren Religionsgeschichte wagen, so würde das nur unter Mitwirkung anderer geschehen können. Ich bin nicht in der Lage, auch aus dieser ein Spezialstudium machen zu können, und nicht geneigt, eine blofse Kompilation aus den Werken anderer zu liefern.

Der Buddhismus greift erst nach Alexander in die Entwicklungsgeschichte der Religion ein und gehört zudem mit gröfserem Recht in die ostasiatische Entwicklungsreihe.

Ob wir die synkretistische Periode, welche die Entstehung des Christentums einschliefst und den Übergang
von der Antike zu einem neuen Weltalter bildet, eine
der interessantesten Partieen unserer Geschichte, auch
noch werden besprechen können, mufs die Zukunft lehren.
Jedenfalls mufs diese als ein Ganzes beschrieben werden
und deshalb erst, nachdem die Geschichte der Religion bei
den herrschenden Völkern des Altertums behandelt ist.

Sollte man hier mehr als eine wichtige Religion ver-
missen, welche doch in einer allgemeinen Hierographic,
d. h. in einer vollständigen, systematischen Beschreibung
aller Religionen der Welt nicht würde fehlen dürfen, so
beachte man die ausgesprochene Bestimmung dieses
Werkes: nämlich den Entwicklungsgang der Religion im
Altertum zu schildern. Religionen nun, welche entweder,
weil die Völker, bei denen sie blühten, sich von den
übrigen abgesondert hielten, oder wegen der entfernten
Lage ihres Heimatlandes zu denselben in keinerlei Beziehung standen, haben diesen Entwicklungsgang nicht
beeinflussen können. Aus diesem Grunde gehören z. B.
die chinesischen und japanesischen Religionen, wie die indische, nicht in diesen Zusammenhang. Für andere Religionen, wenn auch ihr Gebiet an die von uns besprochenen grenzte, war es deshalb unmöglich, einen solchen Einflufs auszuüben, weil sie selbst das Stadium der Barbarei
noch nicht überwunden hatten. Das gilt sowohl von den
Religionen in Nord- und Mittelarabien, als von denen in
Nord- und Mitteleuropa, von Kelten, Teutonen und Skan-
dinaviern. Von einer Geschichte dieser Religionen kann
keine Rede sein; was einigermafsen diesen Namen verdient, gehört erst einer späteren Zeit an. Die der nicht-
oder halbzivilisierten Völker Amerikas, Polynesiens, Afrikas,
Nordasiens und Nordosteuropas sind selbstverständlich ausgeschlossen, aus schon früher erörterten Gründen; obendrein wissen wir überhaupt nicht, wie sie in so früher
Zeit beschaffen waren. Ihren angemessenen Platz finden

alle diese Religionen in der beschreibenden Hierographie.

Die Schaubühne der antiken Weltgeschichte ist der
größte Teil von Mittel- und Westasien, der Norden, vor
allem der Nordosten von Afrika und der Süden von Europa.
Auf diesem Gebiete werden wir uns ausschließlich bewegen. Die Geschichte Ostasiens einschließlich Indiens
ist in jener Zeit noch ganz auf sich selbst beschränkt und
würde nur einen Appendix oder eine Parallele zu derjenigen bilden können, welche wir nunmehr zu skizzieren
beabsichtigen.

Daß in dieser Skizze noch vieles lückenhaft und unsicher bleiben muß, soll nicht geleugnet werden. Trotz
der großen Entdeckungen, welche unsere Kenntnis der
Antike so sehr erweitert haben und noch beständig
durch neue vermehrt werden, trotz der erstaunlichen
Fortschritte, welche durch die gemeinschaftliche Arbeit
vieler Gelehrten im richtigen Verständnis von Veda und
Avesta, der Keilschrifttexte Babels und Assurs und der
hieroglyphischen und hieratischen Schriften Ägyptens
gemacht worden sind, trotzdem also die Quellen für
unsere Untersuchung immer reichlicher fließen, so daß
es sogar äußerst schwierig wird, den Stoff zu beherrschen, bleibt noch vieles dunkel, und wir geraten nicht
selten in Verlegenheit, wenn wir etwas tiefer unter die
Oberfläche eindringen und den eigentlichen Sinn der
Erscheinungen begreifen wollen. Wir müssen daher in
unseren Schlußfolgerungen besonders vorsichtig sein.
Eine gewisse Divination, welche aber nur durch große
Vertrautheit mit dem Stoff gerechtfertigt wird, ist hier
nicht ausgeschlossen. Dennoch muß beständig die Grenze
zwischen dem, was mit Sicherheit behauptet, und dem,
was nur als wahrscheinlich vermutet werden darf, scharf
im Auge behalten und ehrlich aufgewiesen werden. Wir
werden uns ernsthaft bemühen, in dieser Beziehung nicht
hinter unserer Aufgabe zurückzubleiben.

Erstes Buch.

Die Religion in Ägypten.

Die Religion in Ägypten.

Quellen.

Eine vollständige Aufzählung der Quellen, aus denen
die Kenntnis der ägyptischen Religion und ihrer Geschichte geschöpft werden muſs, würde einer Übersicht
der gesamten ägyptischen Litteratur gleichkommen, soweit sie durch Ausgaben, Übersetzungen und Bearbei-
tungen bekannt ist. Das religiöse Leben ist in der Antike, und namentlich in Ägypten, so sehr mit dem sozialen und politischen verwoben, dafs schwerlich ein
litterarisches Produkt oder ein Dokument zu finden ist, aus
welchem hinsichtlich der Religion nichts zu lernen wäre.
Wir beschränken uns daher auf die Texte, welche sich
unmittelbar auf dieselbe beziehen, und machen nur die
wichtigsten derselben namhaft [1]).

Unter allen nimmt sicher das sogenannte Totenbuch,
auch wohl Buch der Auferstehung, Rituel funéraire und
nach der Überschrift der ersten Kapitel Buch vom Ausgang am Tage (Naville: „Ausgang aus dem Tage";
Brugsch: „Ausgang bei Tage") genannt, den ersten Rang
ein. Es ist eigentlich kein Buch, sondern eine Sammlung, oder richtiger gesagt, eine Serie Sammlungen von

---

[1] Reichhaltige Angaben über die Quellen der ägyptischen Geschichte
findet man in den von mir in der Bibliographie erwähnten Werken von
Alfred Wiedemann.

Texten, welche vom Leben nach dem Tode handeln und
dazu bestimmt sind, durch ihre magische Kraft den Toten
auf seiner Reise nach den ewigen Wohnungen des Sieges
zu versichern. Zur Zeit der 26. Dynastie (im 7. Jahrh.
v. Chr.) war es zu 165 Kapiteln angewachsen, von denen
jedoch die letzten drei jüngere Zusätze sind. Manche
Exemplare haben deren noch viel mehr. Nur in einzelnen Teilen ist eine bestimmte Anordnung zu entdecken.
Die meisten dieser Texte, welche auch besonders an den
Wänden der Gräber und auf den Sarkophagen vorkommen, sind sehr alt; einige selbst vor der Hyksoszeit schon
mehrfach überarbeitet und kommentiert. Für die Eschatologie und den Ritus hat diese Sammlung grofse Bedeutung; die mythologischen Anspielungen sind oft un-
verständlich, wenn sie nicht anderswoher Licht empfangen:
Kap. 15 enthält sehr schöne Hymnen an den Sonnengott. Viele ähnliche Texte, entweder gar nicht, oder
nur teilweise in das Totenbuch aufgenommen, sind auf
den Gräbern, namentlich der grofsen Könige, eingemeifselt.
So unter andern der lange Text, welcher die Litanei der
Sonne genannt wird und von Naville publiziert ist. Dem
Totenbuch verwandt, aber unzweifelhaft jüngeren Ursprungs sind: Das Buch von dem, was man in der Tuau
(dem Totenreich) findet, das Buch von den Pforten des
Totenreiches, das Ritual des Totenopfers und das Buch
der Einbalsamierung. Die ersten beiden beschreiben den
Zug des gestorbenen Sonnengottes in den zwölf Stunden
der Nacht einerseits als eine Reise durch zwölf Regionen,
anderseits als das Durchwandeln von zwölf Thoren. Die
anderen beiden enthalten sowohl die Gebete als die
heiligen Handlungen, welche beim Totenkultus und bei
der Einbalsamierung erforderlich waren. Noch jünger
scheinen das Buch von den Atemzügen des Lebens,
vor allem bei Priestern und Priesterinnen des Amun in
Gebrauch, und die Klagen der Isis und Nephthys zu
sein — beide zu demselben Zweck, wie die bereits ge-

nannten, bestimmt. Zu den wichtigsten Entdeckungen
der letzten Zeit gehört die der Pyramidentexte, aus den
Pyramiden des Una (5. Dynastie), Teti und Pepi I.
(6. Dynastie). Die Erklärung ist noch in manchen
Punkten unsicher — Maspero gab eine vollständige, doch
nach seiner eigenen Absicht vorläufige Übersetzung in
dem Recueil von 1882—84 —, aber sie haben schon
den Beweis geliefert, daſs die osirische und die helio-
politanische Mythologie, welche in Ägypten immer
die Herrschaft behielten, bereits zur Zeit des Alten
Reiches feststanden und miteinander verschmolzen waren.

Von Texten, welche nicht mit dem Totendienst in
Verbindung stehen, müssen erwähnt werden: Magische
Papyri, wie der mag. Pap. Harris, welcher dazu bestimmt war, den Besitzer gegen reiſsende Tiere und
andere Gefahren zu beschirmen, jedoch sehr merkwürdige religiöse Hymnen enthält; historische Papyri,
wie der groſse Papyrus Harris, in welchem alles
aufgezählt wird, was König Ramses III. den vornehmsten Tempeln geschenkt hat; Gedichte, wie das des
Pentaura zur Verherrlichung der Heldenthaten Ramses' II., und eine groſse Anzahl Hymnen an die Götter,
besonders an Amun-Râ, Ptah, Thôt, den Nilgott und
andere; Kalender, in welchen die dies fasti et nefasti
verzeichnet sind, wie der Papyrus Sallier IV.; rituelle
Schriften etc. Ist auch die Ethik in Ägypten noch nicht
innig mit der Religion verbunden, so wird man doch
ethische Darlegungen, wie die nach Ptahhotep (der berühmte Pap. Prisse, welchen man das älteste Buch der
Welt genannt hat) und nach Amenemha I. benannten,
nicht übersehen dürfen; und wer die Märchen, wie das
von den zwei Brüdern (Batau und Anepu), von dem be-
zauberten Prinzen und andere, nicht kennt, weiſs nicht,
wie weit der Glaube an Magie bei den Ägyptern ging.
Erzählungen, wie die Geschichte von Saneha, einem Höf-
ling aus der Zeit der 12. Dynastie, oder die Reise des

Mohar in Kanaan und Phönicien, beide wahrscheinlich erdichtet, haben auch für die Religion einige Bedeutung.

Unentbehrlich für die Kenntnis des Kultus und der Vorstellungen, welehe demselben zugrunde liegen, ist das Studium der Tempel, der Götterbilder und all der Dinge, welche entweder bei dem Kultus gebraucht wurden oder als Fetische und Amulette eine wunderbare Kraft besitzen sollten, vor allem der Reliefs an den Wänden der Grabkammern und Tempel, welche meist eine ganze Reihe von feierlichen, durch den König oder einen Priester zu Ehren einer Gottheit verrichteten Handlungen abbilden.

Seit die Entdeckung Champollions und die Arbeiten der Ägyptologen, welche auf dem von ihm gelegten Fundament fortbauen·, die einheimischen Quellen erschlossen, sind die Berichte der klassischen Schriftsteller und Manethos, früher das Einzige, was man besafs, zu Quellen zweiten Ranges geworden. Doch haben sie, besonders für die späteren Zeiten, nicht allen Wert verloren. Manethos Fragmente liefern nicht viel für die Geschichte der Religion. Wann Herodot erzählt, was er selbst gesehen hat, z. B. wenn er den Ptahtempel zu Memphis oder das Bastfest zu Bubastis beschreibt, ist er vertrauenswürdig; bezüglich der älteren Zeiten hat er sich durch Unwissende oder Betrüger irreführen lassen. Diodorus Siculus hat wenigstens gute Quellen benutzt und auch selbst Ägypten bereist, aber für die alte Zeit verdient er ebenso wenig Vertrauen als Herodot, und von Mythologie .hat er keinen Begriff. Von viel gröfserem Werte ist die berühmte Schrift De Iside et Osiride, welche gewöhnlich als ein Werk des Plutarch von Chaironeia betrachtet, von einigen Gelehrten aber ihm abgesprochen wird. Man darf gleichwohl nicht vergessen, dafs er die Osiris-Mythe in ihrer jüngsten Gestalt giebt, euhemeristisch erklärt und durch den Synkretismus verdorben. Die Berichte anderer Schrift-

steller, wie des Josephus und Clemens Alexandrinus,
können uns, so wichtig sie an und für sich sein mögen,
für die Zeit, mit welcher wir uns beschäftigen, nichts
nützen, und vor allem hüte man sich, die theosophischen
Spekulationen eines Buches wie Hermes **Trismegistos**
zur.Erklärung der alten Theologie heranzuziehen.

Erstes Kapitel.

Einleitung.

---

1. Land und Volkscharakter der Ägypter im Zusammen- hang mit ihrer Religion.

Jede Religion, vor allem wenn sie noch wie die ägyptische zu den Naturreligionen gehört, erfährt not- wendig den Einfluſs des Landes, in welchem sie herrscht, zumal wenn sie in demselben auch entstanden ist. Die Eigentümlichkeiten des schmalen Streifen Landes, wel- cher, im Osten und Westen durch die Wüste begrenzt und sich von den Nilkatarakten im Süden bis zu den Nilmündungen im Norden in die Länge dehnend, die Heimat der Ägypter bildete, sind bekannt. Wo die Fruchtbarkeit des Bodens und der Lebensunterhalt seiner Bewohner nicht von den Wassern des Himmels, sondern von den regelmäſsigen Überschwemmungen des Flusses abhängen, welcher zugleich die groſse Verbindungsstraſse zwischen Norden und Süden darstellt, werden Strom- und Sonnengötter in der Regel die höchste Verehrung genieſsen, und die Beschreibung der überirdischen Welt, die mythische Geographie, muſs ein Spiegelbild dieser irdischen Verhältnisse sein. Kein Wunder also, daſs von altersher der Nilgott Hâpi, der irdische Wohlthäter nicht minder wie der himmlische, allgemein verehrt wurde; daſs man ihm nicht nur in seiner eigenen Stadt Nilopolis, sondern auch an anderen Orten prächtige

Tempel errichtete; dafs man durch zahlreiche und kost-
spielige Feste zu seiner Ehre ihn zu veranlassen suchte,
seine Segnungen nicht zurückzuhalten, und dafs man
sich selbst die andere Welt nur als ein Land wie Ägypten vorstellen konnte, von einem mächtigen Strom
durchschnitten, auf welchem nachts das Sonnenboot fuhr.
Und dafs Hâpi nicht der einzige Flufsgott Ägyptens war,
werden wir später sehen. Weiter: in einem Klima, welches für die Erhaltung alter Denkmäler so äufserst gün-
stig ist, dafs selbst Papyrushandschriften jahrhundertelang unversehrt bleiben, läfst sich eine pietätvolle An-
hänglichkeit an das Alte auch auf dem Gebiete der
Religion ohne Mühe erklären, und wird man sich nicht
darüber wundern, das Dauerhafte, das Unvergängliche,
was „Millionen von Jahren" stand hält, als das höchste
Ideal preisen zu hören. In der That, wenn man die
Religion Ägyptens mit ihren eigenartigen Mythen und
Göttergestalten, ihren Zeremonieen und ihren heiligen
Tieren sorgfältig untersucht, sieht man sich zu dem End-
urteil genötigt, dafs hier und nirgends anders ihre Heimat
ist, und dafs sie in dieser Form hier entstanden sein mufs.

Indessen sprechen gute Gründe für die früher allgemein verbreitete, jetzt von einigen Ethnologen bezwei-
felte Annahme, dafs der Kern der ägyptischen Bevölkerung, ebenso wie ihre westlichen und südlichen Nachbarn und Verwandten, die Libyer oder Mauren und die
Kuschiten und Nubavölker, ursprünglich nicht zu den
Nigritiern, sondern vielmehr zu der kaukasischen Rasse
gehörte und in uralter, vorhistorischer Zeit seine späteren
Wohnsitze eingenommen hat, wo er eine ältere, an
Kultur ihm nachstehende Bevölkerung antraf und sich
unterwarf. Die Sprachwissenschaft wie die vergleichende
Untersuchung der altägyptischen Schädel führen auf
diese Hypothese. Die grofse Übereinstimmung der ägyptischen Sprache mit den semitischen — vor allem in
ihrer ältesten bekannten Periode — ist nicht zu leugnen,

obschon auch Anklänge an arische Sprachen nicht fehlen.
Auch der scharfe Gegensatz zwischen den grobsinnlich-
sten animistischen Vorstellungen und magischen Praktiken und den erhabensten Lehren, welcher jedem in
der ägyptischen Religion begegnet und weder durch die
Annahme einer exoterischen Lehrweise, noch durch
einen himmelweiten Unterschied der Bildung zwischen
den höchsten Ständen und der Mehrheit des Volkes
genügend erklärt wird, würde durch die Verschmelzung
zweier so verschiedener Völker hinlänglich gerechtfertigt.
Der Tierkultus und eine Anzahl anderer animistisch-
magischer Gebräuche, welche bei den Ägyptern im
Schwange waren, haben wirklich grofse Ähnlichkeit mit
demjenigen, was man sonst in Afrika, bei allen Nigritiern,
antrifft. Dagegen ist in der Mythologie und in verschiedenen religiösen Anschauungen der Ägypter eine sehr
grofse Übereinstimmung mit westasiatischen Vorstellungen
und Ideen nicht zu verkennen. Soll man für die ägyp-
tiche Kultur eine vollkommen selbständige, der semitischen gänzlich fremde Entwicklung annehmen, dann
sind weder diese Ähnlichkeiten noch die der Sprache
zu begreifen.

Im einzelnen nachzuweisen, welche Bestandteile der
ägyptischen Religion und Mythologie von der herr-
sehenden Rasse aus ihrem Stammland mitgebracht und
mit der einheimischen des Nilthals vermischt sind, ist
nicht mehr möglich. Wann ihre Geschichte beginnt,
ist die ägyptische Religion bereits in eine Form ge-
gossen, welche sie, wenn auch in Einzelheiten modifiziert, die Jahrhunderte hindurch behält, und die sich
— wenigstens ethnologisch — nicht mehr analysieren
läfst. Bei den Ägyptern selbst scheint schon damals
jede Erinnerung an diese Verschiedenheit der Volksart
erloschen zu sein. Man kann hier nur mutmafsen. Aber
dafs die Osirismythe z. B. von der westasiatischen Tammuz-
Adonismythe nicht wesentlich differiert, dafs Hathor, wie

man auch ihren Namen erklären möge, dieselbe Göttin
ist wie die Astarte (Ištar, Aštart, Athtar), welche alle
semitischen Völker verehren, dabei bleibe ich trotz aller
dagegen vorgebrachten Bedenken. Wir werden sehen,
wie diese Hypothese über die Entstehung der ägyptischen Religion ein eigenartiges Licht verbreitet.

2. Hypothesen über die Entstehung der ägyptischen Religion.

Ursprung und Entstehung der ägyptischen Religion
fallen in eine vorhistorische Zeit, aus welcher keine Denkmäler auf uns gekommen sind. Die ältesten Texte,
welche wir besitzen, selbst die aus der Zeit der Pyramidenerbauer, sind nicht die Urkunden einer neuen
Lehre oder einer soeben gestifteten Religion, sondern
einer solchen, welche ebenso wie die Schrift, die Kunst
und die gesamte ägyptische Kultur, schon eine lange
Entwicklung hinter sich hat. Man konnte nicht unterlassen, sich die Frage vorzulegen, von welcher Art die
Entwicklung und welches ihr Ausgangspunkt gewesen
sei; und es ist für die Beurteilung und schon für das
rechte Verständnis der ägyptischen Religion von höchster
Wichtigkeit, dafs man sich hierüber eine Überzeugung
bilde. Zur Einstimmigkeit ist man jedoch auch jetzt
noch nicht gelangt. Zwei Hauptrichtungen, wenn auch
jede in verschiedenen Nuancen, stehen sich hier direkt
gegenüber. Nach den einen sind die pantheistischen,
henotheistischen oder auch monotheistischen Ideen, welchen man nicht allein in den Pyramidentexten, sondern
auch in den ältesten Kapiteln des Totenbuches begegnet,
das Ursprüngliche; und die mit ihnen vermischten magischen und animistischen Vorstellungen und Zeremonieen
sind entweder eine Folge von Entartung oder besitzen
eine mystische, symbolische, allegorische Bedeutung [1]).

---

1) Dafs diesem vorhistorischen Monotheismus oder Pantheismus ein

Nach den anderen sind im Gegenteil die magischen, animistischen, polytheistischen Elemente der ägyptischen Religion das Älteste; die Lehre, dafs die mannigfaltigen und vielgestaltigen göttlichen Wesen, welche man anbetete, nur Offenbarungen oder Glieder eines einzigen, pantheistisch gedachten Gottes seien, oder dafs ein Gott als der ursprüngliche Einzige sie alle als seine Kinder oder Geschöpfe allgewaltig beherrsche, mufs erst allmählich in den Priesterschulen entwickelt und ausschliefslich das Eigentum der Gebildeteren gewesen sein [1]).

Die Hypothese, welche wir an zweiter Stelle nannten, kommt auch uns als die wahrscheinlichste, ja sogar als die einzig mögliche vor. Ein vorhistorischer Monotheismus setzt einen Kulturgrad und ein fortgeschrittenes philosophisches Denken voraus, die bei einem noch barbarischen Volk nicht anzunehmen sind. Auch die ägyptische Religion ist von Animismus und magischem Polydämonismus ausgegangen und so erst zum Poly-

---

ursprünglicher Polytheismus voraufgegangen sein könne, wird von einigen Vertretern dieser Anschauung, z. B. von Pierret, nicht bestritten.

1) Die erstgenannte Richtung wurde früher vor allem durch Emanuel de Rougé repräsentiert; in jüngster Zeit waren Pierret und Brugsch ihre hervorragendsten Verteidiger. Le Page Renouf steht so ziemlich auf ihrer Seite und wendet die Hypothese eines ursprünglichen Henotheismus, welche er von Max Müller übernimmt, auf die ägyptische Religion an. Die zweite Richtung wird hauptsächlich durch Pietschmann, Maspero, Eduard Meyer und Erman vertreten. Auch Lieblein mufs hierher gerechnet werden, obschon er in mancher Beziehung seinen eigenen Weg geht. Schreiber dieses ist immer, sowohl in seiner Vergelijkende Geschiedenis als in seiner Geschiedenis van den Godsdienst (deutsche Ausgabe von Weber unter dem Titel: Kompendium der Religionsgeschichte, 2. Aufl., Prenzlau 1887) ein erklärter Gegner der ersten Richtung gewesen. Nach Lepsius war der Ausgangspunkt der ägyptischen Religion der Sonnendienst in verschiedenen Formen. Eine gute Darlegung der einzelnen Anschauungen (soweit sie derzeit gegeben werden konnte; Ed. Meyer hat seine Ansichten seitdem modifiziert, und Erman hatte sich noch nicht ausgesprochen) findet man bei Chantepie de la Saussaye, Lehrbuch der Religionsgeschichte I, S. 272 ff.

theismus emporgestiegen. Dieser Polytheismus entwickelt
sich dann in zwei völlig entgegengesetzten Richtungen.
Auf der einen Seite wird die Götterwelt durch Hinzufügung lokaler Kulte — eine Folge der Unterwerfung
der verschiedenen Gaue mit ihren religiösen Zentren
unter die Gewalt Eines Königs — und Übernahme fremder Gottheiten stets reicher. Auf der anderen Seite
nähert man sich dem Monotheismus mehr und mehr,
ohne ihn jemals klar und unzweideutig auszusprechen.
Die Gelehrten suchten beide Tendenzen miteinander zu
versöhnen, unter anderem durch die Darstellung der
vielen Götter als der Offenbarungen des Einen, unge-
schaffenen, verborgenen Gottes, seiner von ihm selbst
geschaffenen Glieder.

Man wird also mit Recht mehr Gewicht als früher
auf die Lokalkulte legen; aber man geht zu weit, wenn
man den Lokalgöttern keine andere Bedeutung zugestehen will, als die, Herren des bezüglichen Ortes zu
sein. Wie primitiv auch die Vorstellung gewesen sei,
welche man sich von den Göttern machte, jeder hatte
sicher seinen eigenen Charakter, welcher noch oft wiederzuerkennen ist, auch nachdem die Theologie einer Priesterschule ihn umgeformt hat. In den Provinzialkulten
ist die Ursache davon zu suchen, daſs die Tierverehrung,
welche anfangs rein animistisch gewesen sein muſs und
im Altertum allgemein verbreitet war, nirgends solch'
eine Höhe erreichte als in Ägypten. Wollen wir annehmen, daſs die Entwicklung der ägyptischen Kultur
und Religion, wie oben vermutet wurde, der Vermischung
zweier Rassen, mit anderen Worten: der Niederlassung
von Kaukasiern inmitten einer nigritischen Bevölkerung
zu danken ist, so werden wir uns den Hergang der Dinge
etwa folgendermaſsen vorstellen dürfen:

Als es dem aus Asien stammenden Volke gelungen
war, nicht nur seine Herrschaft in den verschiedenen
Gauen zu befestigen, sondern auch einen Staat zu stiften,

welcher sie alle umfaſste und sich über die beiden groſsen
Teile des Landes ausdehnte, muſste man auch nach
einer gewissen Einheit in der Religion streben. Das
Bestehende wurde respektiert, all' das Alte, selbst das
Magische und Animistische im Kultus, blieb erhalten.
Aber man suchte es so viel als möglich mit dem Be-
kenntnis der Sieger in Einklang zu setzen. Der grobe
Animismus wurde mit einem Hauch von Mystik über-
gossen. Die Tiere wurden fortan nur als die Repräsentanten oder die Inkarnationen höherer Wesen verehrt.
Die Lokalgötter wurden mit der höchsten Gottheit der
Priester in Verbindung gebracht oder sogar, wie wenig
sie ihr auch gleichen mochten, mit derselben identifiziert.
Das war um so leichter, als auch dieser Gott noch immer
ein Naturgott war, und auch der in Rede stehende
asiatische Volksstamm, wie alle Völker des Altertums,
seine heiligen Tiere gehabt haben muſs; beide Religionen,
die einheimische und die von auſsen eingeführte, daher
wohl bezüglich ihres Entwicklungsgrades, aber nicht in
ihrem Wesen differierten.

Diese Hypothese, welche ihr wissenschaftliches Recht
den Ergebnissen der Geschichte und der Völkerkunde entlehnt, werde als ein Versuch betrachtet, die heterogenen
Elemente der ägyptischen Religion aus ihrer wahrschein-
lichen Entstehung zu erklären.

3. Perioden der ägyptischen Religionsgeschichte.

Ziemlich allgemein hat man sich daran gewöhnt, die
Geschichte Ägyptens, deren Anfang von den meisten in
oder vor das 40., von einigen bereits in oder vor das
50. Jahrhundert v. Chr. verlegt wird, in diejenige des
Alten, des Mittleren und des Neuen Reiches zu gliedern,
aber man war nicht immer einig über die Frage, welche
Dynastieen zu jeder dieser Perioden gerechnet werden
müſsten. Dieser Streit, ebenso wie der über das Problem,

ob alle die von Manetho aufgezählten Dynastieen nacheinander, oder vielleicht einige davon gleichzeitig geherrscht haben, ist für die Religionsgeschichte von untergeordneter Bedeutung, und zwar um so mehr, weil in
den Geschichtsquellen, so reichlich sie auch fliefsen,
grofse Lücken zu konstatieren sind, und wir von verschiedenen, selbst sehr langen Zeitabschnitten nichts
kennen als die Namen der Könige. Die Geschichte der
ägyptischen Religion vor der griechisch-makedonischen
Herrschaft werden wir deshalb am besten zerlegen in
eine Memphitische ¹), eine erste Thebanische, eine zweite
Thebanische und eine Periode, welche wir der Kürze
halber die Saïtische nennen, obgleich in dieser Zeit auch
andere nordägyptische Königshäuser, aus Tanis und Bubastis, vorübergehend die erste Rolle spielten, und selbst
sogenannte Kuschiten oder Äthiopier, eigentlich Abkömmlinge der thebanischen Priesterfürsten, welche in
Äthiopien ein eigenes Reich gegründet hatten, geraume
Zeit die Oberherrschaft führten. Zwischen der ersten
und zweiten Thebanischen Periode liegt die der Fremdherrschaft oder der Hykyssôs, worüber wir jedoch, besonders was die Religion anlangt, so gut als nichts wissen.

Jede dieser Epochen hat ihren eigenen religiösen
Charakter. Man hat wohl behauptet, dafs von einer
Geschichte der ägyptischen Religion eigentlich nicht die
Rede sein könne, weil sie von der frühesten Zeit an bis
zum Siege des Christentums dieselbe bleibt, und führte
als Beweis dafür an, dafs heilige Texte aus der Zeit der
Pyramidenbauten oder noch früheren Datums noch unter
der römischen Herrschaft als solche betrachtet und gebraucht wurden. Man würde jedoch aus demselben

---

1) Wir nennen sie so, obwohl die ersten beiden Dynastieen als
Thinitische und die fünfte als Elephantinische bezeichnet werden —
nach Lepsius ist das letztere ein Versehen. Der Sitz der Regierung
war Memphis.

Grunde leugnen können, dafs eine Geschichte des Christentums, des Islâm oder irgendeiner anderen Religion, welche
sich auf eine heilige Schrift aus früheren Jahrhunderten
beruft, zu schreiben möglich sei. Ohne Zweifel, kein
Volk übertraf das ägyptische an Konservatismus. Was
einmal bestand, wurde so viel als möglich respektiert.
Aber es wurde nicht allein beständig etwas Neues hinzugesetzt, wir haben auch überzeugende Beweise dafür,
dafs die heiligen Urkunden zu verschiedenen Zeiten durchaus verschieden aufgefafst wurden. Der Kultus erlitt,
so viel wir wissen, wenigstens äufserlich keine durch-
greifende Veränderung, wie das thatsächlich in den meisten, namentlich der alten Religionen, der Fall ist, aber
selbst auf diesem Gebiet blieb nicht alles unberührt. Die
nationalen Hauptgötter kommen als solche, mit ein paar
sehr belangreichen Ausnahmen, bereits auf den ältesten
Monumenten vor, und was immer das Fundament der
ägyptischen Religion gebildet hat, wird dort schon ausgesprochen — aber dafs man auch bezüglich Ägyptens
von Reformation und Reaktion, von religiöser Entwicklung
und zeitweiligem Verfall zu sprechen befugt ist, und auch
hier das religiöse Denken nicht stillstand, kann selbst
mit den mangelhaften Hilfsmitteln, welche wir besitzen,
bewiesen werden.

Zweites Kapitel.

Die Religion in der Memphitischen Periode.

(Das alte Reich.)

1. Die Hauptgötter.

Man ist in letzter Zeit sehr dazu geneigt, sich das
ganze Pantheon Ägyptens als aus der teils durch die
Umstände veranlafsten, teils durch theologische Schulen
erdachten Verschmelzung der Lokalkulte entstanden vorzustellen; eine Ansicht, welcher relative Wahrheit nicht
abzusprechen ist. Aber selbst die eifrigsten Verfechter
dieser Überzeugung sehen sich genötigt, einzelne Hauptgötter, welche allgemein in Ägypten verehrt wurden und
daher als nationale Götter zu betrachten sind, hiervon
auszuschliefsen. Man würde in der That unmöglich behaupten können, dafs diese Götter anfänglich Schirm-
herren einer oder der anderen Landschaft oder einer einzelnen Stadt waren und lediglich durch die Gunst der
Verhältnisse, durch den Einflufs einer Priesterschule oder
durch die Erhebung der Stadt zur Residenz, zu allgemeinen Landesgöttern avancierten. Blind auch für die
sichersten Resultate der vergleichenden Mythologie hat
man nicht gesehen, dafs einige der ältesten Götter
Ägyptens, obwohl die ägyptische Nationalität und die
Beschaffenheit des Landes ihnen eine eigenartige Gestalt
gegeben haben, in gewissem Sinne älter sind als das
ägyptische Volk selbst. Zu diesen Göttern gehören:

der siegreiche, durchgehends in der Sonne verkörperte
Lichtgott, welcher die Schlange oder den Drachen der
Finsternis tötet oder wenigstens den Dämon der Finsternis bekämpft und überwindet, ohne ihn zu töten; der
Gott, welcher mit Gewalt Himmel und Erde scheidet,
indem er den ersteren emporhebt; der wohlthätige Gott-
könig, welcher durch seinen feindlichen Bruder getötet
wird, worauf seine Witwe, durch den Mörder verfolgt,
heimlich einen Sohn zur Welt bringt, welcher dazu bestimmt ist, der Rächer seines Vaters zu werden, und,
während dieser letztere im Totenreich herrscht, sein Reich
auf Erden zu regieren. In Ägypten wurde die erste
Mythe verbunden mit dem Sonnengott Râ oder Rê oder
— und wahrscheinlich schon früher — mit dem Lichtgott Horos, welcher dann als der ältere stets von dem
gleichnamigen Sohn der Isis, dem Rächer seines Vaters,
unterschieden wird, aber ursprünglich derselbe ist; der
Gott, welcher die engvereinigten Erd- und Himmelsgott-
heiten Seb (Ķeb?) oder Sibu und Nu oder Nuit trennt,
ist Su, und in der letztgenannten Mythe spielen Osiris
und Set mit Isis und dem jungen Horos und einige
andere Götter ihres Kreises die Hauptrolle.

Schon in den ältesten Urkunden, im Totenbuch und
in den Pyramidentexten, sind die meisten dieser Götter,
welche früher selbständig gewesen sein müssen, miteinander verbunden, und kommen sie, in genealogischer
Folge angeordnet, als „die Herren von An oder On
(Heliopolis)" vor. Auch ist Râ hier bereits mit dem
alten Hauptgott des Ortes, Tum oder Atum, verschmolzen
und ohne Widerspruch der gröfste aller Götter. Wohl
werden verschiedene göttliche Wesen erwähnt, von
welchen man später nichts mehr vernimmt, und die vielleicht damals schon zu einer verflossenen Epoche gehörten, aber von den Göttern ersten Ranges, welche
man alle Jahrhunderte hindurch in Ägypten verehrte,
fehlt kaum einer. Weit entfernt also davon, für Mono-

theismus und größere-Einfalt in der Religion zu zeugen, weisen sie einen reicheren Polytheismus auf, als er in einer der späteren Perioden bestand, und eine magische Mystik, so dunkel und verworren, daſs die späteren magischen Texte im Vergleich dazu fast klar und rationell erscheinen.

Râ oder Rê, der eigentliche Sonnengott, dessen heïliges Tier der Sperber war, und dessen Bild deshalb in der Regel auch einen Sperberkopf hat, war vielleicht in der ältesten Zeit noch nicht, was er später werden sollte, der Nationalgott κατ' ἐξοχήν, aber doch, wenn nicht der höchste, einer der höchsten und am meisten verehrten Götter Ägyptens. Auch der Bennu-Vogel, eine Reiherart, aus dem die Griechen den aus seiner Asche wiedererstehenden Phönix gemacht zu haben scheinen, und der Obelisk galten als seine Inkorporation. Nacheinander in zwei Booten legt er täglich den Weg vom Osten nach dem Westen zurück. Hier betritt er abends das Reich der Finsternis, kämpft gegen die mannigfaltigen Ungetüme, welche ihm dort den Weg verlegen, bestreitet vor allem seinen heftigsten Feind, die Schlange Apap, und kommt dann am Morgen triumphierend erst als „der werdende" Ḥopra, unter dem Bilde des Käfers (ḫoper) dargestellt, darauf als Horos auf dem Horizont (Harmachis) im Glanze des Frühlichtes zum Vorschein, besteigt mit seinen Trabanten wieder sein Morgenboot, und der doppelte Zug beginnt von neuem. Das ist seine Hauptmythe. Andere über ihn erzählte Sagen gehören wenigstens in der Form, in welcher sie überliefert wurden, wahrscheinlich noch nicht zu der ältesten Zeit. Tum, der große Gott von Heliopolis (An) und Pithom (pa-Tum), der unsichtbare, im Verborgenen wirkende Schöpfer, wurde als die Gestalt des Râ vor seiner Wiedergeburt betrachtet, obschon er früher vielleicht ein selbständiger Gott war.

Šu, an verschiedenen Orten, doch vor allem zu

Heliopolis verehrt und dort mit seiner Gattin Tafnut als
erstes Götterpaar betrachtet, welches von Tum selbst
ohne Gemahlin gezeugt war, bisweilen wie jene in Löwen-
gestalt, doch meist als ein Mann dargestellt, welcher auf
der Erde stehend mit seinen beiden Armen das Firmament emporhält, ist — wie sein Name andeutet und seine
Mythe erzählt — „der Erheber", der Gott der Morgen-
stunde, durch dessen Macht der Himmel, die Göttin Nu,
welche nachts auf der Erde, dem Gott Seb, zu ruhen
scheint, von ihrem Gemahl geschieden wird. Ein Spiel
mit der doppelsinnigen Bedeutung seines Namens machte
ihn später zu dem Gott des versengenden Windes, was
er sicher ursprünglich nicht war. Die älteste Bedeutung
der Tafnut ist ebenso schwierig zu konstatieren, als die
aller anderen ägyptischen Göttinnen, welche ohne Ausnahme zu Himmelsgöttinnen gemacht werden; aber es
ist Grund vorhanden für die Annahme, dafs sie das
Morgenrot repräsentiert.

Durch die That des Šu entstehen zwei göttliche
Wesen, Seb (Ḳeb) oder Sibu, der Gott der Erde, und
Nu oder Nuit, die Göttin des Himmels, von den Ägyptern als die Stammeltern der Familie angesehen, deren
wirkliches Haupt Osiris wurde. Die Osirismythe kennen
wir vollständig allein durch Plutarch. Zahllose Andeutungen in ägyptischen Texten beweisen, dafs er sie in
der Hauptsache getreu wiedergegeben hat, wenn sie auch
bei ihm zu einem euhemeristisch gefärbten und dem Anschein nach mit phönicischen Bestandteilen versetzten
Märchen geworden ist. Die Hauptzüge sind bekannt.
Osiris, ein gerechter und guter Herrscher Ägyptens, wo
er die Fundamente der Kultur und Religion legte, wird
nach seiner Rückkehr von einer ausländischen Reise,
welche er zur Ausbreitung dieser Kultur unternommen
hatte, von seinem Bruder Set mit List getötet; von seiner
Gattin und Schwester Isis und seiner anderen Schwester
Nephthys beweint, durch Horos, den nach dem Tode

des Vaters geborenen -Sohn der Isis, gerächt ist er inzwischen Herrscher im Reich der Toten geworden, während seine irdische Herrschaft auf seinen Sohn übergeht.
Anubis, der Sohn der Nephthys, und Thôt, der eine als
Geleiter nach der Totenwelt, der andere als der Recht-
fertiger des Osiris und der Bundesgenosse des Horos in
seinem Streit gegen Set, spielen jeder in der Mythe
ihre eigene Rolle. Diese Mythe wird sehr verschieden
erklärt. Nach vielen — zuletzt Ed. Meyer — ist Osiris
ursprünglich ein Sonnengott, der alte, welcher früher
herrschte und nun im Totenreich das Scepter führt; Isis,
die Göttin des östlichen Himmels ist seine eigentliche
Gemahlin, aber wenn er sich abends mit dem westlichen
Himmel, der Nephthys, vereinigt, zeugt er mit ihr den
Wächter der Gräber, Anubis. Der junge Sonnengott
Horos, sein Sohn, wird erst geboren und im Grunde erzeugt nach seinem Hingange und rächt seinen Vater an
dem Gott des Todes und der Finsternis Set. Andere
meinen, daß die Vereinigung des Osiris mit dem Sonnengott jüngeren Datums sei. Maspero hält ihn für den
ersten Menschen und Toten, was sehr richtig ist, aber
die andere Bedeutung nicht ausschließt, wie andere Mythologieen beweisen (Yama, Yima, Minos, Kronos). In
keinem Falle kann man ihn mit Wiedemann als Ideal-
menschen und König bezeichnen, der nach seinem Tode
vergottet ist, ohne den Menschen aus vorhistorischer
Zeit ganz moderne Vorstellungen unterzuschieben. Ebenso
wenig darf man in der Mythe die abstrakten und philosophischen Gedanken suchen, welche Brugsch in sie
hineingelegt hat; aber mit Recht hat dieser Gelehrte in
Osiris denselben Gott wie Dionysos erkannt, wofern wir
nicht so sehr an den griechischen, als vielmehr an den
westasiatischen Gott der Fruchtbarkeit des Ackers und
des Weinstocks, den im Jahreslauf sterbenden und wieder zum Leben erwachenden Gott denken. Das eigentliche Gebiet des Osiris im Totenreich sind dann auch

die fruchtbaren Aalu- oder Jalufelder, und er behält dies
selbst noch, als die Vorstellungen über die andere Welt
detailliert und verändert sind. Er ist der wohlthätige
Gott, das gute Wesen (Unnofer), dessen Wirkungen man
alle Erscheinungen des Wachstums und des Lebens in
der Natur zuschrieb, der sich daher in der strahlenden
Sonnenwärme, aber auch in den befruchtenden Nil-
wassern offenbart und selbst als Weingott vorkommt;
deshalb Stifter der Kultur, des Ackerbaues und des sefshaften Lebens und in Ägypten überall, aber in historischer Zeit hauptsächlich als König des Totenreiches und
Vorbild jedes frommen Toten verehrt. Sein Bruder Set
ist in jeder Beziehung sein Gegenteil. Von ihm stammt
die versengende Hitze und dadurch Dürre, Siechtum,
Tod. Er selbst, von Horos entmannt, ist unfruchtbar.
Aber er bleibt ein mächtiger und gefürchteter Gott,
Kriegsgott vor allem, welcher die Könige den Bogen
handhaben lehrt, und nach welchem sie ihre Söhne
nennen, selbst dann noch, als man seine Ähnlichkeit mit
dem Baal der Feinde Ägyptens, der Hethiter und der
semitischen Nomaden, bemerkt hat. Erst viel später,
aus anderen Gründen, wird er zu einem bösen Wesen,
dessen Name und Bild man auf den Monumenten aus-
tilgt.

Es ist in der letzten Zeit üblich geworden, Horos,
den Sohn der Isis (Horn-se-Isi), scharf zu unterscheiden
von dem alten Horos (Haroëris, Horn-uer), jedoch ohne
genügenden Grund. Zwei verschiedene Göttergestalten
sind sie gewifs, aber es ist derselbe Gott; als Kind
(Har-pe-ḥruti) auf dem Schofs seiner Mutter gepflegt,
als jugendlicher Sonnengott Rächer seines Vaters und
Bekämpfer Sets, ist er in die Osirismythe aufgenommen.
Hat er hier nur sekundäre Bedeutung, so ist er in anderen Mythen der Hauptgott, der grofse, der goldene
Horos, auch kämpfend, aber gegen die Mächte der
Finsternis und nicht blofser Sonnengott, sondern Gott

des hellen Himmels bei Tag und Nacht, weshalb ihm
Sonne und Mond als zwei Augen gehören, und er sich
nicht nur in der geflügelten Sonnenscheibe (Hud), sondern auch in einigen Planeten offenbart. Sein Name
Horu oder Har scheint ursprünglich „den Hohen", „den
Obersten" zu bedeuten, und als Himmelsgott stützt er
sich auf seine vier Söhne, die vier Windrichtungen oder
Hauptpunkte. Wenn die Osirismythe erzählt, dafs Set
eins der Augen des Horos ausreifst und Thôt dasselbe
rettet, so giebt sie in ihrer eigentümlichen Sprache zu
verstehen, dafs die Natur der beiden Götter nicht verschieden, aber die Wirkung des einen beschränkt ist.

Hathor, deren Name, möge er nun mit Ištar, Aštart,
Athtar zusammenhängen oder nicht, niemals als Haus
des Horos aufgefafst werden darf [1]), steht wohl Horos
am nächsten und ist, wie er, eine in Ägypten allgemein
verehrte Gottheit, obschon sich ihr Hauptsitz bereits in
dieser Periode zu Dendera, dem südlichen An, befand.
Seine Gattin war sie aber nicht, wenigstens nicht in der
alten Zeit; wohl heifst sie hier und dort seine Mutter.
In der That war auch sie, wie Nu, die Muttergöttin $\varkappa\alpha\tau$'
$\dot{\varepsilon}\xi o\chi\eta\nu$, aber nicht wie diese stets in Frauengestalt, sondern meist als Kuh dargestellt. Auch sie gehört zu den
Lichtgöttern, „die goldene", welche den Sonnengott bei
seinem Aufgang begrüfst und abends seine letzten Strahlen
auffängt, und sie ist die Göttin der Liebe und Freude,
der Üppigkeit und des Überflusses, an deren Segnungen
Götter und Menschen sich vergnügen. Einige Darstellungen, welche man von ihr gab, sind vielleicht einer
Verwechslung mit anderen Göttinnen, wie Nu, Neit und
Isis, zuzuschreiben. In der That, wenn auch ihr Name
nicht, wie der des Horos für „Gott" im allgemeinen, für

---

1) Hat-hor bedeutet zwar buchstäblich Haus des Hor, und mit diesen
Zeichen wird der Name auch geschrieben; aber das ist nichts als ein
Wortspiel, welches erst möglich war, als man Horos zu einem Sonnen-
gott gemacht und ihm Hathor zur Frau oder Mutter gegeben hatte.

„Göttin" überhaupt gebraucht wurde, war doch schon
früh die Rede von vielen Hathors, und die Königin von
Theben wurde bei der Geburt des Thronfolgers von
nicht weniger als sieben unterstützt.

2. Die Lokalgötter.

Neben diesen allgemein verehrten Göttern, zu welchen
noch der schon früher erwähnte Nilgott Hâpi gehört,
steht eine Menge von Lokalgöttern. Es würde verkehrt
sein zu meinen, daſs ihr Dienst sich auf die ihnen eigene
Stadt beschränkte. Einmal haben verschiedene derselben
ihren Sitz an mehr als einem Orte, und sodann wurden
wenigstens die vornehmsten von dem König als Landesgötter anerkannt und in seiner Residenz den höchsten
angereiht und verehrt. Ein höchst merkwürdiger Altar
des Königs Pepi Merira, welcher zur 6. Dynastie gehörte, liefert den Beweis dafür [1]). Ptah und die Götter
von Memphis werden natürlich an erster Stelle genannt,
doch dann wird Thôt eine Aufforderung in den Mund
gelegt, den Göttern von Nord und Süd Opfer zu bringen,
und danach folgen die Namen einer groſsen Anzahl derselben, erst die beiden groſsen Götterkreise von Heliopolis [2]) und Thinis-Abydos und der Gott Râ, dann diese
selben und andere Götter, wie sie in ihren besonderen
Gestalten an verschiedenen Orten bis nach Nubien hin
verehrt wurden. Ein Beweis, daſs nach der Vereinigung
der beiden Teile des Landes unter Ein Scepter in der
Residenz wenigstens ein Pantheon von anerkannten Göttern konstituiert war.

---

1) Abbildung mit erläuterndem Text von Birch in TSBA., III,
p. 110—117.

2) Beachtung verdient, daſs hier dem Tum der alte, später in den
Hintergrund gerückte kosmische Gott Kâi voraufgeht, derselbe, welcher
auch auf der Elle der 6. Dynastie vorkommt. Râ folgt hier erst auf
die Osirischen Götter, als Gott des Jahres, des Jahrhunderts, der Ewigkeit, des Lebens, der Beständigkeit und des Sieges.

Jeder lokale Hauptgott hatte seinen Familienkreis
und seine Diener neben und unter sich. Gewöhnlich
wird dies als Paut oder Psit unteru, Enneas (Neunzahl) der
Götter, bezeichnet, wobei der Hauptgott nach einigen
mitgezählt wird, während andere das bestreiten. Sehr
früh wird diese Enneas zu On (Heliopolis) erwähnt, und
nach der Meinung einiger ist diese Anordnung dort erdacht und von diesem Orte aus mit dem Namen nach
anderen gottesdientlichen Zentren gebracht ¹). Sehr wohl
möglich, aber nicht bewiesen. So scheint die Enneas
von Hermopolis, Thôt mit seinen acht Helfern, wiewohl
eine rein mythische Vorstellung, die Frucht einer sehr
alten und ursprünglichen kosmogonischen Spekulation
zu sein ²). Auch Göttertriaden begegnet man an den
meisten Orten, gewöhnlich aus Vater, Mutter und Sohn,
doch wohl auch aus einem Gott mit zwei Gemahlinnen
zusammengestellt. Man hält auch dieses Schema für
künstlich und relativ jung; aber jedenfalls liegt der Trias
die Vorstellung zugrunde, dafs der Sohn der im Leibe
der Mutter wiedergeborene Vater ist, deshalb der Gemahl seiner Mutter heifst, und die Dreizahl also eine
untrennbare Einheit bildet — und diese Vorstellung ist
sehr alt und auch aufserhalb Ägyptens verbreitet.

Der offiziell am meisten verehrte aller Lokalgötter
unter dem alten Reich war natürlich der Gott der Residenz Memphis, Ptah, welchen die Griechen mit ihrem
Hephaistos verglichen, und der aus diesem Grunde für
einen Feuergott gehalten ist, was andere jedoch wieder

---

1) Maspero gegen Brugsch.

2) Maspero RHR. 1889, I, p. 28 suiv. leugnet dies und setzt die vier
Paare Nunu-Nunit, Ḳeḳ-Ḳeḳit, Heh-Hehit, Ninu-Ninit den vier heliopolitanischen Šu-Tafnut, Sebu-Nuit, Osiris-Isis, Set-Nephthys gleich. Weder
dieser Gleichsetzung noch der abstrakten Erklärung Brugsch' kann ich
zustimmen. Es sind vier Götter mit ihren Gemahlinnen, welche Thôt
als Schöpfer beistehen, nämlich die des kosmischen Ozeans, der Finsternis, der endlosen Zeit und der (schöpferischen) Kraft oder des Atems.

bestreiten. Sicher ist er „der Gott der Künstler", und
sein erster Prophet heißt „der Großmeister der bilden-
den Künste". Sein Name kann auch „der Bildner" bedeuten, und er schafft nicht allein Menschen, sondern
auch das Ei von Sonne und Mond, obgleich es bisweilen
heißt, daß er selbst aus dem Weltei hervorgehe. Aber
er ist auch der Gott, „der eröffnet" [1]), der Gott des
Anfangs, der Erste, dem alle folgen. So wird er nicht
nur der erste König von ganz Ägypten und der Vater
der Götter, sondern auch der große Weltschöpfer, welcher
allem das Leben giebt oder wiedergiebt. Schon unter
dem alten Reich wurde er identifiziert mit zwei anderen
Göttern, Tanen oder Totunen, welchen man für einen
Gott der Erde hält, und Sokar (Sekru), dessen Bedeutung nicht feststeht. Das allein weiß man, daß dieser
letztere mit dem Leben nach dem Tode in Verbindung
steht und mit Osiris wechselt. Ptah-Sokar-Osiris ist es,
welcher sich in dem dunkeln Hapi-Stier inkarniert, dessen
Verehrung zu allen Zeiten in dem formenreichen Tierkultus der Ägypter den ersten Rang behauptete und
selbst die des Mena (Mnevis), des hellfarbigen Stiers des
Râ zu On, in den Schatten stellte. Ptah mag ein Lokalgott gewesen sein — als der Gott der ersten Hauptstadt des geeinten Reiches erlangte und behielt er stets
einen hohen Rang in der Götterwelt, als einer der offiziellen Hauptgötter, und er ist das Produkt einer höheren
Entwicklung des religiösen oder, wenn man will, theologischen Denkens, wie die schon früher allgemein verehrten Naturgötter von Heliopolis und Abydos.

Die „große Geliebte" des Ptah zu Memphis ist
Sechet (Soḫit), eine der Göttinnen mit Katzen- oder
Löwenkopf, welche in Ägypten so oft vorkommen und
im Grunde dasselbe bedeuten, nämlich die wohlthätige

---

1) Daß ihm auch das Öffnen des Mundes der gestorbenen Götter
und Menschen zugeschrieben wurde, halte ich für ein Spiel mit seinem
Namen.

und verzehrende Kraft des Lichtes und des Feuers repräsentieren. Auch ihr Sohn Nofre-Tum, der „schöne Tum"
(andere: „die Schönheit des Tum") ist ein Löwengott.
Er wird durch den Zusatz (Nofre) und im allgemeinen
in der historischen Zeit unterschieden von Tum, dem
ersten Gott von Heliopolis, aber ursprünglich ist er derselbe. Erst viel später nahm Imhotep (Imuthês), welchen
die Griechen mit ihrem Asklepios verglichen, ein Priester-
zauberer, den Platz des Nofre-Tum ein, aber schon sehr
früh wechselt Mâ, die Göttin der Elle, der Rechtschaffen-
heit und Wahrheit, mit Sechet als Gattin des Ptah.

Im Dienste Ptahs waren die kunstfertigen Zwerge
thätig, welche als seine Kinder galten und bei Herodotos
Pataiken, bei den Ägyptern Chnumu (Ḥnumu) oder
„Former, Bildhauer" hießen. Denselben Namen Chnum
(später auch Kneph, der Chnubis der Griechen) trug ein
bereits in ältester Zeit nicht weniger als Ptah verehrter
Gott, welcher seinen Hauptsitz zu Elephantine in der
Nähe der Nilkatarakte, aber auch damals schon einen
Tempel zu Herakleopolis in Mittelägypten und, wahrscheinlich später, auch zu Mendes hatte. Schöpfer von
allem was ist, Vater der Väter, Mutter der Mütter, der
auch die Götter machte, und alles männlich und weiblich, sodaß es sich fortpflanzen konnte, unterscheidet er
sich nicht wesentlich von Ptah. Plastisch werden diese
Gedanken ausgedrückt durch die bildlichen Darstellungen,
in welchen er das Weltei, einen Menschen oder einen
Gott auf der Drehscheibe formt, und symbolisch durch
den Widderkopf, welchen er trägt. Der Widder ist sein
heiliges Tier. Bei den Katarakten finden wir ihn in
seiner einfachsten und sicher ursprünglichsten Gestalt.
Dort, wo der Nil Ägypten betritt und man in der frühsten
Zeit seinen Ursprung suchte, wohnten nach dem Volksglauben der mächtige Geist, welcher mit dem Strome
alle Segnungen über das Land ausschüttete, und seine
beiden Frauen, Sati, die Göttin mit dem Pfeil, welche

die Wasser aus der Höhe niederstürzen und das Land
überfluten läfst, und Anuki, die Umarmende, vielleicht
die Göttin der Flufsarme und Kanäle, welche die Äcker
tränken. Aber zu Herakleopolis [1]) und später zu Mendes
hatte sich bereits die Spekulation dieser einfachen Grundgedanken bemächtigt. Dort hat er als Widder der Widder vier Widderköpfe, die als Râ, Šu, Sibu und Osiris
erklärt werden, was deutlich besagt, dafs die Götter der
Sonne, der Luft, der Erde und der Totenwelt, die alten
Naturgötter, ihre befruchtende, lebenweckende Kraft ihm
entlehnen, und er also mehr ist als sie.

Es ist überflüssig, hier eine Aufzählung selbst der
hauptsächlichsten Lokalgötter zu geben, welche unter
der Regierung der ersten sechs Dynastieen verehrt wurden. Wir nennen nur noch Thôt (Dhuti), den Gott der
Stadt der Acht (Ašmunain, Hermopolis), eng mit dem
Mond verbunden und deshalb Gott der Zeitrechnung,
welcher die Perioden auf seinem Palmblatte einzeichnet
und so zum Gott der Schrift und des Verstandes wird.
Durch das Wort, das heifst durch die magische Kraft
seiner Formeln und durch den richtigen Ton [2]), in
welchem er sie ausspricht, schafft er die Welt, wobei
seine acht Helfer ihm assistieren. Weshalb der Ibis sein
heiliges Tier und seine Hieroglyphe ist, und weshalb er
und seine Trabanten als Hundskopfaffen dargestellt werden, ist noch nicht mit Sicherheit aufgeklärt. Auch Net
von Saïs, ursprünglich vielleicht eine libysche Muttergöttin und von den Libyern wenigstens hochgeehrt; der
Fruchtbarkeitsgott von Koptos, dessen Name Chem oder
Min (auch Amsi) gelesen wird, und welchen man später
mit Amun, auch wohl mit Horos identifiziert; Sebak

---

1) Der Lokalname des Gottes von Herakleopolis war Haršafi (Ar-
safes), Horos-Widder oder Horos der befruchtenden Kraft.

2) Dies ist nach Maspero die Bedeutung der so oft vorkommenden
und später wenigstens auf alle Toten angewendeten Formel: mâa-ḫru.
RHR. 1889, I, p. 28 suiv.

(Sovku), der Krokodilgott von Ombos und von Krokodilopolis im Fayum, welcher zu Thinis (Teni) damals
schon mit Net und Horos verbunden und als der erste
Gott in den kosmischen Wassern mit zum Schöpfer erhoben wird, gehören bereits zu dieser Zeit. Kurzum,
man kann sagen, dafs unter dem alten Reich das echt-
ägyptische Pantheon bereits gebildet war, und dafs die
spätere Zeit wohl Modifikationen vorgenommen und anderen Auffassungen gehuldigt, aber nichts Wesentliches
hinzugefügt hat. Der Stoff war vorhanden; wo es nötig
schien, neuen Vorstellungen Ausdruck zu leihen, begnügte
man sich damit ihn umzukneten.

3. Totendienst und Kultus.

Das gilt auch von dem Hauptdogma der Ägypter,
der Lehre von dem Leben nach dem Tode, und den
aus ihm abgeleiteten Gebräuchen. Konnte man früher
meinen, dafs die ägyptische Religion in der ältesten Zeit
einfacher, der Kultus dürftiger gewesen sei, und dafs die
mystischen Vorstellungen und magischen Riten eine Entartung späterer Zeiten darstellten, so kann man nach
der Entdeckung der Pyramidentexte diese Ansicht nicht
mehr festhalten. Im Gegenteil, der Mysticismus und der
Glaube an die Zaubermacht des Unbegreiflichen haben
in denselben die äufsersten Grenzen der Irrationalität erreicht, selbst wenn man in Betracht zieht, dafs das Alter
der Sprache uns das rechte Verständnis erschwert. Mit
Bestimmtheit geht aus den Texten hervor, was thatsächlich schon durch die ältesten Kapitel des Totenbuches
bewiesen wird, dafs bereits im Beginn der historischen
Zeit die Vorstellungen über das menschliche Leben nach
dem Tode mit dem nächtlichen Lauf der Sonne, und
die Osirismythen mit denjenigen des Râ verbunden waren.
Man meint noch einige Spuren eines älteren, minder
komplizierten Glaubens zu bemerken; sicher ist die

Unsterblichkeitslehre der ältesten Urkunden schon ein Versuch, aus verschiedenen, oft schwer vereinbaren Vorstellungen ein Ganzes zu schmieden.

Der Kâ des Toten, sein Doppelgänger, eine Art ätherischen Körpers, welcher jedoch Speise und Trank bedarf, um am Leben zu bleiben, verweilt im Grabe, oder mit Osiris in den Jalufeldern, wo er hart arbeiten mufs; oder er durchzieht im Kampfe gegen Ungeheuer und Dämonen die Regionen des Todes, siegend durch die Zauberkraft des Wortes, um dann als ein ḫu, ein Lichtwesen, mit der Sonne hervorzugehen an den Tag; oder er geht als Schemen (ḫaibit) um, oder er ist eine Seele (bâ oder bi) geworden, als Vogel mit Menschenkopf dargestellt, deren Bestreben dahin geht, mit dem Körper vereinigt zu werden. Alle diese widersprechenden Vorstellungen werden nebeneinander festgehalten. Das Bild, welches man sich von dem dereinstigen Leben entwarf, war düster; furchtbar sind die Schrecknisse des Todes; der Reiche, dessen Leiche gut versorgt und in einem dauerhaften Grabe verwahrt wurde, durfte auf Fortexistenz hoffen, der Arme hatte nicht viel zu erwarten; von Vergeltung nach sittlichen Mafsstäben noch keine Spur. Nun wurden aber diese wesentlich animistischen Vorstellungen mit der Religion in Verbindung gebracht. In der mystischen Vereinigung mit der Gottheit fand man einen Grund der Hoffnung. Der Tote, anfangs nur der König, später jedoch jeder Verstorbene, wurde Osiris. Als dieser sollte er in der anderen Welt wiedererwachen, und wie Osiris in Horos seinen Rächer hatte, so sollte er durch seinen Sohn mit Speise versorgt werden und in ihm auf Erden fortleben; wie Osiris von Isis und Nephthys, so sollte er von liebenden Frauen beweint, und seine Leiche vor Schändung behütet werden. Ob man jetzt auch schon lehrte, dafs er als Sonnengott wieder von den Toten auferstehen und mit dem siegreichen Râ nach Überwindung der Gefahren der Totenwelt an das Licht treten würde, kann noch nicht mit Bestimmtheit gesagt werden.

Um dieses Glückes teilhaftig zu werden, durfte man nichts versäumen. Daher die grofse Sorge für die Leichen, die Einbalsamierung, das Deponieren der Eingeweide in den vier den Todesgenien geweihten Vasen, die Zueignung jedes Gliedes an eine Gottheit, die wohlverschlossenen Gräber, der Totenkult, bei welchem reiche Opferspenden zu seinem Unterhalt entweder dem Verstorbenen unmittelbar oder den Göttern dargebracht wurden, mit der Bitte, ihm sein Teil davon zu geben, manche magische Zeremonieen endlich, bei welchen bestimmte zauberkräftige Texte im rechten Tone recitiert werden mufsten, um ihm nacheinander den Gebrauch seiner Gliedmafsen wiederzugeben und ihn in seinem Kampfe zu unterstützen, von all' den Gegenständen, welche man ihm auf die grofse Reise mitgab, noch zu schweigen.

Ob man sich die Totenwelt (Tuau) als eine unterirdische oder vielleicht als einen verborgenen Teil des Himmels vorstellte, ist noch unsicher; mir erscheint das letztere als das Wahrscheinlichste. Auch kann man darüber im Zweifel sein, ob man schon in dieser Periode solch eine genaue Beschreibung von ihr zu geben wufste, wie in Texten aus der Ramessidenzeit, obgleich die Elemente derselben bereits vorhanden sind. Soviel ist sicher, in der Amenti, im Westen, war der Eingang, und im Osten trat man mit dem Sonnengott aus ihr hervor.

Die Gräber der Könige des Alten Reiches waren die Pyramiden, welche westlich von Memphis eine meilenlange Reihe in ungefähr nordsüdlicher Richtung bilden, und in deren unmittelbaren Nachbarschaft die Könige residiert zu haben scheinen [1]). Ein Tempel in der Nähe diente zur Verehrung des Toten, und der König ernannte

---

1) Vgl. A. Erman, Ägypten, I, S. 243.

selbst seinen Pyramidenpriester. Wahrscheinlich mufs
dieser von dem Priester, der ihm als Gott huldigte, unterschieden werden. Um den Ruheplatz ihres Königs herum
errichteten die Höflinge und Grofsen ihre Gräber, die
sogenannten Mastabas, ursprünglich längliche Steinhügel,
später ausgedehnte, aber niedrig gemauerte Gebäude,
mit einem unterirdischen Gewölbe für den Sarkophag,
einem kleinen Gemach für das Bild des Toten, bei
welchem sein Kâ verweilte, und unmittelbar daranstofsend
die Kapelle für die Totenverehrung. Schon frühzeitig
begann der König an seiner Pyramide zu bauen, und je
länger er regierte, um so gröfser wurde sie. Auch die
Reichen sorgten, so zeitig sie es vermochten, für ihre
letzte Ruhestätte. Die, welche nicht das Vermögen
hierzu besafsen, mufsten sich, falls ihnen nicht die Mild-
thätigkeit des Königs zuhilfe kam, mit einer wenig ge-
schützten Gruft begnügen.

Soweit wir darüber zu urteilen vermögen, war der
Kultus im Alten Reich noch einfacher als später, und
derjenige, welcher von Staats oder richtiger von Königs
wegen gepflegt wurde, noch nicht so überladen und so
alles beherrschend, als dies namentlich unter dem Neuen
Reich der Fall war. Jeder Hausvater hatte seine Haus-
kapelle und auch in seinem Gemüsegarten und seinem
Weinberge meist ein kleines Heiligtum für die Göttin
der Ernte. Dort opferte er selbst ohne die Vermittlung
von Priestern. Die ältesten öffentlichen Heiligtümer waren
wenig mehr als Hütten [1]); aber schon unter der 4. Dynastie erhoben sich steinerne Tempel, einige von grofser
Pracht und bedeutendem Umfang. Es existieren noch
Listen von Weihgeschenken und Opfergaben aus der
Zeit der 3., 4. und 5. Dynastie, unter denen die ältesten
von König Snefru herrühren, welche beweisen, dafs schon

---

[1]) Abbildung bei Erman, Ägypten, II, S. 379 nach Mariette. Man
vergleiche hierzu seine ganze Darlegung.

damals die Sorge für die Bedürfnisse des öffentlichen Kultus als eine Pflicht des Königs betrachtet wurde [1]. Auch datiert bereits aus der Regierungszeit Chafras das gewaltige Riesenwerk, der Sphinx von Gizeh, ein liegender Löwe mit Menschenhaupt, Bild des Sonnengottes, wenn er am östlichen Horizont sichtbar wird.

Den öffentlichen Dienst in den Tempeln verrichten die Priester verschiedenen Ranges. Von altersher gehören dazu stets der Reinheitspriester (u e b), welcher über die Reinheit des Opfertieres entscheiden mufste, der Recitierpriester (ḥ e r - h e b, der Mann mit dem Buch) und, als zahlreichste Klasse, der Gottesdiener (n u t e r h o n?), welchen die Griechen Prophet nannten, was er wenigstens im gewöhnlichen Sinne des Wortes nicht war. Diese Namen bleiben stets dieselben, aber die Stellung und Bedeutung der Priester ist in der ältesten Zeit noch eine durchaus andere, als später. In dieser Periode war die Priesterschaft nichts weniger als eine Kaste, höchstens ein Beruf. Aber die meisten Priesterämter wurden unter den ältesten Dynastieen neben anderen Würden und Ehrenstellen an Glieder des königlichen Hauses und hohe Beamte verliehen, selbst vielfach an Frauen, so dafs von einem eigentlichen geistlichen Stand keine Rede ist. Die Diener der grofsen Tempel dagegen mufsten sich ausschliefslich dieser Aufgabe widmen, und die vornehmsten Hohenpriester, wie die von Heliopolis und Memphis, führten erhabene Titel, welche sie vor den übrigen auszeichneten. Verschiedene Priester und Priesterinnen waren mit der Verehrung heiliger Tiere beauftragt. Sicher ist, dafs die Priester, wie hochgeehrt und relativ zahlreich sie auch sein mochten, damals noch nicht den Einflufs auf die Staatsverwaltung auszuüben imstande waren, wie in späteren Jahrhunderten, und dafs sie auch noch nicht die Macht und den Reichtum be-

---

[*] Wiedemann, ÄZS., 1885, S. 77 f.

saſsen, welche sie einst zu den gefährlichsten Rivalen des
Königtums machen sollten.

Indessen kommt dem Könige von der frühsten Zeit
an keine geringere Heiligkeit zu als dem Priester. Er,
der auf Erden lebende Horos, der Sohn der höchsten
Gottheit, selbst „der gute Gott" genannt, besitzt allezeit
das Recht, den Göttern zu nahen und ihnen seine Opfer
zu bringen; ihm und einigen der höchsten Priester allein
ist es vergönnt, die Thür der verborgenen Kapelle, des
Allerheiligsten, zu durchschreiten und das Angesicht seines
Vaters zu schauen.

4. Die Berichte Manethos und Herodots über die Religion dieser Periode.

Die Berichte Manethos und Herodots, welche sich
auf die Religionsgeschichte des Alten Reiches beziehen,
sind nur mit Vorsicht zu gebrauchen. Nach dem ersteren
soll Kaiechos (Kakau), aus der 2. Dynastie, den Kultus
der Stiere von Memphis und Heliopolis und des Widders
von Mendes eingeführt haben. Nach anderen ist der
älteste historische König Mena der Stifter des Apisdienstes. Wenn diese Mitteilung einer gewissen Wahrheit nicht entbehrt, dann kann sie allein so verstanden
werden, daſs diese Fürsten die Verehrung der in Rede
stehenden Tiere zum Staatskult erhoben und regelten;
denn als animistischer Brauch muſs sie viel älter sein.
Was Herodot und Diodor über die Könige Cheops
(Ḫnum-ḫufu), Chefren (Šafra oder Ḫafra) und Mykerinos
(Menkaura) berichten, nämlich daſs die ersten beiden
sehr gottlos waren, die Tempel schlossen und eine
drückende Tyrannei ausübten, der letzte dagegen sich
durch seine Frömmigkeit und Gerechtigkeit auszeichnete,
wird nur teilweise durch die Monumente bestätigt [1]).

---

1) Manetho scheint dies gefühlt zu haben, denn er erzählt, daſs
Cheops sich in seinem Alter bekehrte.

Chufu und Chafra waren sicherlich nicht gottlos; sie bauten Tempel und andere Monumente, übertrugen ihren Hausgenossen Priesterwürden und waren eifrige Verehrer des Ptah und der Osirischen Götter. Es ist richtig, dafs ihre Standbilder, Meisterstücke der Bildhauerkunst, welche man später nicht mehr erreichte, zertrümmert in einer Grube gefunden wurden. War dies die Veranlassung zu jener Erzählung? Oder hat der griechische Geschiehtschreiber, wie man vermutet (Max Büdinger), diese Fürsten der 4. Dynastie mit den Fremdherrschern, den Hykyssôs-Königen, verwechselt? Sehr wohl möglich. Aber wenn man in Betracht zieht, dafs die genannten Statuen eine durchaus freie Richtung in der Kunst repräsentieren, gänzlich abweichend von den streng hieratischen Formen, an welche die Künstler sich später halten mufsten und die Menkaura wieder respektierte, so würde in der Unabhängigkeit, welche diese Thatsache bezeugt, die Ursache des Widerwillens liegen können, welchen sie bei späteren Frommen weckten, und der diese ihre Standbilder zerstören liefs [1]). Menkaura war in der That ein sehr frommer Fürst nach dem Herzen der Priester. Sein Sohn Horduduf wurde noch Jahrhunderte später als religiöser Schriftsteller gepriesen. Im Auftrage seines Vaters inspizierte er alle Heiligtümer des Landes und fand damals einige Texte, welche in das Totenbuch aufgenommen wurden. Dies hat in der That den Anschein einer gewissen Reaktion gegen eine freiere Richtung.

---

[1]) Ed. Meyer, Oesch. des alten Ägyptens, S. 143 denkt an Revolution und Bürgerkrieg und schreibt die Vernichtung dieser und anderer Standbilder, der Sarkophage des Chufu und Pepi I., unter Auskratzung des Namens der letzteren in seinen Grabinschriften, den gehafsten Herakleopoliten der 9. oder 10. Dynastie zu. Die in Tanis gefundenen Monumente, deren Stil von dem ägyptischen so sehr abweicht und die Mariette von den Hykyssôs-Königen herleitete, würden nach Erman und Meyer gleichfalls auf die Herakleopoliten zurückzuführen sein. Schon Maspero hielt sie für älter als die Hykyssôs. Auch den Sphinx von Gizeh bringt Meyer in diese Zeit.

Wie dem auch sein möge, die alten Könige von
Ägypten wurden sicher nach ihrem Tode als göttliche
Wesen verehrt und hatten zu diesem Zwecke ihre eigenen
Priester. Der Kultus einiger derselben erhielt sich bis
in die Zeit der griechischen Herrschaft, und der älteste
König Menes ist sogar ein koptischer Heiliger geworden.
Ob sie in der frühsten Zeit schon ihre Tempel hatten,
in welchen sie bereits bei Lebzeiten verehrt wurden,
mag bezweifelt werden. Aber dafs sie damals schon,
sobald sie den Thron bestiegen hatten, als „der gute
Gott, der auf Erden lebende Horos" betrachtet, noch
viel strenger abgesondert, noch mehr mit sklavischer
Ehrerbietung umgeben wurden, und es weit schwieriger
war, sich ihnen zu nahen, geht aus den Denkmälern
hervor. Dem Hohenpriester von Memphis wird es als
besondere Ehre angerechnet, dafs ihm erlaubt wird, die
Füfse des Königs und nicht die Erde zu küssen [1]). Das
ist die Theokratie in ihrer strengsten Form, strenger als
selbst in Babel, wo die Apotheose der Könige ebenfalls
vorkommt [2]).

---

1) Erman, Ägypten, I, S. 109.

2) Wenn ich das berühmte Spruchbuch aus dem Papyrus Prisse,
welches aus der Zeit der 5. Dynastie herrühren soll, als so alt anzuerkennen vermöchte, so würde hier der Platz sein, die darin enthaltene
Moral zu besprechen. Aber ich wage das nicht anzunehmen.

Drittes Kapitel.

Die Religion in der ersten Thebanischen Periode.

(Das Mittelreich.)

---

1. Die offizielle Religion dieser Periode.

Die Geschichte Ägyptens zwischen dem Ende der 6. und den letzten Jahren der 11. Dynastie liegt beinahe gänzlich im Dunkelen. Das Reich befand sich in einem Zustande von grenzenloser Verwirrung und Anarchie, wodurch seine Einheit zerbrochen war. Von den Ursachen dieses Verfalls wissen wir nichts; ebenso wenig sind wir imstande zu sagen, wie lange diese Zeit gedauert hat, wenn auch die Königslisten einige Dynastieen mit Angabe ihrer Regierungszeit melden. So lange, als man daraus ableiten sollte, kann der traurige Zustand nicht gedauert haben, wie aus der Vergleichung der Denkmäler des 6. mit denen des 11. und 12. Königshauses zu ersehen ist. Man vermutet deshalb, dafs die beiden Dynastieen aus Herakleopolis (die 9. und 10.) gleichzeitig mit den beiden Memphitischen (der 7. und 8.), welchen sie dann den Gehorsam aufkündigten, über einen Teil des Landes regiert haben. Wie dem auch sei, für die Religionsgeschichte liefert diese Periode der Verwirrung nichts Wichtiges.

Aber gegen das Ende der ersten Thebanischen, der

4*

11. Dynastie, beginnt es etwas zu tagen. Von den An-
tefs und Montuhoteps, welche seit vielen Jahren einander
als Gaugrafen zu Theben gefolgt waren, scheinen die
letzten, etwa vier oder fünf, das gesamte Reich unter
ihr Scepter gebracht und so die Einheit wieder hergestellt zu haben. Aber erst durch die Fürsten der zweiten
Thebanischen (12.) Dynastie, die Amenemhats und Usertesens, gelangt Ägypten wieder zu voller Blüte, welche
hinter derjenigen des Alten Reiches nicht zurückstand und
nach vielen, wenn nicht an Glanz, so doch an gesunder
Kraft die des späteren Neuen Reiches übertraf. Nach
ihrer Ansicht ist diese die klassische Periode Ägyptens.
Auch für die Entwicklung der Religion ist sie von grofser
Bedeutung.

Die Könige der 12. Dynastie betrachten sich als die
Restauratoren des Alten Reiches, für dessen Könige sie
Statuen errichten und deren religiöse Verehrung sie
wieder einführen. Obschon aus Theben stammend und
nicht minder eifrige Verehrer der Thebanischen Götter
als ihre Vorgänger der 11. Dynastie: Amons, nach welchem verschiedene derselben benannt sind und dessen
Tempel in dem Quartier Apet sie erbauten, Montus, des
Kriegsgottes von Hermonthis, und auch des Min oder
Chem (Amsi) von Koptos, verlegen sie ihre Residenz nach
oder nahe bei Memphis und protegieren sie verschiedene
andere Lokalkulte. So befördern sie den Dienst des
Anubis als Sohnes des Set und des Ptah im nördlichen
Tanis, renovieren den Hathortempel zu Dendera, bauen
beständig zu Memphis und sind auch noch anderweit
thätig. Von ihnen rührt auch der grofse Sonnentempel
zu Anu (Heliopolis) her, von welchem jetzt nur noch
der grofse Obelisk Usertesens I. übrig ist. Der Osiris-
dienst zu Abydos gelangt durch sie zu niegeahnter Blüte,
und man beginnt nun hohen Wert darauf zu legen, dort
— in der Nähe des gestorbenen und wiedererstandenen
Gottes — begraben zu werden. Sebak (Sovku), der

Krokodilgott, welcher, wie wir sahen, bereits unter dem Alten Reich sehr verehrt und selbst mit Neit verbunden wurde, wird unter ihrer Regierung einer der beliebtesten Götter Ägyptens, nach welchem zahllose Fromme und auch die Könige, vor allem der 13. Dynastie, ihre Kinder nennen. Die Ursache davon muſs in den groſsen Bauten gesucht werden, welche von Amenemhat I. und seinen Nachfolgern im Fayum (Seeland), in der Nähe des dortigen Landsees, welchen die Griechen Moeris nannten, unternommen wurden, und die sie durch die Stiftung eines prächtigen Tempels zu Ehren Sebaks in der Hauptstadt der Provinz Šedet (Krokodilopolis) weihten, wo man ihn unter anderem in der Gestalt von lebenden und wohlgenährten Krokodilen verehrte [1). Das Krokodil war die spezifische Inkarnation des Gottes, welcher als der Schöpfer in den kosmischen Wassern zugleich als der befruchtende Nilgott angesehen wurde. Von altersher zu Ombos an der nubischen Grenze mit dem lokalen Krokodilfetisch der Stadt kombiniert, wurde er frühzeitig in dieser Gestalt dem ägyptischen Pantheon einverleibt und in dieser Periode besonders gefeiert.

Ob das berühmte Labyrinth, welches die Griechen das bewunderungswürdigste Bauwerk Ägyptens nannten, dieser Sebaktempel war oder etwas anderes, soll unentschieden bleiben. Der Riesenbau, sicher durch einen König dieser Dynastie begründet und durch seine Nachfolger vollendet, war vielleicht auch zum Palast bestimmt, obschon dort zweifellos nicht nur Sebak besonders verehrt wurde, sondern er vielmehr ein Kultuszentrum für das ganze Land darstellte, dessen Hauptgötter sämtlich dort ihre Altäre hatten. Daraus geht hervor, daſs die Könige des Mittelreiches auch in ihrer religiösen Politik das Vorbild

---

1) Der Tempel hieſs: „Amenemhat lebt ewig im Hause Sebaks in Šedet". Vgl. darüber Erman, Ägypten, II, S. 385 und die Folgerungen, welche er aus diesem und ähnlichen Namen zieht.

der 6. Dynastie nachahmten. Und nicht minder als
diese empfingen sie die gleiche Huldigung wie die Götter, wurden selbst kurzweg N u t e r, der Gott, genannt
und nicht selten höher gepriesen als die grofsen Wohlthäter des Landes, Râ, der Sonnengott, und Hâpi, der
Nilgott.

2. Der Priesterstand und seine Theologie.

Eine nicht unwichtige Veränderung brachte das Mittelreich der Priesterschaft. Mit Ausnahme der mächtigen
Fürsten einiger Gaue, welche den Traditionen ihres alt-
adeligen Geschlechtes treu blieben und die Priesterwürde
bei dem Hauptgott ihrer Provinz bekleideten, thun die
hohen Beamten ihrer priesterlichen Funktionen nicht
mehr Erwähnung; dagegen hören wir nun von priesterlichen Ämtern, welche dem Alten Reiche unbekannt
waren und zugleich zeigen, dafs der Grundbesitz und die
Einkünfte der Tempel zunahmen [1]). Die Teilnahme von
Laien, oder lieber Unkundigen, am Kultus wird mehr
und mehr beschränkt und wenigstens festen Regeln unterworfen. Die Priesterschaft wird viel mehr als früher ein
Stand, eine Würde, welche meist vom Vater auf den
Sohn übergeht, und wenn auch ihre Mitglieder noch nicht
direkt bestimmenden Einfluſs auf die Regierung und mindestens keine Herrschaft über den Staat ausgeübt zu
haben scheinen, so schlossen sie sich doch enger an-
einander und bildeten Kollegien oder Schulen, welche
sich an den grofsen Zentren mit der Erklärung heiliger
Texte und theologischen Spekulationen beschäftigten.
Einen Beweis für ersteres liefert der alte Text, welcher
jetzt das 17. Kapitel des Totenbuches, vielleicht den
Kern desselben, bildet und dessen älteste Gestalt wir
nunmehr in verschiedenen Redaktionen besitzen. Schon
unter oder vor der 11. Dynastie wurde er mehr als ein-

---

1) Erman, Ä g y p t e n, I, S. 154.

mal und später noch-verschiedentlich mit Glossen versehen, welche mehr von dem Tiefsinn als von der Klar-
heit der ägyptischen Theologen zeugen und mit dem
Text des Totenbuches verschmolzen wurden [1]). Der
Text, dem Toten in den Mund gelegt, stammt aus Anu
(Heliopolis). Der Verstorbene identifiziert sich mit hohen Gottheiten, welche die Wiederbelebung nach dem
Tode personifizieren, dem Bennu-Vogel aus Heliopolis,
aus welchem die Griechen den Phönix gemacht haben,
Chem (Min) von Koptos, dem Gott der Fruchtbarkeit
und des Erwachens des neuen Lebens, und in erster
Linie mit Tum, einem „einzigen Wesen“, welcher
derselbe ist wie Râ in seinem ersten Glanz oder
seiner beginnenden Herrschaft. In dem Texte wird also
allein Tum als eine Gestalt des Râ dargestellt; die anderen Wesen sind jedoch noch nicht so eng mit ihm
verbunden. Die Kommentatoren suchten gleichwohl auszumachen, dafs hier immer von Râ, Osiris und Horos
die Rede sei. Aber schon in dem alten Text wird deutlich gelehrt, dafs Tum-Râ der Eine Gott ist, welcher
sich selbst geschaffen, seinen Namen (d. h. wieder sich
selbst) gebildet hat, als Herr des Götterkreises von niemandem unter den Göttern gehemmt wird und gestern,
heute und morgen, das heifst ewig ist.

Dieses für jene Tage in Wahrheit grofsartige Dogma,
von dem Volke vielleicht nicht verstanden, aber von
den Gebildeten acceptiert, verbreitete sich von Heliopolis nach allen hervorragenden Priesterschulen. Die
Folge davon war, dafs alle nun diese Lehre auf ihren
eigenen Gott zuschnitten und ihren Thôt (Dhuti), Sebak
Šu, Min als den Einen, Höchsten hinstellten, was um so
leichter fiel, wenn dieser Gott, wie Chuum, Ptah, Amun

---

[1]) Man vergleiche meine Vergelijkende Geschiedenis, blz. 43 vgg.
nach Lepsius, Älteste Texte des Todtenbuchs, und vor allem
neuerdings Ed. Meyer, Gesch. des alten Ägyptens, S. 194 ff.

von Theben schon der älteste, der Vater aller Götter
hiefs. Aber man konnte dabei nicht stehen bleiben:
Ein Gott konnte doch nur der Einzige, Ursprüngliche
sein. So waren sie alle derselbe unter anderen Namen,
und die vielen niederen Götter die Glieder oder Offenbarungen dieses Einen; alle Râ in verschiedenen Gestalten oder seine von ihm selbst geschaffenen Gliedmafsen, und um das anzudeuten, wurde dem Namen
manches Hauptgottes der Name Râ beigefügt. Ob diese
Gedankenentwicklung bereits unter dem Mittelreich abgeschlossen war, ist sehr die Frage; erst in dem Amun-
Râ des Neuen Reiches erreicht sie ihre wirkliche Voll-
endung. Aber dafs die Spekulation damals schon diesen
Weg einschlug und, während sie solch' einen bedeutenden Schritt in der Richtung des Monotheismus that, zugleich den Versuch machte, diesen mit dem Polytheismus zu versöhnen, ist nicht zu bezweifeln.

3. Die Volksreligion.

Dessenungeachtet blieb der Polytheismus bestehen;
aber er verblafste. Mythen wurden zu Sagen und Märchen. „Die ehemals Götter waren, ruhen nun in ihren
Pyramiden", heifst es in einem Liede aus jener Zeit [1]).
In der That betrachtete man die Erzählungen von den
Göttern als Geschichten von den ältesten Königen, deren
Dynastieen derjenigen Menas und seiner Nachfolger voraufgingen. Wohl standen diese letzteren, und vor allem
die noch regierenden Könige, nicht so hoch als König
Ptah, Tum oder Râ, aber sie waren doch auch Götter
geworden oder dazu bestimmt, einst in diesen Orden aufgenommen zu werden. Ein merkwürdiges Beispiel von

---

1) Erman, Ägypten, I, S. 92, fafst dies jedoch so auf, dafs unter
diesen Göttern die alten Pyramidenkönige zu verstehen seien.

solchen zu Legenden gewordenen Mythen liefern zwei miteinander zusammenhängende Erzählungen, welche vermutlich aus dieser Zeit stammen und in welchen der Gott
Râ, durch die Zauberkünste der Isis krank geworden
und wieder genesen, doch auf Kosten des Geheimnisses
seines göttlichen Namens, zuletzt beschliefst, die sich gegen
ihn empörenden Menschen zu vernichten, aber während
des Strafvollzuges, mit welchem er die furchtbare Hathor
Sechmet (Sohet), die Personifikation der verzehrenden
Sonnenglut, betraut hat, die noch Übriggebliebenen begnadigt. An dem sonderbaren Widerspruch, dafs der
Gott, welcher in der Erzählung selbst der höchste und
mächtigste aller Götter heifst, gröfser als sein eigener
Vater Nun, an den Gebrechen des Alters leidet, an Gift
zu sterben droht, vollkommen machtlos ist gegenüber
Isis' Zaubereien und ferner durchaus als menschlicher
Herrscher, von einem aus anderen Göttern bestehenden
Hofstaat umgcbcn, vorgcstcllt wird, scheint man sich
nicht gestofsen zu haben. Aber das ist zugleich ein
Beweis dafür, wie sehr man schon zu jener Zeit in Ägypten der alten Mythologie, welche noch deutlich durchschimmert, entwachsen war. Allein in der Praxis und
vorzüglich im Kultus blieben alle die alten Götter bestehen und regelmäfsig empfingen sie ihre Opfergaben.
Die grofse Mehrheit des Volkes, welche von den neuen
Vorstellungen nichts verstand oder sie vielleicht nicht
einmal kannte, würde in dieser Beziehung eine Vernachlässigung nicht geduldet haben. Die Politik der Könige
mufste in diesem Lande des Konservatismus auf Respektierung des Bestehenden bedacht sein. Auch stand diese
Praxis zu dem neuen Dogma nicht im Gegensatz, seit
man in allem Göttlichen, in welcher Personifikation oder
Gestalt auch immer, Glieder, Offenbarungen des Einen
grofsen Gottes zu sehen vermochte. Dafs man so auf
halbem Wege stehen blieb und der erhabenen Lehre,
welche auf die Religion hätte erneuernd und reformie-

rend wirken können, ihre religiöse Frucht nahm, hat man
nicht eingesehen.

Auch Bestattung und Totendienst wurden nicht ver-
einfacht. Im Gegenteil, der angezogene Text beweist,
daſs man die neuen Gedanken dazu gebrauchte, um
Formeln mit noch gröſserer Zauberkraft zu schmieden,
und diese dann auf die Sarkophage meiſseln lieſs. Daneben blieben die anderen, welche von der Osirischen
Anschauung ausgingen, bestehen und wurden selbst
durch neue vermehrt. Auf diesem Gebiet kannte die
Phantasie keine Grenzen mehr.

Die Furcht vor den Schrecknissen des Totenreiches
wurzelte bei den Ägyptern so tief, daſs sie alle Mittel
versuchten, um sich gegen sie zu sichern, selbst die
sich widersprechendsten, da sie ihre Hoffnung auf per-
sönliche Fortdauer aus Vorstellungen schöpften, welche
sich gegenseitig ausschlossen. Denselben Toten, welcher auf seinen Sarkophag die heiligen Texte einmeiſseln
lieſs, durch deren magische Kraft ihm die mystische
Vereinigung mit der Gottheit und dadurch der Sieg
über alle Ungeheuer der anderen Welt verbürgt wurde,
umhing man mit einer Menge von Zaubermitteln, Amuletten, Symbolen, welche nicht viel mehr als Fetische
waren, wenn man ihnen auch einen mystischen Sinn
unterzulegen wuſste; ja, man gab ihm eine Anzahl
ušebti mit, Statuetten von Feldarbeitern, von denen
man glaubte, daſs sie mit ihm zum Leben erwachen
und dann als seine Sklaven ihm die schwere Arbeit
in den Jalu - Feldern bei Osiris erleichtern würden. Die
Billigkeit erfordert übrigens hinzuzufügen, daſs sittliche Gedanken nicht gänzlich fehlen, und daſs schon
jetzt der Mensch seine Hoffnung nicht nur auf alle diese
Zaubermittel und magischen Praktiken, sondern auch
darauf gründet, daſs er bestrebt gewesen ist, den Willen
der Götter zu thun.

Indessen stelle man sich nicht vor, daſs der fromme

Ägypter sein ganzes Leben in düsteren Gedanken verbrachte und stets gepeinigt wurde durch die Furcht vor dem Tode. Spiel und Frohsinn mangelten keineswegs. Man genofs das Leben, zuweilen in ausgelassener Weise. Ein Dichter dieser Zeit, dessen Lied, wie es heifst, dazu bestimmt war, am Hofe des Königs Antef zur Harfe gesungen zu werden, fordert alle auf, sich des Lebens zu freuen und es nach Wunsch zu geniefsen, so lange die Erde sie trage, und dann mutig die Reise anzutreten, von welcher niemand wiederkehrt. Ein seltsames Beispiel eines Freigeistes in dem orthodoxen Ägypten. Auch der Weise, dessen Werk den Namen eines gewissen Ptahhotep aus der Zeit des Königs Assa ('Esse) aus dem Alten Reiche trägt, der aber wahrscheinlich erst unter dem Mittleren Reich lebte, ermuntert die Jugend, das Antlitz heiter strahlen zu lassen, weil noch niemals jemand sein Grab wieder verlassen habe. Dennoch ist er kein leichtsinniger, sondern ein sehr frommer und ernster Mann, welcher alles Glück auf Gott zurückführt und dessen Sittensprüche mit denen der Weisen Israels viel Ähnlichkeit haben.

Wie kompliziert der Kultus also auch war, wie viel halb animistische, halb mystische Handlungen mit dem Totenkult verbunden waren, wie grofs die Zahl der von Staats wegen verehrten Götter auch sein mochte, die Religion hatte auch unter dem Mittelreich in Ägypten noch nicht, wie dies später der Fall sein sollte, die Herrschaft auf jedem Gebiete erobert; die freie Äufserung der Gedanken, mochten sie auch mit dem Volksglauben wenig übereinstimmen, war selbst bei Hofe noch nicht untersagt.

Viertes Kapitel.

Die Religion in der zweiten Thebanischen Periode.

(Das Neue Reich.)

---

1. Die Fremdherrschaft und ihre Folgen für die Religion.

Wie das Mittelreich zu Falle kam, wissen wir nicht. Nur so viel ist sicher, dafs nach der 13. Dynastie ein fremdes Nomadenvolk die Schwäche des Reiches benutzte, um es zu erobern, und dafs es wenigstens Unterägypten sich gänzlich unterwarf und Oberägypten sich tributpflichtig machte. Es waren die Hykyssôs, wie Manetho sie nennt, Hirtenkönige, wie der Name besagt, und nach wahrscheinlicher Annahme semitischen Stammes oder doch mit den Semiten verwandt. Man erzählt, dafs sie Tempel plünderten und verwüsteten, Götterbilder umstürzten und dergleichen Greuel verübten; dafs sie auch keinem anderen Gotte dienten als Set oder Sutech, dem einzigen Gotte des ägyptischen Pantheons, den sie mit ihrem kriegerischen und barbarischen Gott zu identifizieren vermochten. Dafs sie bei ihrem Einfall in das reiche, kultivierte Land das Kriegsrecht auch auf die Tempel und ihre Besitzungen ausgedehnt und die fremden Priester nicht mit viel Ehrerbietung behandelt haben werden, ist wahrscheinlich. Aber die ägyptische Religion im allgemeinen scheinen sie nicht verfolgt zu haben.

Sie selbst nennen sich, sobald sie sich die ägyptische Kultur einigermafsen angeeignet haben, Söhne des Râ, wie die echt ägyptischen Könige; und dafs sie auch ihrem eigenen Volksgott und sich selbst ägyptische Namen beilegten, spricht nicht für ihre Abkehr von der Religion des Landes. Aber protegiert haben sie den ägyptischen Polytheismus ebensowenig, und wie für die Priester und alle, die von den Tempeln lebten, für die Frommen, die an ihre glänzenden Feste gewöhnt waren, war die Zeit der Fremdherrschaft auch eine Zeit der Bedrückung für die nationale Religion. Die Könige der 18. Dynastie mufsten denn auch alle Kräfte anspannen, um die verwahrlosten und verfallenen Tempel wieder herzustellen, und der Sphinx des Chafra war noch unter der Regierungszeit Amenothes' II. tief im Sande versunken und wurde erst durch seinen Sohn und Nachfolger Thutmes IV. davon befreit [1]).

In gewissem Mafse selbständig, wenn auch zinspflichtig und machtlos, war das südliche Reich, welches noch immer von Thebanischen Fürsten regiert wurde; die Befreiung des Landes ist denn auch von Theben ausgegangen. Thebanische Könige waren es, welche die Fahne der Empörung aufwarfen, und der Thebanische König Amosis vertrieb die Hirtenfürsten, nachdem sie durch drei seiner Vorgänger in die äufserste Nordostecke Ägyptens zurückgedrängt waren, aus ihrer letzten Feste Auaris.

Eine direkte Folge dieser jahrhundertelangen Fremdherrschaft für die Religion war die Ansiedlung von allerlei ausländischen Kulten, welche entweder von den Eroberern selbst oder unter ihrem Schutze von stammverwandten, bestimmt semitischen Kaufleuten und Handwerkern eingeführt wurden. Nicht nur ihr Gott Sutech

---

1) Als er noch als Prinz auf der Jagd in der Nähe rastete, soll ihm in einem Traume die Krone verheifsen sein, wenn er gelobte, den Sphinx wieder auszugraben. Brugsch, ÄZS. 1876, S. 89 ff.

wurde nach ihrer Vertreibung weiter verehrt, in dem
Maſse, daſs selbst die ägyptischen Könige, vor allem
die der 19. Dynastie, seinen Dienst zu Tanis begünstigten,
sondern man findet auch seit dieser Zeit verschiedene,
entschieden semitische Götter in Nordägypten öffentlich
verehrt, auf ägyptischen Monumenten in halb ägyptischer
Form abgebildet und mit ägyptischen Göttern brüder-
lich verbunden, ohne daſs irgendetwas von Verbot oder
Verfolgung zu spüren ist. Baal, der allgemeine Götter-
name vieler semitischer Stämme, verschiedene Astartes,
der phönicisch-cyprische Rešpu, die noch rätselhaften,
aber sicher fremden Göttinnen Anit und Tanit, gehören
hierher. Damit soll nicht gesagt sein, daſs alle diese
Gottheiten schon unter den Hykyssôs eingeführt wurden,
sondern daſs ihre Einbürgerung durch das neue Element,
welches letztere nach Ägypten gebracht hatten, möglich
gemacht worden war.

Die ägyptische Tradition wurde wahrscheinlich in
Memphis und Heliopolis, sicherlich aber zu Theben in
der Stille bewahrt, jedoch auch weiter entwickelt. Vergleicht man die ägyptische Theologie des Mittelreiches
mit der des Neuen, so erhellt sogleich, daſs die in der
erstgenannten Periode eingeleitete Entwicklung in der
Zeit der Bedrückung nicht gestockt war, sondern daſs
man sich beständig in der einmal eingeschlagenen Richtung weiter bewegte.

Die Verschmelzung des nationalen Hauptgottes Râ
mit den wichtigsten Göttern der einzelnen Gaue und seine
Erhebung zum wahrhaft Einzigen über alle die anderen,
welche nichts weiter als seine Glieder oder Offenbarungen
sind, ist jetzt noch allgemeiner und vollkommener als
zuvor.

Die politischen Verhältnisse wirkten ebendahin. Wie
hoch der König auch unter dem Alten und dem Mittelreich geehrt und obgleich er der Gottheit gleichgestellt
wurde, seine Macht war doch nicht so absolut, wie sie

erschien. Die erblichen Herren der verschiedenen Gaue waren ihm zwar unterthan, aber sie besafsen auf ihrem Gebiet doch eine gewisse Selbständigkeit und unabhängiges Ansehen.

Ägypten war damals, wenn auch keine feudale, so doch sicherlich eine aristokratische Monarchie; nach der Vertreibung der fremden Fürsten ist es ein monarchischer Beamtenstaat geworden. Die Könige, welche den Grund und Boden des Reiches Fufs für Fufs den Fremdlingen abgewonnen hatten, betrachteten sich nunmehr als die eigentlichen, rechtmäfsigen Besitzer dieses Landes. Sie waren die absoluten Herren, und als solche stützten sie sich auf zwei Mächte, beide ebenso unentbehrlich für die Handhabung ihrer Autorität als geneigt, ihnen dieselbe zu entreifsen: das Heer und die Priesterschaft. Wir werden sehen, wie in dieser Periode der Einflufs, der Reichtum und dadurch die Anmafsung der Priester stets zunahmen. Auch für diese Erscheinung liegt der tiefste Grund in der langdauernden Erniedrigung der Nation. In der Zeit seiner Machtlosigkeit hatte Ägypten bei den väterlichen Göttern Trost und in stets eifrigerer Verehrung derselben Hilfe gegen den Feind und Hoffnung auf Rettung gesucht. Schon seinem Charakter nach devot, war das Volk dadurch noch devoter geworden als vorher. Und als sich nun die Macht dieser Götter gezeigt hatte, als die Könige durch ihren Beistand Sieger geworden waren, als die vom Schlachtenglück begünstigten Heere unter ihrem Geleit die Grenzen überschritten, nicht ohne neue, ferne Provinzen dem Reiche anzufügen, da beeiferte man sich, auf allerlei Weise seine Dankbarkeit für diesen Segen zu zeigen, und war zugleich die goldene Zeit für den Stand angebrochen, welcher mit dem Dienste der Götter betraut war. Wer den Tempel bereichert, macht den Priester mächtig.

2. Die Priester unter dem Neuen Reich.

Zahlreich und in mancher Hinsicht bevorrechtet sind die Priester in Ägypten zu allen Zeiten gewesen; so schon im Alten, mehr noch im Mittleren Reich. Aber ihre Anzahl ist niemals so groſs, und sie selbst sind niemals so hochgeehrt und so mächtig gewesen · als unter dem Neuen Reich. Ein Viertel der Gräber zu Abydos aus dieser Zeit gehört Priestern oder Tempeldienern; in früheren Perioden waren sie dort selten. Zu der Vermehrung der Priester trug alles bei: die Zunahme in der Zahl lokaler und offizieller Kulte, die gröſsere Pracht des Gottesdienstes, der wachsende Reichtum der Tempel, deren Schätze demzufolge mehr Verwalter erheischten, die stets mächtiger werdende Furcht vor den Schrecknissen des Totenreiches, welche nun auch viele aus dem Mittelstande dazu drängte, Fonds zu stiften oder Kontrakte zu schlieſsen, um sich eine Lampe im Tempel, Speisen für ihren Unterhalt in der Grabkapelle und den Dienst eines eigenen Priesters für die Ewigkeit zu sichern; obendrein das Ansehen, dessen sich der Priester erfreute und das nicht wenige anlockte.

Während die Arbeiter an den Prachtbauten der Pharaonen ihren kärglichen Lohn nicht selten erst nach drohender Forderung und dann noch bisweilen nur zur Hälfte ausgezahlt erhielten, lebte der Priester, wenigstens an den bedeutenden Heiligtümern, in verhältnismäſsiger Beschaulichkeit und im Überfluſs.

Von Steuern waren sie befreit. Nicht vom Kriegsdienst, aber sie standen dabei unter dem Befehl ihrer eigenen Hohenpriester, und der Befehlshaber derselben setzte selbst das Kontingent fest. Für die Tempel der Götter, vor allem die des Amun zu Theben, des Tum-Râ zu Heliopolis, des Ptah zu Memphis, aber auch viele andere, für die Gräber und Grabtempel, für den Prunk des Kultus verwendeten, man darf sagen: verschwendeten die Könige des Neuen Reiches unglaubliche Summen. Schon die der 18. Dynastie, wie der grofse Eroberer Thutmes III., aber besonders die Ramessiden, der zweite und der dritte Ramses am meisten, überschütteten nach ihren glücklichen Kriegen die Tempel und ihre Diener mit Benefizien. In einem merkwürdigen Papyrus zählt Ramses III. alles auf, was er in den verflossenen 31 Jahren seiner Regierung für die Götter und ihre Verehrung gethan hat, und zu diesen Schenkungen gehören 169 Ortschaften, mehr als hunderttausend Sklaven, eine halbe Million Stück Vieh, mehr als eine Million Mafse Ackerland und Edelmetall im Werte von vier bis fünf Millionen Mark [1]). Und die ersten, welche daraus Vorteil zogen, waren natürlich die Priester, meist diejenigen des Hauptgottes zu Theben, für welchen der Löwenanteil bestimmt war.

Dabei standen auch hohe Staats- und richterliche Ämter ihnen offen. Die Gerichtshöfe, unter dem Alten Reich noch fast ausschliefslich in den Händen von Laien, wenigstens nicht von berufsmäfsigen Priestern, waren unter dem Neuen zuweilen gänzlich, gewöhnlich zum gröfsten Teil aus Priestern zusammengesetzt. Das höchste Amt nach dem Könige wurde dann und wann von dem Hauptpriester Thebens oder dem zu Memphis bekleidet. Amenhotep, der Sohn des Hapu, der Weise, welcher später vergottet und neben Imhotep, dem Sohn des Ptah, angebetet wurde, war nicht nur Schriftgelehrter, sondern auch der grofse Baumeister, durch dessen Veranstaltung die beiden sogenannten Memnonskolosse errichtet wurden, Oberbefehlshaber der Armee und erster Minister des Königs Amenhotep III. [2]).

Doch bildeten sie jetzt weit mehr als früher einen

---

1) Erman, Ägypten, II, S. 404—409.
2) Siehe Brugsch, ÁZS. 1875, S. 123 ff. 1876, S. 96 ff. Piehl ebd. 1887, S. 117 f.

eigenen, wenn auch nicht erblichen Stand. Nur Frauen
repräsentieren das zurückgedrängte Laienelement, spielen
das Sistrum bei den gottesdienstlichen Handlungen und
bilden den Harem des Gottes, an dessen Spitze als seine
einzige legitime Gattin auf Erden die Königin selbst
steht. Jetzt erst beginnen die Priester sich auch durch
ihren kahlgeschorenen und stets entblößten Schädel und
durch ihre altfränkische Kleidung von den Ungeweihten
zu unterscheiden. Nur die Hauptpriester richten sich
nach der allgemein gebräuchlichen Tracht, es sei denn,
daß sie schon seit alter Zeit ein besonderes Amtsgewand
oder ein Zeichen ihrer Würde besaßen.

Die vornehmsten und mächtigsten dieser Priester waren
diejenigen des Amun-Râ, des Gottes von Theben, der
Haupt- und Residenzstadt des Neuen Reiches. Das Vermögen ihres Gottes, worüber sie also zu verfügen hatten,
wenigstens soweit nicht die Königin als die Frau Amuns
ihre Rechte darauf geltend machte, war fünfmal so groß
als das von Heliopolis und zehnmal so groß als das
von Memphis [1]).

Der Hohepriester war nicht nur primus inter pares,
sondern das wirkliche „Haupt der Propheten aller Götter“,
welcher selbst Mitglieder seines Kollegiums zu Hohenpriestern von nicht geringeren Heiligtümern als denen
zu Memphis und zu Heliopolis befördern ließ. Diese
hierarchische Ordnung war, soviel wir wissen, etwas Neues
und in so hohem Altertum etwas Seltenes. Sie machte
Theben nicht nur zum Sitze der Staatsregierung, sondern
auch zur geistlichen Hauptstadt des Landes, zu einem
ägyptischen Rom; und welche Macht sie in die Hände
dieses Oberpriesters legte, braucht nicht ausgeführt zu
werden. Einen eigenartigen Gegensatz zu dieser hohen
Würde bildet die bescheidene Titulatur der Priesterschaft
Amuns. Von den fünf Rangstufen, welche jeder durch-

[1]) Erman a. a. O. II, S. 410.

laufen mufste, bevor er zu einer höheren aufrücken konnte, wurde die unterste einfach Priester (ueb), die folgende „göttlicher Vater‘‘, die drei höchsten mit dem Titel benannt, welchen die Griechen durch „Prophet“ übersetzen. Während die Häupter der alten Priesterschaften, wie der zu Memphis und vor allem der zu Heliopolis, mit klingenden Namen geehrt wurden, hiefs das der Thebanischen, welchem alle gehorchten, einfach „erster Prophet des Gottes Amun-Rà zu Theben‘‘.

3. Kultus und Totendienst.

Im Verhältnis zu dem hervorragenden Platze, welchen die Religion mit ihren Dienern im Neuen Reich einnahm, stand die Pracht des Kultus und der Wetteifer fast aller Könige der 18. und 19. Dynastie im Bauen, Schmücken und Vergröfseren der Tempel. Zwar sind wir, was den Kultus anlangt, nur dürftig unterrichtet, und vor allem fehlen uns die Data, um den Kultus dieser mit demjenigen früherer Perioden zu vergleichen. Aber aus den Berichten, die auf uns gekommen sind, und aus den Abbildungen an den Wänden der Tempel geht doch hervor, dafs die Feste zu Ehren der grofsen Götter vermehrt und mit grofsem Gepränge gefeiert wurden. So das Krönungsfest der Könige, welches nach dreifsigjähriger Regierung [1]) mit besonderem Jubel abgehalten wurde, und das wahrscheinlich damit verbundene Erntefest zu Ehren des Ackerbaugottes Min oder Chem. Die Gottheit verliefs ihr Heiligtum, um in eigner Person dabei zugegen zu sein. Nicht allein das Bild, sondern auch der heilige Fetisch selbst, jedoch sorgfältig vor den Blicken der Ungeweihten in der mystischen Lade verborgen und auf die heilige Barke gestellt, wurde von

---

[1]) Bemerkenswert ist, dafs auch in Assyrien eine dreifsigjährige Regierung festlich begangen wurde.

Priestern in der Prozession getragen. Der König selbst
schnitt die ersten Ähren, liefs vier Gänse, die heiligen
Tiere des Seb (Sibu), des Erdgottes, nach den vier
Himmelsgegenden hin los, und die Ernte hatte begonnen.
Nach dem Feste kehrte die Gottheit in ihre geheimnisvolle Wohnung zurück. Diese war das Allerheiligste,
welches nur einzelne Bevorrechtete betreten durften und
niemand, ohne sich vorher erst viermal gereinigt zu
haben. Der ägyptische Gott wohnte im Verborgenen.
Sein eigentlicher Aufenthalt, eine kleine, gänzlich in my-
stisches Dunkel gehüllte Kapelle, mit zwei oder mehr
ebenso finsteren Kapellen daneben für seine Gattin und
seinen Sohn oder andere mit ihm verbundene Götter,
lag im hintersten Teile des Tempels und war obendrein
von geringerer Höhe als die übrigen Räume. Von dort
an bis zum Portal nahm die Höhe der Säle und Höfe
beständig zu. Im Adyton befand sich kein Bild, sondern ein Fetisch oder Symbol der Gottheit; die Statuen
und Reliefbilder befanden sich in den anderen Hallen.
Diese bestanden mindestens aus einem Vorhof, zu welchem ein Portal mit zwei Türmen an den beiden Seiten
Zugang gewährte und der an drei Seiten von Säulen umgeben war, und aus einem bedeckten Saal, dessen Dach
auf Säulen ruhte (Hypostyl). Aber in den bedeutenden
Tempeln war die Anzahl der Vorhöfe und Innenhöfe
gröfser. Die Mauern waren mit Abbildungen bedeckt,
welche meist den König darstellten, während er eine
religiöse Handlung für einen oder mehrere Götter verrichtet. Im ersten Vorhofe stand der grofse Altar, und
in einigen Tempeln, wie in dem des Sonnengottes zu
Ḥut'aten (El Amarna), gab es verschiedene Säle, deren
jeder einen Altar in seiner Mitte hatte. Vor dem ersten
Pylon standen in der Regel zwei Obelisken und Masten
mit Wimpeln, welche sich noch über die Türme erhoben.

Vor dem Tempel fand man aufser kleineren Heilig-

tümern, Vorratskammern, Magazinen und Wohnungen für
Priester und Diener meist einen Weiher, auf welchem die
Mysterien aufgeführt wurden, und ein heiliges Wäldchen,
alles von einer Ringmauer umgeben. Es besteht kein
Zweifel darüber, dafs diese Einrichtung der Tempel eine
mystisch - symbolische Bedeutung hatte — wenigstens
wurde sie in der historischen Zeit von den Priestern und
Theologen damit verbunden; aber wie sehr sich auch
dabei ihre Phantasie in allerlei Spekulationen verlor, an
welche die ersten Tempelgründer vielleicht nicht gedacht hatten, so setzte man sich doch gewifs von Anfang
an kein anderes Ziel, als in der irdischen Wohnung
der Gottheit ein Abbild ihres himmlischen Aufenthaltes
zu geben, wie auch die Mysterien ihre geheimnisvolle
Wirksamkeit in der Natur, die Erneuerung des Lichtes
und die Verjüngung des Lebens darstellten [1]).

Es ist nicht unsere Aufgabe, alles aufzuzählen, was die
Thutmesse und Amenothesse der 18. und die Seti's und
Ramsesse der 19. Dynastie für die Wohnungen ihrer Götter
gethan haben. Überall, im Norden und Süden, bis tief
nach Nubien hinein, nicht am wenigsten zu Memphis,
Heliopolis, Tanis, Dendera, Abydos, Silsilis, aber vor
allem zu Theben, in der Stadt der Lebenden am rechten und in der Totenstadt am linken Nilufer, haben sie
ohne Aufhören gebaut. Die Ruinen der zu Ehren des
Amun-Râ in der Hauptstadt errichteten Heiligtümer, in
der Nähe des heutigen Karnak, sind die bedeutendsten
und imposantesten Ägyptens. Mit den zugehörigen Ge-
bänden, selbst wenn man den Tempel am Nilufer bei
dem heutigen Luxor nicht mitrechnet, ist dies vielleicht
der gröfste Tempel der Welt. Was zur Zeit des Mittel-
reiches von Amuns Haus bereits stand, ein Gebäude von

---

1) Über die Einrichtung der Tempel vergleiche man u. a. Erman,
Ägypten, II, S. 379 ff.; Duemichen, Gesch. des alten Äg., passim.
Über die symbolisch-mystische Bedeutung der Tempeleinrichtung: M. de
Rochemonteix, Le Temple égyptien, Leçon d'ouverture. Paris 1887.

70 × 50 m, war nicht klein, etwas gröfser sogar als
das Parthenon der Athene oder der Zeustempel zu Olym-
pia. Die Könige des Neuen Reiches jedoch achteten
solch ein Heiligtum für zu gering, des grofsen Gottes,
welcher sie in Sieg auf Sieg eine mächtige Herrschaft
hatte begründen lassen, unwürdig. Thutmes I. begann
mit dem Bau eines prächtigen Vorhofes, in dessen Nähe
später Amenothes III. zwei grofse Pylonen errichtete;
Thutmes III. hatte schon um den alten Tempel herum
einen neuen mit einer grofsen Anzahl von Gemächern
und unter anderem ein schönes Hypostyl gebaut. Aber
dieses letzte Werk wurde übertroffen durch das schönste
Gebäude Ägyptens, den riesenhaften Säulensaal vor den
Pylonen Amenothes' III., von Ramses I. begonnen, von
Seti I. weitergeführt und von Ramses II. vollendet. Von
diesem wurde um die drei Seiten des eigentlichen Tempels eine vollständige Ringmauer gezogen. So war unter
seiner Regierung der grofse Amuntempel mit seinen
Vorhöfen schon 250 m lang bei ungefähr 100 m Breite.
Die späteren Dynastieen sollten ihn noch um 100 m
verlängern.

Auf dem Platze, wo dieser Haupttempel lag, einem
nahezu gleichseitigen Viereck von reichlich 1800 m im
Umfang, erhob sich noch der kleinere Chonsutempel
Ramses' III., und in südwestlicher Richtung führte eine
Reihe von Vorhöfen und Pylonen, welche von den drei
Thutmes, von Horemhib und Ramses II. angelegt waren,
nach dem Verbindungswege, welcher zu dem in ge-
raumer Entfernung gelegenen Tempel der Muttergöttin,
Amuns Gattin, führte, den Amenothes III. erbaut hatte.
Nordöstlich grenzte an Amuns Tempelhof der eines anderen kleinen, von demselben König errichteten Tem-
pels. Auf breiten Wegen, zwischen endlosen Reihen
von Sphinxen hindurch, welche teils ein Menschen-, teils
ein Widderhaupt trugen, erreichte man südwärts den
Tempel, welchen Amenothes III. in der Nähe des heu-

tigen Luxor angelegt und Ramses II. vergröfsert hatte,
westwärts den Nil, und wenn man diesen überschritten
hatte, die Tempel der Totenstadt. Dort fand man andere grofse Tempel, in denen der Totenkultus der
Könige in Verbindung mit dem der Gottheit celebriert
wurde, und die beiden kolossalen Sitzbilder Amenothes' III.,
welche die Griechen für Denkmäler des mythischen Königs Memnon, des Sohnes der Morgenröte, hielten. Die
Wände aller dieser Gebäude waren mit kühn gemeifsel-
ten Reliefs bedeckt, Säulen und Pylonen mit lebendigen,
aber nicht grellen und geschmackvoll abgestuften Farben
abgesetzt, und der Säulenwald in dem grofsen Vorsaal
der Ramessiden war ein Werk, welches nicht allein durch
seine Dimensionen, sondern auch durch seine Schönheit
selbst in Trümmern zur Bewunderung zwingt. Der Kunst-
wert, welchen die unerreichten Tempel von Hellas besitzen, kann denen Ägyptens nicht zuerkannt werden.
Aber die Griechen hatten eine jahrhundertelange Kunst-
entwickelung hinter sich und begannen mit der Imitation
assyrisch-persischer, indirekt auch ägyptischer Modelle;
von der ägyptischen Kultur gilt, so viel wir wissen, die
Formel, welche sie von ihrem Sonnengott gebrauchten:
hoper zesef, ,,aus sich selbst geschaffen''. Es ist
ihnen gelungen, durch ihre Riesenbauten wenigstens den
Eindruck des Grofsartigen und Erhabenen zu machen.
Deshalb zeugen diese Werke nicht nur von dem Kunst-
sinn, oder wenn man will, auch von der Eitelkeit und
Prachtliebe ihrer Könige, sie sprechen auch für ihre
Religion. Die ägyptische Religion hatte ihre kleinliche
Seite; das Animistische und Magische, von dem sie sich
nicht zu befreien vermochte, hat ihre Entwicklung gehemmt und schliefslich zum Stillstand gebracht. Aber
es kann kein niedriger und es mufs ein mächtiger Glaube
sein, welcher einem Volke solche Schöpfungen eingiebt
und es freiwillig solche Summen opfern läfst, um dem
höchsten Gotte ein seiner würdiges Haus zu erbauen.

Eine der schwachen Seiten der ägyptischen Religion
war die Furcht vor dem Leben nach dem Tode und
die übertriebene Sorge, sich in der jenseitigen Welt ein
glückliches Los zu sichern. An diese werden nicht nur
Schätze, sondern, was schlimmer ist, kostbare Kräfte
vergeudet, welche besser hätten gebraucht werden können;
und durch die Schilderungen einer zügellosen Phantasie,
welche stets neue Ungetüme und Schrecknisse erdachte,
wurden die Herzen beunruhigt, so dafs man immer mehr
magische Mittel ersann, um ihnen zu entgehen. Unter
dem Neuen Reich verminderte diese Sorge sich keineswegs, sondern sie wurde im Gegenteil eine noch ängst-
lichere. Allerdings wurden die Gräber etwas kleiner
und einfacher als die ausgedehnten Prachtgräber der
hohen Beamten der vorhergehenden beiden Perioden,
aber sie waren auch nicht wie diese mit allerlei fröhlichen Scenen aus ihrem glücklichen und gesegneten
Erdenleben, sondern vielmehr mit magischen Texten bedeckt. In Theben hauptsächlich wurden diejenigen der
Könige und der Vornehmen in den Fels gehauen, und
die ersteren hatten obendrein noch ihre Grabtempel, wo
man zwar den Göttern immer in erster Linie, aber ihnen
daneben diente. Die Sarkophage werden jetzt etwas
verändert: sie sind nunmehr nach der Form der Leiche
gemeifselt, der Deckel giebt die Mumiengestalt des Toten
mit Kopf und Händen wieder, und das Ganze wird nicht
mehr mit heiligen Texten beschrieben, sondern mit
Göttergestalten und Sinnbildern der Auferstehung und
der Ewigkeit bedeckt. Mit wenigen zauberkräftigen Texten
begnügte man sich nun nicht mehr, sondern grub ganze
Bücher auf die geräumigen Wände der Königsgräber,
wie z. B. desjenigen Setis I., ein oder gab wenigstens
dem Verstorbenen die ganze, schon sehr vermehrte
Sammlung, welche das Totenbuch ausmachte, auf die
bange Reise mit. Am liebsten liefs man sich, wenn es
möglich war, in Abydos begraben oder mindestens die

Leiche dorthin bringen, um in der Nähe des grofsen
Gottes der Totenwelt Weihrauch und Myrrhe des heiligen Ortes einzuatmen und dann in Frieden nach seiner
Grabstätte zurückzukehren. Eine Beschreibung des Lei-
chenzuges und der Begräbniszeremonieen kann hier nicht
gegeben werden. Dafs Priester eine grofse Rolle dabei
spielten, versteht sich von selbst. Der Tote wurde schon
als Gott angeredet und verehrt, und natürlich wurden ihm
Opfer, ein Ochse oder eine grofse Antilope, geschlachtet.
Jammerschreie erfüllten die Luft, vor allem von Frauen,
und unter diesen, was eigentümlich ist, von den Witwen
mit ihren Kindern, welchen der Heimgegangene in seinem Leben Wohlthaten erwiesen hatte. Die Gattin um-
armt seine irdischen Reste unter Zeichen tiefer Trauer
und mit der Klage, dafs sie so allein sei und fern von
dem Geliebten, der ihr so freundlich zusprach und nun
schweigt [1]. Allem diesem, mag es auch manchmal
lediglich Form gewesen sein, liegen wenigstens rein
menschliche Gefühle zugrunde.

In einer Hinsicht ist in der hier besprochenen Vorstellung ein Fortschritt zu konstatieren. Hatte man sich
bislang das Leben nach dem Tode als eine Fortsetzung,
oder besser eine Erneuerung des irdischen Lebens im
grofsen Stile gedacht, jetzt beginnt sich eine sittliche
Forderung mit demselben zu verknüpfen und zeigen sich
die ersten Spuren der Vergeltungslehre. In einem der
nunmehr erst dem Totenbuche hinzugefügten Kapitel
(125) wird das Totengericht oder das Wägen der Seele
im Saal der doppelten Gerechtigkeit vor dem Throne
des Osiris dargestellt. Die Göttin der Wahrheit führt
den Toten herein. Hier mufs er das sogenannte nega-
tive Bekenntnis sprechen, d. h. er mufs bezeugen, dafs
er die in den zweiundvierzig Artikeln dieses Bekennt-
nisses aufgezählten Sünden nicht begangen hat. Zwei-

[1] Vgl. Erman, Agypten, II, S. 424—435.

undvierzig Genien, sehr uneigentlich Totenrichter genannt, sitzen mit gezogenem Schwert um ihn her, bereit die Strafe zu vollstrecken, sobald er in irgendeinem
Punkte nicht den Ansprüchen genügt. Aber damit sich
zeige, daſs er die göttlichen Wesen nicht betrügt, daſs
er mâ'a ḫru, „richtig sprechend" [1]) ist, muſs sein Herz
auf der Wagschale unter Aufsicht von Horos, Anubis
und Thôt gegen das Bild der Göttin der Wahrheit ab-
gewogen und nicht zu leicht befunden werden. Thôt
zeichnet das Ergebnis auf und rechtfertigt ihn. Darauf
tritt er vor den Thron des groſsen Gottes, welcher
ihn zu seinem Unterthan annimmt. Wiewohl in sonderbare mythische Formen und Symbole versteckt, hätte
dieser Gedanke gewiſs von heilsamem Einfluſs auf die
Lebensauffassung der Gläubigen sein können, wenn man
nur nicht sofort wieder nach Zaubermitteln gegriffen
hätte, um in diesem Urteil zu bestehen. Der Fromme
richtete sogar Gebete an sein eigenes Herz, um es zu
bewegen, nicht gegen ihn auszusagen.

Vielleicht hängt mit dieser Anschauung die nun auf-
kommende Gewohnheit zusammen, zuerst das Herz, an
dessen Stelle dann ein Skarabaeus, das Symbol der
Wiedergeburt, gelegt wurde, später auch die anderen
Eingeweide aus dem Leichnam zu nehmen und sie in
vier mit den Köpfen der vier Todesgenien als Deckeln
versehenen Vasen, den sogenannten Kanopen, zu bergen,
um sie so unter die Obhut dieser Vierzahl zu stellen.

Aber dies war nur eine der vielen Vorschriften, welche
man beobachten muſste, um mit Vertrauen der dunkelen
Zukunft entgegenzugehen. Selbst der Rechtschaffene
war nicht sicher, wenn man eine derselben vernachlässigt
hatte. Deshalb wurden sie nunmehr zu einer Art von
kanonischen Büchern gesammelt, mit all' den Gebeten,

---

1) Von den vielen Erklärungen dieser Formel, welche verschiedene
Ägyptologen in der letzten Zeit versucht haben, erscheint mir diese noch
immer als die beste. Vgl. S. 42, Anm. 2.

welche dabei zu sprechen waren. Zu diesen gehörte das
Ritual der Einbalsamierung und dasjenige des Totenopfers,
welche vor dem Neuen Reiche nicht vorkommen. Bei
diesem Opfer wurden die feierlichen Handlungen teils
an der Mumie, teils an dem Bilde des Verstorbenen
verrichtet. Die erste derselben war das mystische Öffnen
des Mundes und der Augen, um ihm Sprache und Gesicht wiederzugeben. Die Leitung war dem ḥer-heb
(ḫri-hibu), dem Recitierpriester, übertragen, welcher
dabei durch verschiedene andere, darunter auch „den
geliebten Sohn des Toten" unterstützt wurde. Alle
nehmen den Charakter Osirischer Götter an. Mehrere
Reinigungen gehen vorauf, und nachdem das Opfer geschlachtet ist und Mund und Augen mit Stücken des
getöteten Tieres bestrichen sind, öffnet man sie mit
einem Werkzeug, welches schon von Anubis gebraucht
war und daher aus Silex bestehen mußte. Dann wird
durch Auflegung der Hände sa, das Götterblut, in
den Toten gebracht, durch Zauberwerkzeuge den Lippen
und Wangen Farbe, den Kinnbacken Geschmeidigkeit
zurückgegeben und der Verstorbene zum Schluß, ebenso
wie die Götter, mit Kleidern, Räucherwerk, Fetischen
und Amuletten beschenkt. Der Totenkultus ist ein Spiegelbild des Götterkultus. Die ganze Reihe von Zeremonieen,
welche man mehrfach auf den Denkmälern abgebildet
findet und die den Zweck verfolgte, das Bild des Gottes
zu seiner Inkarnation zu machen, wird auch an dem
Toten vollzogen, um ihn als Bewohner der Duant und
demnach als Gott wieder erwachen zu lassen ¹.)

4. Die Lehre vom Totenreich.

Wenn wir jetzt die Lehre vom Totenreich besprechen,
wie sie im Neuen Reiche herrschte, so soll damit nicht

---

1) Man vgl. hierbei Maspero, Revue de l'Hist. des Religions
XV (1887), p. 183 suiv.

gesagt sein, daſs sie damals erst erdacht oder in wichtigen Punkten geändert sei. In der Hauptsache ist sie dieselbe wie in den vorhergehenden Perioden, selbst in der ältesten, hier und da nur modifiziert und ergänzt. Aber sie gelangt jetzt zu einem gewissen Abschluſs und konsolidiert sich. Hatte man schon lange versucht, Vorstellungen von verschiedenem Ursprung, wie ungleichartig und widerspruchsvoll sie auch bisweilen sein mochten, miteinander zu vereinigen, so that man nunmehr auf diesem Wege den letzten Schritt und verarbeitete das Gegebene mit einzelnen neuen Elementen, ältere und jüngere Texte zu einem Ganzen.

Ob das Totenbuch jetzt schon abgeschlossen wurde, darf bezweifelt werden. Aber es bildete doch sicher schon eine groſse Sammlung, welche wenigstens 125 Kapitel umfaſste, deren Reihenfolge, abgesehen von einigen Modifikationen, feststand. Eigentlich ist es eine Zusammenfassung von mehr als einer Sammlung, obschon es nicht immer möglich ist, noch die Fugen aufzufinden, wo sie aneinandergesetzt sind. Die ersten 15 Kapitel, welche auch einen besonderen Titel haben, bilden ein selbständiges Ganzes. Sie sind dazu bestimmt, dem Toten die Macht zu verleihen, mit dem Sonnengott auszugehen am Tage, und endigen sehr passend mit Hymnen an Râ. In den Kapiteln 64—74, deren erstes ein Werk des Gottes Thôt heiſst und demnach für sehr alt gehalten wurde, wird derselbe Vorwurf behandelt. Das früher schon besprochene 17. Kapitel ist einigermaſsen selbständig. In 18—30 hat man alle Texte gesammelt, welche dem Verstorbenen die Sprache, die Erinnerung und das Herz wiederzugeben vermögen; in 31—53 alle, welche ihn gegen die Gefahren und Ungeheuer der Totenwelt zu wappnen imstande sind. Kapitel 54—63 verschaffen ihm frische Luft und erquickendes Wasser; 75—90 die Macht, auf Erden allerlei Gestalten anzunehmen. Das Prinzip, welches man bei der Anord-

nung der nun sich anschliefsenden Kapitel befolgt hat,
ist schwer zu entdecken. Doch beziehen sich Kapitel
94—111, mit Annahme einiger Einschiebsel, fast sämtlich auf die A'alu- oder Jalufelder, die Mittel und Wege,
um sie zu erreichen, und das dortige Leben und repräsentieren mithin das alte Osirische Dogma; 112—125
gehen von durchaus anderen Vorstellungen aus, welche
mit der mehr ethischen Form der Osirislehre in Verbindung stehen und mit dem Urteil endigen. Vielleicht
waren die Kapitel 126—130, welche schon früher besprochene Dinge behandeln und deren Ursprung man
wohl nach Abydos zu verlegen pflegt[1]), auch in dieser
Periode bereits der Sammlung hinzugefügt.

So wurden in diesem Buche, welches für den ägyptischen Frommen das heiligste, weil in seinen Augen das
zauberkräftigste war, Texte aus verschiedener Zeit und
von verschiedenem Wert gesammelt, und demnach die
voneinander abweichenden Vorstellungen wohl kanoni-
siert, aber nur lose und äufserlich unter sich verbunden.
Das Bedürfnis, eine gewisse Verschmelzung der herr-
sehenden Ideen zu versuchen, liefs andere Schriften entstehen, an denen zwar nicht der Stoff selbst, wohl aber
dessen Verarbeitung neu war. Zu diesen gehören die
gleichartigen Bücher, welche wir der Kürze halber Das
Buch der Stunden und Das Buch der Thore nennen
können[2]). Aus diesen beiden Büchern lernt man am
besten die Vorstellungen über das Totenreich kennen,
welche sich die Ägypter des Neuen Reiches bildeten.

Beide schildern denselben Gegenstand, die Reise des
Sonnengottes auf seiner Barke in der Totenwelt, und
stimmen bei aller Verschiedenheit der Details und der
verwendeten Farben in wichtigen Punkten überein. Zu-

---

1) So Maspero, Revue de l'Hist. des Relig. XV (1887),
p. 310 suiv. Man vergleiche den ganzen Art. p. 265 suiv.

2) Vgl. über diese Bücher u. a. Maspero, Les hypogées royaux de
Thèbes, Revue de l'Hist. des Relig. XVII (1888), p. 256 suiv.

erst darin, dafs sie die Reise in zwölf gleiche Teile zerlegen, den zwölf Stunden der Nacht entsprechend. Nach
der ersten Schrift verweilt der Sonnengott daher nacheinander in zwölf Bezirken oder Kreisen, in der zweiten
durchzieht er zwölf Thore. Beide Vorstellungen sind der
alten Mythe entlehnt; auch im Totenbuch, wie thatsächlich in allen alten Mythologieen, hat Osiris' Reich solche
Kreise und Thore, aber dann acht Kreise und einund-
zwanzig Thore, welche daher mit dem Sonnengott
und seiner nächtlichen Reise nichts gemein haben; dadurch, dafs man beide auf die Zahl zwölf brachte, wurde
nun die Verschmelzung der Sonnenmythe mit der alten
Lehre von der Unterwelt erleichtert. Daneben ist jedoch ein grofser und wesentlicher Unterschied nicht zu
übersehen. Das Buch der Stunden beschreibt den nächtlichen Zug als eine Reise von dem Eingang der Totenwelt im westlichen Gebirge erst nordwärts, dann nach
Osten, wobei es sich der Geographie Ägyptens sorgfältig anschliefst und das heilige An, Heliopolis, als
das Endziel der Reise und den Punkt betrachtet, wo der
Gott wieder hervortritt an das Licht. Das Reich des
Osiris liegt hier im Norden und koincidiert mit Mendes
und Umgegend. Sokar, der Todesgott von Memphis, und
der Mendesische Osiris nehmen in diesem Buche deshalb auch eine wichtige Stelle ein, während sie in dem
anderen nicht vorkommen. Man hat daher vermutet,
dafs man sich diese Reise nicht als in der Unterwelt,
sondern in einem himmlischen Totenreich vollbracht vorstellte, und dafs die Sonne dann hinter den nördlichen
Bergen verschwunden war. Wie dem auch sei, es ist
klar, dafs die ganze Einkleidung nach Nordägypten hinweist und wahrscheinlich aus den Schulen von Heliopolis
oder Memphis, vielleicht aus der von Mendes stammt.
In dem Buche der Thore dagegen ist der Osiris von
Abydos, Ḫontamenti, an die Stelle des Mendesischen
getreten; die Mythen von dem Urteil im Saale der Ge-

rechtigkeit, vom Eintritt und dem Aufenthalt in den Jalu-Feldern, wo Râ die Feinde verjagt und die Frommen ackern und ernten, deren im Buch der Stunden keine Erwähnung geschieht, wurden hier aufgenommen; auch fährt Râ einen Teil des Weges in der „Barke der Erde" und scheint deshalb hier wohl in der Unterwelt zu verweilen. Dafs wir in dieser Anschauung die Lehre der Schule von Abydos in dieser Periode besitzen, die Lehre Oberägyptens also, welche in Theben herrschte, unterliegt wohl keinem Zweifel. Bezeichnend für Ägypten ist, dafs beide Formen des Mythos nebeneinander bestehen blieben und als berechtigt anerkannt wurden. Doch scheinen sie, auch damals schon, nicht alle ganz befriedigt zu haben. Eine neue Vorstellung, welche sich zur Zeit der 20. Dynastie hier und da zeigt, verwandelt Osiris in einen Mond- oder Sterngott und bricht so mit der alten traditionellen Lehre beinahe vollkommen. Aber in das Volk scheint dieselbe nicht hinabgedrungen zu sein.

5. Theologie. Amun-Râ von Theben.

Dafs die Religionslehre dieser Epoche sich in derselben Richtung weiterentwickelte, deren erste Anfänge sich bereits in der vorhergehenden zeigten, und dafs diese Richtung sich vor allem darin manifestierte, dafs alle Hauptgötter Ägyptens, mit einer Ausnahme vielleicht, mit dem Einen grofsen Sonnengott von Heliopolis identifiziert wurden, ist bereits früher gesagt. Nur die alte Schule von Memphis, die Priesterschaft des Ptah, scheint einige Selbständigkeit bewahrt zu haben und vielleicht auch in gewissem Mafse, doch aus anderen Gründen, die des Thôt (Dhuti) zu Hermopolis (Ḫmuna). Es ist noch hinzuzufügen, dafs derselbe Identifizierungsprozefs sich auch auf die Göttinnen erstreckte. Alle bedeutenderen, wie verschieden auch ihre ursprüngliche Bedeutung gewesen sein mochte, machte man zu Him-

mels- und als solche zu Muttergöttinnen. In der Mythologie spielten sie ihre alte Rolle weiter; so repräsentierte
z. B. Sechet die verzehrende Glut, Bašt die wohlthätige
Wärme des Feuers und der Sonnenstrahlen, und Sati
und Anuke, Hekt und Selk, Nu und Hathor, um von
den Osirischen nicht zu reden, behielten ihren eigenen
Charakter. Aber man gab allen dieselben Ehrentitel,
alle waren sie „die höchste", alle verschiedene Offenbarungen der Einen grofsen Muttergöttin. Während das
Pantheon beständig mit neuen, vor allem fremden Göttern bereichert wurde und im Kultus das Alte erhalten
blieb; während selbst die Zauberpraktiken der früheren
Zeit nicht nur nicht aufgegeben, sondern sogar eifrig
kultiviert wurden; während der Tierdienst nicht nur nicht
beschränkt wurde, sondern im Gegenteil hier und da,
wie wir später sehen werden, zu erneuter Blüte gelangte,
wurde in der offiziellen Lehre der vielgestaltige Polytheismus mit monotheistischen Gedanken durchsetzt und,
so gut es ging, ihnen angepafst. Kurzum, die Restan-
ration der Unabhängigkeit des ägyptischen Reiches war
von einer kräftigen Wiederbelebung des alten Râdienstes
von Heliopolis begleitet, in Verbindung mit dem nicht
minder alten Osirisdienste, und die meisten Hauptgötter
wurden in Offenbarungen des höchsten Lichtgottes verwandelt.

Der hervorragendste unter ihnen allen war jedoch
jetzt ohne Zweifel der Lokalgott der Hauptstadt, in
welcher das königliche Haus residierte, Amun-Râ von
Theben. Die Könige mögen den Tempel Ptahs in der
alten Residenz und besonders denjenigen Tums im heiligen Heliopolis sorgfältig restauriert und die dortigen
Priesterschaften protegiert, sie mögen vor allem Abydos,
aber auch Dendera und andere Städte nicht vergessen
haben; die der 19. Dynastie mögen, aus politischen
Gründen, in offiziellen Angelegenheiten Ptah von Memphis, Râ von An und selbst Sutech von Tanis gewöhnlich

als gleich neben Amun gestellt haben; dafs sie den letztgenannten als ihren eigenen Schutzgott doch noch viel
höher schätzten, ist schon daraus ersichtlich, dafs sie ihm
einen unverhältnismäfsigen Anteil dessen zuerkannten, was
sie für die staatlichen Tempel und Kulte aufwendeten.
Wie nun obendrein in seiner Person alles zusammengefafst wurde, was man sich Grofses und Erhabenes über
die Gottheit vorzustellen vermochte, und er sich demnach zum Ausdruck des reinsten Gottesbegriffes gestaltete,
welchen die religiöse Spekulation in Ägypten zu schaffen
imstande war, wird das Folgende zeigen.

Die ursprüngliche Bedeutung des thebanischen Amun
läfst sich nur mutmafsen; denn wenn sein Name auch
„der Verborgene" bedeutet, wie schon die Ägypter
ihn erklären, so kann doch ein metaphysischer Sinn erst
in unserer Periode damit verknüpft sein. Verwandt mit
dem Montu von Hermonthis und dem Min (Chem) von
Koptos, welcher selbst auch Amun genannt wird — zwei
Göttern, welche lange vor ihm allgemeine Verehrung genossen —, ist er vielleicht ursprünglich ein verborgener
Schöpfer wie Chnum (Ḥnumu), mit welchem er den Widder
als heiliges Tier gemein hat. Nachdem er mit Râ vereinigt
und dadurch zum höchsten Gott erhoben ist, nimmt er
jener beiden Wesen in sich auf[1]), wie seine drei heiligen
Barken bezeugen, von denen eine Amuns Widderkopf,
eine Montus Sperberkopf, eine Mins Menschenkopf an
der Pflicht zeigt, und wird so zugleich Kriegsgott und
Ackergott. Seine Gattin war die bekannte Göttin mit
dem Löwinnenkopf, die jedoch in Theben einfach Mut,
„die Mutter", hiefs; aber es scheint, dafs weder sie,
noch die ebenfalls als Amuns Frau vorkommende Amunt
von altersher neben ihm stand. Die Trias wurde ver-

---

1) Ist die von Wiedemann ÄZS. 1885, S. 78 erwähnte Inschrift auf
einem Torso des Pepi Merira echt, dann würde Amun-Râ in dieser Form
schon unter dem Alten Reich verehrt sein. Aber es ist Grund dafür vorhanden, die Altertümlichkeit dieser Inschrift zu bezweifeln.

vollständigt durch die Hinzufügung des uralten Gottes
Chonsu (Ḥunsu) als Sohnes, welcher schon in den Pyramidentexten erwähnt wird und, bald mit Thôt, dem
Mondgott, bald mit Horos, dem Sonnengott, verbunden,
als Noferhotep [1]), „die gute Ruhe“, sicherlich ein Gott
der Toten ist.

In Hymnen und Gebeten, denen es bei aller Länge
und Eintönigkeit nicht an Schwung fehlt, wird nun
Amun-Râ als der höchste der Götter, der Schöpfer aller
Dinge im Himmel und auf Erden verherrlicht. Er ist
der Einige, der viele Arme hat, König, sowohl inmitten
der Götter als wann er allein ist, mit vielen Namen.
Die Götter kriechen vor ihm, wenn er naht, und um-
ringen seine Füfse als schweifwedelnde Hunde. Thôt
selbst wagt nicht vor ihm die Augen aufzuschlagen,
denn weit steht er unter ihm. Alle Götter sind durch
sein Wort geschaffen; die Menschen sind aus seinen
beiden Augen hervorgegangen, Seele von seiner Seele.
Es finden sich in diesen Liedern Stellen, welche in einem
rein monotheistischen Psalm nicht am unrechten Orte
sein würden. Als Pentaura den König Ramses II.
schildert, von seinem Heere abgeschnitten, allein inmitten
Hunderter von Feinden, legt er ihm ein Gebet an Amun
in den Mund, welches von einem frommen Könige Judas
hätte an Jahve gerichtet werden können. Aber der ent-
scheidende Schritt wird nicht gethan. Die Mythologie
bleibt Hintergrund. Amun wird wohl mit den höchsten
Göttern identifiziert und über alle anderen gestellt, aber
er bleibt immer der Einzige als der Unvergleichliche,
er ist es noch nicht im absoluten Sinne. Auch bleibt
die naturalistische Auffassung noch deutlich genug; er
ist immer Sonnengott, der im Osten auf- und im Westen

---

1) Seine andere Gestalt Pa-ar-seḥer, „der Vollstrecker des Willens“,
scheint erst seit Ramses III. verehrt zu sein. Wiedemann, Relig. der
alten Äg., S. 70.

untergeht; ja, es heifst sogar, dafs Ptah seine schöne
Jünglingsgestalt gebildet habe. Aber das hindert nicht,
dafs ihm die erhabensten Eigenschaften zugeschrieben
werden, dafs er Herr der Ewigkeit und Schöpfer der
Unendlichkeit heifst, noch dafs man von seiner Liebe,
von seiner Freundlichkeit gegen die, welche ihn anrufen,
redet und dafs man ihn als Beschirmer der Schwachen
gegen die Übermütigen und der Armen gegen die
Mächtigen dieser Welt darstellt [1]).

Die Ursache, welche Amun-Râ so hoch über alle
ägyptischen Götter erhob, ist wohl vornehmlich der Umstand, dafs er der Lokalgott von Theben und deshalb
der Schutzgott der Dynastie war, welche dort ihren Sitz
hatte; und insofern kann man sagen, dafs jenes reiner
Zufall war und jedem anderen Lokalgott dasselbe wider-
fahren sein würde, wenn der Königsthron auf seinem
Gebiet gestanden hätte. Aber man mufs doch bei
solcher Verherrlichung einiger Götter und ihrer Verschmelzung mit dem grofsen Gott von Heliopolis immer
einigermafsen der Art dieser Götter Rechnung getragen
haben. Nur weil Amun schon in seinem Kreise der
Höchste war, konnte man ihn zum Allerhöchsten erheben, und nicht z. B. Chonsu, obgleich dieser älter und
berühmter war. Endlich mufste noch etwas anderes
mitwirken: aus den Thaten des Gottes mufste sich seine
Macht und Herrlichkeit ergeben; erst als seine feurigen Verehrer, die Thebanischen Könige, in seinem
Namen und mit seiner Hilfe eine Reihe von glänzenden
Siegen über die Feinde des Volkes davon trugen, das
Land Kuš zu einer ägyptischen Provinz wurde, und die
würzigen Produkte Arabiens, die Schätze Syriens und
Mesopotamiens als Handelsware oder Beute eingeführt

---

1) Man vgl. u. a. die Hymne aus Pap. Bulaḳ 17, übersetzt von Stern
ÄZS. 1873, S. 76 ff. und bei Wiedemann, Relig. der alten Äg.,
S. 64 ff.

wurden, da erst sah man, dafs Amun-Râ ein viel gröfserer
Gott war als alle anderen.

6. Die Reformation des Chuen'aten und der Sieg der Orthodoxie.

Indessen sollte Amuns Herrschaft nicht ohne Widerspruch bleiben. In den letzten Jahren der 18. Dynastie
setzte der junge König Amenothes (Amunhotep) IV.
eine Reformation durch, welche dazu bestimmt war, die
bis dahin allgemein anerkannte Religion Ägyptens zu
stürzen, aber zur Folge hatte, dafs die Rechtgläubigkeit
mit neuer Kraft ihr Haupt erhob. Sein Vater Amenothes III. war nicht solch ein gewaltiger Eroberer, wie
seine grofsen Vorgänger. Zwar scheint er mit kräftiger
Hand regiert zu haben, und sowohl seine eigenen Denkmäler als die von den Statthaltern und Königen Westasiens an ihn gerichteten Keilschriftbriefe beweisen, dafs
er die Herrschaft über alle diese Provinzen behauptete
und die Geschenke der tributpflichtigen Könige regelmäfsig empfing. Aber seine Lust war, an den Tempeln
der Götter zu bauen, an denen des Amun-Râ zu Theben
nicht am wenigsten, in Nubien Heiligtümer zu stiften, wo
er selbst als Landesgott angebetet wurde, und in Ägypten
Monumente zu seiner und seiner Götter Verherrlichung
zu errichten. Kaum hatte jedoch der Tod seiner langdauernden Regierung ein Ziel gesetzt, als sein Sohn und
Nachfolger einen ganz neuen Weg einschlägt. Er tritt
als religiöser Reformator auf. Nicht, dafs er darüber
seine königlichen Pflichten vernachlässigte; im Gegenteil, die Rapporte der Statthalter und der tributpflichtigen Könige werden auch bei ihm regelmäfsig einge-
liefert, die Geschenke dargeboten; von einer Abnahme
des Umfanges des Reiches oder der Autorität des Königs
ist unter seiner Regierung nichts zu spüren. Seine Macht
mufs gerade sehr grofs und achtunggebietend gewesen

sein; sonst würde er nicht so viel zustande gebracht haben, was doch bei nicht wenigen auf heftigen Widerstand stofsen mufste. Denn was er bezweckte und auch bis zu einem gewissen Grade erreichte, war eine totale Umwälzung auf dem Gebiete der Religion.

Anfangs geht er noch mit einer gewissen Scheu zu Werke. Den Namen Amunssohn läfst er sich noch gefallen, wenn er auch bereits seine Vorliebe für den reinen Sonnengott zu Heliopolis zeigt, dessen Priestertum er bekleidet und hochschätzt. Dieser Sonnengott ist Aten-(Et'n-)Râ, die Sonnenscheibe selbst, bisweilen auch bestimmter „der Glanz der Sonnenscheibe" genannt. Aber er duldet noch, dafs dieser Gott als ein Horos in therianthropischer Form dargestellt oder Harmachis genannt wird. In der Nachbarschaft des grofsen Amuntempels läfst er ihm zu Theben einen Tempel erbauen, in welchem er demnach neben dem hohen Reichsgott verehrt werden kann. Aber bald erscheint ihm dies nicht genug. Vielleicht durch den Widerstand der offiziellen Priesterschaft gereizt, vielleicht auch selbst von Glaubenseifer getrieben, geht er vom Bekennen seiner „Lehre", wie sie jetzt bezeichnet wird, zur Verfolgung der allgemein anerkannten Landesreligion über. Vor allem Amun-Râ mufs es entgelten. Überall, in Tempeln und Gräbern, sowohl von Königen als von Privatpersonen, wo es nur möglich ist, wird sein Name weggemeifselt. In seinem eigenen Namen mag ihn der König ebenso wenig länger führen und statt Amunhotep nennt er sich jetzt Ḫu-en-'Aten, „Glanz der Sonnenscheibe". Theben ist ihm ein Greuel geworden, und deshalb läfst er sich in grofser Eile in der Ebene, welche gegenwärtig El-Amarna heifst, eine neue Hauptstadt, Ḫu-t-'Aten, bauen, deren Mittelpunkt ein prächtiger Tempel des geliebten Gottes bildet. Schon in seinem vierten Regierungsjahre finden wir ihn dort mit seinem stets wachsenden Hause und einem zahlreichen Hofstaat angesiedelt, und dafs dieser Auf-

enthalt einige Jahre gedauert hat, bezeugen die schönen
Gräber in der Nähe, in denen angesehene Diener des
königlichen Reformators beigesetzt sind und deren Wände
nicht allein das Leben in der neuen Residenz abbilden,
sondern auch durch ihre Inschriften die neue Lehre in
aller Reinheit verkündigen. Jetzt wird auch keine menschliche oder halbmenschliche Abbildung der Gottheit mehr
zugelassen, nur eine symbolische: eine Sonnenscheibe
mit der Uräusschlange, zuweilen von einigen Lichtringen
umgeben, aber immer mit in Hände endigenden Strahlen
versehen, welche der Anbeter ergreift oder die ihm das
Zeichen des Lebens (án ḫ) reichen. Nun giebt es auch
keinen Gott mehr neben dem Einen; nur die Sonnengötter, weil sie als nicht verschieden von 'Aten-Râ betrachtet werden, finden Gnade. Alle anderen Götter aber
werden verfolgt, auch Osiris, dessen Name sogar in den
Gräbern von El-Amarna nicht genannt wird [1]).

Dieser religiösen Revolution — denn sie ist mehr als
eine Reform — geht noch eine andere, ziemlich rätselhafte zur Seite. Das älteste Bild Amenothes' IV. unterscheidet sich stilistisch nicht von denen seiner Vorgänger.
Aber später läfst er sich und seine Familie mit einem
in Ägypten unerhörten Realismus abbilden: sein häfs-
liches Gesicht, auf welchem der Fanatismus zu lesen
steht, seine kraftlose Gestalt, der geschwollene Bauch
und die krummen Beine werden getreu wiedergegeben [2]),
und der Königin und ihren Töchtern wird ebensowenig

---

1) Auch die Verehrung seines Vaters als Landesgottes von Nubien
läfst er bestehen. Im Tempel zu Soleb wird daneben auch noch Amun-
Râ verehrt und selbst die Göttin-Mutter als Uazit in Tiergestalt abgebildet, vgl. Ed. Meyer, Gesch. des alten Äg., S. 269, Anm. 1.
Den Geier als Hieroglyphe der Thebanischen Mut hatte er schon lange
in den Bann gethan. Die Thatsache ist um so rätselhafter, als auch in
Soleb Amuns Name überall entfernt ist. Vielleicht haben die Priester
gemeint, diese Abweichung von den Befehlen des Königs in so grofser
Entfernung von der Residenz wohl riskieren zu können.

2) Vgl. z. B. die Abbildung bei Erman, Ägypten, II, S. 541.

geschmeichelt. Viele seiner Höflinge meinten, nach ihren ägyptischen Begriffen von Loyalität, ihm keine feinere Huldigung darbringen zu können, als dafs sie sich mit denselben Gebrechen verewigen liefsen und tiefer, als am Hofe der früheren Fürsten üblich war, beugten sie sich vor ihm zur Erde. In Staat und Religion, gegenüber Adel und Priesterschaft scheint dieser junge Souverän die unbeschränkte Alleinherrschaft bis in ihre letzten Konsequenzen behauptet zu haben.

Seinen Sonnengott besingen die gehorsamen Bekenner der „Lehre" in schönen Hymnen als den Einzigen, neben welchem kein anderer Gott steht; den Schöpfer von allem, was ist, den Quell aller Fruchtbarkeit in Pflanzen- und Tierreich wie bei den Menschen, welcher alles erhält, der selbst den Nil aus seinem himmlischen Brunnen hervorströmen läfst, um den Menschen das Leben zu schenken; bei dessen Untergang die Welt in den Tod versunken scheint, bei dessen Aufgang aber alles fröhlich wieder auflebt. Wenn er auch kurzweg 'Aten, die Sonnenscheibe, heifst, so bezeichnet man ihn doch ebenfalls mit dem bekannten Namen „lebender Râ, Herrscher der beiden Horizonte" und giebt deutlich zu verstehen, dafs die Scheibe eigentlich nur die Gestalt ist, in welcher er sich offenbart, und dafs man eigentlich seinen Geist verehrt. Auch die alte Lehre, dafs der König sein Vertreter auf Erden sei, der Sohn seines Leibes, wird damit verknüpft, und an Verherrlichung Chuen'atens, des Einzigen, der ihn zuerst wahrhaft erkannt hat, fehlt es nicht [1]).

Dafs diese Lehre lediglich in der vorliegenden Form neu war und sich von der Theologie von Heliopolis nicht wesentlich unterschied, sieht man sofort. Die Verwandtschaft zeigt sich auch in einigen Besonderheiten. Zunächst darin, dafs der Hohepriester, welchen Chuen'aten

---

1) Vgl. Meyer, Gesch. des alten Äg., S. 268.

in seinem neuen Sonnentempel anstellte, denselben Titel
trug, wie der zu Heliopolis, nämlich Urmau, der grofse
Seher (?). Aber dann auch in der Thatsache, dafs
— wie aus Gräbern in der Nähe von Memphis hervorgeht — der Gott 'Aten schon unter der Regierung
Amenothes' III. seine Verehrer und noch lange nach
der Restauration der orthodoxen Religion zu Heliopolis
seinen eigenen Tempel und Kultus hatte. Das Neue bei
der Reformation des jungen Königs war demnach, dafs
er diesen Gott unter Ausschlufs aller anderen verehrt
wissen wollte, dafs er also den Monotheismus ernst nahm
und in die Staatsreligion einführen wollte. Dazu kommt
noch seine Abneigung gegen den Anthropomorphismus,
welche ihn bewog, alle menschenförmigen Darstellungen
des Sonnengottes durch die symbolische Abbildung der
segensreichen Wirkung der Sonnenstrahlen zu ersetzen.

Dafs dies in Ägypten etwas Unerhörtes war und
einen überwältigenden Eindruck machen mufste, braucht
kaum angedeutet zu werden. Wo der Polytheismus so
tief gewurzelt war, mufste solch' eine Lehre in den
Augen der Menge als eine Schändung des Heiligen erscheinen und sie konnte daher nur mit Gewalt eingeführt und gehandhabt werden. Die Priesterschaften der
alten Landesgötter sahen sich, soweit sie nicht bei Zeiten
zu der neuen Lehre übergingen, von der Höhe ihrer
Macht herabgestürzt und der gewohnten reichen Einkünfte beraubt, die Namen ihrer Götter ausgetilgt, ihre
Statuen zerbrochen, ihre Tempel verfallen. Nur die
grofse Ehrerbietung des Volkes vor der königlichen
Krone, vor dem ausgesprochenen Willen des Gottes,
welcher der Fürst für sie war, erklärt das Gelingen einer
Revolution, welche in den Augen der meisten Ägypter
aller Stände ein Greuel sein mufste.

Unglücklicherweise fehlen uns die Daten, um zu erklären, was Amenothes IV. zu einem so ausschliefslichen
Verehrer des Gottes von Heliopolis gemacht hat. Man

hat an den Einfluſs -seiner Mutter gedacht und dabei
auf ihren Namen und die ihrer Eltern die Vermutung
gestützt, daſs sie eine fremde Prinzessin gewesen sei.
Diese Namen sind jedoch in Ägypten nicht ungebräuch-
lich und könnten zwar nicht semitisch, wohl aber libysch
sein. Indessen hat die Königin-Mutter [1]) allerdings groſses
Interesse an dem Werke ihres Sohnes gezeigt, so daſs sie
selbst ihren eigenen Baumeister lieh, um demjenigen des
Königs bei dem Bau des groſsen Tempels von Chut'aten
zur Seite zu stehen, und seine Residenz nach ihrer Voll-
endung mit einem feierlichen Besuche beehrte — aber
daſs die Bewegung von ihr ausging, ist keineswegs ersichtlich. Besser ist es, mit Ed. Meyer an Opposition
des jungen Königs gegen die stets zunehmende Macht
der Amunpriester zu denken, welche von seinem Vater
so sehr protegiert waren und deren Hochmut und Herrsch-
sucht er als Prinz erfahren haben mag, und zugleich an
Eifersucht der Heliopolitanischen Priesterschaft auf die
Thebanische, eine Eifersucht, zu deren Werkzeug der
junge Fürst, als Priester mit Heliopolis verbunden, sich
berufen fühlte. Daſs sich auch schlieſslich jemand fand,
welcher den Widerspruch zwischen der monotheistischen
Dogmatik der vornehmsten Priesterschulen und dem
polytheistischen, magischen Kultus bemerkte und ihm
ein Ende zu machen beschloſs, läſst sich wohl denken.
Doch mehr als Vermutungen, wie wahrscheinlich sie
auch sein mögen, sind das nicht. Einen, wenn auch
viel bescheideneren Versuch, einer ähnlichen Lehre Eingang zu verschaffen, wird uns die Geschichte der assyrischen Religion vorführen.

Nichtsdestoweniger lege man auf diese monotheistische
Episode, wie überraschend sie auch in der Religionsgeschichte Ägyptens sein mag, kein gröſseres Gewicht,

---

1) Bouriant, A Thèbes, R e c u e i l VI, 41 suiv. hält sie für die Mutter
von Amenothes' Gemahlin.

als sie wirklich verdient. Es bleibt ein Monotheismus von ziemlich zweifelhaftem Charakter. Der Gott, wenn auch der Eine, ist doch nicht mehr als der alte Naturgott,. der grofse Lichtgott, wie aus der Respektierung aller Namen der schon verehrten Sonnengötter deutlich zu ersehen ist. Logischer und einfacher als das alte Zwittersystem, welches die erhabensten monotheistischen Begriffe auf eine vielgestaltige und noch sehr magische Volksreligion zu pfropfen versuchte, ist die neue Lehre in Wahrheit religiös ärmer. Ein Monotheismus, welcher nur einen aus vielen Naturgöttern zu dem Einzigen erhebt und dann wohl noch die Anbetung eines sichtbaren Gottes fordert, ist ein nur sehr relativer Fortschritt und steht einem Polytheismus, welcher das Göttliche in verschiedenen Naturgöttern verehrt, an Vielseitigkeit nach. ·

Indessen hätte sich mit der Zeit etwas Höheres, ein mehr geistiger und sittlicher Monotheismus daraus entwickeln können. Aber dazu wurde er mit zuviel Ungestüm eingeführt. Chuen'aten, nach seinem Äufseren zu urteilen, ein kränklicher Fanatiker, mag von religiösem Enthusiasmus geglüht haben — von politischer Klugheit zeugt seine Reform nicht. Was auf diese Weise mit Gewalt aufgedrungen und durch äufserliche Autorität zur Geltung gebracht wird, was plötzlich an die Stelle einer Religion gesetzt wird, welche jahrhundertelang das Eigentum eines ganzen Volkes war, so dafs man genötigt ist, alle zu verfolgen, welche sich nicht sofort dem neuen Bekenntnis anschliefsen, kann nicht standhalten. Das zeigte sich auch hier. Der Wunderbaum, in kurzer Zeit aufgeschossen, verdorrte ebenso rasch. Kaum war Chuen'aten nach einer nicht sehr langen Regierung gestorben, als der von ihm errichtete Bau in seinen Grundfesten wankte, und bald hatte die orthodoxe Lehre das verlorene Terrain vollständig wiedergewonnen.

Die Jahre, welche unmittelbar auf den Tod des Chuen'aten folgten, waren sehr unruhig. Da er keine

Söhne, sondern nur Töchter hinterliefs, so folgten ihm, wir wissen nicht in welcher Ordnung, ein paar Schwiegersöhne und sein Diener und Günstling, der Gemahl einer der Frauen aus dem königlichen Hause, der göttliche Vater Ai. Schon diese waren nicht imstande, den Strom der Reaktion zu hemmen. Zwar setzen sie den Bau des 'Atentempels zu Theben fort, aber sie sehen sich doch schon genötigt, Amun-Râ einigermafsen in seine Ehren wieder einzusetzen, und einer der Schwiegersöhne zwingt sogar seine Gemahlin, in ihrem Namen denjenigen des 'Aten mit dem Namen Amuns zu vertauschen. Alle diese Fürsten regierten nur kurze Zeit, und bald fanden die alten Priesterschaften ihren Mann in einem Horospriester, Haremhebi (Harmaïs), welcher sich — wir wissen nicht mehr, unter welchem König — zur höchsten Machtstellung aufzuschwingen gewufst hatte, viele Jahre hindurch in des Königs Namen und mit seiner Autorität bekleidet das ganze Reich regierte und als Oberbefehlshaber das gesamte Heer kommandierte. Zuletzt bestieg er selbst den Thron, entweder als Usurpator oder, nach dem Tode eines kinderlosen Fürsten, als Verwandter des Königshauses. Jedenfalls mufs es in jenen Tagen der Unordnung und Verwirrung einem Manne von seinem Range und seiner Tüchtigkeit nicht schwer gefallen sein, sich der Herrschaft zu bemächtigen, vor allem weil er mit richtigem politischen Takt die stets mächtiger werdende konservative Partei begünstigte. Dafs er anfangs zur Reformpartei gehörte und 'Aten-Râ verehrte, geht aus den ältesten Inschriften und Reliefs in seinem Grabe zu Saqqarah hervor. Später ersetzte er den Namen des Gottes durch den alten nationalen Namen des Sonnengottes Râ-Harmachis, obgleich er noch eine Zeit lang der neuen Lehre treu blieb [1]). Er ist also nur langsam

---

1) Der kolossale Hof, welcher auf der einen Seite durch eine Mauer mit den Seitenvorhöfen des Amuntempels zu Karnak, auf der anderen

für die Reaktion gewonnen. Aber einmal gekrönt, griff
er mit rastlosem Eifer das Werk der Restauration an.
Ordnung und Recht wurden wieder hergestellt, die Tempel
restauriert, die zerstörten Götterbilder durch neue ersetzt,
die Priesterschaften reorganisiert und mit reichen Ein-
künften beschenkt. Chut'aten wurde verlassen, Theben
wieder zur Haupt- und Residenzstadt erhoben. Den
'Atentempel der Hauptstadt liefs er niederreifsen und
die Steine zur Verschönerung des grofsen Amuntempels
verwenden [1]). Auch der 'Atentempel zu Memphis fand
keine Gnade. Nachdrücklich bewies der neue König,
dafs er der auf Erden lebende Râ selbst, und dafs 'Aten,
die Sonnenscheibe, nur sein Körper war. Kein Wunder,
dafs vor allem die Priester Amun-Râ's jubelten und ver-
sicherten, dafs ihr Gott diesen König mit Freude begrüfste. Die alte Religion erstand wieder, nun mächtiger
und gesicherter als jemals. Von der Reformation Chuen-
'atens war kaum noch eine andere Spur übriggeblieben
als die Ruinen seiner Stadt, welche durch ein seltsames
Spiel des Schicksals alle anderen altägyptischen Städte
überdauerten. Man war weiter als zuvor von dem Ziele
entfernt, welches er in seinem ungestümen Eifer verfehlt
hatte. Eine wertvolle Lehre der Geschichte für alle,
welche sich einbilden, durch Zwang und Gewalt etwas
Bleibendes schaffen zu können, und Reformen durch-
zusetzen versuchen, für welche ein Volk nicht reif ist.

7. Die Religion unter den Ramessiden.

Mit Haremheb beginnt eine neue Dynastie, die 19.,
und mit ihr das Zeitalter, welches auch die Herrschaft

---

durch eine doppelte Sphinxreihe mit dem südlich gelegenen Muttempel
verbunden ist und später von Ramses II. noch verschönert wurde, ist
von Haremhebi erbaut.

1) Wiedemann, ÁZS. 1885, S. 80 ff.

der 20. Dynastie umfafst und nach Haremhebs Nachfolger Ramses I. und dem Namen der meisten ihrer Fürsten dasjenige der Ramessiden heifst; der glänzendste Zeitraum dieser Periode, welcher jedoch, selbst als er sich unter Ramses II. in seinem strahlendsten Lichte zeigt, die Anfänge des Rückschrittes und des Verfalles nicht zu verbergen vermag.

Eines der Kennzeichen des Verfalles ist die beständige Zunahme des Aberglaubens nach der Restauration der alten Religion. Magie, Tierdienst, Mantik waren stets Elemente der ägyptischen Religion gewesen, wie jeder anderen, welche sich auf der gleichen Höhe der Entwicklung befindet. Aber es schien, als ob die höheren Vorstellungen, welche mehr und mehr Eingang fanden, diese Überbleibsel aus früherer Zeit zuletzt verdrängen oder wenigstens in den Schatten stellen und bei den Gebildeten in Mifskredit bringen sollten. Seit dem Scheitern der Reformation Chuen'atens war jedoch das Gegenteil der Fall. Zauberei nimmt stets zu. Magische Papyri mit allerlei Vorschriften zur Abwehr von Unheil und Gefahren, reifsenden Tieren und phantastischen Ungetümen, Krankheiten und Plagen, wurden zu dieser Zeit in Menge angefertigt. Als eines der sichersten Schutzmittel wurden gewisse barbarische Worte angesehen, die man für um so wirksamer hielt, je unmöglicher es war, ihnen einen vernünftigen Sinn unterzulegen. Dieser Aberglaube stammte schon aus dem Alten Reich und — dem Anschein nach allmählich in Vergessenheit geraten — tauchte er nun wieder empor. An syrischen Einflufs braucht dabei nicht gedacht zu werden, er war altägyptisch, und es bleibt fraglich, ob diese damals unverständlichen Zauberformeln jemals in irgendeiner Sprache etwas bedeutet haben. Aber auch Hymnen, denen es nicht an religiöser Erhabenheit fehlt und die sicherlich nicht in solcher Absicht gedichtet waren, wurden zu Beschwörungen der bösen Geister und anderer schädlicher

Wesen gebraucht. In den Märchen und Erzählungen, welche jetzt entstanden oder wenigstens sehr beliebt waren, kennt dann auch das Wunderbare keine Grenzen mehr, und ist die Betrachtung der Natur und des Menschen eine rein animistische.

Auch der Tierdienst, welcher mit dieser Anschauung so nahe zusammenhängt, gelangt nun zu neuer Blüte. Besonderen Eifer bethätigte in dieser Hinsicht der älteste Sohn Ramses' des Grofsen, Chamûs, der jedoch vor seinem Vater starb und demnach niemals die Krone getragen hat. In verschiedenen Heiligtümern stellte er die alten Riten wieder her; aber vor allem war ihm der Kultus des Apis von Memphis teuer, und in dem Serapeum, der Begräbnisstätte der toten Hapistiere (Osirhapi) wurde er, sicher seinem eigenen Wunsche gemäfs, beigesetzt. Dieser Stier, schwarz, aber mit gewissen weifsen Merkmalen, welche eine symbolische Bedeutung hatten, galt für eine besondere Inkarnation der höchsten Gottheit und hiefs deshalb „der immer wieder auflebende Ptah". Auf übernatürliche Weise geboren — die Kuh, welche ihn zur Welt brachte, war, so hiefs es, durch einen Lichtstrahl aus dem Himmel befruchtet und jungfräulich geblieben — eignete ihm also eine besondere Heiligkeit, und zwar nicht allein für eine einzelne Landschaft, wie anderen Tieren, sondern für ganz Ägypten. Während seines Lebens als Gottheit verehrt und versorgt wurde er nach seinem Tode mit grofsem Pomp begraben.

Diese Förderung des Memphitischen Apisdienstes durch die Söhne Ramses' II. — denn nach Chamûs'. Tod folgte ihm sein Bruder Merneptah als Hoherpriester — und also mit Billigung des Königs, steht nicht allein. Meist residierten die Könige dieser Dynastie zu Memphis oder wenigstens in Unterägypten. Ramses der Grofse hatte sich selbst im Delta eine Residenz angelegt, die nach seinem eigenen Namen benannt war, und begün-

stigte obendrein den uralten Sitz der Hirtenkönige, Tanis.
Mußten die Hauptgötter Ägyptens in offiziellen Urkunden genannt werden, dann wurde nun immer neben
Amun-Râ von Theben, der stets der vornehmste und
vor allen anderen bevorrechtete blieb, Râ-Harmachis von
Heliopolis und Ptah von Memphis auch Suteḥ von Tanis
erwähnt, also der Gott der vormaligen Fremdherrscher.
Suteḥ ist eine nordägyptische Form des Set, nach welchem verschiedene Könige dieser Dynastie, z. B. der
Vater Ramses' II., sich nannten. Obwohl Gott der Finsternis und des Todes, der Mörder seines Bruders Osiris,
wurde er doch stets als Gottheit betrachtet und verehrt,
und daß ihm, dem Kriegsgotte, welcher mehrere Male
dargestellt wird, wie er den jungen König das Waffen-
handwerk lehrt, mehr als früher gehuldigt wurde, seit
Ägypten ein Eroberer- und Militärstaat geworden war,
ist leicht zu erklären. Erst viel später, unter dem Einfluß vielleicht persischer, sicherlich griechischer Ideen,
sollte er als ein böser Geist verabscheut und sein Name
auf den Monumenten ausgemeißelt werden. Aber daß
die Gestalt dieses Gottes, welche in den Zeiten der Erniedrigung durch die Fremdlinge angenommen war und
von den Ägyptern mit den Baals Westasiens, auch der
Hethiter, identifiziert wurde, mit welchen sie jetzt in er-
bittertem Kampfe lagen, einer der Hauptgötter des Staates
und Gegenstand der besonderen Verehrung seitens des
Königs wurde, mag Verwunderung erwecken. Dieses nach
unserem Urteil absonderliche Faktum läßt sich allein
daraus erklären, daß man sich der Gunst eines so mächtigen Gottes versichern wollte, welcher von so viel kriegerischen Nationen angebetet wurde und obendrein der
Lokalgott der Festung war, durch welche das Land gegen
diese Völker beschirmt wurde.

Jetzt wurde auch, mehr als unter der 18. Dynastie,
eine relativ große Anzahl fremder Gäste in das ägyptische Pantheon zugelassen: Bar, der allgemein für Baal

gehalten wird, Ken, dem Anschein nach eine Art Astarte, die semitischen Göttinnen Anit und Tanit, die hethitisch-aramäische Ḳedeš, der cyprische Blitzgott Rešpu (Rešef), Manit (Manet?) und der phönicisch-kanaanäische Ṣifôn (Baal-Ṣefôn). Umgekehrt erwiesen sich nun die zahlreichen Phönicier, welche sich vor allem im Delta, aber auch weiterhin in Ägypten ansiedelten, mehr und mehr als eifrige Verehrer der ägyptischen Götter, wie sie auch Nachahmer der ägyptischen Kunst wurden.

Diese wechselseitige Übernahme von Göttern in der Zeit der 19. Dynastie, eine Folge ihrer Eroberungen in Asien uud derjenigen ihrer Vorgängerin, klingt noch nach in einer Erzählung, welche in ihrer vorliegenden Gestalt nicht historisch ist und obendrein aus viel späterer Zeit herrührt, als der Ruhm des Thebanischen Chonsu als Orakelgottes sich gefestigt hatte, aber dennoch auf einer wahren Überlieferung beruhen mufs. In ihr wird berichtet, wie König Ramses — und dafs damit der zweite Ramses und nicht, wie man wohl meinte, der zwölfte gemeint wird, ist sicher —, welcher mit einer asiatischen Prinzefs Bent-Rešt verheiratet war [1]), seinem Schwiegervater auf dessen Ansuchen den berühmten Orakelgott von Theben zusandte, um durch seine Zaubermacht eine andere Tochter des Königs von Bechten wiederherzustellen, was natürlich glückte [2]). Diese Erzählung mag unhistorisch sein: jedenfalls geht aus ihr hervor, dafs solche Dinge vorkamen. Aber dergleichen Dinge können nur vorkommen, wenn eine Religion wieder zum Magischen herabzusinken beginnt. Sonst würde man seinen Gott nicht verleihen wie einen mächtigen Fetisch.

---

1) Wahrscheinlich eine Reminiscenz an die hethitische Prinzefs Bent-Anat, welche Ramses II. unter seine Frauen aufgenommen hatte.

2) Vgl. für diese Erzählung Erman in ÄZS. 1883, S. 54 ff. Wiedemann, Geschichte, S. 522 f.

Nicht ungestraft haben die Könige der 19. Dynastie
den Fremdlingen solch ein Übergewicht in Unterägypten
gesichert, ihre Götter zugelassen, sie mit hohen Ämtern,
selbst an ihrem Hofe, bekleidet. Das zeigte sich sehr
bald. Als der grofse Ramses nach einer Regierung von
mehr als 60 Jahren das Scepter den Händen seines vier-
zehnten Sohnes Merneptah überliefs, gelang es diesem
zwar noch, die Einheit des Staates zu wahren und eine
Attaque libyscher Stämme abzuschlagen. Aber Seti II.,
sein Enkel, regierte nur kurz; sei es dafs er eines natürlichen Todes starb oder als Opfer einer Revolution fiel,
nach seinem Hinscheiden begann die Unordnung. Illegi-
time Herrscher bemächtigten sich des Thrones. Die
grofsen Grundbesitzer verschiedener Gaue bekümmerten
sich nicht mehr um die königliche Autorität und handelten nach ihrem eigenen Belieben. Diese Verwirrung
benutzte ein Ḥaru, ein Syrier, 'Arsu oder 'Ersu geheifsen,
um sich die Herrschaft anzumafsen. Es wird wohl einer
der Ausländer gewesen sein, welche durch die Gunst
eines der früheren Fürsten zu Reichtum und Ansehen
gelangt waren, der nun die so erworbene Macht anwendete, um die ägyptischen Herren und damit das
ganze Land unter seine Botmäfsigkeit zu zwingen. Ramses III. schildert ihn als einen Tyrannen, welcher raubte,
was er konnte, seine Genossen rauben liefs und die Tempel
zwar nicht zerstörte, aber auch nicht versorgte; wenigstens die Priester nicht mit dem Nötigen versah, um die
Opfer den Göttern darzubringen. Ist diese Schilderung
nicht übertrieben, dann mufs noch etwas anderes als das
Bestreben, die Macht der Priester und ihre übermäfsigen
Einkünfte zu beschränken, den Usurpator dazu veranlafst, und müssen Gründe religiöser Art dazu mitgewirkt
haben. Opfer sind sicher dargebracht, auch unter seiner
Regierung, wenn nicht den ägyptischen, dann anderen
Göttern. Im Altertum ist dieses nicht wohl anders möglich. Aber wir sind zu ungenügend, vor allem zu ein-

seitig unterrichtet, um mehr hierüber sagen zu können.
Auch die Frage, ob der Auszug der Bnê-Išra'el aus
Ägypten in die Zeit dieser Unruhen, wie einige meinen,
oder vielleicht schon unter Merneptahs Regierung statt-
gefunden hat, wie andere behaupten, kann jetzt nicht
mehr entschieden werden und ist aufserdem für die
Geschichte der ägyptischen Religion nicht von Belang. Aber es ist nicht wahrscheinlich, dafs die Hebräer
in Kanaan eingewandert sind vor dem Ende der Regierung des Königs Ramses III., des ersten der 20. Dynastie, welcher wenigstens noch einigen Einflufs in Syrien
besafs und sich rühmt, in Kanaan einen prächtigen Tempel
für Amun errichtet zu haben.

Aus dieser letzterwähnten Thatsache geht schon hervor, dafs die nationale Religion, wie stets in Ägypten,
schliefslich wieder triumphierte. Ramses III. erzählt, wie
sein Vater Setneḫt, wahrscheinlich noch ein Sprofs der
19. Dynastie, die Ordnung und damit auch die Religion
wiederherstellte, die Tempel von aller Unsauberkeit reinigen liefs und die Opfer wiedereinsetzte. Wie er, der
sich in allen Stücken seinen grofsen Vorgänger Ramses II.
zum Vorbild genommen hatte, das Werk seines Vaters
fortsetzte, Tempel und Priester mit Reichtümern überlud
und so das Verlorene mehr als zu ersetzen suchte,
wurde schon früher erwähnt. Sein Sohn Ramses IV.
und die Ramsesse, welche ihm succedierten, waren nicht
mehr imstande, es seiner Wohlthätigkeit gleichzuthun.
Ein aus jener Zeit stammendes Loblied auf Thot
(Dhuti) zeigt, dafs man immer fortfuhr, alle hohen Götter
mit Râ zu verschmelzen und möglichst in einunddieselbe
dogmatische Form zu giefsen, und dafs man auch die
grofsen Göttinnen einfach vertauschte [1]). Sie konnten
nicht viel mehr thun als den Bau des Chonsutempels

---

1) Vgl. diese merkwürdige Hymne, bearbeitet von K. Piehl, ÄZS.
1884, S. 13 f.

zu Theben fortsetzen, welchen Ramses III. errichtet hatte. Chonsu (Ḥunsu) war unter dieser Dynastie der populäre Gott geworden und scheint gerade bei den Amunpriestern besonders beliebt gewesen zu sein. Aber der ägyptische Staat hatte sich, vorzüglich durch die verschwenderischen Ausgaben für den Kultus, gänzlich erschöpft. Die Priester, vor allem die zu Theben, waren reicher und mächtiger als die Könige selbst. Unter den letzten Ramessiden setzten sie in den Tempelinschriften ihren Namen neben den des Königs, und in Wirklichkeit regierte dieser nur noch von Priesters Gnaden. Endlich that der Hohepriester Her-Hor (Hri-Hor) den letzten Schritt und setzte sich die doppelte Krone aufs Haupt. So war das Ziel, nach welchem die Priester des grofsen Thebanischen Gottes seit Jahren strebten, schliefslich erreicht. Die höchste politische und die höchste geistliche Würde des Landes waren nun in einer Person vereinigt, die reine Theokratie war begründet. Der Sieg konnte für sie nicht schwer sein: die Könige selbst hatten allmählich alle Macht aus den Händen gegeben und sie in die ihrigen gelegt, und sie geboten sowohl über unermefsliche Schätze als über eigene Truppen, welche zum Chonsutempel gehörten [1]). Obendrein fanden sie wahrscheinlich kräftige Unterstützung beim Volke. Her-Hor hat sicherlich als König regiert, aber ob seine Nachkommen wirklich die Krone getragen haben und ob dann diese Priesterdynastie mit der Tanitischen identisch ist, welche bei Manetho auf die 20. folgt, ist noch immer ungewifs. Wie dem auch sei, lange hat sich die Priesterherrschaft selbst in Ägypten nicht zu behaupten vermocht. Ein Saeculum nach dem letzten Ramses sind die Thebanischen Priesterfürsten aus

---

1) Vgl. darüber Wiedemann in ÄZS. 1885, S. 82 ff., wo er u. a. ein paar Stelen im Museum zu Leiden bespricht, welche Her-Hor angehören.

ihrer Hauptstadt vertrieben und genötigt, eine Zuflucht
in Äthiopien zu suchen, wo sie ein neues Reich stifteten. Dafs sie gleichwohl noch nicht die Hoffnung
aufgaben, das Verlorene einmal wiederzugewinnen, wird
die Folge lehren.

Fünftes Kapitel.

Die Religion in der Saïtischen Periode.

1. Amun im Exil.

Nachdem die Priesterkönige Thron und Land verlassen hatten, war Theben zwar nicht mehr die Hauptstadt des Landes und der Sitz des regierenden Königshauses — verschiedene, jedoch ausschliefslich nordägyptische Dynastieen folgten einander — wurde aber trotzdem, wenigstens während der ersten Jahre dieser Epoche, nicht vernachlässigt. Es blieb noch lange die eigentliche Hauptstadt des Südens, und dieser Teil des Landes wurde von hier aus durch die Hohenpriester Amun-Râ's als Statthalter der Pharaonen regiert. Aber diese Pharaonen waren nicht von rein ägyptischer Abkunft; sie waren Nachkömmlinge von Befehlshabern der Mašuaša oder ausländischen Hilfstruppen, welche unter den Ramessiden mit einem Gau belehnt waren oder sich die Herrschaft darüber selbst angeeignet und den Verfall des Reiches benutzt hatten, um den Thron des Horos selbst zu besteigen. Waren die alten nationalen Könige anfangs die Opfer ihrer unpolitischen Protektion der Priesterschaften, vor allem der Thebanischen, geworden: der Norden hatte sich dem priesterlichen Scepter nur widerwillig unterworfen, und bald hatte das hier übermächtige, durch die Ramessiden ebenso unvorsichtig bevorrechtete, fremde militärische Element die Oberhand im ganzen Reiche. Die Ober-

priester, welche die gekrönten Kriegsobersten anstellten,
waren ihnen unterthänig, um so mehr als sie, wie wenigstens die Könige der Dynastie von Bubastis, gern ihre
eigenen Verwandten mit dem Hohenpriestertum an den
vornehmsten religiösen Zentren bekleideten. Auch in
Theben nahmen diese Prinzen von Geblüt den Platz der
ausgewanderten Amunpriester ein. Es ist also nicht
richtig zu behaupten, daſs Amun-Râ, als Thebens Macht
gebrochen war, aufhörte ein allgemein verehrter ägyptischer Gott zu sein und zu dem Range einer gewöhnlichen Lokalgottheit herabsank. Im Gegenteil, sein Orakel
wurde noch immer, und nicht nur von Privatpersonen,
sondern von dem König selbst und in sehr wichtigen
Staatsangelegenheiten um Rat gefragt, und man erkannte
ihm allgemein eine besondere Heiligkeit zu. Der Ruhm
seiner Stadt mochte verblaſst sein und der Einfluſs seiner
Priesterschaft dadurch abgenommen haben, er stand zu
hoch in der Wertschätzung jedes frommen Ägypters,
um nach dem Untergange der politischen Macht seiner
Residenz gänzlich vernachlässigt zu werden. Und sicher
ist das kein Beweis von Geringschätzung, daſs man sich
jetzt gerade gedrungen fühlte, einzelne Kapitel, in welchen er genannt wird, dem Totenbuch hinzuzufügen.

Jedoch war die neue Thebanische Priesterschaft in den
Augen der orthodoxen Amundiener nicht die wahre.
Nicht allein, weil sie sich zur Herrschaft wenig geschickt
zeigte und das ihr untergebene Gebiet sehr schlecht
regierte, weil straflos die Tempelkasse bestohlen und
die Gräber sogar der Könige geplündert, ja die Leichen
selbst beraubt wurden. Auch unter den Ramessiden geschah dergleichen. Aber aus allem geht hervor, daſs
man nunmehr Napata, die Hauptstadt des neuen kuschiti-
schen oder äthiopischen Reiches, und nicht mehr Theben
als Hauptsitz des echten Amundienstes betrachtete.

Wenigstens war dieses die Ansicht der Könige, welche
zu Napata regierten und auch wohl Äthiopier genannt

werden, aber der Herkunft nach echte Ägypter waren.
Das Stammland wieder ihrer Herrschaft und damit derjenigen Amun-Râ's zu unterwerfen und dann die unver-
fälschte nationale Religion wiederherzustellen, war ihr
Ideal. Der erste, welcher es zu verwirklichen trachtete,
war Pianchi Meiamun. Die Veranlassung zu seinem Kriegszuge waren die Eroberungen Tafnechts, des Fürsten von
Saïs, der schon ganz Unterägypten sich unterworfen hatte
und nun den Süden bedrohte. Die Beschreibung, welche
er von seinem Kriegszuge giebt, ist diejenige eines
Priesters, für welchen die Religion das Wichtigste ist.
Anfangs beteiligt er sich nicht persönlich an der Expedition. Aber als er seine Truppen aussendet, versäumt
er nicht, sie zu ermahnen oder, wie es heifst, ihnen die
Befehle Amuns mitzuteilen, dafs sie an der heiligen Stadt
Theben nicht vorüberziehen sollen, ohne Amun-Râ ihre
Devotion zu bezeugen, weil es ohne ihn keinen Sieg
giebt. Von ihm müssen sie ihre Waffen segnen lassen,
nachdem sie sich dort in den heiligen Fluten gereinigt
haben und mit dem Weihwasser seiner Altäre besprengt
sind. Als sie später nach einigen Siegen eine empfind-
liche Niederlage erlitten haben, sieht der König sich genötigt, selbst den Oberbefehl über die Truppen zu übernehmen, und begiebt sich zu diesem Behufe nach Theben, das ihn als Befreier festlich empfängt. Aber auch
er zieht nicht zu Felde, bevor er das grofse Fest, welches Râ für Amun am ersten Tage einsetzte, gefeiert,
den Gott in stattlicher Prozession aus seinem Tempel
nach einem kleineren Heiligtum geführt und von dort
wieder nach seiner vornehmsten Wohnung zurückgebracht
hat. Dies ist die Feier seiner Weihe zum König von
Ägypten, der von Amun-Râ gerufen und gekrönt ist [1]).
Deshalb legt er später allen überwundenen Fürsten und

---

1) Dies geht hervor aus einer Inschrift des späteren äthiopisch-
ägyptischen Königs Tahraka, bei De Rougé, Mélanges I, p. 14 suiv.

eroberten Tempeln einen Tribut für Amun-Râ von Theben auf, mit alleinigem Ausschluſs des heiligen Heliopolis, der Stadt Râ's, der doch eigentlich mit Amun
Eins ist. Überall, wohin er kommt, verrichtet er religiöse Zeremonieen, reinigt die Thebanischen Tempel und
bringt allen Göttern der Stadt Libationen dar. Nicht
ohne heiliges Entzücken teilt er mit, wie er — nach
Heliopolis gekommen — nach einer Lustration im heiligen Sonnenmeer das Angesicht seines Vaters Râ ge-
schaut und dadurch die höchste Weihe zum legitimen
König Ägyptens empfangen habe. Priesterfürsten behandelt er mit gewisser Auszeichnung; Unreine, welche
Fisch essen, sonst in Ägypten keine verbotene Speise,
läſst er in seiner Gegenwart nicht zu.

Wie Pianchi, dessen Herrschaft über Ägypten wahrscheinlich von nicht sehr langer Dauer gewesen ist,
treten auch die späteren äthiopischen Könige, welche
das väterliche Erbteil wiedererobern, als Verehrer vor
allem Amun-Râ's, sodann auch anderer ägyptischer Hauptgötter auf. So Šabako (der Šo, besser Šeweh der Bibel,
der Šabê oder Šabaku der Assyrer), welchem es sogar
gelang, eine Dynastie zu gründen, deren Oberherrschaft
freilich von Zeit zu Zeit mehr dem Anschein nach als
in Wirklichkeit bestand. Fallen doch seine Regierung
wie die seines Sohnes Šabatuḳa und dessen Nachfolgers
Tahraḳa gerade in die Zeit der Eroberungszüge der assyrischen Sargoniden, welche selbst bis Theben vordrangen
und immer die Fürsten der kleineren Staaten gegen jeden,
der die Einheit des Reiches zu festigen strebte, unter-
stützten. Doch thaten sie, was sie vermochten. Šabako beeilte sich, sobald er Herr über ganz Ägypten geworden
war, die alten Institutionen des Thebanischen Priester-
staates zu erneuern und setzte selbst seine Schwester
Ameneritis, die Frau eines gewissen Königs Pianchi
— wahrscheinlich eines Thebanischen Unterkönigs —
zur göttlichen Gemahlin des Amun-Râ, das heiſst: zur

Herrscherin über den gesamten Tempelschatz des Gottes
ein [1]). Auch den Dienst des Ptah sowohl zu Theben
als zu Memphis versäumte er nicht und liefs alte Urkunden erneuern. Herodot weifs von ihm zu erzählen,
dafs er die Todesstrafe abschaffte, was jedenfalls wenig
harmoniert mit Manethos Bericht, dafs er den von ihm
besiegten Bokchoris verbrannte. Šabatuḳa scheint nicht
viel auszurichten vermocht zu haben wegen der unruhigen
Zustände im Lande, aber sein Nachfolger Tahraḳa (der
Tarḳu der Assyrer) war ein Mann von grofser Elasticität
und ein tapferer Kämpe, der erst nach ehrlicher Gegen-
wehr der Übermacht der Assyrer erlag. Auch er wurde
in Theben mit Jubel eingeholt und gekrönt und er
rühmt sich, die Verschwörer gegen Amun-Râ und die
Lästerer dieses Gottes vernichtet und so seine Ehre
wiederhergestellt zu haben. Nicht nur in Tanis, Memphis und Theben stiftet er Heiligtümer, sondern auch in
seiner Hauptstadt Napata baut er prächtige Tempel für
die Thebanische Trias. Der von ihm eingesetzte Statthalter von Theben, Mentu-em-ha-t [2]), spannt alle Kraft
an, um den durch die frevelnde Hand der Assyrer an
den Tempeln seines Ganes verursachten Schaden zu
bessern und vor allem die Laden der Götter zu erneuern,
sieht aber bald sein Werk wieder durch dieselben Eroberer entweiht und zerstört. Der letzte äthiopische
König, welcher einen Versuch machte, Ägypten wieder
unter das alte Regiment zu bringen, war der Fürst, welchen die Assyrer Urdamane nennen, und dessen ägyptischer Name Nut-Amun oder Tanuatamun [3]) war. Die

---

1) Vgl. E. Meyer, Geschichte, S. 344, wo auch ihr Standbild
wiedergegeben wird. Sie war die Mutter der ersten Gattin Psamtiks I.,
welcher hiermit sein Recht auf den Thron begründete. Vgl. auch
Wiedemann, Geschichte, S. 588 ff.

2) Sicher nicht derselbe wie der von Esarhaddon als Gouverneur
von Theben angestellte Mantipianchi.

3) Siehe die Traumstele bei De Rougé, Mélanges I, 89 suiv. Re-

Inschrift, in welcher er seinen Zug schildert, beweist, dafs
auch er sich dazu von Amun in einem Traum berufen
glaubte. Aber obwohl er im Süden, wo man auch ihn
als Retter begrüfste, einige Zeit geherrscht und an dem
Thebanischen Reichstempel gebaut hat, den Norden hat
er nie gänzlich zu unterwerfen vermocht und er sah
sich bald gezwungen, in sein äthiopisches Reich zurückzukehren.

So waren die Versuche mifsglückt, Amun-Râ von
dem Orte seiner Verbannung als höchsten Gott nach
Ägypten zurückzuführen und dort seine Oberherrschaft
wieder dauerhaft zu fundamentieren. Man verehrte ihn
in Theben und auch wohl noch anderswo in Ägypten
weiter, aber was er gewesen war, wird er nicht wieder.
Mit anderen Worten: die Thebanischen Amunpriester
hatten den Vorrang, welchen sie jahrhundertelang besessen hatten, durch ihren Übermut und ihre Anmafsung,
in der sie zuletzt nach der Krone griffen, verscherzt.
Ihren Nachkommen, denn das waren die äthiopischen
Könige wahrscheinlich, gelang es nicht, die alte Macht
mehr als zeitweilig wiederzugewinnen. Die Militärdyna-
stieen des Nordens schüttelten ihr Joch wieder ab, sobald sie die Macht dazu besafsen. Aber in Äthiopien,
dem Reich von Meroë (Berua, Merua), herrschte er un-
umschränkt. Nicht allein in der alten Hauptstadt Napata, sondern auch in verschiedenen anderen Orten des
Landes waren die Haupttempel Amun-Râ geweiht. Dort
wurde das Ideal der Thebanischen Priester realisiert. Es
war eine reine Theokratie. Der König war der erste,
der vermutliche Thronfolger der zweite Priester des
grofsen Gottes. Das Orakel Amuns entschied über alle
Staatsangelegenheiten und Regierungssachen. Aber wie
sorgsam man auch die alten ägyptischen Institutionen

IV, 81 suiv. Vgl. Wiedemann, Geschichte, S. 597f. und Brugsch,
Geschichte, S. 709ff.

und die religiöse·Überlieferung Thebens zu handhaben
bestrebt war, man hatte doch beständig gegen die barbarischen Sitten des Landes zu kämpfen und war genötigt, ihnen auf einigen Punkten Konzessionen zu
machen. So wurde der alte König, wenn seine Herrschaft nicht mehr beliebt war und seine Regierungskraft
abnahm, einfach abgethan [1]) und sein Nachfolger nicht
von ihm selbst oder nach dem Recht der Erstgeburt,
sondern durch das Orakel, das heißt von den Priestern,
bezeichnet. Das scheint zwar nicht mehr als ein Schauspiel gewesen zu sein, und gewöhnlich fiel die Wahl
des Gottes auf den legitimen Erben, aber man mußte
sich doch der einheimischen Form unterwerfen, und die
Priester hatten die Macht in Händen, um einen Prinzen,
der ihnen nicht gefiel, fernzuhalten. Auch hören wir
von ketzerischen Lehren, gegen welche die Priesterschaft
zu streiten hatte, und es ist fraglich, ob sie in diesem
Streite immer die Oberhand behielt. Nachdem die Eroberungszüge nach Ägypten aufgehört hatten, wurde
Äthiopien mehr und mehr isoliert, und wie die Sprache
in den Inschriften der späteren Könige von Meroë Hor-
siatef, Nastosenen und Aspalut schon ziemlich äthiopische
Worte und Formen zeigt, so wird auch gewiß die Religion, wennschon der Form nach ägyptisch, mehr und
mehr durch barbarische Elemente verunreinigt sein.

Viel reiner blieb, wenigstens noch geraume Zeit hindurch, der Amundienst in der Oase El-Chargeh, der größ-
ten der Ammonoasen, wohl zu unterscheiden von dem
Ammonium in der Oase von Siwah, deren Orakel in der
ganzen Welt rühmlich bekannt war, von deren Tempelbauten jedoch nur fast unkenntliche Ruinen erhalten sind [2]).

---

1) Man vgl. über das Allgemeine dieses Brauches bei barbarischen
Völkern Frazer, The golden Bough, a Study in comparat.
religion. I, 217 ff. Ferner Diodor Sic. III, 6 und Strabo XVII, 2, 3.

2) Vgl. über die Oase von Siwah Parthey, Das Orakel und die
Oase des Ammon, Berlin 1862, und meine Vergel. Gesch.

Der Ursprung dieser Niederlassungen liegt im Dunkeln.
Vielleicht stammen sie noch aus der Zeit der Ver-
folgungen Chuen'atens und sind dann eine Gründung von
ihm verjagter Amunpriester. Dafs der Amuntempel der
grofsen Oase schon zur Zeit der Ramessiden bestand und
im Verkehr mit Theben blieb, auch dafs hier eine Thebanische Kolonie war, leidet keinen Zweifel. Die Reste
des Tempels und der Inhalt der Inschriften, soweit wir
diese kennen, beweisen es. Eine von ihnen [1]), aus der
Zeit des persischen Königs Darius, wahrscheinlich des
Sohnes des Hystaspes, welcher die Priesterschaft der Oase
sehr begünstigte, ist in mancher Hinsicht merkwürdig.
Es geht aus ihr nicht nur hervor, dafs der dort verehrte
Amun-Râ kein anderer war als der Thebanische, sondern
auch dafs er, durch eine fromme Fiktion, noch als der
allgemein verehrte Gott Ägyptens betrachtet wurde. Die
meisten Hauptorte Ägyptens werden in ihr als seine Sitze
genannt. Dies hängt zusammen mit dem Grundgedanken
der ganzen Urkunde, und dieser Grundgedanke ist monotheistisch, wenn auch dieser Monotheismus in mythologische Formen gehüllt wird. In der That repräsentiert
dieser Text die höchste Entwicklungsstufe der Thebanischen Theologie und ist ihr letztes Wort. Denn noch
viel deutlicher als in den Hymnen des Neuen Reiches
wird hier die Lehre verkündigt, dafs Amun-Râ eigentlich
der einzige lebendige Gott ist, und alle anderen Götter
Ägyptens nur seine Namen oder Offenbarungen sind.

2. Die Restauration unter den Saïten.

Mit Zustimmung des letzten der äthiopischen Könige
bestieg Psamtik (Psammetichos), ein saïtischer Fürst, der

cueil blz. 247 vgg. Über verschiedene Oasen F. Calliaud, Voyage à
l'Oasis de Thèbes et dans les déserts. Paris 1821.

1) Vgl. Birch in Transactt. SBA. V, 293 ff. Lepsius in ZS. für
ägypt. Sprache 1874, S. 73 ff. u. S. 80. H. Brugsch ebd. 1875,
S. 51 ff.

durch Heirat mit ihm verwandt war, den Thron Ägyptens. ̄-Man ̄vermutet, dafs er nichtägyptischen Stammes, wahrscheinlich von libyscher Abkunft und ursprünglich Befehlshaber eines Trupps Mašuaš oder fremder Soldaten gewesen sei. Bewiesen ist das jedoch nicht; seine Beziehungen zu den orthodoxen Äthiopiern und seine Politik zeugen eher für das Gegenteil, und aus seinem Namen, der echt ägyptisch ist [1]), kann nichts dergleichen abgeleitet werden. Aber dafs er ein Mann von aufsergewöhnlicher Begabung und ein grofser König war, ist nicht zu leugnen. Während seiner langdauernden Regierung ist es ihm gelungen, soweit wenigstens der Zustand des Volkes es gestattete, Ägypten mit seiner alten nationalen Religion noch für einige Zeit von den Toten zu erwecken und das Land zu hoher Blüte zu bringen, in welcher es auch unter seinen Nachfolgern verharrte. Man hat deshalb die Epoche der Saïtischen Dynastie nicht ohne Grund eine Epoche der Restauration genannt.

Auch bezüglich der Religion war sie das. Hier geschah, was in den Zeiten des Verfalls so oft zu geschehen pflegt. Zu ohnmächtig, um etwas wesentlich· Neues zu schaffen, suchte man das Heil in der Restitution alter Formen und Gebräuche, wähnend, dafs dadurch auch die glücklichen Verhältnisse verflossener Zeiten wiederkehren würden. So war auch hier die Erneuerung der ägyptischen Religion keine Reformation, die immer eine Wiedergeburt ist, und deren Wesen in dem Zurückgehen zu den ältesten und reinsten Quellen einer Religion besteht, um sie so wieder mit dem alten, echten Geist zu beseelen, sondern vielmehr eine Reaktion, eine künstliche Wiederbelebung. Zu diesem Zwecke ging man auf die ersten Jahrhunderte des vereinigten Reiches zurück, welche die Phantasie der späteren Geschlechter mit einem Nimbus von Heiligkeit

---

1) Wiedemann, Geschichte, S. 623.

und Herrlichkeit umgab. Wie man in der Kunst, der
Schrift, der Verfassung, ja selbst bis zu den Titeln der Hof-
beamten herab das Alte Reich imitierte, so wurden nun
die längst vergessenen Kulte der berühmtesten alten
Könige, mit Mena an der Spitze, wieder eingeführt,
schmückte man die Wände der Gräber mit Darstellungen,
wie sie zur Zeit der Pyramidenerbauer üblich waren, und
ehrte man mit Vorliebe die Götter, welche damals auch
als die höchsten anerkannt wurden.

Dies machte sich um so ungezwungener, als der
Schwerpunkt des Reiches sich nun von selbst nach dem
Norden verschob und die dort residierenden alten Götter,
Ra, Ptah, Bast, Chnum von Mendes und andere auf diese
Weise vor Amun - Râ, Chonsu, Mont oder Sebak bevorzugt wurden. Der prächtige Säulenvorhof mit den
zwölf Ellen hohen Standbildern und der Halle für den
Apisstier, welchen Psamtik in Memphis erbaute, seine
schönen Weihgeschenke an den Tempel zu Heliopolis
und seine Bauten zu Mendes zeugen von seiner Ehrerbietung vor den Gottheiten Unterägyptens. Auch
Apries und Amasis — von Neko ist wenig erhalten —
bauten meist im Norden, ohne darum die Heiligtümer
des Südens zu vernachlässigen. Psamtik II. scheint un-
parteiischer zuwerke gegangen zu sein und seine Gunst
gleichmäfsiger über alle Tempel des Landes verteilt zu
haben. Weshalb Abydos speziell ein Gegenstand seiner
Fürsorge war, wird sich bald zeigen.

Dafs, wie allezeit in Ägypten, die Gottheit der Residenz nun an die Spitze aller gestellt wurde, steht zu
dieser Politik nicht im Widerspruch. Neith (Nit), die
grofse Göttin von Saïs, war schon unter dem Alten Reich
eine wichtige Gottheit, damals mit Ptah von Memphis,
auch mit Sebak in Verbindung gebracht und schon neben
den Osirischen Göttern in Thinis verehrt. Ob sie ursprünglich eine hohe spekulative Bedeutung hatte, mag
bezweifelt werden, obgleich ihr Name schon sehr früh

als „die Seiende", „die, welche ist" aufgefaßt wird. Aber älter scheint eine andere Erklärung zu sein, nämlich „die Weberin", was das Wort auch bedeuten kann und was mit ihrer Hieroglyphe, der Weberspule, übereinstimmt. Natürlich webt sie ihr eigenes Gewand oder ihren Schleier, mit welchem sie sich vor aller Augen verhüllt und das wohl nichts anderes als der Sternenhimmel sein kann. In ihrem Tempel wurden auch die heiligen Gewänder für den Kultus gewoben, und die Webereien von Saïs waren berühmt. Eine andere gewöhnliche Hieroglyphe der Neith ist ein Schild mit zwei gekreuzten Pfeilen oder diese letzteren allein. Man sieht darin Lichtsymbole. Sicherlich entlehnte sie diesen ihren kriegerischen Charakter. Verteidigerin des Nordwalles, welcher Ägypten gegen die Barbaren schützte, wie Ptah des Südwalles zu Memphis, abgebildet mit zwei Pfeilen in der Hand, war sie die rechte Göttin für die dort herrschenden Kriegsobersten und ihre Truppen und fand sie auch große Verehrung bei den benachbarten kampflustigen Libyern. Gleicht sie hierin der westasiatischen Astarte und besonders der babylonischen Ištar, welche ebenfalls mit Pfeilen bewaffnet ist, so ist sie wie diese so wohl jungfräuliche als Muttergottheit, welche den Sonnengott hervorgebracht hat, die alte, große Naturgöttin also, aus der Alles hervorgegangen ist.

Konnte dies anfangs lediglich rein kosmogonisch und daher naturalistisch verstanden werden, so wurde jetzt alles das in Übereinstimmung mit dem herrschenden Geiste mystisch gefärbt. Sie wird die Seiende, Werdende und Gewordene, und noch niemand hat es gewagt, das Gewand, welches sie umhüllt, zu lüften [1]). Ihr Hoherpriester Uzahor-suten-Nit, welcher ungefähr die-

---

1) So lautet die Inschrift nach Proklos. Anders bei Plutarch, de Iside et Osir. c. IX. Vgl. meine Vergel. Gesch., blz. 239. Der letzte Teil kommt auch in hieroglyphischen Inschriften vor. Siehe das S. 112 angeführte Werk von Mallet, p. 190 suiv.

selben Worte gebraucht, setzt noch hinzu, dafs ihr Erstgeborener Râ nicht gezeugt, sondern nur geboren ist.
Solche Vorstellungen befriedigten die Bedürfnisse jener
Zeit. Von jetzt an wird sie denn auch eine sehr vor-
nehme Göttin. Man vergröfserte und verschönerte ihre
Tempel zu Saïs, und ihre Mysterien und heiligen Feste
liefsen Tausende von Frommen nach ihrer Residenz
strömen, wie die der Bast nach Bubastis. An ihrem grofsen
Festtage wurden nicht allein in Saïs, sondern in ganz
Ägypten Tausende und aber Tausende von Lampen an-
gezündet. Sie selbst wird mit den meisten Hauptgöttinnen
Ägyptens, Mut von Theben, Nut, Hathor (vor allem der
von Dendera) und besonders mit Isis identifiziert. Selbst
die Göttin der neuen Hauptstadt des dritten oberägyp-
tischen Nomos, Esne (Seni), welche dort unter dem Namen
Nebuu (das All) neben Chuum als ihrem Gemahl und
dem jungen Sonnengott (Hik oder Kahi) als ihrem Sohne
angebetet wurde, heifst nun einfach die Neith des Südens [1]).

In Saïs war sie, wenigstens zu dieser Zeit, mit Osiris
und Horos verbunden und wurde sie auch in der Gestalt
einer Kuh dargestellt. Der Dienst des Osiris und seines
Kreises nimmt von nun an einen bedeutenden Auf-
schwung. Unter dem Mittleren und Neuen Reich war
Osiris fast ausschliefslich Todesgott gewesen, und viele
bezweifeln, dafs er vor dieser Zeit jemals etwas anderes gewesen sei. Wie sich das auch verhalten möge,
jetzt wird er zum höchsten der Götter erhoben und Neith
deshalb, thatsächlich im Widerspruch mit ihrer eigentlichen Bedeutung, als eine Form der Isis betrachtet.
Als Zwillingsgott, das heifst als ein solcher, neben welchem ein mächtiger und gleich verehrter Bruder steht,
vermochte er niemals recht der Einzige, Höchste zu

---

1) Man vgl. vor allem die verdienstvolle Monographie von Dr. Mallet,
Le Culte de Neit à Saïs, Paris, Leroux 1888.

werden. Aber dieses Hindernis seiner Erhebung bestand nun nicht mehr. Set, jetzt als der böse Gott, das Prinzip des Übels aufgefafst, wird aus der Götterwelt verbannt, seine Bildnisse werden in Thôts oder Horosse umgeändert oder, wie sein Name, nach Möglichkeit entfernt. Persischem Einflufs kann dies nicht zugeschrieben werden; die Perser traten erst später in Ägypten und dann am allerwenigsten als Propheten ihres ethischen Dualismus auf. Auch an griechischen Einflufs kann damals noch nicht gedacht werden, und zwar um so weniger, als die Saïten eifrig bemüht waren, in Staat und Religion das Fremde abzustofsen und es durch das Nationale zu ersetzen. Alle die ausländischen Elemente, welche seit der Regierung Ramses' II. in die ägyptische Religion aufgenommen waren, wurden nun sorgfältig eliminiert und neue zurückgewiesen. Aber gerade dies kann zu der Ausstofsung Sets beigetragen haben. War er doch der Gott, welcher beinahe allein Gnade gefunden hatte in den Augen der früher feindlichen und jetzt als unrein angesehenen ausländischen Nomaden, und von allen Göttern glich er ihrem Baal und dem der Hethiter am meisten. Jedoch müssen obendrein noch andere Ursachen mitgewirkt haben, und sicherlich war es auch eine Korrektur der Religion durch das sittliche Bewufstsein, welches nicht länger verstattete, den Mörder dessen, den man als guten Gott $\varkappa\alpha\tau'\ \dot\epsilon\xi o\chi\eta\nu$ zu betrachten gewohnt war, als Gottheit anzubeten.

Dafs neben Osiris seine „tausendnamige" Gattin Isis, und dafs sie selbst mehr als er verehrt wurde, braucht kaum gesagt zu werden. Fast alle Göttinnen werden mit ihr verschmolzen, und es ist nicht zu verwundern, dafs die Griechen, welche in dieser Zeit Ägypten kennen lernten, diese beiden Gottheiten für die höchsten des Landes seit alter Zeit hielten, obgleich sie es eigentlich damals erst geworden waren. Durch ihre Erhebung gewann noch eine andere Kultusform erhöhte Bedeutung:

nämlich der Dienst des gestorbenen Hapi, Osir - Hapi,
des Serapis der Griechen, welcher in einer folgenden
Periode zum allein höchsten Gott erhoben werden sollte.
Die Keime davon sind schon in diesem Zeitraum wahr-
zunehmen.

Aus dem Gesagten geht bereits hervor, daſs wie jede
Restauration, so auch diese gebrechlich war, und die
Bedürfnisse einer anderen Zeit sich unwillkürlich geltend
machten. Die Wiederbelebung des Alten war künstlich.
In das Volksleben griff diese Nachahmung dessen, was
viele Jahrhunderte früher bestanden hatte, nicht mehr
ein. Und das um so weniger, als die Kluft zwischen
dem, was man restaurierte, und den religiösen Praktiken
der Menge viel tiefer war als je zuvor. Das Totenbuch
wurde nun abgeschlossen und als heiliger Kanon fixiert.
Aber sowohl diese als die anderen alten Texte, welche
man an die Wände von Tempeln und Gräbern abschrieb,
verstanden jetzt die Priester allein; denn Sprache und
Schrift des Volkes waren ganz anders geworden: das
sogenannte Demotische hatte das in hieroglyphischer
und hieratischer Schrift geschriebene Alt- und Neuägyp-
tische verdrängt. Der Gelehrten- und Priesterstand muſste
sich also noch schärfer abgrenzen, als dies schon unter
dem Neuen Reiche der Fall war. Er wurde denn nun
auch so gut wie erblich und forderte eine strenge Schulung.
Die Wenigen, welche die heiligen Texte lesen und verstehen konnten, waren die „Wissenden" (reḫiu), die ein-
geweihten Mitglieder des „Hauses des Lebens" (per
anḫ); das Volk murmelte sie nach, ohne sie zu verstehen. Ob jene selbst den wahren Sinn begriffen, darf
bezweifelt werden; sie legten den Urkunden einen mystischen Sinn unter, den diese ursprünglich sicher nicht
besaſsen. Zu welch einem toten Formalismus in der
Religion einerseits, zu welch einem willkürlichen Spiel der
Phantasie in der Theologie anderseits solche Zustände
führen muſsten, ist nicht schwer einzusehen.

Aber selbst diese -Reaktion ist ein Schritt vorwärts, ein Beweis von Entwicklung. Die Rückkehr zu dem Ältesten, was man kennt, weil man darin das Echte und Ursprüngliche zu finden meint, zeigt, dafs man mit dem Bestehenden, wie es geworden, nicht mehr zufrieden ist, sondern ein Bedürfnis nach etwas Besserem und Höherem empfindet. Eine Religion verfällt, sobald ihre Bekenner ihr entwachsen sind — natürlich mit Ausschlufs der ungebildeten Menge. Auf diese gestützt, versucht man dann in der Wiederherstellung des lange Vergangenen Befriedigung zu finden für die Bedürfnisse der Gegenwart. Dafs dieses Wiederhergestellte etwas anderes ist, als das Alte wirklich war, fühlt man nicht; aber selbst die Erneuerer des Alten sehen sich gezwungen, ihm einen Sinn beizulegen, den es nie besessen hat. Der Versuch glückt nur für eine gewisse Zeit; schliefslich endet er mit Enttäuschung. Aber er mufs gemacht werden, um das zu erfahren.

3. Die ägyptische Religion und die Perser. Letztes Aufflackern der nationalen Selbständigkeit.

Die Geschichte der persischen Oberherrschaft in Ägypten ist höchst lehrreich für die Kenntnis des gegenseitigen Verhältnisses zwischen persischer und ägyptischer Religion. Assyrer und Babylonier hatten Ägypten sich zeitweilig unterworfen, und wenn sie auch vor den Göttern und Heiligtümern des Landes keinen sonderlichen Respekt hatten, ja die letzteren bisweilen plünderten, um die Kunstwerke und Schätze wegzuführen, so erhellt doch nicht, dafs sie die Religion des eroberten Reiches verfolgten oder den Dienst Assurs oder Maruduks den Überwundenen aufzwangen. Es ist wahr, dafs sie Orten und Personen neue Namen gaben, welche mit den Namen der assyrischen Götter zusammengesetzt waren. So wurde Saïs in Kar-Bêl-matâti (Burg des Herrn der Länder),

Athribis in Limir-iššakku-Ašur (der Hohepriester Assurs
möge zusehen) und der Name von Nekos Sohn in Nabû-
šezib-anni (Nabû wies mir einen Retter) verändert. Aber
wenn darin ein Versuch der Propaganda lag, so hat sie
keine durchgreifenden Folgen gehabt. Umgekehrt, wenigstens soweit wir zur Zeit darüber unterrichtet sind,
haben sie keine religiösen Vorstellungen oder Gebräuche
von den Ägyptern entlehnt. Einzelne Symbole, wie das
der geflügelten Sonnenscheibe, übernahmen sie und
machten aus dieser letzteren das Bildnis ihres höchsten
Gottes, was die Perser später mit einigen Modifikationen
auf ihren Auramazda anwendeten. Ganz anders diese
letzteren. Die Vermutung, welche lange Zeit hindurch
als wahr gegolten hat und durch die Berichte der Griechen gerechtfertigt erschien, daſs sie, eifrige Jünger Za-
rathuštras, den ägyptischen Polytheismus bekämpft oder
verspottet und namentlich gegen den Tierkultus gewütet
hätten, wird durch die Monumente Lügen gestraft. Was
daran wahr ist, muſs anderen Ursachen zugeschrieben
werden.

Vor allem Kambyses, der erste persische König, der
Ägypten beherrschte und dort sogar residierte, soll durch
die Entweihung dessen, was in den Augen der Ägypter zu
den heiligsten Dingen gehörte, seinen Abscheu vor der
Abgötterei zu erkennen gegeben haben. Sicherlich jedoch hat er hiermit nicht begonnen. Derselbe Hohepriester der Neith zu Saïs, der schon unter den Saïtischen
Königen einen hohen Rang einnahm, Uzahor-sutennit [1]),
erzählt von Kambyses, daſs er vor dem Glauben der
Ägypter die gröſste Ehrerbietung bezeigte. Er nahm

---

1) Sein Name wird von den Ägyptologen sehr verschieden transskribiert. Brugsch: Uza-hor-en-pi-ris = Uzahor der südlichen Kammer
(des Neithtempels); Le Page Renouf: Ut'a-hor-resenet. Die Stele, auf
welcher sein Leben erzählt ist, ist u. a. behandelt von E. de Rougé in
der Rev. archaeol. von 1851, von Brugsch in seiner Gesch.
Ägypt., S. 748, und übersetzt von Le Page Renouf in RP. X, 45 ff.

selbst den Namen Mesut-Râ, „Kind des Râ", an, erhob
Uzahor zu seinem Oberarzt und Palastobersten, liefs sich
von ihm alle die Merkwürdigkeiten der Heiligtümer zu
Saïs zeigen und in die Mysterien einweihen. Auf seinen
Befehl wurde der Tempel von den wahrscheinlich persischen Truppen, welche sich dort gelagert und ihn also
entweiht hatten, geräumt und der Dienst der grofsen Göttin
mit allen seinen Festen wiederhergestellt. In eigener Person
vollbrachte er alle Zeremonieen zu ihrer Ehre. Er be-
folgte also hier dieselbe Politik, welche er selbst und sein
Vater Cyrus schon in Babel angewendet hatten. Dafs
er also, wie Herodot [1]) erzählt, die Mumie des Amasis
oder eine, die man für jene ausgab, in Saïs geschunden
und verbrannt habe, darf wohl als unrichtig angesehen
werden, um so mehr als das auch der Ehrerbietung, welche
die Perser dem Feuer entgegenbrachten, widerspricht.
Aber später, als er durch das Mifsgeschick, welches
seine Heere in der Wüste erlitten, verbittert war, ging
die Epilepsie, an welcher er von Jugend auf litt, in regu-
lären Wahnsinn über, und liefs er sich allerhand Excesse
zuschulden kommen. Es ist sehr wohl möglich, dafs er
in dieser Verfassung die Gräber bei Memphis schändete,
Ptah und die Kabiren in ihrem Heiligtum dort verhöhnte
und andere Thaten des Vandalismus verübte, obschon
er sicherlich das Serapeum nicht verbrannt hat, wie ebenfalls berichtet wird. Wohl aber darf als feststehend angesehen werden, dafs er nach seinen Niederlagen nach
Memphis zurückkehrend und gereizt durch den Festes-
jubel, der in der Stadt herrschte, ihn der Freude über
sein Unglück zuschrieb, den Priestern, welche ihm sagten,
dafs diese Freude der Einweihung eines neuen Apis
gelte, nicht glauben wollte, sie tötete und dem heiligen
Stier selbst eine tödliche Wunde beibrachte. In diesem
allen war kein System, es war lauter Irrsinn, der sich

---

1) III, 16.

• auch in allerlei Unmenschlichkeiten gegenüber seinen
Landsleuten und Verwandten offenbarte. Uzahor spielt
auf diese traurige Zeit an und sagt, daſs er das dadurch
über sein Land gebrachte Unglück soviel als möglich
zu lindern suchte. Als Kambyses entweder durch ein
Unglück oder durch Selbstmord gestorben war, ging er
an den Hof des Darius, des Sohnes des Hystaspes, und
wuſste diesen zu bewegen, sobald der Aufstand des persischen Statthalters Aryandes gedämpft war, sich der
religiösen Angelegenheiten Ägyptens wieder anzunehmen.
Darius gewann das Herz der ägyptischen Frommen dadurch, daſs er einen neuen Apis — derjenige, welcher
den von Kambyses getöteten ersetzt hatte, war gerade
gestorben — für 100 Talente (ca. 500000 Mark) kaufte
und zum Geschenk machte. Ferner lieſs er die Tempel
restaurieren, die Feste feiern, die Priester vermehren und
trug Uzahor auf, das Kollegium des Hauses des Lebens,
die groſse Hochschule der Priester seit der Saïtischen
Periode, wiederzuerrichten. Den Tempel Amun-Râ's in
der Oase El-Chargeḥ baute er in groſser Pracht wieder
auf und als er beabsichtigte, sein eigenes Standbild statt
desjenigen des Sesostris (Ramses II.) aufstellen zu lassen,
sah er davon ab, weil die Priester es ihm widerrieten.
Gegen seine Verehrung als göttliche Person hatte übrigens niemand etwas einzuwenden. Und daſs er sich,
wie Diodor berichtet, in der Religionslehre der Ägypter
und ihren heiligen Schriften unterrichten lieſs, darf wohl
als zutreffend acceptiert werden, denn Kambyses war
ihm darin schon vorangegangen. Man sieht daraus, daſs
Darius ein verständiger Staatsmann war, aber auch, daſs
seine Verehrung Auramazda's ihn nicht exklusiv machte.

Daſs die persischen Könige, welche ihm folgten,
dieser Politik untreu geworden wären, ist nicht zu ersehen. Als Herodot unter Artaxerxes I. [1]) Ägypten

---

1) Daſs Xerxes und sein Sohn aus dem Tempel der Neith zu Saïs

besuchte, wurde die nationale Religion dort ungehindert gepflegt. Darius Nothos baute an dem Amuntempel in der Oase El-Chargeh. Nur Ochos soll nach den Berichten der späteren Griechen die frommen Ägypter aufs tiefste gekränkt haben, indem er die Tempel plünderte, die heiligen Schriften raubte und nur gegen grofse Summen wieder an die Priester auslieferte, den heiligen Bock von Mendes tötete, ja sogar den Apis schlachtete, verzehrte und durch einen Esel ersetzte. Wenn das alles wahr ist, und gänzlich wird man es nicht ableugnen können, dann ist es gleichwohl nicht religiösem Hafs, sondern allein seiner Rachgier wegen des hartnäckigen Widerstandes der Ägypter gegen sein Regiment auf Rechnung zu setzen.

Noch einmal — und zum letztenmal — gelang es den Ägyptern, ihre Unabhängigkeit zurückzuerobern und sich ihrer von 415—340 v. Chr. zu erfreuen. Man suchte da seine Kraft wieder in der Erneuerung der Kulte aus den ruhmreichsten Jahrhunderten der Vergangenheit. Nicht die Lokalgötter ihrer eigenen Residenzen begünstigten die Mendesischen und Sebennytischen Könige, welche diese 75 Jahre hindurch auf dem Thron safsen, am meisten. Vielmehr versuchten sie die Religion aus den Tagen der grofsen Eroberer wiederherzustellen. Ptah von Memphis, Amun-Râ von Theben, Horos von Edfu und andere grofse Götter verehrten sie hauptsächlich und, soviel sie vermochten, bauten sie an deren Tempeln. Der Norden wurde nicht mehr vor dem Süden bevorzugt. Bis dicht an die südliche Grenze wendeten sie ihre Fürsorge den kleinen, aber schönen Osirischen Heiligtümern auf der Insel Philae zu, deren Ausschmückung sich auch die Ptolemäer später so viel kosten liefsen,

---

hinausgeworfen seien, wie man aus einer Inschrift des ägyptischen Königs Chabaš schliefsen zu dürfen glaubte, beruht auf einem Mifsverständnis.

und wo die ägyptische Religion noch fortleben sollte,
lange nachdem sie im übrigen Lande offenkundig verfallen war.

Aber dieser Untergang war noch fern. Der make-
donische Eroberer, welcher Ägypten den Persern ent-
rifs, bevor er ihr Reich gänzlich unterwarf, respektierte
die ägyptische Religion nicht minder, als es Kambyses
anfangs und Darius gethan hatten. Alexander erschien
den Augen der Ägypter eher als ein Befreier und ein
Rächer des letzten einheimischen Königs, wie als ein
Usurpator. Er opferte nicht nur den ägyptischen Göttern,
sondern liefs sich sogar auf seinem abenteuerlichen Zuge
nach der grofsen Ammonoase zum Sohne dieses Gottes
erklären und auf seinen Münzen mit den Ammonshörnern
schmücken. Die Ptolemäer folgten seinem Beispiele,
und die Ägypter waren zufrieden unter der Herrschaft
dieser fremden Fürsten, die zwar nicht mit grofsem Eifer,
aber mit reichlicheren Mitteln, als sie den letzten schwachen
einheimischen Königen zugebote standen, ihre Priester
dotierten, ihre Heiligtümer mit grofser Pracht restaurierten und alle ihre religiösen Institutionen respek-
tierten.

Eine Geschichte hat jedoch diese Religion nicht
länger. Sie entwickelt sich nicht mehr. Aber sie geht
jetzt selbst auf Eroberung aus. Ägyptische Kulte verbreiten sich über die ganze zivilisierte Welt. Phönicier,
Griechen und Römer werden eifrige Diener von Ammon,
Ptah, Osiris, Isis, Harpokrates (Har-pe-ḫruti) und Serapis.
Die erstgenannten allerdings hatten schon früher ägyptische Götter angebetet. Aber das Wichtigste war die
Gründung Alexandriens, der Stadt, welche in den folgenden Jahrhunderten die intellektuelle Hauptstadt der Welt
war und wo die religiösen Vorstellungen des Ostens,
vor allem die ägyptischen, mit den religiösen und philosophischen Ideen der hellenischen Welt verschmolzen.

4. Beurteilung der ägyptischen Religion.

Wer eine Geschichte der Religion entwerfen will, kann sich nicht der Beurteilung der verschiedenen Religionen entziehen, welche in ihr einen Platz finden. Unter Beurteilung nun verstehen wir nicht ein Messen mit willkürlichem Maßstab, indem man eine Religion an den Forderungen derjenigen prüft, welche man selbst für die höchste, die wahre, die absolute Religion hält. Die Beurteilung, zu welcher allein der Historiker berufen ist, muß das Ergebnis der Vergleichung der bestehenden Religionen sein und demnach den Platz bestimmen, welchen jede derselben in der Entwicklungsgeschichte der Religion einnimmt.

Die Griechen, voller Ehrerbietung vor solch' einer reichen und Jahrhunderte alten Kultur, wie die der Ägypter war, und unter dem Eindruck des Geheimnisvollen und Rätselhaften, worin ihre Religion sich hüllte, bildeten sich ein, daß dahinter ein tiefer Sinn sich verbergen müsse, eine Weisheit, die man unter Bildern und Symbolen versteckte, sodaß sie allein für die Denker verständlich war. Manche von ihnen meinten sogar, daß ihre eigenen Götter ursprünglich von den Ägyptern entlehnt seien. Auch unter den Gelehrten der neueren Zeit finden sich immer noch solche, welche in den — nach ihnen scheinbar — animistischen Formen der ägyptischen Mythologie und des Kultus nichts anderes zu sehen vermögen als das populäre Kleid einer hohen philosophischen oder wenigstens theosophischen Spekulation.

Andere gehen in das entgegengesetzte Extrem. Schon im Altertum trieb Juvenal, der allerdings die ägyptische Religion nur in ihrem tiefen Verfall kannte, seinen Spott mit Göttern, die in Hürden geboren wurden und die man in dem einen Gau verehrte, im anderen verzehrte; und verschiedene der späteren Griechen dachten ebenso. Auch heutzutage haben Einige für diese Art der Religion

nur Worte der Geringschätzung. All' das Geheimnisvolle und Feierliche verbirgt nach ihrem Urteil keine
tiefsinnige Weisheit, sondern ist nur ein Deckmantel für
Leere und Armut. Es ist der gröbste und einfältigste
Animismus, oder besser Fetischismus, mit einem dünnen
Firnis äußerlicher Zivilisation überzogen. Und für die
ägyptischen Priester mit ihrem Ruhm geheimer Wissenschaft und ihren klingenden Titeln haben sie keine andere Bezeichnung als das alte: γοητες παντες! „lauter
Gaukler!"

   Wir hatten bereits Gelegenheit dazu, beide Ansichten
als unrichtig zu bestreiten. Ist der hohe Ruhm unver-
dient — unbillig ist die Schmach. Verzeihlich am Ende
des vorigen und am Anfange dieses Jahrhunderts wegen
der oberflächlichen Kenntnis des ägyptischen Altertums
und der orientalischen Religionen überhaupt, die man
damals besaß, sollten sie nun der besseren Einsicht ge-
wichen sein. Aber weil in beiden Meinungen ein gewisses Quantum Wahrheit liegt, giebt es noch ernsthafte
und denkende Männer, welche sie verteidigen. Der
Ursprung aller der absonderlichen Kultusformen, des
Tierdienstes, der gesamten Symbolik liegt im Animismus, und die Religion des ungebildeten Volkes in Ägypten ist sicherlich zum großen Teil animistisch geblieben.
Aber für die Gebildeteren war sie das nicht mehr: sie
hatten alle animistischen Formen in Symbolik umgesetzt
und dadurch ihren Charakter gänzlich geändert. Anderseits sind alle die Spekulationen, in welchen man die
Grundlage der ägyptischen Religionslehre und des Kultus
suchen will, wohl durch die Texte zu belegen, aber
nicht ursprünglich und lediglich ein späterer Versuch,
den animistischen Vorstellungen und Bräuchen, über die
man hinausgewachsen war, einen erträglichen Sinn zu
geben.

   Jede Religion muß nach der höchsten Entwicklung
beurteilt werden, die sie erreicht hat, nicht nach den

Überbleibseln früherer Zustände, welche sie nicht gänzlich abzustofsen vermochte. Deshalb mufs anerkannt werden, dafs die ägyptische Religion keine animistische mehr war, denn sie hat die animistischen Formen nur dadurch konservieren können, dafs sie ihnen einen anderen Sinn unterlegte; aber sie ist auch nicht imstande gewesen, den Animismus völlig zu überwinden und die für ihre höheren Ideen erforderlichen neuen Formen zu schaffen. Es scheint, dafs die Pfleger der ägyptischen Religion den hochgewachsenen Baum für zu fest in dem Boden des Animismus gewurzelt hielten, um ihn auf anderen Grund zu verpflanzen.

Mit dem Festhalten an thatsächlich veralteten Formen hängen verschiedene Eigentümlichkeiten der ägyptischen Religion zusammen: das Wertlegen auf allerlei magische Bräuche, die einseitige Sorge für alles, was Beziehung auf das Leben nach dem Tode hat, die therianthropischen Darstellungen der Götter, die Verehrung lebender Tiere und Pflanzen und was dergleichen mehr ist. Aber dem gegenüber steht auch vieles, was von höherer Entwicklung zeugt. Wie eintönig die heiligen Texte auch sind, echt religiöse Gedanken werden darin des öfteren ausgesprochen in einer Weise, welche dem Besten, was wir bei den Semiten finden, nicht nachsteht. Den tiefsten Eindruck hatte auf das Gemüt des ägyptischen Frommen der beständige Wechsel der Jahreszeiten, die stets wiederkehrende Verjüngung der Natur gemacht, und in den Personen seiner Götter hat er diesen Gedanken mehr als andere inkarniert. Man hat gemeint, dafs er dies selbst in dem allgemeinen Namen, den er für „Gott" gebrauchte (unter, nuta), ausgedrückt hat, und dafs dieses Wort „die sich Verjüngenden" oder „die Unvergänglichen" bedeutete. Andere haben das bezweifelt und für nuter die Bedeutung „mächtig, stark" festgestellt. Wahrscheinlich bedeutet es einfach „die Grofsen", und sicherlich darf eine so abstrakte Bedeutung, wie die erstgenannte, nicht als ursprünglich betrachtet werden. Aber in einfacher, mehr konkreter, mythischer Form drückte er dasselbe aus, wenn er Ptah z. B. „den jungen Alten" nannte. Die Götter sind die Geber von Licht und Leben, wie stets hinzugesetzt wird, „seit Millionen von Jahren". Auf oft noch kindliche Weise haben die Ägypter doch das Göttliche aufgefaßt als das Bleibende und Unvergängliche inmitten alles Wechsels und in ihren großartigen Tempelbauten haben sie gezeigt, daß sie die erhabene Majestät der Gottheit empfanden, aus welchem Grunde sie denn auch diese selbst vor dem ungeweihten Blick der Menge verbargen. Den reinen Monotheismus konnte diese Religion noch nicht tragen und sie hat ihn darum, sobald er sich ankündigte, in den Bann gethan. Aber sie hat doch versucht, ihn mit ihrem Polytheismus zu versöhnen. In älteren und jüngeren Schriften, deren Form mit derjenigen der hebräischen Chokma übereinstimmt, wird eine zwar reine und gesunde, aber ziemlich alltägliche Moral verkündigt und zuweilen auch mit der Religion in Verbindung gebracht; sehr spät jedoch werden ethische Ideen in die Unsterblichkeitslehre und noch später in die Götterlehre aufgenommen. Eine naturalistische Religion bleibt die ägyptische bis zum Schluß.

Man ziehe endlich in Betracht, in welch' graue Vorzeit die Entstehung dieser Religion zurückreicht, und vergleiche sie nicht mit derjenigen reicher, begabter Völker, die viel später zur Kultur gelangten und dabei das Vorbild anderer hochzivilisierter Nationen vor Augen hatten, sondern mit derjenigen von Wilden und Barbaren, und man wird zugeben müssen, daß dieser erste und deshalb schwere Schritt auf der Bahn der religiösen Entwicklung sehr bedeutend zu nennen ist und die Religionsform, welche das Ergebnis desselben war, mit allen ihren Schwächen einen ehrenvollen Platz am Beginne der Geschichte einnimmt.

Zweites Buch.

Die Religion in Babylonien und Assyrien.

Die Religion in Babylonien und Assyrien.

Quellen.

Vor der Entdeckung und Entzifferung der Reste der babylonisch-assyrischen Litteratur mußte man die gesamte Kenntnis der Religion der Babylonier und Assyrer aus einigen zerstreuten Mitteilungen der klassischen, hauptsächlich griechischen Schriftsteller, kurzen Andeutungen des Alten Testamentes und den Berossosfragmenten schöpfen. Sie dürfen, ist uns auch jetzt die Hauptquelle erschlossen, noch nicht vernachlässigt werden.

Unter den Griechen steht Herodot obenan. Seine Assyrische (d. h. Babylonische) Geschichte, auf welche er verweist, ist verloren gegangen oder vielleicht niemals geschrieben. Die groben Mißgriffe, welche er auf dem Gebiete der babylonischen Geschichte begeht (Semiramis, Nitokris, Labynetos I. und II.), mahnen zur Vorsicht in der Annahme alles dessen, was er über die Religion berichtet. Man hat sogar bezweifelt, daß er Babel jemals besucht habe [1]). In diesem Falle giebt er als Resultat eigener Anschauung, was er von anderen, namentlich Hekataios von Milet, entlehnte. Unrichtig braucht dies

---

1) Vgl. A. H. Sayce, The ancient Empires of the East, Herod. I—III with notes etc. London, Macmillan & Co. 1883. Die Einleitung besonders, ebd. 1884.

deshalb noch nicht zu sein. Sein heftiger Gegner Ktesias jedoch giebt Beweise von großer Unkenntnis, und wenn er schon nicht absichtlich gelogen hat, so können wir lediglich von ihm lernen, welche Vorstellungen die Perser seiner Zeit sich von altbabylonischen Verhältnissen machten. Diodoros Siculus dagegen, wiewohl ein naiver und wenig kritischer Erzähler, ist gewissenhaft, und Damascius (Περι ἀρχων) ist gleich vertrauenswürdig.

Viel größeren Wert, sowohl wegen ihres höheren Alters, als wegen der Beziehungen Israels zu Babel und Assur, haben die Anspielungen auf die Religion dieser Länder in einigen Büchern des Alten Testamentes, wobei außer 2. Kön. hauptsächlich Deutero-Jesaja, Jeremia und Ezechiel in Betracht kommen. Das Buch Daniel, wenn auch seine Geschichte in Babel spielt, ist durch und durch unhistorisch und verbirgt unter einem Nebukadnezar der Phantasie den griechisch-syrischen Fürsten Antiochos Epiphanes.

Die beste Quelle, mit Ausschluß derjenigen in Keilschrift, sind die Fragmente von Berossos' drei Büchern chaldäischer Geschichte, von Eusebius, Georgius dem Syncellus und Josephus dem Alexander Polyhistor entlehnt. Die Fragmente des ersten Buches sind vor allem für die Religion von Belang. Berossos, ein Zeitgenosse Alexanders und seiner ersten Nachfolger, las die alten Urkunden und hatte als Priester des Bel Zutritt zur Tempelbibliothek; die nun auch uns zugänglichen babylonisch-assyrischen Texte haben das, was er berichtet, wohl ergänzt, aber in der Regel bestätigt.

Seit die Ausgrabungen in den Trümmerhügeln Babyloniens und Assyriens nicht nur eine Anzahl von an den Mauern von Palästen oder Tempeln und auf Monumenten eingemeißelten Inschriften, sondern auch ganze Sammlungen von Texten und darunter ziemlich umfangreiche Werke zutage förderten und es der europäischen Wissen-

schaft gelang, sie zu entziffern [1]), ist dadurch auch für
die Geschichte der babylonisch-assyrischen Religion eine
vorerst unerschöpfliche Fundgrube eröffnet. Selbst das
bereits Herausgegebene ist nur erst teilweise bearbeitet,
und viel harrt in den Museen noch der Untersuchung.
In allen Produkten dieser Litteratur, auch wenn sie nicht
ausgesprochen religiöser Art sind, finden sich Beiträge
zur Kenntnis der Religion. Die historischen Inschriften
der assyrischen Könige beginnen mit Anrufung der
Götter und Aufzählung ihrer Eigenschaften und endigen
mit Beschreibung des Baues oder der Restauration der bedeutenderen Tempel; die der babylonischen Könige umfassen nicht viel anderes als dies. Astrologische Täfelchen, Kontrakte und Schenkungsurkunden, selbst gewöhnliche Briefe und Depeschen enthalten immer etwas,
was auf die Religion Bezug hat.

Aber die Quellen ersten Ranges für die Kenntnis der
Religion sind vor allem: 1) Listen von Namen, Beinamen und Kultusorten der Götter; 2) Epische Gedichte
wie die, welche Ištars Höllenfahrt und die Sintflut beschreiben oder reine Mythen erzählen, vor allem die ansehnlichen
Fragmente des Epos, welches die Schicksale eines halb-
mythischen Königs von Uruk (Giš-ṭu-bar, die Aussprache des Namens wird für unsicher gehalten, kann aber
sehr wohl Ištubâra gelautet haben) besingt, und die eines
noch wichtigeren Werkes, einer Art Lehrgedicht, welches
man die Chaldäische Genesis genannt hat und das eine
Kosmogonie und eine Theogonie umfaßt; 3) Eigentlich
religiöse Schriften, zu deren ältesten sicherlich die Zaubersprüche und Beschwörungen gerechnet werden müssen,
welche dazu bestimmt waren, die bösen Geister, vor allem
die der Krankheit und des Todes, zu vertreiben. Zu demselben Zweck gebrauchte man auch Hymnen zur Ehre der
Götter, welche dazu ursprünglich nicht bestimmt waren,

---

1) Über die Entdeckung und Entzifferung der Keilschrifttexte vergleiche man die in der Bibliographie aufgeführten Werke.

und ebenso Gebete und Bufspsalmen, unter denen sich
sehr erhabene und tiefreligiöse lyrische Ergüsse befinden.
Von Wichtigkeit sind auch einige Orakel von Tempel-
propheten und Prophetinnen und die Weihinschriften,
welche von den Königen bei Erneuerung oder Restauration der Tempel dort deponiert und meist mehr oder
weniger verkürzt in die größeren historischen Inschriften
aufgenommen wurden [1]).

Rechnet man auch nur dasjenige, was von diesen Texten
schon publiziert und erklärt ist, dann kann man nicht
in Abrede stellen, dafs die Mittel, um die Religion von
Babel und Assur kennen zu lernen, wenigstens im Vergleich zu der früheren Zeit, zahlreich und bedeutsam
sind. Dafs noch grofse Vorsicht zu beobachten ist, versteht sich von selbst. Die assyrische Philologie ist noch
jung, und vieles bleibt noch dunkel und schwer zu erklären. Man gebe sich daher vorläufig mit dem Gewissen zufrieden und baue aufs Ungewisse noch keine
kühnen Vergleichungen und Spekulationen. Zwei Schwie-
rigkeiten, mit welchen man bei dem Studium der ägyptischen Religion zu ringen hat, zeigen sich hier in noch
viel stärkerem Mafse: einmal die richtige Lesung vieler
Götternamen, sodann die Bestimmung der Zeit, in welcher die Erzeugnisse dieser Litteratur entstanden sind,
selbst ihres relativen Alters. Die erste Schwierigkeit ist
eine Folge der eigentümlichen Schrift, welche die Babylonier nicht mit einer besseren und praktischeren
vertauschen wollten; doch ist sie von untergeordneter
Bedeutung, denn die Art der Götter, deren Namen man
nicht mit Sicherheit auszusprechen vermag, ist nicht

---

1) Die vollständigste und genaueste Beschreibung der babylonisch-
assyrischen Litteratur giebt Carl Bezold, Kurzgefafster Überblick
über die babylonisch-assyrische Literatur nebst einem chronologischen Excurs, zwei Registern und einem Index zu 1500 Thontafeln
des brit. Museums, Leipzig, Schulze 1886. Von demselben Verfasser erschien 1889 in London der Catalogue of the Cuneiform tablets in
the Konyunjik Collection of the Brit. Museum, Vol. I.

zweifelhaft. Die andere Schwierigkeit ist gerade für die Geschichte von gröfserer Bedeutung, aber weil der Ort, woher einige der genannten Werke stammen, leicht zu eruieren ist, weil ferner auch nicht gänzlich unbekannt ist, in welcher Ordnung die verschiedenen Zentren einander in der Herrschaft gefolgt sind, und die Werke selbst einige Fingerzeige enthalten, tastet man hier nicht vollkommen im Dunkeln. Obendrein sind eine grofse Anzahl Urkunden aus der Regierung von Königen datiert, deren Lebenszeit feststeht.

Endlich ist es ein Problem, über welches viel gestritten wird, ob diese Litteratur ihrem Ursprung nach semitisch ist oder ob sie von einer alten sogenannten sumerisch-akkadischen Bevölkerung herrührt, welche die semitische in sich aufnahm. Man hat sogar behauptet, dafs die assyrischen Texte, welche wir besitzen, mit Ausnahme derjenigen, welche im Auftrage bestimmter Könige verfafst wurden, die rein litterarischen und religiösen also, lauter Übersetzungen sumero-akkadischer Originale seien; und wirklich sind auch viele in zwei Sprachen, einige allein in einer nichtsemitischen Redaktion auf uns gekommen. Über die Hauptfrage, ob der babylonische Polytheismus rein semitischen Ursprungs ist, oder ob auch nichtsemitische Elemente in ihn aufgenommen sind, mufs in der Geschichte selbst verhandelt werden. Was die Litteratur anlangt, so neigt man mehr und mehr zu der Meinung — auch selbst da, wo man die Existenz von zweierlei Sprache und zweierlei Volksart annimmt — dafs die Originalität aufseiten der Semiten ist und dasjenige, was diese übersetzt oder übernommen haben, wenig bedeutet. Und jedenfalls sind alle diese Schriften, aus welchen Elementen sie auch kombiniert sein mögen, die Urkunden der Religion Babyloniens und Assyriens, als die Semiten in diesen Ländern die führende Nation waren.

Erstes Kapitel.

Einleitung.

---

1. Das Zweistromland und seine Bevölkerung.

Der zweite, vielleicht älteste Mittelpunkt der frühesten Kultur war das Stromgebiet der zwei mächtigen Flüsse, welche beide im heutigen Armenien (ehemals Urarṭi, Ararat, einem Teil des Landes Nairi) nördlich und südlich vom Schneegebirge (Niphatês) entspringen und, nachdem sie erst in entgegengesetzter Richtung geflossen sind, sich nach Süden wenden, um bald in größerem, bald in kleinerem Abstande voneinander ihren Weg nach dem persischen Meerbusen zu verfolgen, in welchen sie früher nicht weit voneinander einmündeten, ohne sich erst, wie jetzt, zu vereinigen. Es sind der Tigris (Idiḳlat, Diḳlat, hebr. Hiddekel) und der Euphrat (Purattu, Purâtu, hebr. Phrat). Gegenstand so großer Verehrung, wie der Nil in Ägypten, sind diese Ströme, soviel wir wissen, für die Babylonier und Assyrer niemals gewesen, wenn sie auch wenigstens ihren Quellen religiöse Ehrerbietung zollten und der Gott der fruchtbaren Wasser einer ihrer vornehmsten war. War doch das dürre Steppenland, über welches die Assyrer ihre Herrschaft ausbreiteten, all' seine Fruchtbarkeit in erster Linie diesen beiden Flüssen schuldig, und das eigentliche Babylonien, das südliche Mesopotamien, wurde durch ihre periodischen Überschwemmungen gänzlich unter Wasser gesetzt, welche man hier, wie in Ägypten, durch ein prächtiges Kanalsystem aus Unheil in Segen zu wandeln wußte. Die Klugheit und der Fleiß der Bewohner ließen sie aus den natürlichen Vorteilen derartigen Nutzen ziehen, daß Babylonien im Altertum, sogar noch unter der persischen Herrschaft, eines der reichsten Länder war. Ist es auch im Süden sehr heiß und in den höheren Gebirgsgegenden des Nordens bisweilen empfindlich kalt, so unterscheiden sich doch Babylonien und Assyrien weniger durch ihr Klima als durch die Bodenbeschaffenheit, und wahrscheinlich ist hierdurch die Art der beiden nahverwandten Völker bedingt. War der Babylonier feiner zivilisiert als sein nördlicher Nachbar, mehr zu Handel, Industrie, Kunst, Wissenschaft und religiöser Spekulation geneigt — der Assyrer, in allen diesen Beziehungen sein Lehrling, war elastischer und kriegerischer; ein Unterschied, der sich wohl auch in ihren religiösen Anschauungen widerspiegelt.

Doch waren beide ursprünglich ein Volk und hatten Sprache, Kultur und Religion gemeinsam. Die kleinen Differenzen sind erst eine Folge ihrer Spaltung in zwei selbständige, obschon zuweilen mit Gewalt vereinigte Reiche. Das assyrische Reich scheint seinen Ursprung in einer Kolonie von Babyloniern zu haben, welche an dem rechten Tigrisufer die Stadt Assur, von ihnen selbst stets als Sitz der alten Herrschaft genannt, gründeten, von dort aus sich an beiden Seiten des Tigris ausbreiteten, den Schwerpunkt ihrer Macht nach dem linken Ufer verlegten und bald ihre Eroberungen westlich bis an den Euphrat ausdehnten. Das eigentliche Babylonien hat seine nördliche Grenze dort, wo die Ströme sich am meisten einander nähern, das Diluvium aufhört und das Alluvium beginnt. Die Staaten, welche einander dort in der Oberherrschaft ablösten und niemals die Einheit des assyrischen Reiches besessen zu haben scheinen, hatten ihre

Hauptstädte alle nahe bei oder an dem Euphrat, aber ihr Gebiet dehnte sich mehrere Male ostwärts bis zum Gebirge von Elam und nördlich bis an den Zab aus.

Daſs die Sprache, welche diese beiden Volksstämme gemeinsam gebrauchten, ganz entschieden zu den sogenannten semitischen gehört, wird seit der gelungenen Entzifferung ihrer Keilschrift von niemandem mehr bezweifelt. Wohl aber zweifelte man, als man erwog, in wie mancher Hinsicht ihre Religion bei aller Übereinstimmung sich von den übrigen semitischen Religionen unterschied, ob sie reine, unvermischte Semiten gewesen seien. Dieser Zweifel wurde verstärkt, als man in der Sprache, trotz ihres unleugbar semitischen Charakters, viele Worte antraf, welche nichtsemitisch erschienen. Und als man nun gewahrte, daſs die Schriftzeichen, welche gewisse Dinge bedeuten, in der Regel einen anderen Lautwert haben, als der Name dieser Gegenstände im Semitischen erwarten lieſse, daſs ferner eine groſse Anzahl von Königsinschriften, litterarischen Erzeugnissen und anderen Dokumenten in zweierlei Text auf uns gelangt sind, von denen der eine rein semitisch, der andere, phonetisch gelesen, das sicher nicht ist, da befestigte sich die Überzeugung, daſs die Semiten zwar die herrsehende Rasse in Babel und Assur bildeten, aber daſs ihnen eine andere Bevölkerung in Mesopotamien voraufgegangen sei, welche sie sich unterwarfen, mit der sie sich vermischten, deren Schrift sie sich mit Modifikationen aneigneten und von deren Kultur und Religion nicht wenige Bestandteile in die ihrige übergingen.

Einige Gelehrten gingen noch weiter: sie versuchten zu beweisen, daſs die vorsemitische Sprache Babyloniens eine sogenannte turanische oder uralaltaïsche gewesen sein müsse; sie fuſsten auf der Überzeugung, daſs der gröſste Teil der babylonischen Litteratur und sicherlich alles, was in zweierlei Sprache aufgezeichnet wurde, von den Semiten übersetzt und demnach vorsemitischen Ur-

sprungs sei; sie stellten sich diese Semiten als wilde
Nomaden vor, welche ihre gesamte Kultur ihren Vorgängern im Zweistromlande verdankten. Alles dies mufs
als höchst zweifelhaft betrachtet und teilweise als unbegründet verworfen werden. Eine alte Sprache, welche
man erst sehr dürftig kennt, klassifizieren zu wollen ist
übereilt; bei einer Anzahl zweisprachiger Texte kann
bewiesen werden, dafs das Nichtsemitische die Übersetzung ist, und in der babylonischen Kultur und Religion findet sich soviel echt Semitisches, dafs das Entlehnte nicht hoch zu veranschlagen ist. Aber ebensowenig kann man in Abrede stellen, dafs die oben erwähnten Thatsachen auf zweierlei Sprache und Volksart
hinweisen. Es fehlt nicht an solchen, welche dies gleichwohl thun. Der in mancher Hinsicht verdienstvolle
Gelehrte J. Halévy führt seit Jahren gegen die Hypothese der Mehrheit der Assyriologen einen hartnäckigen
Streit. Er leugnet, dafs an den Ufern des Euphrat und
Tigris jemals irgendeine andere Sprache oder Kultur
geherrscht habe als eine rein semitische. Was man
für eine andere Sprache gehalten hat, ist einfach eine
andere Schrift, deren Zeichen die Gelehrten einen kon-
ventionellen Lautwert gegeben hatten. Will man dies eine
Sprache nennen: nun sie war ebenso künstlich wie das
Volapük und wurde niemals aufserhalb der Schulen gesprochen. Selbst die Texte, welche keinen semitischen
Paralleltext haben, sind doch von Semiten geschrieben
und müssen in ihrer Sprache gelesen werden. Seine
Meinung fand nur bei wenigen Zustimmung, aber doch
bei einigen sehr tüchtigen Männern und zuletzt sogar
bei dem ehemaligen erklärten Verfechter der Zwei-
sprachen-Hypothese, Friedrich Delitzsch.

Wir können das schwierige und verwickelte Problem
hier nicht im Detail besprechen [1]). Nur sehen wir uns

---

1) Ausführlicher habe ich mich hierüber geäufsert in meiner Babylonisch-Assyrischen Geschichte, S. 59—62 und 66—69.

zu der Erklärung veranlaſst, daſs wir die Hypothese Ha-
lévys für unwahrscheinlich und die andere für weit an-
nehmbarer halten. Seine Kritik und diejenige seiner
wissenschaftlichen Freunde hat wohl heilsam gewirkt und
einzelne gewagte Behauptungen widerlegt, aber von einer
willkürlich erdachten Sprache, wie er sie beschreibt,
kann man sich unmöglich eine einigermaſsen deutliche
Vorstellung machen, und nirgends in der Welt ist eine
Analogie dazu aufzufinden [1]). Obendrein ist vor nicht
langer Zeit ein kleiner Text gefunden worden, in welchem wirklich die Rede ist von einer „Sumerischen
Sprache nach der Weise der [Akkads" gesprochen] [2]),
und damit nicht allein der Beweis erbracht, daſs es eine
sumerische Sprache gab, sondern vermutlich auch eine
schon längst gemachte Entdeckung bestätigt, nämlich
daſs die sumerische Sprache zwei Dialekte hatte, von
welchen einer dem Lande Akkad, d. h. Nordbabylonien,
angehörte. Daſs mit der hier erwähnten Sprache das
Assyrische im Gegensatz zum Babylonischen gemeint
ist, werden wohl nicht viele Halévy zugestehen.

Wir bleiben also der Überzeugung, daſs die Semiten,
als sie in vorhistorischer Zeit — wahrscheinlich von Südwesten her — in Babylonien einwanderten, dort ein Volk
antrafen, welches sich selbst Sumerier nannte und mit
dem verwandten Stamm der Akkads verbunden war,
oder von dem letztere einen Bruchteil bildeten, ein Volk,
das ihnen wenigstens in materieller Kultur weit voraus.

---

1) Das Pehlewi, auf welches Halévy sich beruft, ist von ganz anderer Art. Keine der beiden Sprachen, welche hier zusammengekoppelt
werden, ist künstlich. Selbst das Volapük (Vola = Welt, pük =
Sprache) gebraucht veränderte Laute lebender Sprachen.

2) Vgl. den Text mit der Ergänzung und Erklärung von C. Bezold in
ZA. IV (1889), S. 434 f. Die Erwähnung der sumerischen Sprache ist
sicher. Von dem Namen Akkad ist nur die erste Silbe nicht anzu-
zweifeln; was jedoch von dem beschädigten zweiten Zeichen noch erhalten ist, macht die Ergänzung höchst wahrscheinlich.

war und eine gewisse-Zeichenschrift erdacht hatte, welche sie später für ihren eigenen Gebrauch modifizierten und vereinfachten. Standen sie an Begabung auch über diesem Volke, dessen Herren sie endlich wurden, und haben sie die von jenen übernommene Kultur auch höher entwickelt: es geschah dieses doch nicht, ohne dafs sowohl ihre Sprache, wie ihre Weltanschauung und Religion den Einflufs derjenigen ihrer Lehrmeister erfuhren. Semiten im gewöhnlichen Sinne des Wortes waren die Sumerier und Akkader sicherlich nicht; ob sie mit ihnen nicht irgendwie verwandt waren, mufs noch eruiert werden. Sorgfältig zu scheiden, was in der Religion Babels semitisch ist und was nicht, ist bislang noch nicht möglich. Aber vieles, was sonst in dieser Religion rätselhaft erscheint, wird doch durch die Hypothese erklärt, welche auch wir zu der unsrigen machen.

2. Allgemeine historische Übersicht.

Nach der einheimischen, von Berossos mitgeteilten Überlieferung ist die Kultur in Babylonien am Ufer des persischen Meerbusens entstanden und hat sich dann vom Süden aus stets weiter nach Norden hin verbreitet. Trotz ihrer mythischen Form scheint diese Überlieferung richtig zu sein. Die alte Sintflutsage spielt in der Nähe der „Schiffsstadt" Surippak und verlegt den Wohnsitz der Geretteten an die Mündung der beiden Ströme. An Eridu, der Stadt des Meergottes Êa (En-ki), in welchem man den Kulturgott Oannês des Berossos wiedererkannt hat, einer Stadt, welche ehemals sicher an der Einmündung des Tigris in das Meer lag, hafteten die frühesten Erinnerungen, und noch lange nachdem ihre Blütezeit vorüber war, wurden ihre heiligen Texte als die kräftigsten Beschwörungsformeln angesehen. Dort hat man also den Ursprung der vorsemitischen Kultur Süd-Mesopotamiens zu suchen. Ob sie dort von den Sumeriern

ausging oder vielleicht von einer noch älteren dort ansässigen Bevölkerung, und die Sumerier, wie einige meinen (Hommel), von Norden her eingewandert sie vorfanden und übernahmen, ist eine Frage, welche zur Zeit
noch nicht beantwortet werden kann.

Die Semiten suchten nach der Tradition, welche die
Hebräer bewahrten, die Wiege ihrer Kultur in Babel.
Auch damit stimmt die babylonische Überlieferung überein. Nach dem letzten König von Babel, Nabonnedos
(Nabûna'id), herrschten schon um 3800 v. Chr. zwei semitische Könige, Sargon und Naram-Sin, über das nördlich von Babel gelegene Agane (Agade, unrichtig mit
Akkad in Verbindung gebracht) und zugleich über die
heilige Stadt. Von dort aus müssen die Semiten ihre
Herrschaft allmählich nach Süden ausgedehnt und nach
mancherlei Kämpfen, in denen bald einmal die Sumero-
Akkader, dann wieder Elamiter oder Kassiter die Oberhand behielten und selbst über Teile des Landes zeitweilig regierten, definitiv befestigt haben.

Nimmt man die Richtigkeit dieser Zeitbestimmung
an — und sie wird gestützt durch das Vorkommen semitischer Typen neben denen einer ganz anderen Rasse
auf den ältesten Denkmälern — dann bestand gleichzeitig, oder wenigstens nicht lange nachher, ein blühen-
des sumerisches Reich, nach seiner Hauptstadt Širbulla
(Lagaš?) genannt, aus deren Ruinen zu Tello die Ausgrabungen de Sarzec's die ältesten Kunstwerke und Inschriften Babyloniens zutage gefördert haben [1]. Soweit
diese Inschriften entziffert und erklärt sind, gestatten sie
die Religion dieser frühen Periode kennen zu lernen, um so
mehr als in der Hauptstadt dieses Reiches, welches bald
von Königen, bald von Hohenpriestern regiert wird,
nicht nur die Götter des Ortes oder der Landschaft,

---

1) Einzelne Cylinder und die Inschrift Naram-Sin's auf der verloren
gegangenen Vase könnten etwas älter sein.

sondern auch diejenigen anderer heiligen Städte verehrt wurden. Hier zuerst stehen wir auf festem historischen Boden.

Das Reich von Ur, dessen Blütezeit nun folgt, unterjochte Širbulla (Lagaš) und beherrschte jahrhundertelang Babylonien, wenn nicht ganz, so doch zum gröfsten Teil. Rein sumerisch-akkadisch war es nicht mehr; viele seiner Könige sind Semiten, wenn auch ihre Inschriften in der alten Sprache verfafst sind. Aber welche Dynastieen auch immer einander ablösen und aus welcher anderen babylonischen Stadt sie auch stammen mochten, Ur, am rechten Euphratufer, an der Stelle. des heutigen Mugheir und damals nicht weit von der See gelegen, blieb stets der Hauptsitz der Regierung, bis das Scepter wieder an Babel überging ¹).

Ḥammurabi, der König von Babel, unterwarf den letzten unabhängigen Herrscher von Ur aus der elamitischen Dynastie von Larsa, und seitdem bleibt Babel, sei es dafs die Könige hier oder anderswo residierten, die Herrscherin des Südens, aber vor allem die heilige Stadt, deren Gott jetzt der höchstverehrte von allen wurde, obgleich er bisher einen niederen Rang im Pantheon bekleidet hatte. Babel wurde auch ein Mittelpunkt der Kultur, welche die sumerisch-akkadischen und semitischen Elemente zu einem Ganzen verschmolz, und der Sitz einer mächtigen und gelehrten Priesterschaft. Verschiedene. der schönsten Erzeugnisse der heiligen Litteratur der Babylonier stammen sicherlich von dort her, wenn sie auch erst in jüngeren assyrischen Abschriften auf uns gekommen sind. Die Briefe westasiatischer Könige und Statthalter an die Pharaos Amenothes III. und IV., welche zu El-Amarna gefunden wurden (vgl. oben S. 84),

---

1) Man hält dieses Ur für das Ur-Kašdîm (Ur der Chaldäer), von wo nach der hebräischen Überlieferung der Stammvater der Hebräer auszog.

beweisen, dafs noch vor den ägyptischen Eroberungen in diesen Gegenden und lange vor dem Aufkommen des assyrischen Reiches die babylonische Kultur sich bis an das Mittelländische Meer, vielleicht wohl bis nach Cypern verbreitet und so tief Wurzel geschlagen hatte, dafs man ohne Ausnahme die etwas veränderte babylonische Keilschrift und fast überall, selbst in den Ägypten tributpflichtigen Provinzen, nicht die Volkssprache, sondern die babylonische als die offizielle im Verkehr mit dem Oberlehnsherrn gebrauchte. Das setzt eine, wenn auch nicht immer äufserlich vorhandene, so doch geistige Oberherrschaft. von vielen Jahrhunderten voraus und erklärt die Übereinstimmung einer Anzahl religiöser Sagen, Vorstellungen und Kulte in ganz Westasien mit rein babylonischen. Die Babylonier sind die Lehrmeister und Begründer der westasiatischen Kultur gewesen.

Von der ältesten Geschichte Assyriens wissen wir nichts. Das Einzige, was mit Sicherheit feststeht, ist, dafs die Hohenpriester (išakku) der Stadt Assur im 19. Jahrhundert v. Chr., einige Jahrhunderte nach Ḥammurabi, das Fundament einer Herrschaft legten, welche später wenigstens zeitweise die babylonische überflügeln sollte. Nicht minder sicher ist, dafs Nineve, wahrscheinlich, dafs noch andere assyrische Städte damals schon bestanden. Unter der Regierung des zweiten Hohenpriesters von Assur, den wir kennen, Šamširammân, war der Ištartempel zu Nineve schon so sehr verfallen, dafs er ihn restaurieren mufste. Der Name und die Schutzgottheit der Stadt haben vermuten lassen, dafs er eine sumerische Stiftung gewesen sei. Aber die Priester Assurs und die Könige, ihre Nachfolger, die auch über das eigentliche, am linken Tigrisufer gelegene Assyrien herrschten, waren zweifellos Semiten, und ihre Kultur und Religion unterschieden sich ebensowenig als ihre Sprache wesentlich von der babylonischen. Seit dem 15. Jahrhundert v. Chr. finden wir die assyrischen Könige in beständiger, bald freundlicher, bald feindlicher Beziehung zu Babel. Die Reiche blieben selbständig, auch als das nördliche das südliche für eine Zeit lang unterwarf; aber je nachdem die Kultur und die religiösen Gedanken sich in Babel entwickelten, fanden sie auch stets als solche ihren Weg nach Assyrien. Dies war noch viel mehr der Fall, als gegen Ende des 8. Jahrhunderts v. Chr., nachdem schon Pulu, welcher nach dem Sturze der alten Dynastie als Tiglatpilesar III. den Thron einnahm, Babel erobert hatte, eine neue mächtige Dynastie, die der Sargoniden, wennschon nicht ohne Unterbrechungen, auch Babylonien und Chaldäa beherrschte und ihre Obergewalt dazu benutzte, um von den Schätzen der babylonischen Staats- und Tempelarchive eine große Anzahl Abschriften anfertigen zu lassen und nach Nineve und Kalach mitzuführen.

Als das assyrische Reich schließlich nach der glänzenden Regierung Ašurbanipals erschöpft und von wiederholten Einfällen der Meder arg mitgenommen in sich zusammengesunken war, blühte Babel noch einmal wieder auf. Nabopolassar und sein Sohn Nebukadrezar der Große verlegten hierher ihre Residenz und erhoben die Stadt durch ihre Bauten und andere Werke zu einer der stärksten und schönsten Städte Westasiens. Sie geboten bis an das Mittelländische Meer, und Nebukadrezar ließ selbst Ägypten die Schneidigkeit der babylonischen Waffen spüren.

In Wissenschaft und Kunst war diese kurze Epoche der Blüte nichts anderes als eine Restauration. Das Alte wiederzuerwecken, vor allem das Uralte, dasjenige, was an die Tage erinnerte, als noch kein assyrischer Nebenbuhler wagte, sich mit den großen Königen der Vorzeit zu messen — das erstrebte man. Und während der letzte unabhängige König von Babel, Nabonnêdos, weder bluts- noch geistesverwandt mit seinem großen Vorgänger Nebukadrezar, all' seine Aufmerksamkeit alten

Überlieferungen und Institutionen widmete und mit großen Kosten nach verlorenen Stiftungsurkunden von Tempeln suchen ließ, nahte der junge persische Herrscher mit seinen siegreichen Reitern und fand bei dem Heere nur schwachen Widerstand, die Hauptstadt so gut wie nicht verteidigt. Fortan war Babel eine der Hauptstädte des großen persischen Reiches.

In vorstehender Übersicht ist die Einteilung dieses Buches unserer Geschichte schon enthalten. Wir gehen ganz den historischen Weg. Nach einem Versuch, uns eine Vorstellung von der Entstehung der babylonischen Religion zu bilden, werden wir ihm in den verschiedenen Perioden folgen, welche oben in ihren Umrissen skizziert wurden.

Zweites Kapitel.
Vor der Herrschaft von Ur.

1. Entstehung des altbabylonischen Polytheismus.

Schon die ältesten Denkmäler beweisen, dafs vom Anfang der Geschichte an in Babylonien ein reich entwickelter Polytheismus geherrscht hat. Ebensowenig wie der ägyptische kann er aus dem Monotheismus entstanden sein, denn selbst die Lokalgötter von Städten, welche weder Residenz noch Provinzialhauptstadt waren, stehen nie allein, sondern haben andere neben sich. Die viel zahlreicheren Gottheiten, welche nebeneinander in grofsen Zentren verehrt wurden, sind dort, ebenso wie es in Ägypten geschah, als Repräsentanten der wichtigsten Städte des Reiches vereint und in bestimmter Ordnung rangiert. Der Gott des Ortes war entweder der Stammesgott derjenigen, welche sich dort niedergelassen hatten, und demnach ursprünglich nicht dort zuhause, oder der Genius des Ortes selbst, welcher aus der Natur desselben oder aus einem dort geschehenen Ereignis entstanden und dann zuweilen mit einer bereits existierenden Gottheit in Verbindung gebracht war. Die Religionsgeschichte, auch diejenige Babels und Assurs, liefert Beispiele für beides.

Indessen, wenn auch das Pantheon der Babylonier auf diese Weise zu dem geworden ist, was es in der historischen Zeit war, dürfen wir uns keineswegs vor-

stellen, dafs es einfach aus einer Kombination, einer
Zusammenstellung vieler Lokalgötter entstanden sei. Verschiedene Götter hatten einen anderen Ursprung und
wurden allgemein verehrt. Einige waren sogar Hauptgötter an verschiedenen Orten zugleich, und zwar Orten,
von denen aller Wahrscheinlichkeit nach nicht der eine
eine Kolonie des anderen war. Sie wurden dann wohl
Lokalgötter, insofern man ihnen an einem bestimmten
Orte eine Heimat bereitet hatte und dieser dann ein
Mittelpunkt ihrer Verehrung wurde, aber sie waren ursprünglich etwas anderes, Stammes- oder Volksgötter,
und wurden darum von allen geehrt. Kurzum, verschiedene Ursachen müssen, wie anderswo, so auch hier zu
der Entstehung des Polytheismus beigetragen haben.
Über dieses allgemeine Resultat können wir bei dem
gegenwärtigen Stande der Wissenschaft noch nicht hin-
ausgehen.

Noch weniger ist man zu der Behauptung befugt,
dafs die Religion der Sumerier, sei es vor ihrer Berührung mit den Semiten [1]), sei es vor ihrer Ansiedlung
an der Küste des Persischen Meeres [2]), nichts anderes
gewesen sei als ein grober Schamanismus oder, wenn man
will, ein geordneter Animismus; dafs ihr Kultus derzeit
ausschliefslich aus Zauberei bestanden habe, die Wesen,
welche sie durch Beschwörungen zu zwingen suchten,
noch keine Götter, sondern lauter Geister gewesen seien,
und sie erst später, entweder unter dem Einflufs des sefshaften Lebens und der aufblühenden Kultur oder nach
dem Muster der Semiten, wirkliche Götter aus ihnen
gebildet haben. Wenn sie sich jemals in einem solchen
Zustande befunden haben, so lag dieser schon weit hinter
ihnen, als die ältesten Texte geschrieben wurden, welche

---

1) So ungefähr Sayce, Hibbert Lectures 1887, p. 327 f.
2) Dies ist die Ansicht Hommels, Semit. Völker und Sprachen,
S. 356 ff. und Geschichte Babyloniens und Assyriens,
S. 253 ff.

auf uns gekommen sind. Denn wenn wir auch annehmen wollten, daſs die magischen Texte und Beschwörungen älter als die rein mythischen und andere, etwa in jüngerer Redaktion erhalten seien [1]) — was jedoch noch keineswegs bewiesen ist — so würde sich daraus lediglich ergeben, daſs die altbabylonische Religion, ebenso wie die älteste ägyptische, viel animistischer und magischer gefärbt war als die spätere, aber keineswegs, daſs man mit und neben den Geistern, welche beschworen wurden, nicht auch wirkliche Götter verehrte; um so weniger, als in den Beschwörungen selbst mehr als einmal sowohl der groſse Gott der Erde und des Meeres, wie sein Sohn anthropomorphisch vorgestellt werden. Was dem voraufging, möge man mutmaſsen, aber noch nicht als sicher annehmen.

2. Die Religion von Širbulla (Lagaš).

Die älteste Form der babylonischen Religion, von welcher wir etwas wissen, ist diejenige, von welcher die Monumente zeugen, welche de Sarzec in den Ruinenhügeln von Tello ausgegraben hat und die jetzt im Louvremuseum aufbewahrt werden. Es sind die Denkmäler der Könige und Hohenpriester von Šir-pur-la (wahrscheinlich Širbulla ausgesprochen), was nach einigen (Pinches) Lagaš gelesen werden muſs. Dieses kleine Reich, entweder eine Landschaft mit vier wichtigen Städten, oder eine Stadt mit vier Quartieren (Amiaud), hat in sehr früher Zeit, wahrscheinlich schon um 3000 v. Chr. eine ziemlich bedeutende Rolle gespielt. Von Agade, das unter dem alten Sargon und Naram-Sin schon acht Jahrhunderte früher geblüht haben soll, aber ein semitisches Reich war, sprechen wir in einem anderen Zusammenhange.

---

1) So schon Fr. Lenormant in seinen Schriften La Magie chez les Chaldéens, Paris 1874, und Chaldean Magic, London 1877.

Der lokale Hauptgott, welcher in allen diesen Inschriften erwähnt wird, ist der Gott der Stadt oder des
Stadtviertels Girsu-ki; er heifst einfach der Herr von
Girsu (Nin-girsu, im nördlichen Dialekt Mul-Mersi). Man
meint, jedoch ohne genügenden Grund, dafs er ursprünglich nichts mehr war als der lokale Sonnengott, aber
als Ackerbau- und Kriegsgott, „König der Waffen“,
welcher erst später nach seiner Kombination mit dem
verwandten Gott Nin-dara eine allgemeinere Bedeutung
empfing. Thatsächlich ist er ebenderselbe unter einem
lokalen Namen. Ebenso wie dieser ist er der Kriegsmann
und Sohn des Herrn der Geister (Ellilla aus En-lilla,
Mullilla), des alten Bel der Semiten, und das schon unter
der Regierung des alten Königs Uru-Kagina.

Neben ihm wird gleichmäfsig in den Inschriften aller
Fürsten die Göttin genannt, deren Namen die meisten
Ninâ lesen, die Lokalgottheit der Stadt oder des Quar-
tiers Ninâ-ki. Sie steht neben Nin-girsu als seine Schwester,
aber nicht als seine Gattin, und scheint viel eher als die
Ištar, mit welcher sie später identifiziert wird, eine unvermählte Göttin der fruchtbaren Wasser zu sein. Von
der ältesten Zeit an, aber minder häufig, begegnet man
dem Namen der Muttergöttin von Širbulla, Gatum-dug,
welche die Gattin des Himmelsgottes Ana gewesen sein
mufs, denn sie heifst die Mutter und er der Vater von
Nin-girsu's Gemahlin Ba'u. Ihr Haupttempel stand in
der dritten Stadt (bezw. Stadtviertel) Uru-azagga. Von
dem vierten Quartier mit seinem dunkelen Namen Giš-
galla-ki, wo sich ein Heiligtum für Ninni, die Göttin der
Feldschlachten, befand, welche später durch die kriegerische Ištar repräsentiert wurde, und dem Stadtkönige,
dessen Name unsicher ist, weifs man wenig. Auch diese
Göttin gehörte zu dem Kreise Ana's.

In den Texten des ältesten uns bekannten Königs
von Širbulla werden nur drei Gottheiten, Nin-girsu, Ninâ
und Gatum-dug, genannt. In den späteren Texten, sowohl

denen des Königs Uru-kagina als denen der Hohenpriester Ur-Bâ'u und Gudêa, vor allem denen des letzteren, trifft man ein reiches Pantheon an. Man hüte sich jedoch hieraus voreilige Schlüsse zu ziehen, als sei die älteste Religion von Širbulla sehr einfach gewesen und der Polytheismus dann beständig gewachsen. Die Ursache des Unterschiedes liegt lediglich darin, dafs die Inschriften des einen Königs seltener und lakonischer, die des anderen zahlreicher und ausführlicher · sind. Man würde sonst annehmen müssen, dafs die Nachfolger Gudêa's, die von den meisten dieser Götter schweigen, ihren Dienst wieder abgeschafft hätten. Die Tempel und Kulte mögen und werden wahrscheinlich vermehrt sein, aber es ist kein Grund zu der Vermutung vorhanden, dafs die meisten Gottheiten, welche der Patesi Gudêa erwähnt, dem ältesten König Ur-ninâ unbekannt waren. Vor allem vergesse man nicht, was bislang der Beachtung entgangen zu sein scheint, dafs die drei von diesem letzteren erwähnten Gottheiten gerade die göttliche Trias Ellilla (Bel), En-ki (Êa) und Ana (Anu) repräsentieren, welche in den übrigen Inschriften von Tello genannt wird und alle Jahrhunderte hindurch an der Spitze des Göttersystems von Babylonien steht.

Ebensowenig ist die allgemein verbreitete Annahme gerechtfertigt, dafs das alte Reich jahrhundertelang von unabhängigen Königen regiert, darauf geraume Zeit einem mächtigeren Staate unterworfen gewesen und von Statthaltern verwaltet worden sei. Es ist wahr, die Inschriften der Könige von Širbulla sind älter als diejenigen der Fürsten, welche sich patesi (išakku) von Širbulla nennen. Aber dieser Titel, ob nun mit dem Namen eines Landes oder einer Stadt oder mit dem eines Gottes verbunden, hat immer eine geistliche Bedeutung und bedeutet niemals Státthalter eines Oberkönigs. Der Patesi oder Išakku ist immer der irdische Repräsentant, der Stellvertreter einer meist lokalen Gottheit, möge er nun

zugleich der regierende Fürst gewesen sein oder nicht [1].
Die Veränderung zu Širbulla wird also keine andere gewesen sein als die, dafs die Regierung aus den Händen
einer weltlichen in diejenigen eines geistlichen Herrn,
eines Priesterfürsten überging. Vielleicht wechselte man
auch den Titel nach Belieben [2].

Der mächtigste aller Fürsten, welche auf diesem
Throne safsen, war gerade ein Patesi, nämlich der berühmte Gudêa. Er, der in seiner Hauptstadt soviel prächtige Gebäude errichtete und soviel Kunstwerke meifseln
liefs, der durch seine Schiffe die hierzu erforderlichen
Bausteine und Materialien aus allerlei, teilweise weit entfernten Gegenden herbeischaffen liefs, der einen siegreichen Kriegszug nach dem benachbarten Anzan machte,
kann von niemand abhängig, sondern mufs ein selbständiger Souverän gewesen sein. Erst nachdem sein
Sohn und wenigstens noch ein anderer Priesterfürst regiert
hatten, wird Širbulla von Dungi, dem Könige von Ur,
unterworfen und verliert für immer seinen Rang und
seine Macht [3].

Aus den ziemlich zahlreichen Inschriften Gudêa's lernt
man die Religion dieses alten Reiches am vollständigsten
kennen. Hier findet man, wenn nicht alle, so doch die
wichtigsten Götter und diese selbst in einer bestimmten
Folge angeordnet, wobei nicht der meistverehrte, der
lokale Hauptgott Nin-girsu, sondern die höchste Trias

---

1) Die Beispiele für das Gegenteil, welche Hommel, Geschichte,
S. 295 anführt, beweisen nur, dafs es auch abhängige Priesterfürsten
gab, aber nicht, dafs patesi Vasall bedeutet.

2) Vgl. L. Heuzey, Généalogies de Sirpourla, in Revue d'Assyriologie, 1891, II, p. 80 suiv.

3) Der Vašall des Dungi, Ghala-lamma, der Sohn Lukani's, nennt
weder sich selbst, noch seinen Vater Patesi von Širbulla. Vgl. für das
Ganze: L. Heuzey, Le roi Dounghi à Tello, Paris 1886 (Rev.
arch. Avril—Mai 1886), der auch eine geraume Zeit zwischen Gudêa
und Dungi annimmt.

obenangestellt wird [1]). --Zu ihnen gehören Ana, der hohe
Himmelsgott; Ellilla, der Herr der Geister und der Unterwelt, mit seiner Gattin Ghar-šag, der Göttin der hohen
Berge, der Göttermutter; En-ki, der Herr der Erde und
der Wasser, bei dem Patesi Ur-Bâ'u ausdrücklich König
von Eridu genannt, der Orakelgott, „dessen Wort un-
veränderlich ist"; der Mondgott En-zu, „dessen Namen
niemand ausspricht"; Nin-girsu, „der König der Waffen";
Ninâ, „die Herrin der (Orakel-)Auslegung"; Nin-dara,
„der göttliche Streiter"; die erhabene Göttin Gatum-dug,
die Mutter von Širbulla, mit ihrer und Ana's ältester
Tochter Ba'u, der Gattin Nin-girsu's; Ninni, die Göttin
der Schlachten; der Sonnengott Babbar und der Feuergott, „der Werkmeister der Menschen" Pasagga, beide
Söhne En-ki's; zwei Söhne Nin-girsu's: Gal-alimma und
Dun-šagana; die älteste Tochter der Ninâ: Nin-Mar-ki,
die Göttin einer südbabylonischen Stadt, und Duzi-abzu,
die Herrin einer anderen, unbekannten Stadt Kinunir.
Die Liste wird beschlossen durch Nin-giš-zida (der Herr
des Zauberstabes?), den Gudêa mit Nachdruck hier und
anderswo „seinen Gott" nennt. Solch einen persönlichen
Gott hatten auch die anderen Fürsten, sowohl die Könige
als die Priester; nur einmal geht er vom Vater auf den
Sohn über. Es waren jedoch Schutzgeister, sicherlich
keine Stammväter [2]). Soweit man nach diesen Daten
urteilen darf, war die Götterlehre Gudêa's noch kein
monarchischer Polytheismus, denn von einer Obergewalt
Ana's ist nichts zu sehen; selbst die drei vornehmsten
Götter bilden noch keine allbeherrschende Trias. Man
ist über den Standpunkt der patriarchalen Religionen,

---

1) Arthur Amiaud giebt in Records of the Past 2. Serie, Vol.
I u. II eine nahezu vollständige Übersetzung der Tello-Inschriften.

2) Das Pantheon von Širbulla ist damit noch lange nicht vollständig.
Aus anderen Inschriften als denen Gudêa's kennt man noch den Gott
Šidlamtaêna, eine Form Nin-girsu's, später mit Nergal identifiziert,
sieben Söhne der Ba'u und verschiedene andere.

wie man ihn aus den ural-altaïschen Religionen kennt,
noch nicht hinaus; der eine Gott ist mächtiger und älter
als der andere, aber jeder wirkt selbständig in seinem
eigenen Bereich.

Für diese Götter baut oder restauriert oder schmückt
Gudêa eine grofse Anzahl Tempel in den verschiedenen
Quartieren seiner Stadt oder in den Städten seines Gebietes und weiht ihnen prächtige Bilder seiner eigenen
Person in anbetender Haltung mit verschiedenen Weihinschriften und dazu bestimmt, ihnen seine beständige
Verehrung zu beweisen. Der wichtigste dieser Tempel
war der des lokalen Hauptgottes Nin-girsu, welcher nach
einem Beinamen seines Vaters En-ki (Êa) Ê-ninnu ¹) hiefs.
Verschiedene Heiligtümer der verwandten Götter müssen
innerhalb des Hofes dieses Tempels gesucht werden,
unter anderen sicher der Turmtempel von sieben Stock-
werken, Ê-ghud, von dessen Spitze herab der Gott seine
Segnungen ausschüttete und wo er mit seiner Gattin Ba'u
und mit Gudêa's Schutzgeist zusammen verehrt wurde.
Nachdem der Tempel erneuert war, stiftete er ein grofses
Fest, bei welchem Amnestie gewährt und Geschenke
verteilt wurden und die Sklaven die Stelle ihrer Herren
einnahmen. Ob dieses Fest dasselbe ist wie das grofse
Neujahrsfest, das auch schon damals und hier zur Ehre
Ba'us gefeiert wurde, ist nicht mit Sicherheit zu sagen,
aber das Gegenteil ist wahrscheinlicher.

Gudêa war ein echter Priesterkönig. Mehr als einmal wird des Friedens gedacht, den er in seinem Reiche
aufrecht erhält. Er wacht über die Befolgung der
göttlichen Gebote, bezähmt die Willkür der Reichen
und Mächtigen, beschirmt die Schwachen und — sofern die Übersetzung einer Stelle aus einer der Inschriften richtig ist — vertreibt allerhand Zauberer und

¹) Ninnu = 50 ist ein Name Êa's, wie Eš = 30 ein Name Sin's,
des Mondgottes.

Beschwörer, nötigenfalls mit Gewalt. Er selbst wurde mit Offenbarungen der Gottheit beglückt. Aus der Inschrift eines seiner grofsen Cylinder, an deren vollständige Übersetzung sich noch niemand gewagt hat, geht soviel deutlich hervor, dafs die Gottheit ihm im Traum erschien, und dafs die Göttin Ninâ ihm diesen erklärte [1]).

Müssen wir diese Form der Religion und die Herrschaft der Priesterfürsten in Süd-Babylonien als semitisch betrachten, weil wir viele der genannten Götter unter anderen Namen, aber oft sehr stark modifiziert, in dem späteren semitischen Pantheon wiederfinden? Es wird behauptet; aber obwohl man es nicht als unmöglich verwerfen darf, bewiesen ist es nicht. Bis dieser Beweis geliefert ist, bleiben wir dabei, die Kultur und Religion, von welcher diese Urkunden erzählen, als nichtsemitisch zu betrachten.

3. Alte Sagen von der Seeküste.

Unter den alten Kultuszentren, welche in den Texten von Tello erwähnt werden, kommt neben dem gänzlich unbekannten Kinunir und dem wenig mehr bekannten Larak (B a r - b a r - k i, nicht zu verwechseln mit Larsa = B a r - b a r - u n u - k i) das heilige Eridu vor, wo En-ki (Êa), der Gott der Erde und der irdischen Gewässer, über alles verehrt wurde. Eine andere alte Stadt, von der man nicht weifs, ob sie wirklich existiert hat oder vielleicht rein mythisch ist, ist die Stadt des Schiffes (M á - u r u) Surippak oder Surüppak. Beide gehören zur Seeküste, an die Mündung der Ströme, und dort müssen in uralter Zeit die Sagen entstanden sein, in welchen der genannte Gott die Hauptrolle spielt.

---

1) H. Zimmern, D a s T r a u m g e s i c h t G u d e a's in ZA. 1888, S. 232 ff.

Die Aussprache seines Namens ist unsicher — Ê-a, „Wasserhaus", wie die Semiten ihn schrieben, ist ein Wortspiel, das jedoch seinem Klange nach vielleicht der Aussprache nahekam — aber er ist der Weise und Mächtige, der durch seine Zauber- oder Wundermacht alles schaffen kann [1]), der Gott der Künstler und der Schmiede, der für alles Rat weiſs und Rettung bringt und vor dem man nicht zittert wie vor dem furchtbaren Ellilla (Bel), dem Herrn der Unterweltgeister, den man vielmehr anruft in der Not. Lange nachdem Eridu seine Bedeutung verloren hatte, blieb er noch der Gott der Küstengegend, und von altersher wurde er halb in Fischgestalt dargestellt; noch Sinacherib wirft als Opfer für ihn einen goldenen Fisch und ein goldenes Schiff in die See. Neben ihm wurden Damkina, „die Herrin der Erde", als seine Gattin aber doch als selbständige Göttin, und sein Sohn, der spätere Maruduk, mit vielen Beinamen — dessen ältere Benennung jedoch noch unsicher ist [2]) — als Stadtgötter von Eridu und zweifellos auch die anderen Götter seines Kreises, vor allem seine Mutter Gur, die Herrin des kosmischen Ozeans, verehrt.

In dem groſsen Gott der Künstler und Weisen, der an der See oder eigentlich in ihr wohnte, erkennt man den Oannês des Berossos wieder, welcher am Morgen aus den Wellen auftauchte und die Menschen, als sie noch wie die Tiere lebten, in allerlei Kenntnissen und Handfertigkeiten unterwies. Selbst in Sagen, welche wahrscheinlich aus anderen Gegenden stammen, wie der Höllenfahrt der Iśtar und dem Streit der sieben bösen Geister gegen Sin, muſs er Rat schaffen. Als die Göttin der Früchtbarkeit und des Lebens in der Unterwelt ge-

---

1) Als derjenige, welcher die Menschen aus Lehm formt, erinnert er an Chnum mit seiner Drehscheibe. Vgl. Jensen, Kosmologie, S. 324.

2) Mê-u-ru-dugga? „Herr von Eridu".

fangen gehalten wird, erschafft Êa ein Wesen, welches
die wütende Göttin der Finsternis nötigt, ihre Neben-
buhlerin wieder auszuliefern. Vor allem aber in der
bekannten Sintflutsage [1]) ist Er der Retter. Viele Züge
dieser Erzählung, welche wir nur in jüngerer und bestimmt semitischer Form besitzen, und die vielleicht aus
mehreren Stücken zusammengesetzt ist, sind antik. In
Suruppak, der „alten Stadt", wie sie nachdrücklich genannt wird, halten die Götter zwar Rat, ehe sie beschliefsen, die Menschheit durch eine grofse Flut zu ver-
tilgen, aber Vater Anu zieht sich sogleich in seinen
Himmel zurück, und Êa ist sofort darauf bedacht, so viele
als möglich zu retten; Bel und seine Trabanten sind die
hauptsächlichsten Zerstörer, aber Söhne Anu's und Êa's
helfen mit. Jeder handelt also für sich, auf eigene Hand,
und sie ersparen einander dann auch später die Vorwürfe
nicht, als sich herausstellt, wie sie einander entgegen-
gearbeitet haben. Direkt darf Êa den Beschlufs der
Götter seinem Getreuen, dem Sohne des Ubaratutu (Verehrer des Maruduk) [2]), nicht verraten. Er thut es mit List,
durch einen Zauberspruch und einen Traum, in welchem
er ihm die Erbauung eines Schiffes mit einem Hause
anbefiehlt, und ebenso rät er dem Auserkorenen, den
Argwohn seiner Mitmenschen durch falsche Zusagen zu
beschwichtigen. Als die Flut endlich alles bedeckt **und**
die grofse Muttergöttin ihre Kinder ertrinken sieht, bricht
sie in Schreien aus, und als später, nachdem die Wasser
gesunken sind, die Geretteten das Schiff verlassen und
den Göttern ein Opfer zurüsten, will sie Bel davon aus-

---

1) Transskription und Übersetzung des Textes mit Kommentar von
Paul Haupt, in Schraders KAT [2], S. 55 ff. Die jüngste Bearbeitung in
Jensens Kosmologie der Babylonier, S. 367 ff.

2) Der Name des babylonischen Noach, ideographisch U d - z i, wird
verschieden gelesen. Jensen schlägt vor: Ṣit - napištim, „der mit dem
Leben davonkam, der Gerettete". Ḫasis-atra, „der sehr Gescheite",
würde dann sein Beiname sein.

schliefsen, weil er in grundlosem Zorn Gute und Böse zusammen vernichtet hat. Mit Verwunderung sieht dieser, dafs noch Menschen erhalten geblieben sind, und als sein Krieger Nindar bemerkt, dafs allein Êa, der alle Beschwörungen kennt, dies bewirkt haben könne, zieht er ihn zur Verantwortung. Doch als Êa ihm sehr eindringlich seine Übereilung und sein Unrecht vorgestellt hat, bemüht er sich es wieder gut zu machen und führt nicht allein das gerettete Ehepaar aus der Arche, sondern nimmt sie in den Kreis der Götter auf und weist ihnen eine ewige Wohnung bei der Mündung der Ströme an.

Diese Erzählung, in welcher die Götter auf solche Weise miteinander verkehren, in welcher der Held sein Vorhaben zu erkennen giebt, nach dem Gebiet eines derselben zu flüchten, um der Verfolgung des anderen zu entgehen, in welcher die Götter selbst, vor dem Orkan sich fürchtend, nach Anu's Himmel fliehen und „wie Hunde" niederkauern an der Umzäunung des Himmels und später wie Fliegen auf das Opfer herabschwärmen, mufs aus einer Zeit herrühren, als die Kluft zwischen der Götter- und Menschenwelt noch nicht weit und die erstere noch nicht hoch über die letztere erhaben, zudem noch auf patriarchalem Fufse eingerichtet war. Dafs sie in Süd-Babylonien entstanden sein mufs [1]), ist nicht zu bezweifeln; von dort aus hat sie sich über alle semitischen Länder und selbst bis nach Indien hin verbreitet.

4. Magie und Kultus.

Dic Vorstellung, dafs der Kultus bei den alten Sumerieru lediglich aus Beschwörungen und Zauberpraktiken

---

[1]) Nicht in Babel selbst, obschon das dort gefeierte grofse Akîtu-fest in Zeile 71 erwähnt wird. Dieses Fest gehört zum Dienste Êa's und Maruduk's und ist mit ihnen nach Babel gelangt.

bestanden habe, wird durch nichts gerechtfertigt. Aber
dafs die Magie in demselben einen wichtigen Platz einnahm, kann ebensowenig geleugnet werden. Eine Anzahl
alter Texte, Zauberformeln und Lieder, die zur Vertreibung
der bösen Geister, Vernichtung ihres Einflusses, Abwehrung
eines Fluches und dergleichen mehr bestimmt und noch
erhalten sind, beweisen das. Sind sie uns auch in einer
Form überliefert, welche sie erst nach dieser Periode bekommen haben können, so gehören sie jedoch ursprünglich sicher zu ihr, und sehr viele der nicht am wenigsten geschätzten stammen aus Eridu. Die Beschwörung
von Eridu wird als die kräftigste ausdrücklich genannt.
Eine sehr gewöhnliche Einkleidung ist, dafs der Kranke
oder Heimgesuchte sich an den Sohngott (Maruduk)
wendet, der dann nach seinem Vater Êa geht, um seinen
Rat zu hören, worauf dann stets die Antwort erfolgt,
dafs der Sohn alles weifs wie sein Vater und daher
selbst das Heilmittel bezeichnen kann, wie denn auch
geschieht. Meist scheint das Aussprechen, wahrscheinlich Singen des magischen Textes durch den Beschwörer,
bisweilen teilweise durch den Kranken selbst, genügend
gewesen zu sein, aber nicht selten werden materielle
Mittel oder Reinigungszeremonieen hinzugefügt und gerade
diese gehören zu dem Ritus von Eridu. Bei allen diesen
Mitteln: einer des Nachts gepflückten Pflanze, Wolle,
Ziegenhaar, Milch und Butter von reinem Vieh, Zweigen
von heiligen Bäumen oder Schilfstengeln aus dem heiligen Weiher, Weihwasser, mit Wasser aus der See und
den heiligen Strömen vermischt, oder was es mehr sei,
ist die Wirkung immer eine zauberhafte, und zu diesem
Zwecke mufs auch über sie vorher eine Beschwörung
gesprochen werden.

Die bösen Geister, gegen welche diese Handlungen
gerichtet sind, werden oft bei Namen genannt oder treten
in Scharen, in der Regel in der Siebenzahl auf. Ihr
gewöhnlicher, allgemeiner Name ist Uduk, ein Wort,

das jedoch nicht notwendig eine ungünstige Bedeutung
hatte, sondern Geist überhaupt bezeichnet zu haben
scheint. Dasselbe gilt von Šed, dem Blutdürstigen, mit
seinem Heer von Dienern. Einer der am meisten gefürchteten ist Namtar, buchstäblich das Verhängnis, den
man jedoch gewöhnlich als Pestgott betrachtet, und
kaum weniger furchtbar ist Ašakku (Id-pa), der auch
Seuche bringt. Eine besonders sorgfältige Behandlung
erfordert eine Kopfkrankheit (muruṣ ḳaḳḳâdi im Assyrischen, wahrscheinlich ein Fieber mit Phantasieen,
sicher nicht Wahnsinn). Aber auch gegen die Dämonen
des Krieges, welche Nergal anführt, und gegen die reifsenden Tiere, welche den Mond zu verschlingen drohen,
sind die Zaubersprüche und Zeremonieen gerichtet.

Alle diese Wesen gehören nicht, wie im Pârsismus,
zu einem den Göttern feindlichen Reiche der Finsternis.
Götter, selbst der höchste, senden sie. Sie selbst werden noch verehrt. Man steht hier noch durchaus auf
animistischem Boden. Aber gegen sie ruft man die
Hilfe anderer, mächtiger Geister an, oft aus ihrem eigenen
Bereiche, um sie zu beschwören. Lange Listen derselben, Geister aus allerlei Teilen des Weltalls und der
höchsten Götter, beschliefsen die Inkantationen. Immer
gehen der Geist des Himmels und der der Erde voran und
stehen bisweilen allein, obschon wahrscheinlich ist, dafs
dies zur Abkürzung geschah und die anderen aus dem
Gedächtnis hinzugesetzt wurden. Es ist also noch immer
die alte animistische Magie, aber schon auf jener höheren
Stufe der Entwicklung, auf welcher man die Bundes-
genossenschaft mächtiger Geister und vor allem der höchsten Götter sucht, um die gefürchteten Dämonen, wenn
auch durch Zauberwirkung, unschädlich zu machen. Die
niedere scheint nunmehr verboten und verfolgt zu sein,
wie die schon erwähnte Mafsregel Gudêa's zeigt. Aber
diese chaldäische Magie war dazu bestimmt, nicht
allein bis zum Ende des babylonischen Reiches fortzu-

leben, sondern sich auch nach dem fernen Westen zu verbreiten.

Indessen ist es sicher, dafs dieses nicht die einzige Weise war, auf welche sich die altchaldäischen Frommen zu den höheren Wesen in Beziehung setzten. Die Texte von Tello beweisen, dafs sie durchaus nicht primitive Tempel, einzelne mit Terrassentürmen und mit einer heiligen Lade, für ihre Götter errichteten. Die weitgeförderte Kunst, von welcher die Bilder Gudêa's und auch kleinere Bronzegegenstände, Cylinder und Reliefs aus dieser Zeit zeugen, läfst vermuten, dafs die Bilder der Götter denen ihrer Diener nicht nachstanden. Diese Diener waren nicht nur Magier oder Zauberer, sondern auch ordentliche Priester. Aufser dem Stellvertreter der Gottheit, dem Patesi oder Išakku selbst, wird von hohen Priesterwürden allein die des kalû genannt, der hier an der Spitze der Musikanten und Sänger gestanden zu haben scheint. Noch Jahrhunderte später bekleidet der Kalû am babylonischen Hofe einen hohen Rang. Wie in Ägypten wurden die Priesterämter verschiedener Götter bisweilen in einer Person vereinigt. So war Ur-nin-girsu, der Sohn des Gudêa, zu Lebzeiten seines Vaters, also bevor er selbst regierte, Priester Ana's, En-ki's und geliebter Priester Ninâ's. Zum Unterhalt sowohl der Priester wie des Opferdienstes schenkt Gudêa dem Tempel Gatum-dug's, der Göttermutter, zahlreiche Herden und stellt Hirten für sie an. Ferner verordnet er reiche Opfergaben an Tieren, Früchten, Sahne und Kleidern zugunsten verschiedener Tempel, und mit grofsem Glanz werden die heiligen Feste, vor allem das Neujahrsfest, zu Ehren der Göttin Ba'u gefeiert. Jedes der Bilder, welche er weiht, ist mit einem Namen versehen, der ein frommes Gebet ist. Kurzum, der Kultus stand nicht tiefer als der ägyptische und, wiewohl mit Magie verbunden, ist er nicht so von ihr durchsetzt gewesen als dieser. In der Hauptsache scheint er damals schon derselbe gewesen zu sein, wie in all' den späteren Jahrhunderten.

Auch muſs damals schon das Fundament zu der religiösen Spekulation gelegt sein, welche den Inhalt jüngerer Produkte der babylonischen Litteratur ausmacht. Vieles, was wir darin antreffen, die Weltanschauung, die Götterhierarchie, eine gewisse Kosmogonie, gehört unzweifelhaft schon in diese Zeit. Aber es ist schwierig, wenn nicht unmöglich, mit Sicherheit zu eruieren, wieviel davon jetzt schon festgestellt war und wieviel zu dem späteren Ausbau gehört. Werden die bereits gefundenen Urkunden erst noch besser verstanden und vielleicht neue dazu ausgegraben, so wird sich auch hierüber ein neues Licht verbreiten. Vorläufig können wir nur versuchen, was in diesem Abschnitt geschehen ist: die religiösen Vorstellungen und Gebräuche, die entweder sicher oder höchstwahrscheinlich schon in dieser Periode existierten, in Kürze zu beleuchten.

5. Religion und Sagen von Agaḏe und Uruk.

Bleibt es zweifelhaft, inwieweit zu Širbulla, und ist es sehr unwahrscheinlich, daſs zu Eridu schon in dieser Zeit semitischer Einfluſs sich fühlbar machte: ganz anders ist es in Agaḏe und in Uruk. Darf man Nabunâid glauben, so regierten schon im 38. Jahrhundert v. Chr. in Agaḏe semitische Könige, und die wenigen Denkmäler, welche aus Uruk auf uns gekommen sind und sicher noch zu dieser Periode gehören, beweisen für dieses Reich dasselbe. Das chronologische Problem können wir hier ruhen lassen, wenngleich wir konstatieren dürfen, daſs beide Fürstentümer sowohl zeitlich als ihrem Kultus nach zusammen gehören. Die Mehrheit der Bevölkerung mag noch sumerisch gewesen sein, die Könige und die herrschende Rasse waren Semiten und, wie die späteren semitischen Herrscher von Ur, groſse Verehrer des Mondgottes. Sin, was ihre Namen (Naram-Sin, Sin-gašid) beweisen. Der Haupttempel von Agade trägt denselben Namen wie einer der beiden Haupttempel von Uruk, und in beiden wurde dieselbe Göttin, wenn auch in anderer Gestalt verehrt. Aus Agade stammende Cylinder endlich beweisen, dafs die Sage, welche wir hauptsächlich aus der Tradition von Uruk kennen und dort lokalisiert finden, auch in Agade bekannt war.

An beiden Orten [1]) fanden die neuen Herrscher keinen Anknüpfungspunkt für ihren Monddienst, wohl aber für denjenigen von Sin's Tochter Ištar, welche in dem Tempel Ê-ulbar (ulmaš?) zu Agade mit der dort verehrten Anu-nit, der mit Bogen und Pfeil bewehrten Göttin der Schlachten, verschmolzen und als die Herrin des Morgensternes angebetet, in dem gleichnamigen Tempel zu Uruk dagegen mit der üppigen Göttin der Blüte und Fruchtbarkeit identifiziert und als die Herrin des Abendsternes betrachtet wurde. Aber wie Morgen- und Abendstern, so waren auch die beiden Göttinnen nur Eine, welche sich auf verschiedene Weise offenbarte. In Uruk jedoch war auch die andere Seite der Göttin in Nanâ repräsentiert, welche in dem Tempel Ê-ana (Haus des Himmels) angebetet wurde und die düstere Göttin der Vernichtung und des Todes war [2]). Sie blieb ein Gegen-

---

1) Über die Lage von Agade besteht Meinungsverschiedenheit. Da es von Sippar ša Šamaš (S. des Sonnengottes) wohl als Sippar ša Anunit unterschieden wird, hält man es gewöhnlich für einen Teil der erstgenannten Stadt, deren Überbleibsel in den Ruinen von Abu-Habba wieder aufgefunden sind. Aber man glaubt noch mehr Sippars auf der Spur zu sein. Jedenfalls lagen beide Orte nicht weit voneinander entfernt, in dem nördlichen Winkel Babyloniens, wo Euphrat und Tigris sich einander am dichtesten nähern. Uruk ist das heutige Warka, viel südlicher, nicht weit von Ur und Larsa, aber wie dieses letzte östlich vom Euphrat gelegen.

2) II. R. 59, 21 a. f. wird ihr Name mit einem Ideogramm geschrieben, welches a b a t u, verwüsten und l a p a t u, vernichten, zu Boden werfen bedeutet.

stand der Verehrung, auch nachdem der elamitische König
Kudurnanḫundi im Jahre 2280 v. Chr. ihr Bild nach
seinem Lande geschleppt hatte, welches erst 1635 Jahre
später von Ašurbanipal nach Uruk zurückgebracht wurde.
Die Stadt war denn auch sowohl die Totenstadt ϰατ'
ἐξοχήν, wo man sich gern begraben liefs, als die Stadt
des wollüstigsten Kultus, welcher mit heiliger Prostitution
verbunden war. Dafs die beiden Göttinnen später stets
unterschieden werden, beweist nichts gegen ihre wesentliche und ursprüngliche Einheit.

Ištar oder Ištaritu, die Tochter Sin's, die Schwester des
Šamaš, war eine Göttin, welche von den Semiten sicher
schon vor ihrer Ansiedlung in Babylonien und bis in
späte Zeiten in ganz Westasien verehrt wurde. Daher
kommt es, dafs ihr Name sehr oft einfach „Göttin" bedeutet, und dafs sie mit den verschiedensten Lokalgottheiten Babyloniens und Assyriens verbunden wurde. Daher
auch, dafs sie wohl zu einem anderen Götterkreis gerechnet
wurde und z. B. in Uruk Tochter Aua's, in Agade Mullilla's
(Ellilla's) war. Ob sie nun schon bei den Semiten die
unvermählte Muttergöttin war, welche sich zeitweilig einen
Geliebten nach ihrem Gefallen wählt, oder die jungfräuliche, welche jedes eheliche Verhältnis verschmäht — der
Doppelcharakter, durch welchen sie sich stets auszeichnen sollte — oder ob dies den sumerischen Göttinnen,
mit denen man sie verband, entlehnt ist, ist schwer
zu entscheiden. Sicher ist, dafs solch' eine Göttin in die
Zeiten der Herrschaft des Matriarchats gehört.

Die Ištar von Uruk spielt eine wichtige Rolle in dem
babylonischen Epos. Die bedeutenden Fragmente, welche
noch von demselben erhalten sind, datieren aus viel
späterer Zeit als der Periode, welcher dieses Kapitel gewidmet ist, und sind in dieser Form sicherlich semitischen Ursprungs. Aber der Stoff ist viel älter. Es
klingen in ihm Erinnerungen an die Befreiung der Stadt
aus den Händen der Elamiter nach, aber die Personen,

welche in dieser Erzählung handelnd auftreten, sowohl der Held Isṭubara (?) wie sein Freund und Mitstreiter, dessen Namen man Êa-bani (En-ki-ru) liest, und auch der elamitische König Ḫumbaba, sind halbmythische Wesen, und halbmythisch ist die Geschichte des Krieges. Die Sintflutsage, nach vielen auch die Erzählung von Ištars Höllenfahrt, sind als Episoden in das Werk eingeflochten. Der Held, den man ohne sonderlichen Grund mit Nimrod identifiziert, ist eine Art Hêraklês, ein Bezähmer wilder Tiere und Befreier des Landes, über welches er dann König wird, auch wie Hêraklês von Hêra, so von Ištar verfolgt, aber ihr siegreich widerstehend. Darauf — wieder wie der griechische Heros — von einer schrecklichen Krankheit befallen, welche die Göttin Nanâ ihm zusendet, geht er zu seinem Vorfahren, dem babylonischen Noach, um bei ihm Genesung zu suchen, und findet sie. Doch ist der Schluſs des Berichtes zu sehr lädiert, um wissen zu können, wie es ihm zuletzt ergeht, ob er zurückkehrt, oder vielleicht unter die Götter versetzt wird. Dies ist auch unsicher bezüglich seines Gesellen, eines therianthropischen Wesens, von Êa geschaffen und von ihm mit der Fähigkeit, Träume zu erklären, wie mit Macht über die wilden Tiere begabt, bei denen er sich anfänglich aufhält. Für uns ist am bedeutsamsten, was wir hier von Ištar hören. Zuerst unterstützt sie den jungen Helden. Zwei ihrer Hierodulen, Ḫarimtu, die Geweihte, und Šamḫatu, die Blühende, begleiten den Jäger Zaidu, um Êa-bani zu verführen. Hieraus geht der Charakter ihres Dienstes in Uruk deutlich hervor. Doch als sie nach der Besiegung des Ḫumbaba (Humba oder Umman ist ein elamitischer Hauptgott) Isṭubara ihre Hand anbietet, weigert er sich sie zu ehelichen, überhäuft sie mit Schmach und wirft ihr alle ihre Liebschaften vor; Mensch und Tier mache sie zum Opfer von Leidenschaft und Wollust.

Nicht alle die Mythen, auf welche hier angespielt

wird, sind deutlich erkennbar. Eine von ihnen gleicht der
von Artemis und Aktaion, welcher von seinen Hunden zer-
rissen wird. Aber wohlbekannt ist der erste Liebhaber,
der genannt wird, nämlich Dumuzi (Tammuz), der jugend-
liche Frühlingsgott, welchen sie Jahr für Jahr liebt, und
der beständig stirbt und wieder ins Leben zurückkehrt.
Derselbe Ritus, den man in ganz Westasien wiederfindet
und den die Griechen von den Phöniziern übernahmen,
das bekannte Adonisfest, welches sie dann mit ihrer
Aphroditê in Verbindung brachten, war also mehr als
20 Jahrhunderte früher zu Uruk in Gebrauch. Nachdem
Isṭubara die Hand Ištars verschmäht hat, entbrennt der
Streit zwischen beiden. Auf ihre Bitte erschafft Anu
für seine Tochter einen gewaltigen Stier, der von den
beiden Helden getötet wird. Aber dann kommt ihr
Nanâ mit verzehrender Krankheit zuhilfe, und der lei-
dende Recke verläfst das Land.

Es würde voreilig sein, bestimmen zu wollen, was
hier zur alten Mythe, was zu der dichterischen Einkleidung gehört. Dafs die Sage von dem Lichtheros, dem
Retter der Menschen und Sieger über alle Ungeheuer,
standhaft gegenüber der Verlockung der Wollust, kämpfend gegen die ihm feindlichen Himmelsmächte, aber
endlich selbst ermattend, der Erzählung zugrunde liegt,
kann schwerlich geleugnet werden. War vielleicht der
Gott Lugal-banda (der junge [?] König), welchem neben
Ningul, seiner Gattin, der König von Uruk Singašid eine
Inschrift weiht [1]), den er seinen Gott und dessen Sohn
er sich nennt, der göttliche Prototypus des Helden unseres
Epos?

Wir sahen bereits, dafs die Sage von Isṭubara und
seinem Helfer auch in Agaḍe bekannt gewesen sein
mufs. Obendrein lebte dort noch die halbmythische
Überlieferung von dem alten Sargon, dem Könige der

---

1) Vgl. IV. R. 35, Nr. 3, und damit Pinches in RP.[2] I, 78 ff.

Gerechtigkeit, der nach seines Vaters Tode aus Furcht vor einem Oheim heimlich geboren und als Findling in einem aus Rohr geflochtenen, mit Asphalt bestrichenen Körbchen dem Strome anvertraut, von einem Wasser-beamten (abal, assyr. nakmê == der Wasser ausgiefst) aufgenommen und zum Gärtner gemacht, durch die Gunst Ištars zum König erhoben, fünfundvierzig Jahre regierte und ein mächtiges Reich stiftete. Dieser ist also ein Günstling der Ištar, aber der strengen, kriegerischen, welche in Agaḍe hauptsächlich verehrt wurde. Es ist die älteste uns bekannte Form der Sage, welche sich bei so vielen alten Völkern findet, sowohl auf mythische wie auf historische Personen zugeschnitten, und sicher auch in einer Mythe wie der von Osiris und Horos ihre Grundlage hat. Der gefürchtete Blutsverwandte oder Tyrann, die verborgen gehaltene Geburt, die Erziehung in niederem Stande und die wunderbare Erhebung sind die Züge, welche überall wiederkehren, der Held möge nun Kršṇa oder Perseus, Romulus oder Siegfried, Sargon oder Cyrus heifsen. Das aus Rohr geflochtene Kästchen hat diese Erzählung mit der bekannten von der Geburt des Moses gemein.

Drittes Kapitel.

Die Religion in dem Reiche von Ur und dem alten Reiche von Babel.

---

1. „Die Tage des Sin".

Wann die alten Babylonier und Assyrer von „den Tagen des Sin" sprachen, dann meinten sie ohne Zweifel die Zeit, in welcher die Stadt des Mondgottes, Ur (uru-unu-ki), die Hauptstadt eines mächtigen Reiches und ihr Gott in gewissem Sinne der nationale war. Das Ende dieser Periode fällt ungefähr in den Beginn des 22. Jahrhunderts v. Chr.; den Anfang derselben setzt man gewöhnlich sechs bis sieben Jahrhunderte früher. Verschiedene Dynastieen, aus Ur selbst, aus Nipur-Nisinna, aus Larsa, selbst aus Elam stammend, wechselten miteinander ab, aber Ur blieb Hauptstadt und vor allen Dingen die heilige Stadt, die selbst von denen, welche sich nicht Könige, sondern Tempelwächter (ua = zanin) oder Hirten (siba = ri'u) von Ur nannten, unter ihren Titeln zuerst erwähnt wurde. Der Umfang des Reiches wird unter all' den Fürsten, welche einander nachfolgten, nicht eben grofs gewesen sein, aber bisweilen, vielleicht in der Regel, umfafste er die Fürstentümer von Eridu, Širbulla, Uruk, Nipur und Nisinna, Larsa, ja selbst Nordbabylonien, namentlich das alte Babel und Sippar-Agade. Dies war das Reich von Šumer und Akkad, von dem allein sie, die den Norden und den Süden beherrschten, sich Könige

nannten [1]), und das eine aus Sumeriern und Semiten ge-
mischte·Bevölkerung besafs, die ersteren zahlreicher im
Süden, die letzteren im Norden. Die meisten dieser
Könige waren, obgleich ihre Inschriften in sumerischer
Sprache verfafst sind, ihren Namen zufolge Semiten; nur
bezüglich der ältesten beiden, Ur-Ba'u und Dungi, kann
dies bezweifelt werden. Beide bauten eifrig an all' den
Haupttempeln ihres Reiches, sowohl in den alten Zentren,
wie Širbulla, als in neuen, wie Larsa. Von dem ersteren
glaubt man, dafs er den Tempel des Sin zu Ur und den
des Šamaš zu Larsa gegründet, von dem letzteren, dafs
er zu Širbulla den Dienst Nergals unter dem Namen Šid-
lamta-uddu eingeführt habe. Sicher ist, dafs er sehr für
den Dienst dieses Gottes eiferte, dem er auch in Kuta
bei Babel einen Tempel baute. In Babel selbst weihte
er der grofsen Göttin ein Heiligtum. — Auch von ihren
späteren, unzweifelhaft semitischen Nachfolgern, deren
Regierung von der ihrigen vielleicht durch Jahrhunderte
geschieden ist, weifs man, dafs sie eifrig an den Tem-
pelu ihres Reiches bauten, und wenn auch gewifs dem
Tempel ihrer Hauptstadt etwas mehr Fürsorge gewidmet
und mehr für ihn aufgewendet wurde, als für die anderen,
so wurde doch der Haupttempel des Reiches, der des
Sin in Ur, nichts weniger als vernachlässigt.

Dieser Tempel, von Ur-Ba'u gestiftet oder wenigstens gänzlich restauriert, aber erst von seinem Sohn
vollendet, hatte auf einer genau orientierten, rechteckigen,
jedoch ungleichseitigen Grundlage mehr als ein Stock-
werk und oben darauf das eigentliche Heiligtum. Die
anderen Tempel aus dieser Zeit, namentlich die zu Uruk
und Eridu, waren nach demselben Plane angelegt. Das

---

1) Dafs auch Nineve dazu gehörte, ist höchst unwahrscheinlich.
Hommel, Geschichte, S. 337, ist dieser Meinung auf Grund des
Cylinders mit semitischer Inschrift, den Dr. Hausknecht in Nineve fand.
Nach Amiaud jedoch, der eine bessere Transskription und Übersetzung
des Textes gab, stammt er aus Kuta. Vgl. ZA. 1888, S. 94 f.

quadratiche Fundament scheint jüngeren Ursprungs zu
sein. Man fand in den Tempeln auch schon heilige
Barken und Laden; in Ur hatten sowohl Sin wie seine
Gattin eine solche.

Der meistverehrte Gott dieser Periode, Sin, der männliche Mondgott der Semiten, den wir als En-zu (bêlu ša
purusi, Herr der Entscheidung, des Urteils, eigentlich
der Weisheit) schon in Širbulla antrafen, und dessen
Name im akkadischen Dialekte wahrscheinlich Agu (Krone,
Kranz?) lautete, hieſs in Ur „der Erleuchter" (Uruki,
assyr. Nannaru, der neue Mond) und hatte noch verschiedene andere ehrenvolle Beinamen. Obschon er auch
in dem Hauptzentrum als Sohn des alten Bel, des Gottes
der Unterwelt, galt, verherrlichte man ihn doch auf eine
Weise, welche ihn thatsächlich mit dem höchsten Gott
gleich und über alle anderen stellte, ja, identifizierte man
ihn zuweilen, wenigstens in der Poesie, mit keinem Geringeren als dem hohen Himmelsgott Anu. Von dieser besonderen Erhebung zeugt auch, daſs seine Gemahlin, deren
Bedeutung und eigentlicher Name uns unbekannt sind,
immer als „die groſse Gebieterin" (Nin-gal, assyr. Bêlit-
rubat) bezeichnet, und Ištar ebenso zu seiner Tochter,
als zu der des Anu, Šamaš ebenso zu seinem Sohn, als
zu demjenigen Êas gemacht wurde. Aus letzterem vor
allem geht hervor, daſs die Verherrlichung Sins als
höchsten Gottes nicht im Sinne dessen aufgefaſst werden
darf, was man Henotheismus genannt hat, nämlich als
aus dem Bedürfnis seiner eigenen getreuen Anbeter entstanden, ihrem Gott die höchsten göttlichen Attribute
zuzuerkennen, sondern in dem Sinne, daſs er in der That
der Lichtgott κατ᾽ ἐξοχην und als solcher der höchste war.
Eher als der Sonnengott wurde von vielen Stämmen,
besonders von Nomaden, der Mondgott als der vornehmste Lichtgott angesehen, dessen Wohlthaten sie höher
schätzten als die des Tagesgottes, und der obendrein ein
groſser Zauberer war. In dem System, welches durch

die Vereinigung vieler Götter entstand, mufste er sich
dann mit einer bescheideneren Bedeutung und einem
Platz — wenn auch dem ersten — in einer zweiten
Triade begnügen. Nach einer bekannten Mythe wird
Sin mit Šamaš und Ištar von Bel und Êa geschaffen,
um ein Gegengewicht gegen die bösen Geister zu bilden,
welche Anu unter der Anführung Rammâns aussendet,
läuft jedoch Gefahr, als die beiden anderen ihn verlassen
haben, das Opfer der Diener Anus, mit anderen Worten:
verdunkelt zu werden. Natürlich schafft Êa Rat. Ob
aber diese Mythe, wenigstens in der vorliegenden Form,
schon bis in die Periode von Ur zurückreicht, darf bezweifelt werden.

In dem vereinigten Pantheon wurde Šamaš, dem Sonnengott, der zweite Platz in der zweiten Triade zugewiesen,
aber im südbabylonischen Larsa und im nordbabyloni-
schen Sippar wurde er in dem Hause des Lichtes, Ê-babbara, wie sein Tempel an beiden Orten hiefs, als der
höchste Gott angebetet. Die Abbildung seines Allerheiligsten zu Sippar, welche wir besitzen, beweist, dafs
er dort in Wahrheit nicht der sichtbare Sonnengott, sondern der über dem Firmament im Verborgenen wohnende
Lichtgott war, der über Mond, Sonne und Sterne regiert.
Mit diesem alten Lichtgott (Ud, Babbar) wurde der semitische Šamšu oder Šamaš vereinigt, und so sank er in der
Hierarchie der Götter zu dem Range der sichtbaren Götter
herab, indem er bald als der Sohn Êas, bald als derjenige
Sins betrachtet wurde. Als solcher wird er in schönen
Hymnen verherrlicht, in ähnlicher Weise wie bei anderen
Völkern; er ist der wohlthätige Naturgott, welcher die
Pforten des Himmels öffnet, den frohen Tag bringt, den
Spuk der Nacht vertreibt, auf seinem mit feurigen Ren-
nern bespannten Wagen den Himmel entlang eilt oder
als Diener der grofsen Götter, ihr Vertrauter und Mittler
bei den Menschen, in seinem geregelten Lauf eine
höhere Ordnung offenbart, und deshalb Besieger böser

Geister und Krankheiten, allsehender Richter Himmels und der Erde, Schirmer der alten Institutionen und Sitten und Feind der Lüge und des Unrechts. Von Anuuit, seiner Gattin, wurde schon früher gesprochen.

Ein Lichtgott, aber ganz anders aufgefafst, ist auch der Gott, welcher als der grofse Streiter des alten Bel neben diesem zu Nipur verehrt wurde, und dessen Name Ninêb oder Nindar gelesen werden kann [1]). Obschon er ein Sohn Êas heifst und zu den wohlthätigen, barmherzigen, lebenspendenden Göttern gehört, ist Streiten seine Freude, und stets wird der gröfste Nachdruck auf seine Heldenhaftigkeit und gewaltige Kraft gelegt, sodafs er vor allem ein Kriegs- und Jagdgott geworden ist. Über seine natürliche Bedeutung sind die Gelehrten nicht einig; man hat in ihm den verzehrenden Gott der Mittagssonne oder die Sonne im Sturm oder die Sonne beim Morgenrot gesehen. Dafs er auch der Gott des Sonnenunterganges ist, wird ausdrücklich gesagt. Aber es ist verkehrt, ihn hierauf beschränken zu wollen. Er ist das grofse „Licht des Himmels und der Erde", aber als der Streiter gegen alle Feinde des Lichtes, morgens wenn die Pforte des Himmels sich öffnet, „der Gott des Tagwerdens", und abends, wenn die der Unterwelt sich aufthut und er „hingeht, den apsu zu erleuchten"; im Wüten des Sturmes und im Dröhnen des Donners ringt er mit den Bösen und „verbrennt sie wie ein eben angezündetes Feuer". Aber gerade deshalb ist er der Lebenspender, der Schirmer des Hauses, und vermählt mit der grofsen Göttin Gula, welche auch „die Herrin des Hellwerdens" heifst, weil sie die Toten erweckt [2]).

---

1) Die Lesung A d a r mufs als gänzlich unbewiesen beiseite gelassen werden.

2) Darf ich eine Vermutung aussprechen, dann ist es diese: das Ideogramm MAS, mit dem sein Name meist geschrieben wird, scheint mir die Abbildung der beiden Reibhölzer zu sein, durch welche das heilige Feuer erzeugt wurde.

Aber wenn auch Nipur dann und wann die Stadt Nindars genannt wird, in der Regel heifst sie doch die Stadt des Gottes, dessen Krieger er ist, des Vaters des Sin, des alten Bel, des Ellilla (eigentlich Herr des Sturmes) der Sumerier, welcher in den Mythen eine wichtige Rolle spielt, in der Götterhierarchie mit Êa auf eine Linie und kaum unter Anu gestellt wird, aber im Kultus schon frühzeitig einigermafsen zurücktritt. Ursprünglich dem Anschein nach ebenso gut ein Himmelsgott wie Anu, erhält er bei der Rangierung der Götter als der Schreckliche und Furchtbare die Unterwelt als sein Gebiet und herrscht dort mit seiner Gattin, die nichts anderes als sein weibliches Ebenbild und die grofse Mutter aller Lebendigen ist. Auch sie hatte viele Tempel, deren Namen auf die Unterwelt und auf ihren Charakter als Lebenspenderin Bezug haben, und wenn beide der Herr und die Herrin des Berges (ḫar-sag) genannt werden, so ist unter diesem in historischer Zeit die Erde selbst, früher vielleicht der Himmelsberg verstanden. Der Bote des Bel von Nipur ist Nusku, später meist mit Nabû verwechselt, aber ursprünglich ein ganz anderer Gott. Selbst in Babel, in dem grofsen Tempel des Bel-Maruduk, hatte er sein Heiligtum und auch in Assyrien kommt er später oft vor.

Zu den in dieser Periode viel verehrten Göttern gehörte noch Nergal, für welchen Dungi sowohl in Širbulla als in Kuta unter dem Namen Sidlamta-uddua einen Tempel baute. In der historischen Zeit ist er vor allem Kriegsgott, Gott des Schwertes (ngur, ilu namšari) und deshalb beständig mit Nindar verbunden, aber von ganz anderer Herkunft als letzterer. Als Gott des Krieges, „der Wütende“, der auch die Pest und anderes Unheil sendet, gehört er zugleich der Unterwelt an und wird später mit dem Planeten Mars identifiziert. Die schon in Babylonien versuchte Etymologie seines Namens als „Herr der grofsen Wohnung“ (né-uru-gal), d. h. der

Totenwelt, ist lauter Spielerei, ebenso wie ein anderer
seiner Beinamen nicht als „Gott der Gräber", sondern
als „Gott der Helden" [1]) erklärt werden muſs. Daſs er
ursprünglich ein Feuergott, der Gott der versengenden
Sommerhitze mit ihren ansteckenden Krankheiten und
ihrer Dürre war, ist ausgemacht [2]), und wahrscheinlich,
dafs er in der Gestalt eines Löwen oder als Mensch-Löwe
dargestellt wurde. Von seiner Gattin Laz kennen wir
nichts als den Namen.

2. Babel unter Ḥammurabi und Agûkakrimê.

Nachdem ungefähr fünf Jahrhunderte lang der Schwerpunkt des Reiches im Süden gelegen hatte, verschob
er sich um 2300 v. Chr. wieder nach Norden und dies-
mal nach Babel. Hier herrschte damals eine Dynastie,
welche den Glanz des alten Reiches unter Sargon und
Naram-Sin wieder herzustellen versuchte. Einer ihrer
Könige, Zabu, hatte die Tempel von Šamaš und Annnit
in den beiden Sippars (Sippar und Agaḍe), welche verfallen waren, restauriert. Wahrscheinlich war Agaḍe
auch damals noch Residenz, wenn auch Babel als heilige Hauptstadt galt. Dem sechsten Könige dieses
Hauses, Ḥammurabi, gelang es sich der Herrschaft über
ganz Babylonien zu bemächtigen, nachdem er das letzte
regierende Haus von Ur, die elamitische Dynastie von
Larsa, unterworfen hatte. In den 55 Jahren seiner Regierung hat er, wie für die materielle Wohlfahrt seines
Volkes, so auch für den Dienst der Götter viel gethan.
So restaurierte er die Tempel von Larsa, welche wahrscheinlich bei der Eroberung der Stadt viel gelitten
hatten, und ebenso das Heiligtum der Nanâ zu Širbulla,

---

1) ša ḳabri, nicht mit Delitzsch, Chald. Gen. S. 274, ša gabri
zu lesen. Vgl. III R. 67, 69 sqq. c—d, die Synonyma ša uzzi, ša
riśâti.

2) Jensen, Kosmologie, S. 484.

woraus zu ersehen ist,–dafs diese Stadt damals noch von
Bedeutung war. Ob die Nanâ von Uruk unter oder vielleicht vor seiner Regierung durch den elamitischen König
Kudurnanḫundi, bei einer Razzia, welche keine weiteren
Folgen hatte, geraubt und nach Elam geschleppt wurde,
ist nicht sicher. Das Erstere scheint mir am annehm-
barsten; und dann ist es sicherlich ein Racheakt für die
der verwandten Dynastie angethane Schmach gewesen.
Ḫammurabi scheint keinen Versuch gemacht zu haben,
die Göttin zurückzuholen; gelungen ist es ihm wenigstens
nicht. Sein Hauptwerk war die Erbauung oder Restau-
rierung [1]) des Tempels Ê-zida zu Borsippa, einer Stadt,
welche in der unmittelbaren Nähe Babels und nach einigen
noch innerhalb ihrer äufsersten Festungswerke lag. In
späterer Zeit ist der Gott von Borsippa Nabû, und Nanâ
steht als seine Gattin neben ihm. Aber Ḫammurabi
erwähnt diesen Gott nicht, der auch noch viel später,
wie wir sehen werden, unter den Göttern Babels nicht
vorkommt. Er sagt ausdrücklich, dafs er den Tempel Maruduk weiht, dem Gott Babels, der ebendort
in Ê-sagila seinen Haupttempel hatte [2]). Aber wahrscheinlich bezieht sich auf diese Stiftung eine Thatsache,
welche als ein wichtiges Ereignis während der Regierung
Ḫammurabis gemeldet wird, nämlich dafs er die Gottheit Tašmêtu, die Gottheit „der Offenbarung", verkündigte, d. h. einführte. Später ist dies ein Beiname Nabûs
und auch wohl der Name seiner Gattin. Ilu Tašmêtu
scheint also damals nichts anderes gewesen zu sein, wie
Maruduk selbst als Orakelgott, welcher erst später als
sein Sohn, unter dem Namen Nabû, Prophet, von ihm
abgelöst und zu einer selbständigen Person erhoben
wurde.

---

1) Der Ausdruck b a n û wird für beides gebraucht.
2) Vgl. die Inschr. aus dem Louvre, herausgegeben und übersetzt
von Menant, R e c u e i l, II, 76 suiv.

Nach der Meinung vieler hat Ḫammurabi auch den berühmten Tempel Ê-sagila in Babel selbst gestiftet; aber der Text, welchen man hierfür anzieht, beweist das keineswegs. Dafs er unter der Regierung seines Sohnes Šamšu-iluna schon existierte, geht daraus hervor, dafs dieser König eine goldene Statue des Gottes darin aufstellte, wie er auch im Heiligtum Ê-babbara zu Larsa that. Dem Sin zu Ur verehrte er einen goldenen Thron. Man sieht, dafs diese Fürsten, wenn ihnen auch die Sorge für die Heiligtümer der Hauptstadt zunächst am Herzen lag, auch diejenigen der für ihr Reich neuerworbenen Provinzen nicht vernachlässigten[1]).

Wir wollen nicht unterlassen zu erwähnen, dafs in einer der Inschriften Ḫammurabis der Gott Dagan genannt wird, welcher auch in dem Namen eines Königs von Ur aus dem Hause Nisinna-Nipur und später dem eines assyrischen Hohenpriesters, aufserdem bisweilen in einzelnen Texten vorkommt. Dafs er ein semitischer Gott und wesentlich derselbe ist, wie der Dagon der Philister, ist nicht zu bezweifeln, aber dafs er mit dem Bêl von Nipur identisch sei, vermag ich nicht anzunehmen; eher könnte er eine Gestalt Êas sein.

Die Könige dieser Dynastie waren Semiten, wennschon ihre Namen in den Ohren der späteren Babylonier so fremd klangen, dafs sie der Übersetzung bedurften. Nichtsemitische Könige von Babel waren jedoch nicht minder eifrig in der Fürsorge für den Dienst der grofsen Götter von Šu-âna, wie das heilige Quartier der Stadt hiefs. Zu diesen gehörte Agûkakrimê, ein Kassite, welcher einige Jahrhunderte nach Ḫammurabi regierte. Als er den Thron bestieg, hatte eine feindliche Bande aus dem Norden, welche man für Hethiter (Ḫanirabbat)

---

1) Über die Einrichtung der Tempel Ê-sagila und Ê-zida sprechen wir erst später, weil wir nicht wissen, ob sie in dieser frühen Zeit schon dieselbe war, wie unter dem neubabylonischen Reiche.

hält, den Tempel E-sagila geschändet und die Bilder
der Götter Maruduk und Zarpanitu, seiner Gattin, geraubt. Dies war eine der schwersten Heimsuchungen,
welche eine Stadt im Altertum zu treffen vermochten.
Aber Agû glückte es, sie zurückzuerlangen. Ausführlich beschreibt er den Hergang dieses frohen Ereignisses
und was er gethan hat, um die verfallene Wohnung der
Götter, welche solange in dem Tempel des Šamaš unter-
gebracht wurden, wiederherzustellen; wie er sie dann,
mit prächtigen Gewändern, Edelsteinen und gehörnten
Kronen geschmückt, feierlich installiert und nicht allein
für die Unterhaltung ihres Dienstes gesorgt, sondern
auch eine Tempelwache zu ihrer Beschützung angestellt
habe.

Das Denkmal, welchem diese Einzelheiten entlehnt
sind, giebt noch ein systematisches Verzeichnis der wichtigsten Götter, welche unter der Regierung Agûs in
Babel verehrt wurden. Obenan steht die bekannte Trias
mit den drei Göttinnen. Von Anû und Antû erwartet
der König Erhörung im Himmel, von Bêl und Bêlit einen
Platz in dem Êkur der Bestimmung des Lebens, dem
Totenreiche, von Êa und Damkina ein langes Leben.
Dann folgt die Fürstin, die Herrin der hohen Berge,
die Muttergöttin. Sin und Šamaš sollen ihm königliche
Nachkommen und seinem Throne dauernden Frieden
verleihen. Die Liste schliefst mit einem Gebet an Êa
um Weisheit und an seinen Sohn Maruduk um Glück.
Beide werden, bemerkenswert genug, „Herr der Quellen"
(bêl-nakbi) genannt. Vollständig ist diese Liste gewifs
nicht, nur die vornehmsten Götter werden aufgeführt.
Aber zu den vornehmsten gehörten später Nabû und der
dritte Gott der zweiten Trias Rammân. Es kann nicht
zufällig sein, dafs Agû sie nicht erwähnt. Sie wurden
zu seiner Zeit also noch nicht in Babel verehrt, oder
ihr Kultus hatte wenigstens nicht die grofse Bedeutung,
welche er in späteren Zeiten erlangte.

3. Maruduk.

Maruduk von Babel ist der babylonische Amun-Râ. Vornehmster Gott der Stadt, welche nicht nur die Hauptstadt eines mächtigen Reiches, sondern auch für alle Stammesgenossen, die Assyrer nicht ausgenommen, die heilige Stadt κατ᾽ ἐξοχην war, bekam er von selbst eine gröfsere Bedeutung und sein Kultus ein erheblicheres Gewicht, als sein Platz in der Götterhierarchie zu rechtfertigen schien. Die Babylonier erklären ihn für denselben Gott, welcher in Eridu als Sohn Êas und Mittler zwischen ihm und den Menschen verehrt wurde, und in der That finden wir in dem grofsen Tempel Ê-sagila eine Kapelle für Êa als Maruduks Vater. Aus dem Süden wird er also stammen und wahrscheinlich mit einer Dynastie, welche dort zuhause war, nach Babel gekommen sein. Aber dann hat er in Babel eine totale Metamorphose durchgemacht. In dem guten Boten Êas, welcher die Klagen der Menschen seinem Vater und die Offenbarungen seines Vaters den Menschen überbringt, würde niemand den Gott vermuten, auf welchen die Schule von Babel all' die höchsten göttliehen Eigenschaften und Funktionen vereinigte. Hat er dies, wie man angenommen hat, der Verschmelzung mit dem anderen Lokalgott Babels, der kein anderer als der höchste Bêl selbst gewesen sein würde, oder lediglich der Erhebung seines Wohnortes zu verdanken? Das ist schwerlich mit Sicherheit zu entscheiden. Aber ausdrücklich wird er jetzt der Erstgeborene und Führer der Götter (šik ilani) genannt, der Herr des Weltalls (kiššat kal gimrêti), der König, dessen Wille der höchse Befehl ist, welchem Himmel und Erde gehorcht, sodafs man schliefslich zwischen ihm und dem Herrn der Herren (Bêl Bêli) keinen Unterschied mehr macht. Ein viel befragter Orakelgott und Gott der reinen Beschwörung, bestimmt er an seinem vornehmsten Feste, dem Akitu-Fest, welches zu Anfang

des Jahres gefeiert wurde, umringt von den anderen
Göttern im Allerheiligsten das Schicksal des Reiches
und des Königs, welcher als sein Sohn und Stellvertreter
auf Erden betrachtet wird. Als Orakelgott hatte er, wie
Ḥobal zu Mekka, sieben Pfeile oder Wünschelruten in
der Hand, mit denen dem Anschein nach das Los ge-
worfen wurde.

Daſs es solch einem Gott nicht an ehrenvollen Beinamen fehlte, braucht kaum gesagt zu werden, aber er
hat dieselben mit anderen groſsen Göttern der Mehrzahl
nach gemein. Seinen eigenen Namen, dessen Aussprache
Maruduk nicht allein durch das hebräische Merodach,
sondern auch durch phonetische Schreibweise feststeht,
hat man wohl zu erklären versucht, aber bislang ohne
besseren Erfolg, als mit welchem die meisten Etymologieen solcher vorhistorischen Namen aufgestellt sind.
Er scheint nicht bei den Sumeriern im Schwange gewesen zu sein, denn bei ihnen hieſs er Tutu. Mit Nimrod
hat er nichts gemein, als daſs beide Jäger genannt werden. Aus einem der vielen Ideogramme, mit welchen
sein Name abwechselnd geschrieben wird, könnte man
schlieſsen, daſs er der Gott ist, welcher als Mensch mit
Adlerkopf dargestellt wird. Andere bezeichnen ihn als
den Gott des Überflusses, den Geber alles Guten, den
Helden, den Herzenkenner und dergleichen mehr. Die
Griechen verglichen ihn, nicht ohne richtigen Takt, mit
ihrem Zeus, und als Sterne und Sternbilder mit den
Göttern in Verbindung gebracht wurden, wies man ihm
den Planeten Jupiter zu.

Daſs er für die Schule von Babel und durch ihren
Einfluſs für die Nation der Schöpfer selbst wurde, der
wie Zeus unter Kampf aus dem Chaos die Weltordnung
hervorgehen läſst, wird sich sogleich zeigen. Aber
ebensowenig wie Zeus kann er seine ursprüngliche Bedeutung als Naturgott verbergen. War sein Vater Êa,
obschon im System auf ein einzelnes Gebiet beschränkt

und Meergott geworden, wie viele Ozeangötter z. B.
Varuṇa, Poseidôn, Hunir und andere, ursprünglich der
Gott des in den himmlischen Wassern verborgenen
Lichtes, so war er der sichtbare Lichtgott des Himmels,
welcher sich sowohl im Morgenrot und Sonnenaufgang
als im Gewitter als Schöpfer des neuen, von den Mächten
der Finsternis bedrohten Lichtes offenbart und daher
Gott des Jahresanfangs und der Schöpfung wird. In
diesem Streit tritt er auf an der Spitze der Lichtgötter,
bewehrt mit Krummschwert und Degen und einen doppelten Blitzdreizack [1]) in jeder Hand, mit seinen vier
Hunden — wohl nicht den vier Trabanten des Planeten
Jupiter, sondern vielmehr den vier Winden [2]) — neben
sich, und überwindet natürlich immer die Ungeheuer,
welche ihm Widerstand leisten.

Neben ihm stand von altersher Zarpanitu als seine
Gattin, die Göttin der Fruchtbarkeit, welche das Kind
im Mutterschofse behütet und bei der Geburt mit ihrem
Schutz zugegen ist, selbst also Muttergöttin $\varkappa\alpha\tau$ $\dot{\varepsilon}\xi o\chi\eta\nu$.
Ursprünglich wird sie wohl die Göttin der fruchtbaren
Wasser gewesen sein, worauf auch ihr Name (nicht =
zir banitu) hinzudeuten scheint. Es ist nicht unwahrscheinlich, dafs sie mit geweihter Prostitution verehrt
wurde, wenn auch nicht gerade in der Form, welche
Herodot erwähnt, als hätte jedes babylonische Mädchen
im Tempel zu Babel das Opfer ihrer Keuschheit darbringen
müssen, bevor sie eine Heirat eingehen konnte. Aber
weder von dieser für unser sittliches Gefühl anstöfsigen
Institution noch von Menschenopfern, welche nach anderen
Maruduk gebracht sein sollen, sind bislang in den einheimischen Quellen irgendwelche sicheren Spuren zu finden.

---

1) Welche von diesen dreien die berühmte Wunderwaffe (Mulmulu)
ist, die in der Hymne II R. 19, Nr. 2 besungen wird, ist unsicher.
Wahrscheinlich wohl der Dreizack.

2) Die Sumerier zählen deren sieben, in Übereinstimmung mit ihrer
Kosmologie. Vgl. Jensen, Kosmol., S. 130 f.

4. Die_babylonische Kosmogonie. — Maruduk als Schöpfer.

Zu den wichtigsten Resten der religiösen Litteratur der Babylonier gehören die leider sehr beschädigten Fragmente der sogenannten Schöpfungstafeln, denen man wohl den Namen der chaldäischen Genesis gegeben hat, das didaktische Epos E n u m a ê l i š, wie es von den babylonischen Schriftgelehrten nach seinen Anfangs- worten genannt wurde. Die Reihenfolge der Fragmente kann mit ziemlich großer Genauigkeit festgestellt wer- den. Eine Übersetzung aus dem Sumerischen ist das Werk sicherlich nicht, wenn auch die in dasselbe ver- wobenen Mythen und Sagen aller Wahrscheinlichkeit nach zum Teil nichtsemitischen Ursprungs sind; aber dafs seine Heimat Babel ist, beweist sein Inhalt in über- zeugender Weise. Maruduk ist nicht allein der Held des Gedichtes, der Retter der Götter, der Schöpfer, son- dern niemand unter ihnen vermag, was er hier vollbringt, und er wird über alle verherrlicht. Wie alt die Redak- tion ist, deren Überbleibsel in assyrischer Abschrift auf uns gekommen sind, ist unmöglich zu bestimmen; aber wenn auch die litterarische Form vielleicht jünger ist als die Periode, mit welcher wir uns jetzt beschäftigen, der mythische Stoff erinnert sicher an noch viel frühere Zeiten, und die kosmogonische Spekulation, welche sich desselben bemächtigt hat, mufs im wesentlichen schon in dieser Periode begonnen haben, als die Suprematie Maruduks sich festsetzte.

Der Gang der Erzählung ist ungefähr folgender. Als Himmel und Erde noch keinen Namen hatten, d. h. nach der Anschauung der Antike, noch nicht existierten, ebenso noch keine Götter geschaffen waren, noch irgend- etwas anderes mit Namen genannt war, vereinigten Apsu, das unterirdische Weltmeer, und Tiamat (Mummu T., Mutter T.?), der überirdische Weltozean, ihre Wasser miteinander, und die Götterpaare Luḫmu und Laḫamu, Anšar und Kišar waren die ersten Spröfslinge dieser Verbindung. Darauf folgten Anu und die anderen Götter. Hier bricht die erste Tafel ab. Aber dies Wenige ist schon genügend, um dasjenige, was Damascius über die babylonische Kosmogonie mitgeteilt hat [1]), abgesehen von einem kleinen Irrtum, zu bestätigen. Deshalb dürfen wir das Fehlende aus seinem Bericht ergänzen. Als erstgeschaffene Götter nach Lachos und Lachê (wie verbessert werden mufs) und Assôros und Kissarê, nennt er neben Anu (Anos) noch Illinos und Aos, welche mit Anu die höchste Trias bilden und mithin Ellilla oder der alte Bêl und Êa sind. Dieser, sagt er, zeugt nun mit Dankê (Damki) den Demiurgen Bêlos, womit allein Bel-Maruduk gemeint sein kann, welcher auch im weiteren Verlaufe des Epos als Weltschöpfer dargestellt wird.

Die zweite Tafel ist verloren gegangen, aber aus der Fortsetzung geht hervor, dafs Tiamat sich den Göttern feindlich zeigte und Luḫmu und Laḫamu ihre Partei ergriffen, Anšar und Kišar dagegen sich auf die Seite der Benachteiligten schlugen. Die beschädigten Reste der dritten Tafel zeigen deutlich die Zurüstungen zum Streit und die ersten Versuche, ihn zu schlichten. Tiamat waffnet die Götter, welche ihr folgen, mit Schlangen, scharfzähnig und giftig, schafft elf Arten von Ungetümen und stellt sie alle unter den Befehl ihres Gemahls Kingi, des Königs derselben. Anšar sendet zur Bekämpfung dieses Heeres erst Anu, dann Êa (Nukimmud) aus, aber vergebens: der erste vermag nichts auszurichten, der zweite ist furchtsam. Nun aber bietet Maruduk sich an, um die Götter zu rächen. Man hält dann eine Mahlzeit, bei welcher die Götter, wie Indra und seine vedischen Gefährten, sich einen Rausch antrinken, worauf sie sich rüsten, sein Schicksal zu bestimmen. Wie dies

---

1) *Περι ἀρχων*, c 125.

geschieht, erzählt die vierte Tafel. **Maruduk** wird da mit der **Autorität-Anus** bekleidet, zum Rächer der Götter gewählt und feierlich zum König des Weltalls erhoben. Man giebt ihm ein **Wunderkleid**, das auf seinen Befehl ihn bedeckt oder verschwindet, die Zeichen der königlichen Würde und verschiedene Waffen, unter ihnen einen Blitz, mit **Flammenglut** erfüllt, und ein Netz, welches die vier Winde festhalten, um Tiamat darin zu fangen. Die Mythe wird nun stets durchsichtiger, als Beschreibung des Gewitters. Während ein Orkan wütet und alle Winde losgelassen werden, besteigt der heldenhafte Erstgeborene der Götter seinen Wagen. Als er naht, wendet Kingi in Verwirrung sich ab, aber Tiamat hält Stand. Maruduk fordert sie zum Zweikampf heraus, und auch sie zittert, sucht sich aber durch eine Beschwörung zu retten. Aber gegen den mächtigen Gott, dessen Netz sie umstrickt, dessen Orkan ihr den Rachen öffnet, ist sie machtlos, und sein Schwert schneidet sie entzwei; ein Zug, der auch in dem Schöpfungsbericht des Berossos vorkommt. Die Bedeutung erhellt aus dem Folgenden, wo es heißt, daß Maruduk aus der einen Hälfte der Leiche das Himmelsgewölbe macht, wohlverriegelt und von einem Wächter bewacht, damit die Wasser nicht entschlüpfen. Aus der anderen Hälfte bildet er ein Gewölbe über den Apsu, Êas Wohnung, Êšara nämlich, die Erde, und nachdem er den besiegten Göttern das Leben geschenkt, aber sie definitiv unterworfen und Kingi gefesselt hat, weist er Anu, Bêl und Êa ihre Wohnsitze an.

Dann beginnt die Schöpfung aller Dinge, die Verteilung der Jahre und Monate, die Festlegung der Pole, die Regelung der Thätigkeit Nannarus, Šamaš' und Ištars, und damit bricht dieses Fragment ab. Spärliche Überbleibsel einer folgenden Tafel berichten jedoch von der Erschaffung der Tiere und der Menschen, welche bisweilen unmittelbar Maruduk, aber meist einem andern

Gott, wahrscheinlich Êa, zugeschrieben wird. Êa formt,
wie der ägyptische Chnum, die Menschen aus Thon,
mengt aber, nach Berossos, sein eigenes Blut dazwischen;
ein Bild, in welchem die Lehre, dafs die menschliche
Seele von göttlicher Natur, dafs der Mensch mit den
Göttern verwandt sei, nicht zu verkennen ist.

Die letzte Tafel — falls auch dieses Stück einen
Teil unseres Epos bildete — enthält lediglich eine Verherrlichung Maruduks als dessen, welcher die Schöpfung vollbracht hat. Eine Reihe von Ehrennamen in
der heiligen sumerischen Sprache wird aufgezählt und
erklärt; dann schenkt der alte Bêl ihm den Titel „Herr
der Länder" (bêl matâti), sonst ein Beiname von Rammân, und Êa stellt den Sohn, welcher seine Befehle
den Menschen überbringt, sich selbst gleich. Die Herrschaft des siegreichen Lichtgottes, welcher die Mächte
der Finsternis überwand und dadurch alles ins Leben
rief, wird also von allen, auch den höchsten Göttern
anerkannt, wenn sie auch, wenigstens in der Theorie,
ihren Rang und ihre Macht auf dem eigenen Gebiete
behalten [1]).

Wie bei anderen Völkern ist also auch in Babel der
grofse Lichtgott, der sowohl Gott des Morgenrots wie
der Erneuerung des Jahres ist, der Schöpfer der Welt
und aus einer Sonnenaufgangs- und Gewittermythe eine
Schöpfungserzählung geworden. Aber nicht nur der
Schöpfer selbst, auch die drei alten Götter Anu, Bêl
und Êa, die ihm voraufgingen, waren entstanden und
selbst diese gehorchen Anšar, der mit Kišar die obere
und die untere Welt repräsentiert, und bekämpfen Luḫmu
und Laḫamu, die noch vor ihnen geworden sind. Diese
werden geboren aus der Vereinigung der beiden an-

---

[1] Man vgl. die neueste, ganz vortreffliche Bearbeitung der Schöpfungstafeln von Jensen, Kosmologie, S. 263 ff., der ich in der Hauptsache gefolgt bin.

fänglich noch nicht geschiedenen und ewigen Ozeane,
Apsu und Tiamat. Die Anordnung dieser Wesen ist
ein Ergebnis gelehrter Spekulation, aber es sind Spuren
davon vorhanden, dafs sie wirklich verehrte Götter und
nicht nur Phantasiegebilde waren. Dabei blieb man
jedoch nicht stehen. Noch auf andere Weise suchte
man das Problem des ersten Anfanges oder der höchsten
Gottheit zu lösen, entweder indem man eine Anzahl
dieser vorkosmischen Götter einfach mit Anu und ihre
Gemahlinnen mit Anatu identifizierte, oder indem man
noch einen Anu annahm, welcher, höher als der Anu
der ersten Trias und noch nicht in ein männliches und
ein weibliches Prinzip geschieden, der Muttervater aller
göttlichen Wesen war. Ob · diese letzte Spekulation
jedoch bis in die älteste babylonische Periode zurückreicht, ist nicht mit Sicherheit zu sagen.

Viertes Kapitel.

Die Religion in der assyrischen Epoche.

———

1. Verhältnis der assyrischen Religion zu der babylonischen.

Die assyrische Epoche beginnt erst dann, als die Herrscher von Assur, anfangs lediglich Vasallen der babylonischen Könige und von diesen — auch als sie es thatsächlich nicht mehr waren — noch lange als solche angesehen, es unternahmen, das Joch abzuschütteln und sich selbständig zu machen. Vielleicht fällt dies ungefähr mit dem Anfange der kassitischen Herrschaft in Babel zusammen, gegen Ende des 18. Jahrhunderts v. Chr. Lange dauerte der Kampf zwischen den beiden Völkern, und mit wechselndem Glück wurde der Krieg geführt. Aber beständig nahm die Macht Assyriens zu. Aus aufrührerischen und schwer zu zügelnden Vasallen wurden die Könige von Assur gefährliche Rivalen, dann die mächtigsten Herrscher in dem Westen Asiens; und wenn auch die von Babel noch bis zur Mitte des 8. Jahrhunderts v. Chr. ihre Unabhängigkeit behielten, so sahen sie doch ihr Königtum auf Babylonien und einige minder wichtige Provinzen beschränkt und die Hegemonie besafsen sie nicht mehr. Seit Tiglatpilesar III. (745 v. Chr.) wurden die Rollen vertauscht. Babylonien wird jetzt wiederholt für längere Zeit Assyrien unterthan, und nur selten gelingt es ihm, seine Selbständigkeit wiederzugewinnen und für einige Jahre zu behaupten, bis endlich Assyrien sich zum Untergange neigt und das neubabylonische Reich gegründet wird.

Die ältesten Herrscher von Assur waren Hohepriester (išakku). Um die Mitte des 19. Jahrhunderts v. Chr. stifteten Išmedagan und sein Sohn Šamši-Rammân den Tempel Anus und Rammâns in der Stadt Assur, welche, am rechten Tigrisufer gelegen, allmählich die Hauptstadt des Reiches wurde und dies wahrscheinlich bis zum 10. Jahrhundert blieb, worauf der Sitz der Regierung bald nach Nineve, bald nach Kalach verlegt wurde.

In der Religion brachte diese politische Umwälzung keine tiefgehende Veränderung zuwege. Das war natürlich. Die assyrische Religion unterschied sich doch von der babylonischen nicht wesentlich, mochte sie auch in ihrer Entwicklung meist hinter dieser zurückbleiben. Die Hauptgötter der vornehmsten Städte Assyriens waren bekannte babylonische: Anu, Dagan, Ištar in ihren beiden Gestalten, von denen die eine, die von Nineve, mit der Göttin von Uruk, die andere, die von Arbela (Arbailu), mit der Göttin von Agade übereinstimmte, Nergal, Nindar und andere. Der Name der uralten Stadt Nineve (Ninâ) wird mit dem Ideogramm der Göttin Ninâ geschrieben, die wir aus Širbulla kennen. Und die Listen der in den Tempeln Assyriens verehrten Götter, die wir noch besitzen, beweisen dasselbe. Die einzige Ausnahme bildet der nationale Gott Assur, der in Babylonien nicht verehrt wurde, und vielleicht Rammân, welcher dort erst später Eingang fand.

Anderseits sehen wir die Könige von Assyrien nach einem glücklichen Kriegszuge gegen den südlichen Nebenbuhler den Göttern von Babel und Umgegend, ja selbst von südlicheren Städten, ihre Huldigung darbringen und Opfer zu ihrer Ehre schlachten. Babel vor allem ist auch in ihren Augen eine besonders heilige Stadt, und ihre Rachsucht muſs wohl bis zum Äuſsersten gereizt sein, ehe sie dieselbe der Plünderung und Verwüstung preisgeben. Eine andere babylonische Stadt, Dêri, deren Lage nicht genauer bekannt ist, aber in der Nähe der elamitischen Grenze gesucht werden muſs, „die Stadt Anus", wie sie hieſs, wo unter anderen eine Schlangengottheit (Sêru) verehrt wurde, scheinen beide Stämme ebenfalls als heilig betrachtet zu haben [1]); kurzum, nur wenig mehr als ihre Sprachen unterscheiden sich ihre Religionen.

Diese Verschiedenheit besteht, abgesehen von dem bereits Erwähnten, hauptsächlich darin, daſs Babel vorangeht und Assur folgt. Ersteres giebt in der Religion den Ton an. Änderungen, welche hier in der Anordnung der Götter oder im Kultus vorgenommen wurden, dringen erst später in Assyrien durch. So zählt Tiglatpilesar I. im Eingange seiner Annalen nur sieben vornehmste Götter, wenn er auch deren mehr kannte und verehrte; sein Zeitgenosse Marudukidinaḫi, der König von Babel, hat schon zwölf Hauptgötter, und daſs die Zahl hier die Hauptsache ist, geht daraus hervor, daſs die Namen der Götter nicht in allen seinen Inschriften übereinstimmen und nach Belieben geordnet werden. Erst lange danach, unter Ašurnaṣirpal und seinem Sohne Salmanassar II., treffen wir dieselbe Zwölfzahl groſser Götter auch in Assyrien an, ebenfalls ohne feste Ordnung. Der Gott Assur steht an der Spitze, wird aber nicht mitgerechnet.

Auch die Verehrung Maruduks, welcher, wie sich zeigte, schon zur Zeit Ḥammurabis und wahrscheinlich schon vor ihm der Hauptgott Babels war, und Nabûs, welcher auf den Listen Marudukidinaḫis, aber meist an letzter Stelle, vorkommt, scheint erst viel später in Assyrien heimisch geworden zu sein. Personennamen, welche mit den Namen dieser Götter zusammengesetzt sind, findet

---

1) Vgl. die Urkunde von Nebukadrezar I. (1125 v. Chr.), Col. I, 14 und II, 49.

man dort, wenigstens unter den hohen Würdenträgern, nicht vor dem 8. Jahrhundert v. Chr., obschon sie bereits mindestens um ein Jahrhundert früher auch dort unter die Hauptgötter gerechnet wurden. Endlich ist auch die heilige Litteratur so gut wie ganz babylonischen Ursprungs. Was man von ihr in den Bibliotheken der assyrischen Paläste gefunden hat, ist mit wenigen Ausnahmen die Abschrift babylonischer Originale. Kurzum, wenn auch Assur jetzt die Hauptrolle auf der Weltbühne spielte und nicht mehr Babel, in Religion und Kultur behielt letzteres den Vorrang, und ersteres stand zu ihm ungefähr in demselben Verhältnis, wie das weltbeherrschende Rom zu Griechenland in den Zeiten seines Verfalls.

2. Der Gott Ašur.

Einen Gott hatten die Assyrer nicht mit den Babyloniern gemein, ihren nationalen Gott Ašur. Wenn er bisweilen wirklich in Babel verehrt wurde, was noch sehr zweifelhaft ist, so hatte er das allein der zeitweiligen Übermacht Assyriens zu danken; thatsächlich war er dort, wenigstens in der Form, in welcher er jetzt vorkommt, ein Fremdling.

War er einfach der Eponymos des Volkes, also nach der ältesten Residenz seiner Fürsten, nach der Stadt Ašur benannt? Während einige dies meinen, halten andere am Gegenteil fest und behaupten, dafs die Stadt ihren Namen von dem Gott entlehnte, und die Bedeutung, welche sie als Hauptstadt eines mächtigen Reiches erhielt, die Erhebung ihres Lokalgottes zu dem höchsten von allen zur Folge hatte. Letzteres kommt auch mir am wahrscheinlichsten vor. Aber dann fragt es sich, ob er eine eigene Schöpfung der Assyrer, oder vielleicht ein alter, auch in Babel verehrter Naturgott war, unter anderem Namen und in etwas modifizierter Form. Man glaubte nachweisen zu können, dafs er nichts anderes sei als eine besondere Gestalt des alten Mondgottes Sin als des obersten der Götter. Aber dieser wird stets als besonderer Gott neben ihm genannt und nur in einer späteren synkretistischen Periode mit ihm verwechselt. Viel anziehender ist die Vermutung, daß er identisch sei mit dem Gotte der Kosmogonie An-šar, welcher die Götter gegen Tiamat und ihre Helfer führt. Ašurs ältester Name, Aušar, kann daraus entstanden und später zu Ašur (Aššur) geworden sein. Auch ist es sicher, daß Ašurs Name zuweilen An-Šar geschrieben wird, und daß die Bedeutung dieses Namens „das Universum des Himmels", „alles was droben ist" (kiššat šamê) mit derjenigen Ašurs als höchsten Gottes sehr gut übereinstimmt. Aber auch hiergegen sind Bedenken geltend gemacht [1]). Die Sache mag vorerst unentschieden bleiben. Bemerkenswert ist, daß meines Wissens nirgends von einem Bilde Ašurs gesprochen wird. Die symbolische Darstellung, welche man von ihm gab und die gewöhnlich für eine modifizierte Nachahmung der geflügelten Sonnenscheibe (Hud) der Ägypter gehalten wird, später auch von den Persern für ihren Auramazda gebraucht wurde, kann nicht sehr alt sein, aber beweist, daß man ihn zu den Lichtgöttern zählte.

Soviel ist gewiß: in der assyrischen Epoche war Ašur kein Naturgott mehr im alten Sinne des Wortes, sondern der über die Natur erhabene Obergott, nicht allein der Vater und König der Götter, sondern auch der Bêl seines Volkes (wie in dem Eigennamen Ašur-bêlnišišu) und als solcher mit Bêlit als seiner großen geliebten Gemahlin verbunden (Tiglatplsr. I., Cyl. Col. IV, 34 s.), auch als der Gott eines stets kriegführenden und jagdliebenden Volkes Kriegs- und Jagdgott, aber

---

1) Die Vermutung stammt von Jensen, Zeitschr. für Assyriol., I, 1 ff., und Kosmologie, S. 275. Vgl. dagegen Schrader, Zeitschr. I, 209 ff. Auch Sayce, Babylonian Religion, p. 125 f. bringt Ašur mit An-šar, Assôros in Verbindung.

nicht in dem Maſse wie Nindar oder Nergal. Für Assyrien war er der nationale Gott κατ' ἐξοχην, und zwar
so sehr, daſs er nach dem Sturze des Reiches gänzlich
verschwindet. Wie der Israelit von den Kriegen Jahves,
so redete der Assyrer von den Kriegen Ašurs. Er selbst
und seine Tochter, die kriegerische Ištar, zogen mit in
den Streit; und unter der Standarte, welche ihn abbildete,
innerhalb eines Ringes auf einem oder zwei Stieren
stehend und bereit, von dem gespannten Bogen den
Pfeil zu schnellen, wurde jeder Sieg erfochten. Ihm
wurde das Beste der Beute geweiht; selbst über die
Löwen, welche der König auf der Jagd erlegt hat, gieſst
er ein Trankopfer zu Ašurs Ehre aus. Empörung gegen
das Reich ist Empörung gegen den hohen Gott des
Landes. Im Kriege geraubte Götter werden wohl zurückgegeben, aber nur, nachdem sie mit seinem Ruhm beschrieben sind. Ausbreitung des Reiches ist Ausbreitung
seiner Herrschaft. Ihm schwört man Treue, und auf
den Bruch dieses Eides folgt eine grimmige Rache. Und
mehrere Male kommt es vor, daſs in einer unterworfenen
Provinz die religiöse Verehrung Ašurs durch den Eroberer
eingeführt wird.

Die Religion der Assyrer, obwohl nur eine Varietät
der babylonischen, war so in der That monarchischer
als diese. Zwar war Maruduk für das Volk Babels
ebenfalls der nationale Gott, und sein Tempel der heiligste des Reiches, aber man konnte niemals vergessen,
daſs er in der Götterhierarchie nicht den obersten Platz
einnahm. In einer wohlbekannten, sicherlich aus Babel
herrührenden Götterliste folgt er erst auf die beiden höchsten Triaden, und in seinem eigenen Tempel hatte sein
Vater Êa ein Heiligtum. Ašur steht unverändert und
unbestritten an der Spitze der Götter, und von seinem
Vater oder seiner Mutter ist niemals die Rede. Auch
ist von ihm kein Mythus bekannt. Zwei Ursachen haben
gewiſs zu dieser höheren Entwicklung der assyrischen

Religion beigetragen: zunächst die größere Einheit des
assyrischen als des babylonischen Reiches, sodann die
reinere semitische Volksart der Assyrer. Es war ein bedeutender Schritt vorwärts; aber, obschon der höchste
und selbst seinem Wesen nach ein anderer Gott als die
Naturgötter, an deren Spitze er stand, der alleinige Gott
ist Ašur doch nie geworden, und bei dem einzigen, sehr
bescheidenen Anlauf zum Monotheismus, der — wie wir
gleich sehen werden — in Assyrien versucht wurde, ist
es ein anderer und wahrscheinlich ein babylonischer Gott,
welchen man zu dieser Würde zu erheben trachtete.

3. Rammân und Nabû.

Erst in dieser Periode kommen Rammân und Nabû
unter den großen Göttern in Assyrien und Babylonien
vor. Erstgenannter gehörte zu den ältesten Gottheiten
Assyriens, denn in dem Haupttempel der Stadt Assur
war er schon um 1850 v. Chr. und vielleicht schon
früher mit Anu als sein geliebter Sohn verbunden, und
der Gründer dieses Tempels oder sein Restaurator nannte
seinen Sohn nach diesem Gotte. Viel später erst, gegen
das Ende des 13. Jahrhunderts, kommen Königsnamen,
welche mit dem Namen Rammân zusammengesetzt sind,
in Babel vor und bleiben dort selten. Wir sahen, daß
Agûkakrimê, der viel früher regierte, ihn noch nicht
unter den Hauptgöttern erwähnt, wo dieses erwartet werden konnte. Das führt auf die Vermutung, daß er ursprünglich zum Norden gehörte und Babel fremd war,
wenn er auch hier mit dem alten sumerischen Sturmgott
Martu identifiziert wurde. Martu ist der Gott des Westens,
der auch so genannt wurde, und da Rammân unter verschiedenen Namen einer der vornehmsten Götter von
Aramäa war, Aramäer noch im 14. Jahrhundert v. Chr.
bis tief nach Assyrien hinein wohnten und erst später
nach Westen und Süden gedrängt wurden, so liegt

die Vermutung nahe, dafs wir hier einen aramäischen
Gott vor uns haben, welcher zuerst von den Assyrern
und später von den Babyloniern in ihr Pantheon aufgenommen wurde. Marudukidinaḫi, der König von Babel,
ein Zeitgenosse Tiglatpilesars I. und seines Nachfolgers
(Ende des 12. Jahrhunderts) raubte ein Bild dieses Gottes
und seiner Gattin Šala aus der übrigens unbekannten
assyrischen Stadt Êkalate (die Palaststadt?), welches erst
nach 418 Jahren von Sinacherib nach Assyrien zurückgebracht wurde.

Rammân, dessen Name in Babylonien selbst als „der
Brüller, der Donnerer" aufgefafst wurde [1]), trug dort,
wie in Aram, auch den Namen Addu (Hadad) und Barku
oder Birku, „Blitzgott", und ist der Gott aller der Erscheinungen des Dunstkreises, des Windes, Sturmes,
Platzregens, Donners und Blitzes; da nun diese Erscheinungen sowohl gefürchtet als gewünscht werden, bald
verwüstend, bald wohlthätig wirken, ist er ebenso ein
furchtbarer Gott, vor dessen Zorn man zittert, als ein
Gott der Fruchtbarkeit, dessen Segnungen man erfleht
und dankbar empfindet. Das letztere stand bei den Babyloniern im Vordergrunde, obgleich sie ihn auch in
seinem Grimme kennen; bei den Assyrern ist das Um-
gekehrte der Fall, und bislang ist sogar kein assyrischer
Text vor Sargon II. bekannt, der Rammâns als des siegreichen Gottes Erwähnung thut. Šâla, Rammâns Gattin,
wurde sehr geehrt und wird wohl eine Muttergöttin gewesen sein, die wahrscheinlich mit der Erde in Verbindung
stand, aber bezüglich ihrer Bedeutung befinden wir uns
noch gänzlich im unklaren.

---

1) Jensen, Kosmologie, S. 148, erinnert an V R. 46, 44 a. b.,
wo Rammâns sumerischer Beiname Nu-muš-da durch shagimu, „der
Brüller", erklärt wird. Die Ableitung von einer der Wurzeln r'm oder
rmm scheint also vor derjenigen von der Wurzel rvm den Vorzug zu
verdienen. Sayce, Hibb. Lect., p. 205, hält die Erklärung von Rimmon als „Granatapfel" mit Recht für eine mifsglückte Etymologie.

Aus welchem Naturgott der berühmte Nabû, der zu
Borsippa seinen Hauptsitz hatte, hervorgegangen ist,
kann mit den Daten, welche wir jetzt besitzen, überhaupt nicht entschieden werden. Alles was wir wissen
ist, dafs ihm das Langwerden des Getreides zugeschrieben
wird. Vielleicht war er ursprünglich kein anderer als
Maruduk selbst als Prophet oder Orakelgott (nabû) und
daher Gott der Offenbarung (ilu tašmêti), welcher,
zu einem selbständigen Gott erhoben, wie das mehrere
Male vorkommt, als sein Sohn betrachtet wurde. Als
Prophet zeigte er sich in dem Morgenstern Mercurius,
wie Maruduk in dem Planeten Jupiter. Was letzt-
genannter ehemals Êa gegenüber war, das wurde Nabû
jetzt im Verhältnis zu ihm, „der echte Sohn, der höchste
Diener oder Bote, der geliebte Überwinder". Aber vor
allem mufste er als der Gott, welcher den Willen des
Allerhöchsten offenbart, der gewiesene Beschützer derer
sein, welche auf Erden die Dolmetscher dieser Offenbarung waren, der Priester und Propheten. Das war er
auch in der That, er, der Weise, der die Ohren öffnete
und den Menschen die Schreibkunst gelehrt hatte, so
sehr, dafs sein Ideogramm als Sohn Maruduks auch zur
Bezeichnung eines Schriftgelehrten diente. Ein anderes
Ideogramm, womit sein Name sehr häufig geschrieben
wird (an-pa = ilu ḫatti) kann sowohl Gott des Schreib-
stiftes oder Griffels als Gott des Scepters bedeuten. Absichtlich liefs man beide Erklärungen gelten und nannte
Nabû nicht nur den Gott der Schrift, sondern seinen
Tempel „Haus des Scepters der Welt" und versicherte,
dafs er es sei, „welcher das Scepter der Regierung giebt
zur Beherrschung aller Länder" [1]. Der König herrsche
und befehle, aber der Geistlichkeit hat er sein Scepter
zu danken, und wehe ihm, wenn er das vergifst! Wir
sehen den Kultus des Nabû, vielleicht wohl mit der

---

[1] I R. 61, Col. IV, 18 sq.

Macht der Priesterschaft, stets zunehmen, jedenfalls in Assyrien, und gerade in demselben Maſse, wie die Macht der Könige abnimmt. Zuletzt wagt man sogar einen Versuch, ihn zum einzig wahren Gott zu erheben. Es war im Jahre 807 v. Chr. unter der ·Regierung **Rammân-niraris III.**, eines Fürsten, an dessen Hofe die Königin Sammuramât, wahrscheinlich seine Mutter und eine babylonische Prinzessin, den Ton angab. Damals wurde zu Kalach ein neuer prächtiger Tempel für Nabû erbaut, und der Gott feierlich in ihn eingeführt. Zugleich weihte der Statthalter von Kalach und anderen Gauen zu Ehren seines Königs und seiner Königin, deren Patron Nabû war, acht Standbilder dieses Gottes mit einer Inschrift, in welcher er darauf dringt, auf diesen Gott allein und auf keinen anderen sein Vertrauen zu setzen. Daſs dieses Ziel nicht erreicht wurde, lieſs sich erwarten. Wohl aber wurde von dieser Zeit an der Nabû von Borsippa — denn dieser war es, wie aus den Inschriften hervorgeht — mit groſsem Eifer auch in Assyrien verehrt. Auch bleibt der Versuch der Königin und ihrer Diener, obgleich er nicht die Frucht trug, welche man erhoffte, merkwürdig als ein Beispiel von Propaganda in einer Naturreligion und in so alter Zeit.

4. Die Religion unter den Sargoniden.

Unter den Nachfolgern des eben erwähnten Rammânnirari III. war das assyrische Reich in beständigem Rückschritt begriffen, und schlieſslich ging die seit Jahrhunderten herrschende Dynastie, unfähig die sich stets wiederholenden Aufstände zu dämpfen, zugrunde. Aber mit der Herrschaft Assurs war es noch lange nicht vorbei; im Gegenteil, sie sollte in den anderthalb Jahrhunderten, die nun folgten (745—606), den Gipfelpunkt ihrer Blüte und Ausdehnung erst erreichen. Den Grund dazu legte ein mächtiger Feldoberster, Pulu, ein Mann

von fürstlichem Blut, der sich jedoch widerrechtlich des
Thrones bemächtigte und als König den ruhmreichen
Namen Tukulti-pal-ê-šarra (Tiglatpilesar III.) annahm. Als
nun auch der babylonischen Dynastie (741) ein Ende
gemacht war, welche durch einen chaldäischen Fürsten
Ukin-zir gestürzt wurde, gelang es dem assyrischen
Könige, diesen zu vertreiben und den Thron von Babel zu
besteigen, auf welchem auch sein Sohn Ululai, als König
Šulman-ašaridu (Salmanassar IV.), sich noch fünf Jahre
lang behauptete. Dann aber wurde diese in den Augen
der Assyrer ungesetzliche Dynastie gestürzt durch einen
Fürsten, der wahrscheinlich einem Zweige des alten
Königshauses angehörte und sich Sargon (Šarru-kênu,
der echte König) nannte. Nun beginnt, während sich
unter ihm und seinen Nachfolgern die assyrische Herrschaft stets weiter ost-, nord- und vor allem westwärts
ausbreitet, ein beständiges Ringen um den Besitz von
Babel zwischen den assyrischen und den chaldäischen
Königen der Seeküste, vorzüglich denen aus dem mächtigen Hause Jakin. Die Babylonier suchen bald bei den
einen, bald bei den anderen Unterstützung; aber sobald
sie können, machen sie sich völlig unabhängig. Gewöhnlich werden sie jedoch von einem assyrischen König
oder Unterkönig regiert.

Die Folge dieser engeren politischen Verbindung war
nicht die Unterdrückung der babylonischen Religion und
die Aufnötigung der assyrischen, sondern vielmehr eine
innige Verschmelzung beider. Bemerkt zu werden verdient, dafs nicht allein die Chaldäer — laut der Namen,
welche sie tragen, Anbeter derselben Götter wie die
Babylonier — sondern auch die Assyrer, welche doch
einen anderen Hauptgott hatten und durch die Un-
zuverlässigkeit der Babylonier sehr gereizt waren, die
Götter Babels und ihre Tempel nicht nur schonten, sondern ihnen sogar ihre besondere Verehrung und Fürsorge
widmeten. Sie folgten darin dem Beispiel der früheren

assyrischen Könige, welche dasselbe thaten, so oft ein
Kriegszug nach dem Süden sie mit Babel in Berührung
oder wenigstens in die Nähe der heiligen Stadt brachte.
Tiglatpilesar III. erwähnt nicht nur die Opfer, welche er
den Göttern Babyloniens und vor allem denen der Hauptstadt wiederholt darbrachte, unter welchen diesesmal, merkwürdig genug, auch Ašur und Šeru'a vorkommen, sondern dafs er auch die höchste Weihe der Könige von
Babel, durch „das Ergreifen der Hände des Bêl (Maruduk)" empfing. In demselben Sinne handelten Sargon,
als er den Chaldäer Maruduk-bal-iddinna II. nach einer
zwölfjährigen Regierung vertrieben hatte, Ašur-aḥi-iddinna
(Esarhaddon), sein Enkel, der zeitweise in Babel residierte
und die Stadt besonders protegierte, und selbst Ašurbanipal (Sardanapalos), nicht nur als sein Bruder, der
Unterkönig Šamaš-šum-ukin, ihm noch gehorchte, sondern
dern auch nachdem er den gewaltigen Aufstand in allen
Teilen des Reiches, an dessen Spitze dieser sich gestellt
hatte, gedämpft und die Stadt Babel nach hartnäckigem
Kampfe hatte stürmen müssen. Zwar wurde die Stadt
gezüchtigt, aber die Götter und ihre Heiligtümer wurden
respektiert und letztere restauriert. Nur der jähzornige
und rachsüchtige Sin-aḥi-irba (Sinacherib, Sanherib) wufste
seine Wut nicht zu zügeln. Er machte das ungehorsame
Babel, das beständig abfiel oder die Regierung in die
Hände ihm feindlicher Fürsten legte, dem Erdboden
gleich, schleifte Paläste und Tempel, durchstach die
Deiche und verwandelte so den Platz, wo „die Stadt der
Gerechtigkeit" (êr kitêni), „die Wohnung des Lebens"
(šubat balaṭi) gestanden hatte, in einen Sumpf. Die
Götter selbst, nicht blofs die vor Jahrhunderten aus Assur
geraubten, sondern auch die von Babel führte er mit in
sein Land. Von dem Ärgernis, welches diese Greuel-
that ohne Zweifel bei vielen erregte, ist keine Nachricht
auf uns gekommen. In einem despotischen Staat wie
Assyrien konnte es sich nicht öffentlich Luft machen.

Der babylonische Chronist schämt sich die Erniedrigung
der Hauptstadt zu berichten und sagt lediglich, dafs
nun acht Jahre lang kein König in Babylon regierte.
In den offiziellen Dokumenten wird sie verblümt, und
die Züchtigung Babels dem Zorne Maruduks zugeschrieben,
weil der babylonische König Mušêzib-Maruduk die Hilfe
des Königs von Elam mit Geld aus dem Tempelschatze
erkauft habe. Aber kaum war der Tyrann · von einem
seiner Söhne ermordet, und hatte sein geliebter Sohn
Ašurahiddin (Esarhaddon) den Aufruhr unterdrückt, den
Mörder bestraft und die Regierung angetreten, als er
sich beeilte, die heilige Stadt und ihre Tempel wieder
herzustellen. Persönlich leitet er das Werk, geschmückt
mit dem K u d u r , der heiligen Kopfbedeckung des Königs
als Tempelbauherrn. Mitten in seiner Thätigkeit, von
welcher wiederholte Kriegszüge, zuletzt nach Ägypten,
ihn abriefen, überraschte ihn der Tod, und erst unter
der Regierung seiner Söhne, des Oberkönigs Ašurbanipal
und des babylonischen Unterkönigs Šamaššumukin, hielten
die nach Assyrien weggeschleppten Götter · ihren feierlichen Wiedereinzug in die Tempel Babels. Nach Been-
digung des Bruderkrieges hat der assyrische König sich
beeifert, die Heiligtümer in Babel und Borsippa auszu-
schmücken, hauptsächlich die Tempel Ê-sagila und
Ê-zida; diesem schenkte er u. a. vier silberne Stiere.

In Assyrien beharrten Sargon und seine Nachfolger
bei der Verehrung aller der Götter des Pantheons, auch
der jüngeren babylonischen. In seiner neuen befestigten
Sommerresidenz Dûr-Šarukin baut Sargon aufser anderen
auch einen Tempel für Nabû und nachdem er dort
Kriegsgefangene verschiedener Sprachen und Völker als
Einwohner angesiedelt hat, stellt er Weise und Schrift-
gelehrte an, um ihnen „die Furcht Gottes und des Königs" einzuschärfen. Dafs die ewig kriegführenden Assyrer
vor allem Kriegsgötter anbeteten, läfst sich denken. Besonders suchten sie neben dem Schutze Ašurs, Nindars,

Nergals denjenigen der strengen, wehrhaften Ištar von Arbela-(Arba'il). Sie zieht mit ihnen in die Schlacht, erscheint ihnen im Traum, spricht ihnen Mut zu in der Gefahr und versichert sie des Sieges. Und als Esarhaddon gegen seinen aufrührerischen Bruder zu Felde zieht, ermutigen ihn Prophetinnen und ein Prophet aus der Tempelschule von Arbela in einer Reihe von Orakeln, die noch erhalten sind.

Die Sargoniden sind in der Litteratur, vor allem in der religiösen, fleißiger als ihre Vorgänger bei den Babyloniern in die Schule gegangen. Eine Anzahl heiliger Texte haben sie abschreiben lassen und in der Bibliothek oder dem Archiv ihres Palastes verwahrt. In den Urkunden ihrer eigenen Tafelschreiber, welche von einem großen Fortschritt in Stil und Abfassung zeugen, begegnet uns eine ausgesprochene Neigung zum Synkretismus, zur Vermischung und Verschmelzung verschiedener Göttergestalten. Die Hauptgötter werden kaum noch voneinander unterschieden. In ein und demselben Abschnitt einer Inschrift Ašurbanipals wird Ištar als Tochter jedes der Götter der höchsten Triade und Ašurs bezeichnet; mit anderen Worten, man gebrauchte nach Belieben als Stilschmuck die Namen aller dieser Götter als identisch, um den höchsten zu benennen. Nusku werden in einem Satze Anu, der alte Bel, Apšu und Maruduk als Vater zuerkannt, woraus hervorgeht, daß sie für den Schreiber keine numina mehr, sondern einfach nomina waren [1]). Die Verwechslung von Anu mit Nindar und Sin stammt vielleicht schon aus früherer Zeit; aber in einer Hymne aus der Regierung Ašurbanipals heißt es, daß Anu das Leben von Ašur, dem Vater der Götter, empfangen hat, und Nabû wird zum Boten An-šars gemacht, womit hier wohl

---

1) Vgl. dieses und noch andere Beispiele bei Jensen, Kosmologie, S. 273.

sicher Ašur gemeint ist[1]). Diese Verwirrung in dem
überlieferten, sorgfältig geordneten Göttersystem, für die
offizielle Religion ein Zeichen des Verfalls, ist ein Beweis für den Fortschritt des religiösen Denkens und die
Offenbarung eines höheren religiösen Bedürfnisses.

---

1) Die Hymne (Brit. Mus. K. 100) ist noch unediert, aber übersetzt von Sayce, Hibb. Lect., p. 127 f., Note 3.

Fünftes Kapitel.

Die Religion in dem neubabylonischen Reiche.

---

1. Nebukadrezar der Grofse.

Nineve lag in Trümmern, das assyrische Reich bestand nicht mehr. Bevor es jedoch den wiederholten Attaquen der Meder erlag, hatte ein chaldäischer [1]) Feldoberster, Nabopolassar (Nabûpaluşur), den Verfall der Monarchie nach dem Tode Ašurbanipals benutzt, um sich auf den Thron Babels zu schwingen und durch eine Heirat seines Sohnes Nebukadrezar (Nabûkuduruşur) mit einer medischen Prinzessin sich des gefährlichen östlichen Nachbarn als Bundesgenossen zu versichern. Dieser nahm zwar das eigentliche Assyrien und alle die nördlichen Besitzungen bis an den Halys in Kleinasien in Beschlag, liefs aber dem Chaldäer frei, alle die südlichen Provinzen der gefallenen Monarchie bis an das Mittelländische Meer seinem Reiche hinzuzufügen. Dieses neubabylonische, eigentlich chaldäische Reich ist das letzte, kurze Aufleuchten von Babels Macht und Glorie gewesen.

Der König, welcher das Reich auf diese Höhe führte, war der grofse Sohn Nabopolassars, Nebukadrezar II., der schon zu Lebzeiten seines Vaters an die Spitze des

---

1) Siehe darüber H. Winckler, Untersuchungen zur altorientalischen Geschichte, S. 60 ff. und meine Babylonisch-assyrische Geschichte, §. 421 f.

Heeres gestellt die Ägypter schlug und, nachdem er
ihm gefolgt war, während seiner langen Regierung mit
fester Hand auf dem Fundamente weiter baute, welches
Nabopolassar gelegt hatte. Auf das, was er für Babel that,
legte er selbst das gröfste Gewicht. Aus anderen Quellen
wissen wir einige Details von seinen siegreichen Kriegszügen; nur ein sehr beschädigtes Annalenfragment erzählt, wie sein siegreiches Heer in Ägypten bis zu den
Nilkatarakten vordrang. In den anderen, ziemlich zahlreichen Inschriften, die von ihm erhalten sind, erwähnt
er es nur beiläufig, um seinem Gott dafür zu danken.
Selbst da, wo man am meisten die Verkündigung seines
Kriegsruhmes erwarten sollte, in den Inschriften, welche
er in Feindesland an die Felsen bei dem Nahr-el-kelb
und dem Wadi Brissa meifseln liefs, thut er dessen nicht
oder kaum Erwähnung; wohl aber berichtet er ausführlich, was er in Babel zur Verherrlichung Maruduks und
Nabûs gethan hat. Er findet kein Vergnügen an den
pomphaften Titeln, welche frühere Herrscher und auch
noch die Assyrer führten; ,,König von Babel" war sein
einziger, dem nur noch hohepriesterliche Würden beigefügt wurden, und die lebhafte Verehrung, welche sowohl sein Vater als er selbst für die beiden genannten
Götter hegten, liefs ihn im Gegensatz zu der Praxis
seiner Vorgänger, die meist an anderen Orten residierten,
seinen Sitz nach Babel selbst verlegen und seinen Palast
in unmittelbarer Nähe desjenigen Maruduks erbauen.

Zwar machte die eifrige Anbetung des grofsen Bel
zu Babel und des zu Borsippa weder Nabopolassar
noch Nebukadrezar exklusiv gegenüber den anderen
Kulten der Hauptstadt oder der übrigen Städte des
Reiches. Im Gegenteil: überall haben sie die verfallenen
Tempel restauriert, in Sippar, Larsa, Ur und an anderen
Orten. Aber die meiste Sorge wurde doch den vielen
Heiligtümern Babels und Borsippas zugewendet; Nebu-
kadrezar zählt ihrer, aufser den beiden Haupttempeln,

nicht weniger als zehn zu Babel und sechs zu Borsippa
auf. An dem Bau des Hauses des Ecksteins Himmels
und der Erde, der Ziḳurat oder des Turmes des grofsen
Maruduktempels Ê-sagila in Babel, nahm, wie das schon
Esarhaddon gethan hatte, der König Nabopolassar mit
seinen beiden Söhnen Nebukadrezar und Nabûšu(m)lisir
selbst teil. Er trug in eigener Person Backsteine und
Kalk auf dem Haupte, sein Erstgeborener that dasselbe, wie ein gewöhnlicher Arbeiter, und der Jüngste
schob den Wagen. Natürlich war dies nur eine Er-
öffnungszeremonie des Baues, und der König sprach
dabei den Segen. Aber es geht daraus hervor, wie
heilig dieses Werk geachtet wurde. Ohne Zweifel hat
Nebukadrezar, als er König war, dasselbe gethan. Es
gelang ihm, den Bau sowohl Ê-sagilas als Ê-zidas zu
vollenden, und seine wichtigste Inschrift, verglichen mit
einem anderen Text, giebt Gelegenheit, die Einrichtung
eines babylonischen Haupttempels einigermafsen kennen
zu lernen [1]).

Ein solcher Tempel bestand aus verschiedenen Ge-
bäuden, welche von einem oder mehreren Vorhöfen um-
schlossen waren; denn diese lagen nicht, wie in Ägypten,
in einer Reihe hintereinander, sondern die gröfseren um-
fafsten die kleineren, und in der Mitte befand sich der
eigentliche Tempel mit seinen vornehmsten Heiligtümern.
Das Zentrum bildete die eben erwähnte Ziḳurat, ein
in Terrassen sich erhebender Turm, wie er zu einem
Haupttempel gehörte, jede Stadt aber nicht mehr als

---

1) Vgl. hierbei meine „Bemerkungen über Ê-sagila in Babel und
Ê-zida in Borsippa, zur Zeit Neb. II.“, in Zeitschr. f. Assyriol. II,
1887, S. 179 ff. Ausführlicher in den Arbeiten der K. Akad. van Wetensch., Afd. Letterk. III. III. 1886, pag. 103 vgg. Darauf erschien in
einem Appendix von A. H. Sayces Hibbert Lectures, p. 437 ff.
Smiths Übersetzung einer von ihm aufgefundenen Beschreibung des
Haupttempels, welche meine Bemerkungen grofsenteils bestätigt. Auf einen
grofsen Irrtum darin macht Jensen aufmerksam, Kosmologie, S. 492 ff.

einen besafs. Die Zahl der Stockwerke schwankte zwischen zwei und sieben; sowohl der Turm zu Babel wie
der zu Borsippa hatte deren sieben. Sind die Zahlen,
welche Smith angiebt, richtig, so nahmen die Terrassen
an Länge und Breite von dem Fufse nach der Spitze
zu ziemlich regelmäfsig ab, aber die Höhenunterschiede
waren von ganz anderer Art [1]). Am Fufse des Turmes
war das Hauptheiligtum des Tempels, der pâpâḫa des
Herrn der Götter Maruduk, welcher den Namen Ê-kua
(Haus der Ruhe oder Haus der Beschwörung?) trug;
wahrscheinlich in der Nähe desselben, aber mit einem
der Thore verbunden, Kâ-ḫilibu, das Heiligtum der
Gattin Maruduks Zarpanitu; an einer anderen Seite, aber
ebenfalls bei einem Thore, ein Ê-zida, d. h. ein Heiligtum für den Sohngott Nabû, und wieder an einer anderen Seite eine Kapelle für den Vater des Hauptgottes,
Êa. Nach Smith gehörte zu dieser letzteren noch eine
Kapelle für Nusku, zu der für Nabû eine für Tasmêtu,
seine Gattin, und endlich noch ein Tempel für Anu und
Bêl. Man hatte also hier aufser dem Gott, welchem der
ganze Tempelpalast gehörte, und seinem Hofstaat die
drei Hauptgötter, und weil Maruduk und Nabû beide
hier einen zu vornehmen Platz einnahmen, um für Êa
Botendienste zu thun, gab man diesem dafür den Boten
Bêls, Nusku, bei. Das Allerheiligste des ganzen Tempels, der parakku, nicht ein Gemach, sondern ein
kleinerer Gegenstand, ganz aus Silber, von Nebukadrezar
mit Gold und anderem Schmuck bedeckt, stand im
Adyton, welches den Namen „glänzende Wohnung, Ort
der schicksalbestimmenden Götter" trug, und war entweder eine Art heiliger Lade oder ein Thronsessel, auf
welchem Maruduk um die Zeit des grofsen Neujahrsfestes

---

1) Die sieben Stockwerke, von unten nach oben gerechnet, hatten
dann die folgenden Dimensionen: $110 + 60 + 20 + 20 + 20 + 20 + 50 = 300 =$ der Länge und Breite der Basis.

sich niederliefs und umringt von allen anderen Göttern
das Schicksal des Königs und des Reiches entschied.
Wahrscheinlich wurde dieser Gegenstand, wenn der Gott
seinen Tempel verliefs, auf das heilige Schiff gesetzt,
welches nach Maruduks Tempel „Schiff von Kua" hiefs
und ebenfalls mit vielen Kostbarkeiten geschmückt war.

Aller Wahrscheinlichkeit nach bildete Ê-sagila einen
Teil des Königshofes, ebenso wie der Haupttempel der
neuen Stadt Sargons innerhalb der Wälle des Palastes
lag. Jedenfalls grenzte der babylonische Tempel unmittelbar an den Palast Nabopolassars und seines Sohnes.
Eine heilige Strafse verband ihn mit der Hauptstrafse
von Babel, und auch diese hatten die beiden Könige
verbessert und erhöht, um sie geeigneter für die Prozessionen zu machen, welche an hohen Festen gehalten
wurden. Dann begegneten der Hauptgott von Babel
und der von Borsippa einander, jeder in seiner heiligen
Barke, und der Sohn begleitete sicher den Vater für
einige Zeit nach Ê-sagila.

Der grofse Tempel des Sohngottes Nabû zu Borsippa hiefs, ebenso wie sein Heiligtum in Ê-sagila, Ê-zida,
vielleicht das „Haus des wahren (Sohnes)"[1]), und war,
obwohl kleiner als derjenige Maruduks, in derselben
Weise eingerichtet. Um den Turm von sieben Stock-
werken, „das Haus der sieben Abteilungen des Himmels
und der Erde", waren auch verschiedene Heiligtümer
geschart, von welchen die des Nabû und der Nanâ die
vornehmsten waren. Der Turm war zu Nebukadrezars
Zeit durch die Einflüsse der Witterung und lange Ver-
wahrlosung sehr baufällig geworden und mufste beinahe
gänzlich restauriert werden, ein Werk, wodurch er sich
die Fürsprache des Mittlers bei seinem Vater Maruduk
zu erwerben hoffte.

---

1) Winckler in Schraders Keilinschriftl. Bibliothek, III, 2,
S. 35: „das gesetzliche Haus".

Dieses seinem Wesen nach zweieinige Götterpaar war, wenigstens für Nebukadrezar, das eigentliche Objekt der Anbetung. Als König konnte er den Göttern der verschiedenen Gauen, welche schon seit Jahrhunderten zu einem Pantheon verbunden waren, seine Huldigung, ihren hervorragenden Tempeln in den uralten heiligen Städten und ihren zahlreichen Heiligtümern in der Metropole seine Fürsorge nicht vorenthalten. Die Religion des Volkes und des Reiches war und blieb polytheistisch; daran konnte und wollte er nichts ändern. Aber wenn nicht in der Theorie, so doch in der Praxis war Maruduk sein eigener, einziger Gott, und Nabû verehrte er als dessen Sohn und Offenbarung. Ausdrücklich bezeugt er, dafs er die Götter und Göttinnen fürchtet um des geehrten Namens dieser beiden willen. Maruduk ist der Gott, der ihn geschaffen hat und ihn liebt, in dessen Dienst er seine Siege erstreitet, die Unbotmäfsigen unterwirft und das Land regiert. Inbrünstig bittet er ihn, dafs er in seiner Gnade, welche er über alle ausbreitet, ihn seine hohe Herrschaft liebgewinnen lassen, die Ehrfurcht vor seiner Gottheit in sein Herz pflanzen und ihm alles schenken möge, was ihm, dem Gotte, wohlgefällig sei.

Vergleicht man die Gebete Nebukadrezars mit denen seiner Vorgänger, auch auf dem Throne von Assyrien, so ist nicht zu verkennen, dafs sie diese an Reinheit und Erhabenheit bei weitem übertreffen. Eine innigere und tiefere Frömmigkeit spricht aus ihnen, die von dem Fortschritt des religiösen Bewufstseins zeugt.

2. Der Untergang des chaldäischen Reiches.

Nach dem Tode Nebukadrezars und der sehr kurzen Regierung seines Sohnes Amil-Maruduk (Evil-Merodach) nahm den Thron der Mörder des letzteren ein, Nergal-šar-uṣur (Neriglissar), der auf denselben Ansprüche als

Schwiegersohn Nebukadrezars erhob.¹). Es scheint, dafs er in der religiösen Politik keine andere Richtung ein‑ schlug, als sein Schwiegervater. Wenigstens lag die Erhaltung und Verschönerung der grofsen Tempel zu Babel und Borsippa auch ihm am Herzen, und er selbst scheint Ê-sagila besonders begünstigt zu haben.

Eine neue Revolution brachte die Regierung in die Hände eines anderen Magnaten aus Babel, Nabû-nâ'id (Nabonedos), unter welchem das einst so ruhmvolle Reich sich zum Untergange neigte. Er war ein frommer, aber schwacher König, in seiner Frömmigkeit selbst beschränkt und furchtsam. Er tadelt an seinen Vorgängern, dafs sie bei dem Restaurieren der Tempel so leichtsinnig zu Werke gingen und, wenn sie den alten Grundstein mit der Stiftungsurkunde nicht fanden, das Heiligtum auf einem Platze wieder errichteten, welcher vielleicht nicht der vor Alters geweihte war. Er handelt anders: weder Mühe noch Kosten scheut er, um den Grund in weitem Umkreise und bis in grofse Tiefe hinein aufzugraben; und mehr als einmal sieht er seinen Eifer glänzend be‑ lohnt. Urkunden von alten Königen, wie Naram-Sin und Šagašaltiburiyaš, kommen zutage. Das ist seine gröfste Freude. Sodann baut er Tempel in den alten berühmten Hauptstädten Sippar-Agade, Larsa, Ur, später, auf Grund eines ihm im Traum zuteil gewordenen göttlichen Be‑ fehls, in Harrân. Mit Unrecht hat man gemeint, dafs sein Bestreben gewesen sei, das drohende Unheil von seinem Reiche durch Restauration des Kultes des uralten Hauptgottes von Ur, Sin, abzuwenden, und dafs er des‑ halb ,den Dienst Maruduks vernachlässigt habe. Wenig‑ stens für den Kultus von Šamaš und Anunit hat er nicht minder geeifert, und jedenfalls in den ersten Jahren seiner

---

1) Die Meinung, dafs er ein Königssohn gewesen sei, welche ich auch in meiner **Babylon.-assyr. Geschichte** S. 457 und 465 noch vertreten habe, beruht auf einer verkehrten Lesung des Textes. Vgl. Winckler, Untersuchungen, S. 46.

Regierung erkannte er Maruduk als seinen Hauptgott
an, war Babel seine Residenz. Aber in den späteren
Jahren wurde das anders. Da schloß sich der König,
während sein Sohn, vielleicht wohl derselbe Bêl-šar-uṣur
(Belšazar), der früher in Ur residiert zu haben scheint
und in der jüdischen Tradition der letzte König von
Babel geworden ist, sich an der Spitze des Heeres in
Sippar befand, in die Stadt Têma ein und begann den
Dienst Maruduks zu vernachlässigen. Obschon man fortfuhr, in Ê-sagila und Ê-zida Opfer zu schlachten, um
den göttlichen Schutz zu erflehen (ki salmu), so wurde
doch das große Fest des Jahresanfanges nicht mehr gefeiert, Nabû nicht nach Babel geführt, Maruduk zog nicht
aus, ihm entgegen, und der König zeigte sich nicht in
der Hauptstadt. So blieb es, auch nachdem der junge
persische Eroberer Cyrus bei Arbela den Tigris überschritten und ein kleines Königreich an den Grenzen von
Nabonedos' Gebiet erobert hatte, bis zum sechzehnten
oder siebzehnten Regierungsjahr des letzteren. Da wurde
endlich wieder ein Fest gefeiert, um Rettung zu suchen,
bei welchem Maruduk seine Wohnung verließ; aber zugleich wurden verschiedene Götter der babylonischen
Städte aus ihren Heiligtümern nach der Hauptstadt gebracht. Nichts wollte helfen. Eine einzige Schlacht entschied
über das Los der alten Monarchie; das Heer unter der
Anführung des Sohnes des Königs wurde von den Persern geschlagen, und als nun infolgedessen ein Aufstand ausbrach, und Sippar von Cyrus ohne Schwert-
streich genommen wurde, war auch Babel bald in seiner
Macht und Nabonedos sein Gefangener.   •

Was Nabû-nâ'id zu einer so veränderten Haltung
gegen den Herrn der Götter, den eigentlichen Nationalgott
Babyloniens, bewogen hat, bleibt für uns dunkel. Schon
ein Jahr nachdem Astyages von Cyrus geschlagen, und
dieser König von Medien geworden war, zog sich der
babylonische König aus Babel zurück, und hörte das

grofse Fest hier auf; und doch ist dieses das Jahr, in welchem- er auf Befehl Maruduks selbst den Sintempel von Harrân restauriert. Aber sicher ist, dafs er dadurch die mächtige Priesterschaft Babels und auch sein Volk sich entfremdete, und dafs ihm sowohl die Abstellung des Nisanfestes als die Überführung der Lokalgötter nach Šuana, dem heiligen Quartier von Babel, als eine grofse Sünde angerechnet wurde. Deshalb wurde Cyrus nicht nur als ein gerechter König, als Wiederhersteller von Ordnung und Friede, sondern auch als der von Maruduk selbst gerufene Retter und der Erneuerer des nationalen Gottesdienstes mit Freuden empfangen. Er beeilte sich, die nach Babel gebrachten Götter nach ihren Sitzen zurückzuführen und ihre Tempel wieder in guten Stand zu bringen, und — soviel wir aus einer beschädigten Stelle schliefsen können — hat selbst seinen Sohn Kambyses in einem Tempel Nabûs zum Könige weihen lassen.

3. Die Verbreitung der babylonisch-assyrischen Religion.

Die Religion der Babylonier und Assyrer gehört ebensowenig wie die meisten antiken Religionen zu denjenigen, welche man Missionsreligionen genannt hat; sie wurde nicht anderen Völkern als eine neue Heilslehre gepredigt. Aber ihre religiösen Überlieferungen und Symbole haben sich dennoch bei anderen Nationen verbreitet, und diese haben verschiedene Kulte und Gottheiten von Babel und Assur übernommen. Geflissentliche Propaganda ist in der Regel nicht die Ursache davon gewesen, und verhältnismäfsig selten wurde die Verehrung des Hauptgottes der Eroberer den überwundenen Völkern aufgenötigt. Aber die Überlegenheit der babylonischen Kultur, der Glanz der babylonisch-assyrischen Herrschaft, die uralte Heiligkeit Babels spornten viele zur Nachfolge auch auf dem religiösen Gebiete an und liefsen sie erwarten, dafs die Götter eines so mächtigen Volkes nicht vergebens verehrt werden würden. Wie Nanâ von Uruk durch die Elamiter geraubt und jahrhundertelang verehrt wurde, berichteten wir bereits. Später werden wir sehen, wie der Kultus verschiedener, zweifellos babylonischer Gottheiten, wie des Tammuz (Dumuzi) und der grofsen Mutter der Götter, in ganz Westasien verbreitet war. Ob auch Ištar-Aštart hierher gehört; oder ob sie eine noch ältere Gottheit war, welche die semitischen Völker seit vorhistorischer Zeit miteinander und vielleicht auch mit den Ägyptern gemein hatten, mufs vorerst unentschieden bleiben. Mythe und Kultus, welche sie mit Tammuz in Verbindung bringen, sind sicher echt babylonisch. Selbst die Griechen versichern noch, dafs der Kultus von Aškelon babylonischen Ursprungs sei.

Nach Auffindung der Briefe von El-Amarna erscheint dies nicht mehr wunderbar. Diese Briefe, von verbündeten Königen und ägyptischen Statthaltern in Westasien an zwei ägyptische Könige der 18. Dynastie gerichtet, alle mit mehr oder weniger modifizierter babylonischer Keilschrift und meist in babylonischer Sprache geschrieben, beweisen, dafs vor der Oberherrschaft Ägyptens in diesen Gegenden Babel seine Macht bis an das Mittelländische Meer ausgedehnt haben mufs, sodafs Sprache und Schrift der früheren Suzeränin, nachdem Ägypten sie verdrängt hatte, selbst im Verkehr mit der neuen Herrscherin die offizielle blieben. Und wo dieses der Fall ist, kann die Übernahme religiöser Vorstellungen, Überlieferungen und Gebräuche kaum unterbleiben. Manche Übereinstimmung westasiatischer Sagen mit solchen, deren babylonischer Ursprung feststeht, wird dadurch genügend erklärt.

Und so blieb es auch in späteren Zeiten, erst durch Vermittlung Assyriens, dann wieder unter unmittelbarem babylonischen Einflufs. In der Geschichte der Religionen Kanaans, Phöniziens, Arâms, Israels und Kleinasiens werden wir die Spuren davon finden. Ob der Einflufs der

babylonischen Religion sich vor der persischen Herrschaft auch bei den östlichen Nachbarn, Medern, Persern, Indiern geltend gemacht habe, ist ein Problem,
welches noch nicht mit Sicherheit zu lösen ist. Wir
sahen, dafs die ersten Achämeniden Maruduk und die
anderen Götter Babels verehrten, und es wird sich her-
ausstellen, dafs unter den späteren Fürsten dieses Hauses
babylonische Kulte in die zarathustrische Religion aufgenommen wurden.

Soviel ist gewifs, nach dem Falle Babels lebte die
alte Religion noch jahrhundertelang fort. Welcher historische Wert auch der Erzählung des Buches Esther zuerkannt werden mag, merkwürdig ist, dafs die darin vorkommenden jüdischen Hauptpersonen an dem Hofe des
persischen Königs zu Susa nach Maruduk und Ištar
heifsen. Dafs in der hellenistischen Zeit unter dem Einflufs des herrschenden Synkretismus babylonische Kulte,
hin und wieder mit persischen vermischt, ihren Weg
nach dem fernen Westen fanden, und chaldäische Astro-
logen dort eine grofse Rolle spielten, ist bekannt.

Sechstes Kapitel.

Charakteristik und Beurteilung der babylonisch-assyrischen Religion.

-----

1. Grad der Entwicklung.

Bei der Bestimmung des Entwicklungsstadiums, in welchem sich eine Naturreligion befindet, hat man natürlich die höchste Stufe in Betracht zu ziehen, welche sie in ihrer Entwicklung erreicht hat, und sein Urteil nicht durch das beirren zu lassen, was sie in ihren ersten Anfängen gewesen oder in den Tagen ihres Verfalls geworden ist. In den Jahrhunderten, als der sumerische Teil der Bevölkerung entweder noch unvermischt oder wenigstens dem semitischen noch durchaus überlegen war, waren die verehrten Wesen noch mehr Dämonen als Götter und wurden meistens ganz oder teilweise in Tiergestalt dargestellt; Beschwörungen und Zauberwirkungen spielten eine sehr wichtige, wenn nicht die wichtigste Rolle im Kultus. Wäre die Religion auf diesem Standpunkte verblieben, so würde man sie zu den polydämonistisch-magischen und therianthropischen rechnen müssen. Aber sie ist nicht auf demselben stehen geblieben. Zwar sind, wie in Ägypten, die alten Vorstellungen und Gebräuche nicht aufgegeben, sondern sowohl in der offiziellen wie in der Volksreligion beibehalten. Aber sie sind in den Hintergrund gerückt und mit etwas Höherem verbunden. Die androcephalen Löwen und Stiere sind Thürhüter der

Paläste und Tempel, die Göttergestalten mit Adlerkopf
sind Genien oder Schutzgeister, Ungeheuer mit Gliedmafsen von allerlei Getier sind böse Dämonen, verschiedene von ihnen sind Halbgötter oder Heroen der Sage
geworden; die hohen Götter selbst werden ausschliefslich in rein menschlicher Gestalt abgebildet oder gedacht.
Nur um sie wiederzuerkennen, stellt man sie auf ihr heiliges Tier oder verändert den alten Fischgott in ein
menschengestaltiges Wesen mit einer Fischhaut als Kappe
und Mantel. Von eigentlichem Tierdienst, der vielleicht
den alten Sumeriern nicht fremd war, ist in der Zeit der
semitischen Herrschaft keine Spur mehr vorhanden. Und
bleiben auch die magischen Zauberformeln und Litaneien
im Gebrauch, so werden sie nun immer mit schönen
Hymnen und Bufspsalmen verknüpft. Kurzum, die alten
mythischen Wesen der Sumerier und ihre Riten nehmen
in der babylonisch-assyrischen Religion keinen bedeutenderen Platz ein, als die pelasgischen in der Mythologie
und dem Kultus der Hellenen.

Ebensowenig, als die Überlieferungen aus dem alt-
sumerischen Kultus dazu berechtigen, die babylonisch-
assyrische Religion unter die magischen und therianthropischen zu rechnen, darf man sie auf Grund einiger
Stellen des Alten Testamentes als nicht mehr betrachten,
wie eine Anbetung der Himmelskörper, als dasjenige,
was man früher mit einem zweifelhaften Namen Sabäis-
mus nannte. Die Verehrung von Sonnen- und Mondgottheiten hat sie thatsächlich mit allen Religionen des
Altertums gemein; wir sahen jedoch schon, dafs diese
Götter nicht blofs die sichtbaren Himmelskörper selber,
sondern höhere Lichtgötter waren, welche sich in ihnen
offenbaren. Der Gestirndienst nahm, je weiter sie in
der Kenntnis der Astronomie fortschritten, einen immer
hervorragenderen Platz in der Religion der Babylonier
und Assyrer ein. Vorzüglich die Planeten, die sie wahrscheinlich zuerst von den Fixsternen unterscheiden lernten,

brachten sie mit einigen ihrer Gottheiten in Verbindung, Venus als Morgen- und Abendstern mit Ištar und der grofsen Bêlit, Merkur mit Nabû, Mars mit Nergal, Jupiter mit Maruduk, Saturn mit Nindar, und auch anderen ihrer höchsten Götter, wie Anû, dem alten Bêl und Êa, wiesen sie ihren Platz am Himmel in einem Stern oder Gestirn zu [1]). Auf den Stand der Himmelskörper wurde stets acht gegeben; und überzeugt davon, dafs dieser zusammenhing mit demjenigen, was sich auf Erden ereignete, und dafs die Götter hierdurch den Menschen ihren Willen zu erkennen gaben, nahm man bei wichtigen Vorfällen sorgfältig Notiz von demselben, um aus ihm Weissagungen bezüglich der nächsten Zukunft herzuleiten. Die Astrologie war in Babel und Assur zu einer Art Wissenschaft erhoben, aus welcher die Astronomie hervorgegangen ist. Auch war jeder Tag einem oder mehreren Göttern geweiht; der 7., 14., 21., 28. und obendrein der 19. Tag eines jeden Monats war ein Ruhetag (šabattu), welcher hauptsächlich von dem Könige und den Priestern als Fasten- und Bufstag gehalten wurde, und jeder 10. Tag war ein Freudentag, an welchem kein Bufspsalm angestimmt werden sollte. In diesem allen steht die babylonisch-assyrische Religion nicht tiefer wie alle anderen, selbst die zivilisiertesten Naturreligionen der Antike; sogar höher, insofern es, obwohl aus animistischem Boden erwachsen, verständiger geregelt und auf richtigere Wahrnehmung gegründet war. Und hiernach mufs sie beurteilt werden — nicht nach den schwächlichen Nachahmungen benachbarter Fürsten oder den Quacksalbereien einer verbummelten chaldäischen Priesterschaft, welche nach dem Falle des Reichs mit ihren vermeintlichen Zauberkünsten aus dem Aberglauben der westlichen Völker Kapital zu schlagen versuchte.

---

1) Man vgl. hierüber die schönen Untersuchungen von Jensen in seiner Kosmologie, passim.

In der Theologie steht sie ebenso hoch, wie die ägyptische Religion. Wir fanden bereits, dafs sie es niemals zu einem entschiedenen Monotheismus gebracht, aber dafs sie sich doch den äufsersten Grenzen des monarchischen Polytheismus genähert hat.

2. Charakteristik.

Die Charakteristik einer Religion ist die Bestimmung der Richtlinie, in welcher sie sich entwickelt hat. Bei der Religion, mit der wir es hier zu thun haben, ist diese Richtung zweifellos dieselbe, welche wir bei allen sogenannten semitischen Religionen wahrnehmen. Wieviel Elemente einer früheren Religion, die so gut wie gewifs zu den nichtsemitischen zu rechnen ist, in ihr auch konserviert wurden: der Grundzug dieser Religion ist semitisch, wenn auch noch nicht so deutlich ausgesprochen, wie bei den später und höher entwickelten Völkern der Familie, namentlich den Israeliten und den Arabern.

Dafs sie sich von den Göttern im allgemeinen keine andere Vorstellung machten, als ihre Stammverwandten, bezeugt die Übereinstimmung in den allgemeinen Bezeichnungen: ilu, bêlu und bêlit, malik, die sämtlich Erhabenheit und Herrschaft andeuten. Der Glaube an ihre Immanenz fehlt nicht gänzlich, aber sie werden doch überwiegend transcendent aufgefafst, wenn dies hier auch noch nicht so einseitig geschah, wie bei jüngeren semitischen Nationen. Die Abneigung gegen die Verehrung von Göttern, welche als böse oder grausam für Ursachen des Übels gelten — eine Abneigung, welche bei den Ariern immer wächst — kennen sie ebensowenig als ihre Brudervölker. Und sie unterscheiden sich, wie diese letzteren, sowohl von den Ariern als von den Ägyptern dadurch, dafs sie fremde Götter überhaupt nicht oder nur selten duldeten; ihre eigenen Götter sind

die einzig wahren; denen zu widerstehen Gottlosigkeit
ist. Auch das wichtige theokratische Dogma der Semiten, der Glaube an die unumschränkte Oberherrschaft
der Gottheit, wenn auch gemildert durch die Erkenntnis
ihrer Gerechtigkeit, Barmherzigkeit und Gnade, hatte bei
Babyloniern und Assyrern tiefe Wurzeln geschlagen.
Dieses Dogma beherrscht alle Thaten der Könige,
welche sich als ihre Stellvertreter auf Erden und die
Exekutoren des göttlichen Willens betrachten. Natürlich blieb dieser einigermafsen primitive Glaube an eine
gerechte und fürsorgliche Weltregierung auch bei ihnen
noch innerhalb der engen Grenzen des nationalen Partikularismus.

Wir sahen, dafs das Königtum bei den Babyloniern
sowohl wie bei den Assyrern aus der Priesterschaft hervorgegangen war, und gern nahmen die Fürsten immer
die Titel iššakku şiru oder „oberster Hoherpriester“
und selbst šangu, einfach „Priester“, an. Daneben
standen noch andere priesterliche Rangstufen, Magier
(maḫḫi, vgl. Jerem. 39, 3), Zauberer (iššebi, ašibi),
Sühnpriester (ramki), welche die Reinigungsopfer verrichteten, Orakel und Träume auslegten und durch Beschwörungen Kranke heilten; aber ob diese Namen verschiedene Arten bedeuteten, und die auch vorkommenden
nabê oder Propheten ebenfalls von ihnen unterschieden waren, ist jetzt noch nicht zu konstatieren. Jedenfalls haben sie in Assyrien niemals solch’ eine Macht
ausgeübt, wie in Ägypten, wenn auch die Vermutung
nicht unbegründet ist, dafs sie in Babel einen bedeutenden Einflufs besafsen.

Nach den Abbildungen zu urteilen, zeichnen die Opfer
(nindabu, „Gabe“, niķu, „Trankopfer“) und der Kultus
(niš ķâtî, „Aufheben der Hände“, auch wohl liptat
ķâtî, „Falten der Hände“) sich durch Einfachheit aus.
Man bringt Ziegen und Hirschkälber, Früchte und Weihgeschenke dar. Von einer heiligen Prostitution, über

deren eigenartige Einrichtung in Babel Herodot einen nicht vollkommen glaubwürdigen Bericht giebt, und von Menschenopfern, welche man auf Grund eines biblischen Berichtes [1]) den Babyloniern zugeschrieben hat, ist in den Denkmälern und Texten keine sichere Spur zu finden, obschon wenigstens die Assyrer, welche Vergnügen daran fanden, die grauenhaften Martern der Kriegsgefangenen abzubilden, sich nicht gescheut haben würden, auch die Menschenopfer darzustellen oder von ihnen zu berichten.

Hinsichtlich des Unsterblichkeitsglaubens stehen die Babylonier zwischen den Ägyptern und den anderen Semiten in der Mitte. Er ist bei ihnen noch nicht so sehr in den Hintergrund getreten, wie bei verschiedenen der letzteren, aber nimmt auch nicht einen so wichtigen Platz ein, wie bei den erstgenannten. Dafs er jedoch bei ihnen vorhanden war, erhellt aus den Epitheta, welche sie einigen ihrer Götter gaben, aus der mythischen Vorstellung der Unterwelt, wo zugleich der Born des Lebens ist, aus verschiedenen Stellen ihrer heiligen Lieder und aus ihrer Fürsorge für die Toten.

3. Beurteilung.

Die innige Frömmigkeit und der tiefreligiöse Sinn, wodurch die Semiten sich selbst in ihren Verirrungen auszeichnen, verleugneten sich auch bei den Babyloniern nicht. Das ganze Leben wird auch bei ihnen von der Religion beherrscht. Über die Weise, auf welche die Gottheit sich den Menschen offenbart und diese mit jener verkehren, haben sie noch dieselben Vorstellungen, welche man überall im Altertum antrifft und die selbst

---

1) 2. Kön. 17, 24. Aber Halévy hat mit Recht bezweifelt, ob das hier erwähnte Sĕpharwájim wohl mit Sippar in Babylonien identifiziert werden dürfe. Er sucht den Ort mit mehr Wahrscheinlichkeit in Aramäa.

in Israel noch gangbar waren. Unmittelbare Theopha-
nieen oder Offenbarungen gehören nach ihnen zu der
Zeit, als Halbgötter und Heroen die Menschheit regierten.
Selbst die Boten der hohen Götter, ihre Söhne und
Töchter, welche in der mythischen Geschichte ihre Befehle überbringen und umgekehrt als Mittler der niederen
Wesen bei ihnen wirksam sind, Maruduk, Nabû, Nusku,
Ištar, stehen mit den Menschen nicht mehr in direktem
Verkehr, sondern erscheinen ihnen nur im Traum oder
sprechen zu ihnen durch rätselhafte Zeichen und geheimnisvolle Orakel. Aber es stand jedem frei, sich
unmittelbar an die Gottheit zu wenden und zu ihr zu
beten. Auch das hatten sie mit allen Völkern der Antike gemein, daſs sie davon überzeugt waren, sich durch
verdienstliche Werke, namentlich die Stiftung und Verschönerung von Tempeln, die Darbringung reicher Gaben
und Opfer, mit einem Worte, durch die Sorge für den
Kultus der Gunst und Gnade der Götter versichern zu
können. Aber in Religionen, die um ein gutes Stück
höher stehen als die ihrige, selbst im Christentum des
Mittelalters, und wahrlich nicht in diesem allein, begegnen wir derselben Idee und wird sie auf ebenso
naive Weise ausgesprochen. ‚Die Religion Israels, wie sie
durch die Propheten des 8. Jahrhunderts und der späteren
Zeit geschaffen wurde, überragt diese an Reinheit und
Erhabenheit der Anschauung freilich bei weitem. Aber der
Geist, welcher sich bei den Propheten so herrlich offenbart, redet dann und wann auch in den religiösen Liedern Babels und Assurs. Vor allem in den merkwürdigen Buſspsalmen und Klageliedern, von denen eine
Anzahl erhalten blieb, und die — wie alt sie auch sein
mögen — sicherlich von semitischer Herkunft sind. Verschiedene Stellen dieser Psalmen stimmen in Ton und
Geist mit den hebräischen überein, obgleich sie sich von
ihnen in einem wichtigen Punkte unterscheiden, nämlich
darin, daſs sie noch nicht auf entschieden monothei-

stischem Boden erwachsen sind. Denn wenn sie auch in der Regel an eine, für den Dichter dann die höchste Gottheit gerichtet sind, so rufen sie doch zugleich die Vermittlung einer Anzahl anderer an. Aber weil die Götter hier auch nichts anderes als Mittler sind, so thut ihre Erwähnung der Innigkeit der persönlichen Beziehungen zwischen dem Menschen und dem Gotte, welchen er anbetet, wenig Abbruch. Obendrein wird zuweilen überhaupt kein bestimmter Gott genannt, und ist so die Grenze des Monotheismus erreicht, wenn sie auch nicht überschritten wird.

Die babylonisch-assyrische Religion ist noch eine Naturreligion und noch nicht eine von denjenigen, welche man supranaturalistische oder ethische genannt hat. Dennoch wird sie sehr bestimmt mit ethischen Überzeugungen und Gedanken verknüpft. Wir sahen schon, dafs die Götter als Beschützer von Wahrheit und Recht, als die Regenten einer, wenn auch noch so dürftig vorgestellten, natürlichen und sittlichen Weltordnung galten. Von diesen Göttern, ihren Schöpfern und Herren, fühlten die Frommen sich in allem abhängig und ihnen dankten sie ihr Heil und ihre Siege. Traf sie jedoch Unglück, Mifsgeschick, Krankheit, dann sahen sie darin eine Äufserung des Zornes der Götter, welchen sie durch ihre bewufste oder unbewufste Sünde erregt hatten, und dann thaten sie alles, was sie konnten, um für diese Vergebung und, was sie als notwendig damit verbunden betrachteten, Abwendung der Strafe zu erlangen. Die Sünde und ihre Folgen scharf voneinander zu scheiden, hatten sie noch nicht gelernt. Aber sie wurde tief empfunden und als Abweichung vom rechten Wege, Verdunkelung und Unreinheit, wie als Feindschaft gegen Gott aufgefafst. Verstehen wir die bezüglichen Stellen richtig, so stellte man sich vor, dafs jeder Mensch seinen eigenen Schutzgott hatte, der einigermafsen mit seinem besseren Ich identifiziert wurde. Sündigte er, dann verliefs ihn der Gott, aber war doch in erster Linie sein Fürsprecher, um für ihn Vergebung zu erlangen und den göttlichen Zorn in Gnade zu verkehren.

So kann die Religion, welche im Stromgebiet der beiden Flüsse blühte, die Vergleichung mit derjenigen Ägyptens sehr wohl bestehen. Stand sie auch in ihrer ältesten, nichtsemitischen Form wahrscheinlich tiefer, als die ägyptische auf der Höhe ihrer Entwicklung: die Semiten haben sie doch einen grofsen Schritt vorwärts gebracht. Sie hat auch alte, animistische Elemente aufgenommen, aber nicht in so grofser Anzahl und nicht in so einfältiger Form, und sie hat dieselben besser verarbeitet, als dies in Ägypten geschah. Bei allem Abstande von der Religion Israels in ihrer vollendeten Entfaltung ist sie doch nahe mit ihr verwandt, und sie steht am Anfange einer Entwicklungsreihe, deren Schlufs der prophetische Mosaismus bildet.

Drittes Buch.

Die Religion in Vorderasien.

Die Religion in Vorderasien.

Quellen.

Die einheimischen Quellen für die Kenntnis der semitischen Religionen Vorderasiens — unter welchem Namen hier die Länder zwischen dem Euphrat und dem Mittelländischen Meer verstanden werden, mit Ausschluſs Kleinasiens — sind spärlich, für die Religionsgeschichte von geringer Bedeutung und stammen meist aus jüngerer Zeit. Sie sind so gut wie ausschlieſslich epigraphisch und bedeuten schon aus diesem Grunde namentlich für die Mythologie sehr wenig. Denn sie geben uns zwar die Namen der Götter und einzelne ihrer Attribute, aber selbst die Lesung verschiedener von diesen Namen ist unsicher. Etwas mehr Licht verbreiten sie über den Kultus und diejenigen, welche ihm vorstanden; und die vielen zusammengesetzten Namen, welche in den Inschriften vorkommen, gestatten uns wenigstens den Schluſs, daſs die religiösen Begriffe der Westsemiten der Art nach nicht von denen ihrer östlichen und südlichen Stammverwandten verschieden waren. Indessen ist der Gewinn, welchen die Entdeckung und Bearbeitung dieser zahlreichen Inschriften, die jetzt zu einem Corpus gesammelt werden, für die Religionsgeschichte Westasiens abgeworfen hat, nicht zu verachten; sie lassen uns mindestens die aus anderen Quellen geschöpften Berichte besser verstehen. Neben den Inschriften kommen

15*

auch einige Abbildungen auf Monumenten und Münzen
in Betracht, von denen jedoch die meisten aus einer
Zeit datieren, als der Hellenismus die einheimischen
Traditionen schon wesentlich modifiziert hatte. Dagegen
ist der Stein des Königs Meša von Mo'ab sowohl wegen
seines hohen Alters, als wegen seines wichtigen Inhalts
ein Zeugnis von ungewöhnlichem Werte.

Es ist sehr die Frage, ob die sogenannten Fragmente
des Sanchuniathon (Sakun-yitten), welche die phönicische
Theogonie und Mythologie behandeln, einem ursprünglich phönicischen Werke entlehnt sind. Philo Herennius
von Byblos, ein Zeitgenosse Hadrians, soll solch ein
Werk übersetzt oder frei wiedergegeben haben, und Fragmente davon findet man bei Eusebius und Porphyrius.
Aber obschon verschiedene Gelehrte von Ruf es nicht
für unwahrscheinlich hielten, dafs der byblische Philo-
soph alte Urkunden benutzt und griechisch bearbeitet
habe, andere, wie Graf Baudissin[1]), zweifeln daran stark;
und es ist zuzugeben, dafs der Inhalt der Fragmente viel
Veranlassung zu solchem Zweifel bietet. Jedenfalls ist es
schwierig, das Alte und Echte von den Zusätzen Philos
zu scheiden, und noch schwieriger, die Entstehungszeit
der Vorlage zu bestimmen; schwankt man doch zwischen
der Zeit Salomos und derjenigen der Seleukiden.

Noch viel trauriger ist es mit den Quellen bestellt,
aus welchen die Kenntnis der Religionen der nichtsemitischen Völker Vorderasiens, die man gewöhnlich unter
dem Namen der Hethiter zusammenfafst, geschöpft werden mufs. An Monumenten, von denen die meisten sogar mit Inschriften versehen sind, fehlt es nicht. Sie
zeugen von einer eigenartigen, jedoch augenscheinlich
unter babylonisch-assyrischem Einflufs stehenden Kultur,
welche in Hamat, Aleppo und Karkemisch ihre Zentren

---

[1]) Studien zur semitischen Religionsgeschichte, I.
Leipzig 1876.

hatte und über ganz Kleinasien verbreitet war. Aber die Hieroglyphen, in welchen die Texte geschrieben sind, sind noch nicht entziffert, und wir sind daher genötigt, die Bedeutung der religiösen Darstellungen zu erraten. (Vgl. S. 226. 250 f.)

Was hier über die semitischen Religionen Vorderasiens und die Quellen zu ihrem Studium gesagt worden ist, gilt natürlich nicht von der mosaischen Religion. Die Urkunden derselben repräsentieren eine Geschichtsquelle ersten Ranges, obschon die Tendenz dieser Schriften, welche überall ein religiöses Interesse verfolgen, auf die Wahl und die Darstellung der historischen Ereignisse, welche sie erzählen, nicht ohne merklichen Einfluss geblieben ist. Da wir für die eigentliche Geschichte der Religion Israels auf andere Werke verweisen müssen und dieselbe hier allein in ihrem Verhältnis zu den andern in Kanaan und dessen Nachbarschaft herrschenden Religionen behandeln, brauchen wir uns mit der Geschichte und Kritik der Bücher des Alten Testamentes nicht näher zu befassen. Dass diese auch für die Kenntnis der alten Landesreligionen Kanaans und einiger Nachbarvölker wertvolle Daten enthalten, ist allgemein bekannt.

Die Inschriften, welche die Kriegszüge der assyrischen Könige in Vorderasien beschreiben, lehren über die Religion dieser Landstriche zwar nicht viel Neues, aber bestätigen doch das anderweitig Bekannte. Dasselbe gilt von einigen ägyptischen Quellen.

Die griechischen Schriftsteller, bei denen dann und wann ein einzelner Bericht über die Religionen vorkommt, mit welchen wir uns hier beschäftigen, sind in der Hauptsache dieselben, welche schon in den beiden ersten Büchern genannt wurden. Nur zwei andere müssen wir hier besonders nennen. Der eine ist Menander der Ephesier, von dessen Phoenicica bei Flavius Josephus, Clemens Alexandrinus und Johannes Lydus kurze Fragmente erhalten sind. Gerade über die Religion berichten

sie jedoch wenig. Viel bedeutender ist der Verfasser der
Schrift *Περι της Συριης Θεου*, eines Werkchens, welches
man gewöhnlich, jedoch mit Unrecht, Lucianus zuschreibt.
Der Verfasser, welcher sich als Assyrer bezeichnet, erzählt, was er selbst gesehen und über die alte Zeit von
den Priestern gehört hat. Er spricht von den bedeutendsten Tempeln Phöniciens, die er selbst besucht hat,
beschreibt aber vor allem ausführlich die Heiligtümer
und den Kultus der syrischen Göttin zu Hierapolis in
Syrien (Bambyke), zu deren Mysten er selbst gehörte.
Zwar schildert er die Vorstellungen und Gebräuche, wie
sie zu seiner Zeit, also erst nach dem Beginn unserer
Zeitrechnung, beschaffen waren, aber bei der bekannten
Zähigkeit religiöser Institutionen und Überlieferungen werden sich diese damals wenigstens in der Hauptsache nicht
wesentlich von dem unterschieden haben, was früher üblich war; und in jedem Fall darf seine Beschreibung
dieses Lokalkultes als ein lehrreiches Bild der religiösen
Verehrung betrachtet werden, welche in ganz Vorderasien herrschte.

Erstes Kapitel.

Einleitung.

———

1. Die in diesem Buche zu befolgende Methode.

Wir sind gezwungen, in diesem Buche eine andere
Methode zu befolgen, als in den vorhergehenden. Denn
die Religionen, mit welchen wir uns nun beschäftigen
müssen, haben ja eigentlich keine Geschichte. Die
Quellen, über welche wir verfügen und von denen soeben Rechenschaft gegeben wurde, setzen uns nicht in
den Stand darzustellen, wie sie sich in den Jahrhunderten
ihres Bestehens entwickelt haben, wenn wir auch annehmen dürfen, daſs sie in verschiedenen Epochen er-
hebliche Veränderungen erlitten haben. Wir müssen
uns daher beschränken auf die Mitteilung oder besser
die kurze Zusammenfassung dessen, was uns über die
vorderasiatischen Religionen bekannt ist, mit Andeutung
desjenigen, was sie miteinander gemein hatten, und desjenigen, wodurch sie sich voneinander unterschieden.

Die einzige Religion aus diesem Kreise, für deren
Kenntnis die Quellen reichlicher flieſsen, und von deren
Entwicklung wir uns auf Grund der wissenschaftlichen
Untersuchungen der letzten Jahre eine wahrscheinliche
Vorstellung machen können, ist diejenige Israels. Von
ihr kann man wohl sagen, daſs sie eine Geschichte hat,
wenn auch die Auffassungen dieser Geschichte bei den
verschiedenen Gelehrten je nach ihrer Richtung weit

auseinanderlaufen. Aber obwohl die Religion Israels von
allen semitischen Religionen — die mohammedanische
nicht ausgeschlossen — die wichtigste und von allen
Religionen des Altertums die höchste ist, vermögen wir
doch hier keine ausführliche Beschreibung ihrer Geschichte zu geben. Diese würde lediglich eine oberflächliche Wiederholung der Resultate sein können, welche
die Arbeit der Spezialforscher ergeben hat — die aber
von solchen, für welche dieses Werk in erster Linie
bestimmt ist, besonders studiert werden müssen. Wir
dürfen also für die Kenntnis der israelitischen Religion
und ihrer Geschichte auf Werke, wie die von Kuenen,
Wellhausen, Stade, Kittel und Anderen verweisen und
voraussetzen, daſs diese unseren Lesern genügend bekannt sind. Was von uns bezüglich der Religion Israels
zu leisten ist und durch die Anlage dieses Werkes ge-
fordert wird, ist dies: den Entwicklungsgang dieser Religion in groſsen Zügen zu skizzieren und vor allem zu
untersuchen, in welchem Verhältnis sie während der verschiedenen Perioden ihrer Geschichte zu den Religionen
der Stammverwandten und Nachbarn Israels gestanden
hat, ferner welchen Einfluſs die Religionen der groſsen
Völker, welche einander die Hegemonie über die kleinen
Staaten am rechten Euphratufer streitig machten, sowohl
auf diejenige Israels als auf die der anderen westasiatischen Stämme ausgeübt haben. Scheint so der Umfang dieses Buches nicht im Einklang zu stehen mit der
Wichtigkeit der Religion, in welcher die semitischen
Religionen des Altertums ihren Höhepunkt erreichten:
diese Beschränkung ist beabsichtigt und hat gerade in
der auſsergewöhnlichen Bedeutung Israels ihren Grund.

2. Das Land und die Völker.

Das Land, welches die Völker bewohnten, mit deren
Religion wir uns jetzt beschäftigen wollen, erstreckt sich
vom Euphrat im . Osten bis zum Mittelländischen Meer,

dem Meer des Sonnenuntergangs, wie die Assyrer es
nannten, im Westen und wird nördlich durch das spätere
Armenien, das alte Nairi und Urartu, südlich und süd-
östlich durch die arabische Wüste begrenzt. Sein öst-
licher Teil ist bis dicht an das Euphratufer ebenfalls
Wüste, nur für wandernde Stämme bewohnbar; sein
westlicher Teil, von hohen Waldgebirgen, Hermon, Libanon und Antilibanon, durchschnitten und nach Norden
zu in die Gebirge Amanos, Tauros und Antitauros aus-
laufend, ist an beiden Seiten dieser Gebirge und der
Flüsse Jordan und Orontes gröfstenteils fruchtbares Land,
wo reiche Städte blühten und kleine Staaten sich bildeten, die bisweilen vereint der Macht ihrer herrschsüchtigen Nachbarn, der Babylonier, Assyrer und Ägypter,
zu trotzen wagten, aber meist unter sich uneinig und
einem dieser grofsen Reiche unterworfen oder wenigstens tributpflichtig waren. Im Westen der hohen Berge
dehnte sich längs der Meeresküste ein schmaler, nach
Norden hin stets enger werdender Streifen Landes aus.
Dieser war besäet mit Handelsstädten, welche sich aus
kleinen Fischerdörfern entwickelt hatten, und deren Einwohner wohl dazu gezwungen waren, ihre Existenz auf
die Seefahrt zu gründen. Die ältesten religiösen Mittelpunkte in diesen Gegenden waren Quellen, sowohl in
der Wüste wie in den üppigen Thälern, aber vor allem
die Hügel der Ebene und die Höhlen oder Gipfel der
Berge, später erst die festen Siedelungen der Stämme
und die grofsen Handelsplätze. Man hat mit Recht bemerkt (Pietschmann), dafs die wichtigsten Götter der
Küstenstädte keine eigentlichen Meergötter waren, woraus
hervorgeht, dafs die religiöse Überlieferung sich schon
gefestigt hatte, ehe die Bewohner dieser Städte sich dort
ansiedelten, und dafs die alten Götter hier einfach lokalisiert wurden.

Vielleicht waren die Ureinwohner dieser Länder keine
Semiten. Doch ist die Vermutung unbegründet, dafs

die Hethiter (ägyptisch H̱eta, assyrisch H̱atti, hebräisch
H̱ittim), mit welchen die assyrischen Könige beständig
Krieg führten, und die schon vor dem 15. Jahrhundert
nicht unbeträchtliche Staaten am rechten Euphratufer, im
13. Jahrhundert ein mächtiges Reich am Orontes gestiftet hatten, die Nachkömmlinge einer autochthonen
Bevölkerung gewesen seien. Semiten waren sie sicherlich nicht, wie die Namen ihrer Könige und die Sprache,
welche diese in ihren Briefen an die Pharaonen gebrauchen, darthun, wenn sie auch in Syrien schon frühe mit
Aramäern vermischt waren und aus diesem Grunde von
diesen nicht immer genau unterschieden wurden. Die
Reste ihrer eigenartigen Kultur, meist mit Inschriften in
noch nicht entzifferten Hieroglyphen versehen, die in
H̱amât und in der Nähe des alten Karkemisch gefunden
wurden, stimmen ihrem Charakter nach mit alten Monumenten Kappadokiens und sogar Lydiens und Phrygiens
überein. Hieraus hat man geschlossen, daſs die Herrschaft des Hethiterreiches sich bis zu diesem Umfange
ausgedehnt habe. Wie dem auch sei, jedenfalls scheinen
die Stämme, welche von Kappadokien aus ihren Einfluſs
bis nach dem Westen Kleinasiens hin ausübten, Verwandte
der Hethiter am Orontes gewesen zu sein. Die Patinäer,
welche nahe beim Amanos, nicht weit von der Küste
wohnten, waren es ohne Zweifel. Jensen verspricht den
Beweis zu liefern, daſs sie Arier (Indogermanen) waren,
am nächsten verwandt mit den späteren Armeniern.

Die Aramäer, von den Griechen Syrer genannt, eine
Bezeichnung, welche nicht — wie meist angenommen
wird — aus „Assyrer" verdorben, sondern vielleicht
einem nahe bei Kleinasien wohnenden aramäischen Volksstamm (S u r i) entlehnt ist, waren sicher Semiten. Die
frühesten Kriegsberichte der assyrischen Könige rechtfertigen die Vermutung, daſs sie ehemals bis nach Nord-
mesopotamien zwischen Euphrat und Tigris vorgedrungen
waren und hier sogar Niederlassungen hatten. Sie wur-

den von dort durch die assyrischen Waffen vertrieben
und wendeten sich teils nach Süden, wo man sie in Babylonien bis östlich vom Tigris findet, teils nach Westen,
wo sie das ganze Gebiet zwischen Euphrat und Libanon,
zwischen Aleppo und der arabischen Wüste überfluteten,
sich mit den Hethitern vermischten, endlich der Übermacht derselben ein Ende machten und in Hamat, Damaskus und an anderen Orten Königssitze stifteten, die in
der Geschichte eine gewisse Rolle gespielt haben.

Im Südwesten wohnten die Kana'anäer, vom rechten
Jordanufer bis an die See, und schon in uralter Zeit
hatten sie sich von hier aus längs der Küste verbreitet.
Zu ihnen gehörten die Amoriter (wenn dies nicht ein anderer Name für das ganze Volk ist) und das berühm-
teste Handelsvolk der Antike, welches wir im Anschluß
an die Griechen die Phönicier nennen. Sie sprachen
eine semitische Sprache, die mit dem Aramäischen wie
dem Hebräischen nahe verwandt war. Von welcher Seite
her sie in das Land eingewandert sind, ist nicht mit
Sicherheit zu bestimmen. Eine alte, bei Herodot erhal-
tene Tradition nennt das Erythräische Meer, d. h. den
persischen Golf, als den Ausgangspunkt ihrer Streifzüge.
Aber man darf nicht viel darauf geben. Aller Wahrscheinlichkeit nach kamen sie aus Süden oder Südosten.

Alle diese Völker müssen kürzere oder längere Zeit
vor dem 15. Jahrhundert v. Chr. unter babylonischer
Herrschaft gestanden haben. Sonst ist nicht zu erklären,
weshalb sie, von den ägyptischen Königen der 18. Dynastie ihrem Scepter unterworfen, in ihrem Verkehr mit
dem Suzerän fast alle die Sprache, und selbst diejenigen,
welche sich ihrer eigenen Sprache bedienten, die etwas
modifizierte Schrift der Babylonier gebrauchten, wie die
in El-Amarna gefundenen Briefe beweisen. Jedenfalls
geht hieraus hervor, daß sie ihre Kultur von Babel entlehnten, eine Thatsache, welche bei der Beurteilung ihrer
religiösen Überlieferungen und Riten nicht aus dem Auge

verloren werden darf. Wenn doch Sprache und Schrift
der früheren Herrscher, auch nachdem ihre Macht längst
gebrochen war, noch immer offizielle Geltung behielten,
so mufs man ihre geistige Überlegenheit wohl tief empfunden haben, und dann kann auch ihre Religion nicht
ohne Einflufs auf die einheimische geblieben sein.

Die letzten, welche sich in und bei Kanaan ansiedelten, waren die Philister und — wahrscheinlich etwas
früher — die Hebräer, ihre Erbfeinde. Woher die erstgenannten stammen, ist völlig dunkel, denn die Lage
ihrer Heimat Kaphtor ist unbekannt. Wahrscheinlich
kamen sie, wenn auch auf einem Umwege, aus aramäischen Gegenden; ihre Religion wenigstens weist dorthin
(Ed. Meyer). Die Hebräer nennen Ur-Kašdîm (Ur der
Chaldäer, was man jetzt meist, doch nur auf Grund des
Gleichklangs, für Ur in Südbabylonien hält) und bestimmter Ḥarran als Wohnsitz ihrer Stammväter, was bei
ihnen eine rein nationale und nicht eine den Kanaanäern
entlehnte Tradition ist. Wir kommen darauf zurück. Ist
das Hebräische ihre eigene, ursprüngliche Sprache und
nicht die von ihnen angenommene und, einigermafsen
ihrem Dialekt angepafste Landessprache der Kanaanäer,
dann waren sie die nächsten Verwandten dieser letzteren
und um einige Jahrhunderte länger, als diese, Nomaden
geblieben. Dies ist bei weitem das Wahrscheinlichste.
Von all' den Stämmen, welche die älteste Sage zu den
Söhnen ʿEbers rechnet, haben die meisten, Moʾab,
Ammon, Edom, die Staaten bildeten, Ismael, der das
schweifende Hirtenleben fortsetzte, in der politischen
Geschichte nur eine sehr untergeordnete Rolle gespielt.
Nur die Söhne Israels haben ihre Zeiten der Macht und
Gröfse gehabt, war auch ihre Herrschaft, mit der von
Ägypten und Babel-Assur verglichen, unbedeutend. Aber
in der Geschichte der Religion nimmt dieses kleine Volk
den ersten Rang ein.

Zweites Kapitel.
Das Gemeinschaftliche in den Religionen Vorderasiens.

---

1. Gemeinschaftliche Vorstellungen.

Bei der grofsen politischen Zerrissenheit, die in Vorderasien herrschte, ist die bunte Mannigfaltigkeit der Göttersysteme und Lokalkulte, welche man hier bemerkt, nicht wunderbar. Die meisten Völker dieser Länder haben den Nomadenzustand überwunden und sind zum sefshaften Leben übergegangen. Nur in den Wüstengegenden schweifen noch Hirtenstämme umher. Aber die gröfseren oder kleineren Staaten, welche sich bildeten, stehen nebeneinander und meist sogar einander gegenüber; und mögen auch einige zeitweilig ihre Herrschaft etwas weiter ausdehnen und sich einzelne Nachbarn unterwerfen, keine Monarchie fafst sie jemals alle in einen mächtigen Staatsverband zusammen. So kommt es, dafs auch keine offizielle Priesterschaft die Hauptgötter der verschiedenen Städte und Stämme zu einem System vereinigt und einem nationalen Gott, dem Gott des Königs oder der Hauptstadt, unterstellt, wie das in Theben, in Babel und in Nineve geschah. Selbst eine Volkseinheit wie die der Griechen mit ihren panhellenischen Heiligtümern, Festen und Spielen fehlte hier, wenigstens in alter Zeit, gänzlich. Deshalb hat man in diesen Religionen einen durchschlagenden Beweis für die jetzt so beliebte Theorie ge-

funden, dafs alle derartigen Lokalgottheiten nicht indivi-
duelle Formen von auch sonst noch in etwas anderer
Weise vorgestellten und verehrten Göttern, sondern selbständige Schöpfungen seien, welche nichts miteinander
gemein haben und erst später durch die Spekulation
verbunden wurden. Inwiefern diese Theorie, in welcher
gewifs einige Wahrheit liegt, für einen prähistorischen
Zustand der Religion zutreffend ist, haben wir hier nicht
zu untersuchen. Sicher ist aber, dafs wir nicht die Augen
schliefsen dürfen vor dem, was die Kulte Vorderasiens
miteinander und auch mit denjenigen anderer Semiten
gemein haben, und was diese Theorie unerklärt läfst.

Dahin rechnen wir nicht die Überbleibsel von animistischen Anschauungen, wie sie nicht allein bei diesen
und anderen semitischen, sondern bei allen Völkern des
Altertums gefunden werden; z. B. dafs man alle Flüsse,
durch Form, Gröfse oder Alter merkwürdige Bäume,
Berge von besonderem Bau, wie die Vorgebirge Pni'el
und Karm'el und die beiden Bergkegel Kasios (Ḳaṣin)
bei Antiochien und an der ägyptischen Grenze, oder
von imponierender Gröfse, wie Libanon und Hermon,
vor allem Steine, seien es nun Meteorsteine oder andere,
für Wohnungen göttlicher Wesen hielt. Solche Vorstellungen leben in allen polytheistischen und naturali-
stischen Religionen beständig fort. Spezifisch semitisch
ist allein die Verehrung einer Gottheit in der Gestalt
eines Steines (Bêt-'el), den man salbte oder mit Blut be-
strich zu wohlgefälligem Opfer; ein Kult, der auch bei
anderen Völkern nicht ohne Beispiel ist, aber von allen
Semiten, sowohl in Vorderasien als im Zweistromlande
und in Arabien, besonders hochgehalten wurde. Dafs
man die Götter auch bei allen Semiten in der Gestalt
von Tieren oder in therianthropischer Form verehrte
— unter den aramäisch-kanaanäischen Völkern meist als
Stiere, Löwen, Fische und Vögel — ist bekannt. Aber
wiewohl aus animistischem Boden hervorgewachsen, rein

animistisch ist dies alles in der historischen Zeit nicht mehr. Alle diese Fetische und göttlichen Tiere sind doch nun nicht mehr als solche Gegenstände der Verehrung, sondern nur als Inkarnationen oder Symbole der höchsten Götter, oder, wie einige Monstrewesen, Kerubim, Seraphim und dergleichen, als ihre Trabanten und Diener.

Unter den allgemeinen Namen für die göttlichen Wesen befindet sich einer, in welchem alle Semiten übereinstimmen, nämlich 'El (ilu), welcher in dieser Form, auch im Pluralis 'Êlim und im Femininum 'Elat, in Kanaan und Aramäa vorkommt und in Phönicien mit dem verwandten 'Alôn (plur. 'Alonim und 'Alonôt) wechselt. Beschränkter ist der Gebrauch des allgemeinen Namens Ba'al, B'el und des weiblichen Ba'alit, B'elit, eines Ehrentitels, den nur die Nordsemiten ihren Göttern gaben. Bei den Arabern und Äthiopiern kommt dies Wort wohl vor, aber lediglich in der Bedeutung „Gemahl". Der Gott Bel in Südarabien bei den Sabäern ist wahrscheinlich aus Babylonien eingeführt. Nur bei den Kanaanäern und Aramäern sind noch zwei andere Ehrennamen für ihre Götter in Gebrauch, nämlich 'Adôn, „Herr", und Milk (Malik, Melek), „König", denn dafs dieser letztere auch in Babylonien, namentlich für den Sonnengott, üblich war, ist keineswegs bewiesen[1]); Babylonier und Assyrer gebrauchten dazu ihr Wort für König: šarru, und es könnte sein, dafs der Gott Malik, welcher in dem Haupttempel der Stadt Assur angebetet wurde, den Aramäern entlehnt wäre. Die weibliche Form Milkat (Malkat, Melèket) kommt auch vor, besonders als die Königin des Himmels, und ebenso Rabbat (Rubat), „Fürstin", wenn diese nicht von den Ostsemiten übernommen ist.

---

1) Vgl. die Dissertation von Dr. B. D. Eerdmans, Melekdienst en vereering van hemellichamen in Israël's Assyrische periode, Leiden 1891, vor allem blz. 73 vgg., 87 vgg. und 90 vgg.

Eine solche Übereinstimmung in der Bezeichnung beweist, dafs die Semiten Vorderasiens, bevor sie sich in
diesen Gegenden niederliefsen und in verschiedene Stämme
und Staaten spalteten, eine engere, und dafs alle Semiten
in uralter Zeit eine umfassendere Gemeinschaft bildeten.
Was mehr ist: wo einzelne dieser Namen auf die Nord-
und Westsemiten beschränkt sind, da sind doch die Begriffe, welche sie ausdrücken, allgemein semitisch. Wechselt auch das kanaanäisch-aramäische Milk, Malik mit
dem assyrischen Sarru, das kanaanäische Adôn mit dem
aramäischen Mar und dem arabischen Dhu, der Grundgedanke bleibt derselbe: man entlehnte die Ehrentitel
der Götter ihrer Erhabenheit, Macht und Herrschaft, man
nannte sie gern Herr, Meister, König. ʾÊl, Ilu möge
nun von einer Wurzel abstammen, welche „hoch sein“,
„Erhabenheit“ oder von einer, die „stark sein“, „Macht“
bedeutet, der Hauptbegriff ist in beiden Fällen identisch.

Und denselben Begriff findet man in den Namen
wieder, welche die Verehrer dieser Götter sich selbst in
Beziehung zu ihnen gaben. Sie nennen sich mit Vorliebe ihren Diener oder Sklaven (ʿabd, ʿobed, bod),
ja sogar bisweilen ihren Hund (kelb). Auch die Wörter,
welche ein Zusammenwohnen mit der Gottheit (ger oder
gar, von Frauen zebel, Geliebte[1]) bedeuten, müssen
im gleichen Sinne erklärt werden. Eine innigere Gemeinschaft wird durch die Benennungen angedeutet, welche
den Anbeter als die Wohnstätte, das Zelt seiner Gottheit hinstellen (Ohelmilk, Ohelbaʿal), aber diese Benennung scheint auf die Phönicier, mindestens auf die Kanaanäer beschränkt zu sein.

Über die Bedeutung, welche diese Thatsachen für die
Bestimmung des Charakters der semitischen Religionen
in Vorderasien haben, ist später zu verhandeln. Jetzt

---

1) Vgl. Corp. Inscr. Sem. I, 158, Baʿalazebel, woraus der Name
der phönicischen Gemahlin Achabs, Izebel, verkürzt zu sein scheint.

wollen wir nur eine, immer noch von Einigen verteidigte Erklärung - für die allgemeine Verbreitung der Götternamen 'Êl, Ba'al, Milk u. a. entschieden zurückweisen. Viele erblicken in den zahlreichen 'Elim, Ba'alim, Melakim u. s. w. noch immer lokale Gestalten eines früher von allen Semiten oder einigen semitischen Völkern gemeinschaftlich angebeteten Gottes 'Êl oder Ba'al oder Milku oder wie er sonst geheißen haben möge, mithin in diesen Namen ursprüngliche Eigennamen, welche erst durch die Zerstreuung der Stämme und die Stiftung vieler religiöser Zentren zu Appellativen geworden sind. Diese Ansicht ist durchaus falsch. 'Êl, Ba'al, Milk, 'Adôn sind niemals Eigennamen gewesen, sondern stets entweder Gattungsnamen oder Ehrentitel. Mag auch vielleicht bisweilen der eine oder andere hohe Gott von seinen eigenen Verehrern, oder ein Lokalgott von einem fremden Volke schlechtweg Êlos, Ba'al-Bel, Bêlos, Melek, Adonis genannt sein, so geschah das erst in späterer Zeit, als der Synkretismus herrschte und monotheistische Tendenzen sich schon stark geltend machten, oder unter Fremden, welche den Ehrennamen für einen Eigennamen hielten und auch meist die Sprache des Landes nicht einmal kannten. Dieselben Götter tragen zugleich die Titel 'Adon und Ba'al, und dann wechselt wieder Ba'al mit Êl (Ba'al-ḥamman, 'Êl-ḥamman). Ba'al und Ba'alit werden meist mit dem Namen eines Ortes oder mit Eigennamen verbunden, 'Adon und Mar mit possessiven Suffixen ('Adoni, 'Adonâi, 'Adonau, Marna), und die bekannteste Zusammensetzung mit Milk ist der Name des Tyrischen Stadtkönigs Melkart (Milk-ḳart) [1]).

---

1) Schon vor mehr als zwanzig Jahren habe ich diese Ansicht verfochten in meiner Vergelijk. Geschiedenis der Egypt. en Mesopot. godsdiensten, Amsterdam 1869—72, blz. 451—464. Vgl. die französische Übersetzung von G. Collins, Histoire comparée des anc. religions etc., Paris 1882, p. 281 suiv. Ich stand mit ihr damals so gut wie allein. Jetzt beginnt sie glucklich mehr und

2. Astarte und Adonis.

In derselben Weise wie von den 'Elim, 'Alonim,
Ba'alim und Ba'alôt wird auch bisweilen von den Astartes
in der Mehrzahl gesprochen, wie das ja schon in Assyrien der Fall war. Dies hat die Meinung veranlafst, dafs
auch 'Aštart, 'Aštarit ('Aštoret ist eine geflissentlich aus
Abscheu veränderte Vokalisation, wie Molek, Moloch für
Milk, Mèlek und Malik) eine allgemeine Bezeichnung für
die Göttinnen war. Dem ist sicherlich nicht so, aber
doch ist es nicht unmöglich, dafs mit diesem Namen
nicht eine bestimmte Göttin, sondern eine Gattung oder
Klasse von Göttinnen bezeichnet wurde, nämlich die
der unvermählten Muttergöttinnen, welche sich nur zeitweilig mit einem selbsterkorenen Geliebten vereinigen[1]).
Der Name kommt im Westen wie in Babylonien und
Assyrien (ištar, ištaritû) in zwei Formen vor — der
älteren: 'Aštar-'Athtar-'Attar-Atar und der jüngeren:
'Aštart-'Aštarit — und ist nicht sumerisch, denn in
sumerischen Texten wird er immer durch einen anderen
Namen ersetzt, sondern jedenfalls semitisch. Die Bedeutung ist noch dunkel, was bei einem so alten Namen
nicht zu verwundern ist[2]). Man findet ihn in der einen
oder anderen Form bei allen semitischen Völkern, mit
alleiniger Ausnahme der Nordaraber; denn der von einigen
Gelehrten versuchte Beweis, dafs die Ištar-Mythe auch
ihnen bekannt war, ist nicht stichhaltig. Aber möge
Ištar-Aštar nun auch eine so gut wie allgemein ver-

---

mehr Boden zu gewinnen. Vgl. für die jüngste Zeit R. Pietschmann,
Geschichte der Phönicier, Berlin 1889 (Onken's Allg. Gesch.),
S. 184 f. Anders noch E. Meyer, Gesch. des Altertums, I, § 174.

1) Dadurch würde zugleich der Ausdruck: die Astartes des Viehes
(עשתרות צאן) als die Mutterschafe der Herde erklärt sein.

2) Nicht ohne Bedenken wage ich die Ableitung von einer Wurzel
'šr vorzuschlagen, die noch im Arabischen vorkommt mit der Bedeutung
„eine Gemeinschaft eingehen, sich vereinigen", was für diese Gottin
besonders passen würde.

ehrte Art von Göttinnen bezeichnen, in einer Form ist
sie ohne Zweifel babylonischen und speziell sumerischen
Ursprungs. In ganz Vorderasien ist die Mythe von Aš-
tarits Liebe zu Adonis, ihrem Zusammenleben mit ihm,
seinem frühen, gewaltsamen Tode, seinem Wiederaufleben und der auf diese Erzählungen sich gründende
Kultus verbreitet. Und diese können nur aus Babylonien stammen und müssen schon während der ersten
babylonischen Herrschaft über den Westen dorthin gedrungen sein. Denn Adon ist nicht das, wofür ihn die
Griechen ansahen: der Eigenname des Gottes; die Semiten Vorderasiens nannten ihn Tammuz, und dies verrät
seinen sumerischen Ursprung, denn Tammuz ist nur die
härtere Aussprache des rein sumerischen Dumuzi (vgl.
S. 162).

Haben die meisten semitischen Göttinnen keinen sehr
selbständigen Charakter und sind sie in der Regel nicht
viel mehr als das weibliche Spiegelbild des männlichen
Gottes, so steht Aštarit nicht an der Seite oder unter
der Herrschaft eines Gemahls; sie ist Muttergöttin und
Göttin der Fruchtbarkeit, aber unvermählt, und selbst
wählt sie ihren Geliebten, den jungen Frühjahrsgott,
der jedoch nur kurze Zeit mit ihr vereinigt bleibt und
in voller Jugendblüte von dem Gotte der glühenden
Sommersonne getötet wird. Dann wird er tagelang von
den Gläubigen beweint, vor allem an Orten, wo die
Natur selbst davon zu zeugen schien. Aber sobald die
Natur wieder auflebt, Wachstum und Üppigkeit Dürre
und Mangel vergessen lassen, weiß man, daß der gestorbene Gott aus dem Totenreich zurückgekehrt ist, und
die Freude ist ebenso ungezügelt, wie vorher der Schmerz
es war.

Die Mythe ist, wenigstens in ihrer allgemeinen Bedeutung, verständlich genug und nicht schwer zu erklären.
Sie personifiziert den beständigen Wechsel von Leben
und Tod, Blühen und Welken in der Natur. Aber ob

dies auch ihre ursprüngliche Bedeutung war, oder ob
sie vielleicht, ehe sie auf die Jahreszeiten zugeschnitten
wurde, den Wechsel von Nacht und Tag, Finsternis und
Licht abbildete, ist schwerlich noch zu konstatieren. Die
Göttin mit all' ihrem Zubehör ist so alt — sie muſs bei
einem Volk entstanden sein, welches noch das Matriarchat
hatte — die Erzählungen, welche sie betreffen, und die
Darstellungen, welche von ihr gegeben werden, scheinen
sich so zu widersprechen, daſs auch der scharfsinnigste
Mythologe sich hier vor ein schwieriges Problem gestellt
sieht, dessen Lösung allein durch eine sorgfältige und
geduldige vergleichende Untersuchung gefunden werden
kann [1]).

Und die Daten zu solch einer Vergleichung fehlen
auch in Vorderasien nicht. Welche Modifikationen die
Göttin auch durch örtliche Verhältnisse, vor allem wahrscheinlich durch die Verschmelzung mit den Lokal-
göttinnen der Stammes- oder Staatenmittelpunkte erlitten
haben mag, dennoch ist sie es, welche unter verschiedenen Gestalten in ganz Kanaan und Phönicien, ganz
Syrien und Kleinasien verehrt wird. In den feuchten
Niederungen, wo Quellen und Seen einen üppigen
Pflanzenwuchs begünstigen, in den Grotten und auf den
Höhen des Gebirges wird ihr, nach den dort bildlich
dargestellten Symbolen, auf grobsinnliche Weise gehuldigt. In den gröſseren Tempeln bei oder in den Städten
ist ihr Kultus mehr verfeinert; hier werden die Künste,
die bildende sowohl als Musik und Gesang, zuhilfe ge-

---

1) Absichtlich vermeide ich hier die Lösung dieses mythologischen
Rätsels zu erwähnen, welche mir als die annehmbarste erscheint, weil
die Mitteilung derselben keinen Wert haben würde ohne die Darlegung
der Gründe, auf welche sich meine Erklärung stutzt, und der Raum zu
dieser hier fehlt. Sobald ich die Zeit dazu finden kann, gedenke ich
dies bei anderer Gelegenheit nachzuholen. Vorläufig vergleiche man
meine Deutung, die ich auf dem Orientalistenkongreſs zu Leiden gab:
La Déesse Iŝtar dans le mythe babylonien, Leiden 1884.

rufen, aber sie zeigt doch denselben Charakter. Es gab keine ansehnliche Stadt in Phönicien, die nicht ein oder mehrere Heiligtümer für verschiedene Formen der Aštarit hatte, und in Byblos ist sie selbst die Ba'alit der Stadt oder wenigstens mit dieser verschmolzen. Im eigentlichen Kanaan behalten manche Orte noch ihren Namen, nachdem sich schon die Israeliten dort angesiedelt hatten. Moab verehrt sie allein oder mit Kemoš zusammen. In Aškelon dient man ihr auf die Weise der Syrer, und im eigentlichen Syrien oder Aramäa wird sie eifrig angebetet. Die Hethiter haben sie unter ihre nationalen Gottheiten aufgenommen, und wie verschiedene Namen sie auch in Kleinasien tragen mag, je nach den Mundarten der dort zusammengedrängten Nationen, man erkennt sie doch überall wieder, selbst in der lykischen Lêtô, der Ephesischen Artemis und der Aphrodite von Troas. Dafs sie auch nach den phönicischen Kolonieen auf den Inseln und an der Nordküste Afrikas ihren Weg gefunden hat und in Karthago nicht vergeblich gesucht wird, versteht sich von selbst.

Wir haben hier also ein in so früher Zeit besonders merkwürdiges Beispiel der Verbreitung eines uralten, halbbarbarischen Kultes unter Völkern von sehr verschiedener Herkunft, deren jedes ihn in seine eigene Religion aufgenommen und sogar zu einem Hauptbestandteil derselben erhoben hat. Ob die kanaanäischen Stämme, als sie sich in den Küstenländern des Mittelländischen Meeres niederliefsen, den Astartedienst dort schon vorfanden, oder ob er erst später dort eingeführt wurde, wird wohl immer unsicher bleiben. Gerade weil er einen so wichtigen Platz in ihrer Religion einnahm, sollte man das erstere vermuten. Wie dem auch sei, die wollüstige Göttin war in diesen Gegenden so sehr zur Landesgöttin geworden, dafs auch die Söhne Israels ihr fleifsig dienten, und dafs es erst nach jahrhundertelangem, heftigem Kampfe der Reformpartei unter der Führung der Pro-

pheten gelang, diesen Rest barbarischer Sitte aus ihrer
nationalen Religion zu entfernen.

3. Andere, bei verschiedenen Völkern vorkommende Gottheiten.

Auch andere Gottheiten als Astarte, wenn schon sie
nicht so allgemein wie diese verehrt wurden, kommen
doch bei verschiedenen Stämmen vor. Einige davon
können von dem einen Volke dem andern entlehnt sein.
So hat man bemerkt, daſs der Name· des Gottes Je'uš,
der· in edomitischen, ja auch in späten israelitischen Eigennamen vorkommt, genau demjenigen des bekannten arabischen Gottes Jagûth entspricht[1]). Er kann jedoch von
den Arabern zu den Edomitern, ihren Nachbarn, gelangt
oder sogar, da der Name die allgemeine Bedeutung
„Helfer“ hat, ein ganz anderer Gott sein. Ebenfalls bei
den Edomitern begegnet man dem wohlbekannten aramäischen Gotte Hadad, welchen die Aramäer auch nach
Assyrien brachten und der zugleich bei den Phöniciern,
den Kanaanäern und den Edomitern vorkommt. Aramäische Götter wanderten weit; so der Blitzgott Rešuph
(Rešpu), den man für einen nordsyrischen hält, und der
von Cypern, wo man ihn viel verehrte, selbst nach
Ägypten übersiedelte. Neben ihm steht die kriegerische
Anat, die ihn auch nach dem Süden begleitete; aber
sie ist ursprünglich eine babylonisch-assyrische Göttin,
welche — wie aus einigen Ortsnamen ersichtlich ist —
auch nach Kanaan vorgedrungen war. Falls, was mir
noch immer am wahrscheinlichsten vorkommt, die Namen
Atergatis und Derketo zwei griechische Barbarismen für
denselben Namen 'Ater-'ata (Ter-'ata) sind, dann wird
diese aramäische Ištar auch auſserhalb ihres eigenen

---

1) Baethgen, Beitr. zur semitischen Religionsgeschichte,
S. 10, vgl. S. 67 f. Früher schon Robertson Smith und Wellhausen, un-
abhängig voneinander, vgl. Wellhausen, Skizzen und Vorarbeiten,
III: Reste arabischen Heidentums, S. 19.

Landes angebetet, vor allem in Kanaan, wo sie die Stadtgottheit von Aškelon war, vielleicht — aber nicht bestimmt — schon vor der Ankunft der Philister. Wie diese Kulte sich verbreitet haben, ob durch Kolonisation oder auf andere Weise, wissen wir nicht. Aber weil man sie bei mehr als einem Stamme antrifft, dürfen wir noch nicht behaupten, dafs diese Götter einst gemeinschaftlich verehrte altsemitische oder auch nur nordsemitische Gottheiten waren. Sie können sehr wohl übernommen sein.

Vielleicht gehören auch die wohlbekannten Götter Sin und Nebo hierher. Wird doch Sin nicht allein in Süd-Babylonien, wo man ihn mit dem Mondgott Nannar identifiziert, in Babel, in Assyrien und in dem halbaramäischen Ḥarran angetroffen, sondern ebenso in Süd-Arabien bei den Bewohnern von Yemen und auf der Halbinsel Sinai, deren Name von dem seinigen abgeleitet zu sein scheint. Nebo heifst der bekannte Berg jenseits des Jordans und eine Stadt, welche abwechselnd Israel und Moab gehörte. Bislang nahm man an, dafs diese Götter aus Babylonien und Assyrien stammten und von dort nach dem Westen gewandert seien. Wir sahen bereits, dafs Nabu erst in ziemlich später Zeit in Babel eingeführt und mit einer Gestalt Maruduks identifiziert sein kann; aber ob er mit Nebo in Moab zusammenhängt, ist unsicher. Mehr und mehr ist man dazu geneigt (so u. a. Winckler), auch den Ursprung des Sin-dienstes bei den Westsemiten zu suchen, wenn er auch um Jahrhunderte früher als Nabu seinen Weg nach Babylonien gefunden hat. Mit Sicherheit läfst sich hier keine Entscheidung treffen.

Anders jedoch ist es mit einigen anderen Gottheiten, wie Allat, oder wie die Phönicier ihren Namen aussprachen Ellot, einer Göttin, die bei allen Semiten vorkommt, nicht nur bei den Phöniciern und ihren Kolonisten, den Aramäern und Nabatäern, sondern ebenso bei den Assyrern und Arabern. Auch Gad, der Glücks-

gott, nach welchem einer der Stämme Israels benannt
wurde, ist zwar nicht so allgemein verehrt, aber doch
sicher ein altsemitischer Gott, und desgleichen Aziz, der
Starke. Daſs alle Semiten einmal den Herrn des Himmels als höchsten Gott angebetet haben, würden wir
feststellen können, selbst wenn man dem Namen Ba'al-
šamin (Bêl-šamê) nicht bei so gut wie allen ihren Stämmen
begegnete.

Kurzum, trotz der bunten Verschiedenheit der Stammes-
religionen und Lokalkulte bei den Semiten Vorderasiens,
und obgleich der überall verbreitete Astartedienst fremdem Einfluſs zugeschrieben werden muſs, darf man nicht
übersehen, was die Semiten und besonders die Nordsemiten in ihrer Religion gemein hatten. Ihre Religionen,
wie sehr auch durch lokale Eigentümlichkeiten und Vermischung mit fremden Elementen modifiziert, sind nicht
minder nahe verwandt, als ihre Sprachen; sind nicht in
geringerem Grade wie ihre Dialekte die Schöſslinge Eines
alten, in vorhistorischer Zeit blühenden Stammes. Hatten
sie auch aus Gründen, welche erst später erörtert werden können, nur wenige bestimmte Götter gemein, so
hatten doch ihre Gottheiten, die Vorstellungen, welche
sie sich von ihnen machten, und die Weisen, auf welche
sie ihnen dienten, denselben Charakter, und das schon
beweist, daſs der groſsen Verschiedenheit auch eine religiöse Einheit voraufging.

4. Menschen- und Kinderopfer.

Bei allen semitischen Völkern in Vorderasien, die
Araber nicht ausgenommen — über die Hethiter und ihre
Stammverwandten in Kleinasien sind wir nicht genügend
unterrichtet — herrschte einmal der barbarische Brauch,
den höchsten Göttern zu bestimmten Zeiten oder bei
besonderen Gelegenheiten Menschen und hauptsächlich
Kinder zum Opfer zu bringen. Menschenopfer sind auch
bei anderen Völkern nicht ungewöhnlich. Man findet

sie nicht nur bei barbarischen, sondern sogar bei Völkern, die an der Spitze der Zivilisation gestanden oder in dieser wenigstens eine beträchtliche Höhe erreicht haben. Auch die Arier haben sich nicht von ihnen frei gehalten. Doch dieser Brauch kommt bei ihnen nur in den Zeiten ihres Barbarentums oder in entlegenen Gegenden vor, wo man hartnäckiger am Alten festhielt. Selbst bei den Babyloniern und den sonst nicht weichherzigen Assyrern haben wir — wenigstens in historischer Zeit — keine sicheren Anzeichen davon gefunden. Daß er bei den Arabern lange bestehen blieb und eigentlich erst durch den Islâm abgeschafft wurde [1]), erklärt sich aus der Art und dem Grade ihrer Entwicklung. Aber schwieriger ist zu begreifen, weshalb Völker, die in einer sehr verfeinerten Kultur eine solche Höhe erreicht hatten wie die Aramäer und die Phönicier, den blutigen Ritus nicht schon lange abgeschafft hatten. Und doch — weit entfernt davon, dies zu thun oder ihn lediglich aus Ehrerbietung vor dem Überlieferten formell fortzusetzen — haben sie keine Gelegenheit versäumt, ihn auszuüben. Keine Kolonie wurde ausgesendet, kein Kriegszug begonnen, ohne die Götter durch Menschenopfer zu bewegen, ihren Beistand nicht vorzuenthalten. Kehrte man im Triumph aus dem Felde heim, so schlachtete man ihnen die Kriegsgefangenen zum Dankopfer. Und alljährlich suchte man Versöhnung für die Sünden des Volkes, indem man eine Anzahl Kinder, meist aus den angesehensten Geschlechtern, auf den Altären des Himmelskönigs verbrannte, während eine höllische Musik die Schreie der Schlachtopfer und die Wehklagen der Mütter übertäubte. Dies gilt nicht allein von der phönicischen Religion im Mutterlande, sondern auch von den Kolonieen. So fest hingen die Karthager an der barbarischen Institution, daß es den Römern, auch als sie ihrer alten

---

1) Wellhausen a. a. O., S. 112 f.

Nebenbuhler vollkommen Herr geworden waren, niemals
ganz gelang sie abzuschaffen, so strenge Verbote sie
auch gegen dieselbe erliefsen. Wenn, wie wahrscheinlich ist, Sepharwajîm in Aramäa lag, so hat man hierin
einen Beweis dafür, dafs auch die Aramäer ihre Kinder
„durch das Feuer gehen liefsen". Von den Ammonitern und Moabitern ist dasselbe bekannt; und das Alte
Testament erzählt, wie Meša, der König von Moab, als
er von den Königen Judas und Israels belagert wurde,
seinen eigenen erstgeborenen Sohn dem Kemoš opferte,
um diesen Gott zu erweichen.

Kaum weniger als ihre Stammverwandten waren die
Israeliten dem Menschenopfer zugethan, und selbst Kinderopfer waren bei ihnen etwas sehr Gewöhnliches. Mag
man auch behaupten, dafs dieser Greuel niemals einen
Bestandteil des Jahvedienstes gebildet habe und ursprünglich nicht zu ihm gehörte [1]; mag man auch dabei bleiben,
dafs das In-Stücke-Hauen „vor Jahve" Agags durch
Samuel, das Aufhängen der Obersten, die an dem Dienst
des Baʿal-Peʿor teilgenommen hatten, „vor Jahve angesichts der Sonne" oder der Nachkommen Sauls durch
David, um den Zorn Jahves abzuwenden, der sich in
der Hungersnot offenbarte, Strafen und keine Opfer gewesen seien [2]: eine Sühne war jedenfalls beabsichtigt,
wenn die Leben von Schuldigen oder Unschuldigen zur
Stillung des Zornes Jahves zum Opfer gebracht wurden.
Man mag die Erfüllung von Jiphtachs Gelübde, von dem
man doch nicht leugnet, dafs es ein Opfer war, daraus
zu erklären versuchen, dafs er inmitten der Ammoniter
lebte [3]), die Berichterstatter, fromme Jahvisten, nahmen

---

1) Stade, Oesch. des Volkes Israel, I, S. 497. Das recht-
mäfsige Bestehen des Menschenopfers im alten Jahvismus, wurde es auch
nur in besonderen Fällen angewendet, ist keinem begründeten Zweifel
unterworfen. Was war denn der ḥerem sonst?

2) Baethgen, Beiträge, S. 220 f.

3) Baethgen a. a. O., S. 221.

ebensowenig Ärgernis an demselben, wie an den oben erwähnten Thatsachen. Sicherlich darf man die bekannte Erzählung von Abrahams Opfer nicht als Beweis dafür anführen, dafs das Kinderopfer dem Jahvedienst fremd war, denn Jahve befiehlt es und Abraham gehorcht; nur zum Beweise seiner Gnade verzichtet Er auf sein Recht. Es würde also vielmehr für das Gegenteil sprechen. Aber jedenfalls beweist es, dafs man in Israel, und unter allen vorderasiatischen Völkern allein in Israel, verkündigen durfte, dafs Er seine Verehrer von dieser unmenschlichen Handlung entbände. Und das ist ein beträchtlicher Schritt vorwärts.

Aber die grofse Menge dachte noch anders hierüber. Sie sah auch weiterhin in diesem Opfer des Teuersten einen Beweis grofser Gottesfurcht oder wenigstens ein kräftiges Mittel, um den Zorn der Gottheit zu beschwören. In der assyrischen Periode nahm das Verbrennen der Kinder für den Melek stets gröfsere Dimensionen an, vor allem als Könige damit vorangingen. Vergeblich eiferten die grofsen Jahvepropheten, deren reinere Religion und mehr entwickeltes sittliches Gefühl gegen diese Greuel protestierten, gegen das, was sie als mit Jahves Ehre unvereinbar ansahen. Das Volk urteilte anders. Von dem Tophet im Thal Ben-Hinnom, wo die Kinderopfer dargebracht wurden, begab man sich nach dem Tempel auf Zion, in der Meinung ein Jahve wohlgefälliges Werk verrichtet zu haben. Es ist nicht unmöglich, dafs fremder Einflufs dabei im Spiele war. Nachahmung der Babylonier oder Assyrer kann es nicht gewesen sein, denn es ist sehr zweifelhaft, ob das Kinderopfer dort jemals bei den Semiten üblich gewesen ist — wenigstens hat man bei ihnen nicht die mindeste Spur davon gefunden [1]). Ist die Anregung zum Wiederaufleben des

---

1) Vgl. hierüber die näheren Ausführungen von Dr. B. D. Eerdmans in der oben citierten Dissertation, blz. 90 vgg. Der Verf. will hier

alten Brauches von aufsen gekommen, so mufs sie von
Phönicien oder Aramäa ausgegangen sein. Aber er war
deshalb in Israel selbst nicht fremd; schon in der Wüste,
sagt Ezechiel, haben die Stämme ihre Kinder dem Melek
verbrannt. Es handelte sich also auch bei ihnen um eine
Reaktion, ein Wiederaufleben einer Sitte, die schon lange
geschlummert hatte. Auch werden diejenigen, welche das
schmerzliche Opfer brachten — und für den Semiten,
der den Kindersegen so hoch stellt, war es besonders
schmerzlich — sich für um ein Beträchtliches frommer
gehalten haben, als die gegen sie predigenden Propheten, deren ethisch-idealistischer Monotheismus als eine
weit bequemere Religion erschien. Erkennt man die unbeschränkte Herrschaft seines Gottes an, ist man davon
überzeugt, ihm gänzlich zu gehören, wie ein Sklave oder
Hund seinem Herrn, dann mufs man das auch zeigen,
indem man ihm das Liebste preisgiebt. Was wir als den
Grundgedanken aller semitischen Religion kennen gelernt
haben, erklärt und rechtfertigt bis zu einem gewissen
Grade die Beibehaltung solcher abscheulichen Gebräuche
in sozialen Verhältnissen, zu welchen sie nicht mehr passen.
Die Frage, ob das Kinderopfer und das Menschenopfer
ursprünglich zum Jahvedienste gehörten, oder ob ihr Vorkommen als ein Überbleibsel aus einer früheren religiösen
Epoche betrachtet werden mufs, ist hier von sekundärer
Bedeutung; aber wir haben Grund zu der Annahme, dafs
beide Opfer Bestandteile der altsemitischen Religion und
folglich auch der vorjahvistischen Volksreligion Israels
nicht fremd waren.

---

nichts von einem fremden Ursprung wissen; er hält den Tophetkultus
für Jahvedienst und Melek für die Bezeichnung Jahves nach seinem
strengeren Charakter. Diese Hypothese erscheint mir wegen der Haltung der Propheten und der Errichtung des Tophets aufserhalb des Jahve-
tempels unwahrscheinlich. Man vergl. ferner meine Vergelijkende
Geschiedenis, p. 508 vgg. und 692 vgg.

Drittes Kapitel.

Nationale und lokale Götter und Kulte.
A. Bei den Aramäern und ihren Nachbarn.

1. Aramäische Götter und Kulte.

Die vornehmste Gottheit der Aramäer, die in Hierapolis (Bambyke), Ḥarran, Damaskus, später in Palmyra
(Tadmor) und, wie schon erwähnt, auch in Aškelon vor
oder nach der Ansiedlung der Philister die hervorragendsten Mittelpunkte ihrer Verehruug hatte, war die ʿAštar
des ʿAttes. Denn dies ist die wahrscheinlichste Erklärung
des Namens ʿAtar-ʿata, den die Griechen Atergatis oder
— nach der verkürzten Form Tarʿata — Derketo aussprachen. Die Spekulationen der Gelehrten, welche aus
dieser Zusammensetzung einen androgynen Charakter
der Göttin oder eine Kombination derselben mit dem
jungen Gott ableiten, entbehren jegliches haltbaren Grun-
des [1]. Sie heißt die ʿAštar des ʿAte zum Unterschied
von der des Kamoš oder der des Tammuz oder irgendwelcher anderen.

Die späteren Griechen (Pseudo-Lucian) nennen Attes
oder Attis einen Lydier, welcher den Lydiern, Phry-
giern und Samothrakern ihre Riten lehrte und sie von

---

[1] So noch Baethgen a. a. O., S. 73 f. Mit Recht wendete sich
schon dagegen E. Meyer ZDMG. XXXI, S. 731 ff. Vgl. auch Nöldeke
ibd. XXIV, S. 91 f.

dort aus zu den Syrern brachte, wo man ihm und der
Göttin, deren Lob er verkündigte, in Hierapolis einen
Tempel weihte, da die Völker jenseits des Euphrat
diesen Dienst nicht annehmen wollten. Diese Vorstellung hat ebensowenig historischen Wert als die andere,
welche derselbe Schriftsteller erwähnt, nämlich dafs der
Tempel von Semiramis und Dionysos auf ihrer Reise
nach Äthiopien gestiftet sei. Vielmehr mufs man annehmen, dafs der bei den Aramäern heimische Kult von
ihnen schon bei ihrer Ansiedlung im Lande von den
früheren Bewohnern desselben übernommen und viel
später vom Osten aus nach dem Westen Kleinasiens verbreitet worden ist. Die Mythe des Attes ist sehr nahe
mit der des Tammuz verwandt und nur eine andere
landschaftliche Form derselben. Beide sind der Geliebte
der grofsen Himmelsgöttin, beide werden wegen ihrer
Schönheit gerühmt, beide personifizieren das Aufblühen
und Verwelken der Natur in Frühjahr und Herbst, beide
sterben und werden dann von der Göttin beweint und
ängstlich gesucht, aber erstehen immer wieder zu
neuem Leben. Der einzige wesentliche Unterschied besteht darin, dafs Tammuz-Adonis durch den Eber oder
einen feindlichen Gott getötet wird — Attes dagegen
stirbt, nachdem er sich entmannt hat: ein mythischer
Zug, in welchem das Aufhören der Fruchtbarkeit auf
Erden noch stärker ausgedrückt wird als in dem einfachen Töten des Frühlingsgottes.« Dafs Attes sich aus
Scham und Verzweiflung über sein Liebesverhältnis zu
der Göttin, die doch seine Mutter war, verstümmelt
haben soll, ist natürlich von den Griechen erdacht, aber
es beweist, dafs er wenigstens in einigen Schulen analog
der ägyptischen Theologie als „der Gemahl seiner
Mutter" betrachtet wurde, was von Tammuz bislang
nicht bekannt ist. Wir werden die Mythe in ihrer
kleinasiatischen Gestalt später kennen lernen. Ob alles,
was dort erzählt wurde, auch in Syrien galt, ist nicht

zu sagen; aber dafs hier die Hauptbestandteile dieselben waren, wie dort, lehrt der Kultus von Bambyke. Denn auch hier findet man die Gallen (gallaḥ,
„der Geschorene", vielleicht hier in der Bedeutung:
der Verschnittene) mit dem Archigallos[1]) an der Spitze,
Priester, welche sich nach dem Vorbilde ihres Gottes
und zur Ehre der grofsen Göttin entmannt haben und
alljährlich bei dem grofsen Feste von jungen Leuten in
fanatischer Schwärmerei nachgeahmt wurden. Ferner
gab es eine zahlreiche Priesterschaft, in Weifs gekleidet
und mit Hüten bedeckt; der Hohepriester allein trug
Purpur und eine goldene Krone. Unter jener befanden
sich solche, die mit dem Schlachten der Opfertiere,
andere, die mit den Trankopfern betraut waren, Feuer-
träger, Altardiener und obendrein eine Menge Ḳedešîm,
Musikanten, rasende Frauen. Aber nur bei den Opfern
für die grofse Göttin wurde mit Flöten und Cymbeln
(Becken) musiziert uud gesungen, die Opfer für den
Gott geschahen still.

Wie der Gott beschaffen war, dessen Bild neben dem
der grofsen Göttin in einem Allerheiligsten stand, das
zwar offen, aber nur für die vornehmsten Priester zugänglich war, wissen wir nicht. Der griechische Schriftsteller nennt ihn Zeus. Vielleicht war er Ramman oder
Hadad, vielleicht —— aber nicht wahrscheinlich —— war
er erst seit der griechischen Zeit eingeführt und wirklich
Zeus. Er stand nach assyrischer Weise auf einem Stier,
dem Tier des Ramman, die Göttin auf einem Löwen,
und ihr Bild glich zwar dem keiner einzigen griechischen
Göttin, aber erinnerte an sehr verschiedene derselben.
In der einen Hand trug sie ein Scepter, in der anderen
eine Spindel, ihren Leib umschlang der Gürtel der

---

1) Morris Jastrow Jr. hat in Hebraica, 1891, p. 257 ff. die
sinnreiche Vermutung ausgesprochen, dafs der auf einem phönicischen
Siegel vorkommende Name Adongallaḥ kein Eigenname, sondern das
semitische Original zu dem griechischen Archigallos sei.

Himmelskönigin; sie trug auf ihrem Haupte die von den
Griechen so genannte Mauerkrone, die nichts anderes
als die gewöhnliche Kopfbedeckung aller aramäischen
und kleinasiatischen Gottheiten ist, und war ferner mit
einem Steine geschmückt, der zu glühen schien und
im Dunkeln leuchtete. In der Mitte zwischen beiden
stand ein Bild, das von allen anderen verschieden war
und über welches der Schriftsteller keine Auskunft zu
geben vermag als nur die, dafs es jährlich zweimal bei
der Zeremonie des Wasserholens gebadet wurde [1]. Aufser
diesen waren noch verschiedene andere Götterbilder
vorhanden, u. a. das eines Orakelgottes, der sich bei
dem Umhertragen durch die Priester bewegte und so den
Willen der Götter zu erkennen gab, und unzählige Bilder
von Königen und Priestern. Ferner wies hier alles darauf
hin, dafs man sich in einem Tempel der grofsen Göttermutter befand: der Weiher mit allerlei, zuweilen mit
Gold verzierten Fischen, der Vorhof mit allen möglichen Arten von Tieren, selbst vollkommen gezähmten
Raubtieren — alles lebendige Repräsentanten der Fische
und Ungetüme, welche sie in dem kosmischen Ozean
umgaben. Der heiligste Vogel dieser Göttin war die
Taube; das Schwein wurde als unrein angesehen und
weder geopfert noch gegessen. Das Abscheren von
Haar und Augenbrauen, das Darbringen des Jüng-
lingshaars bei dem Eintritt der Mannbarkeit — vielleicht ein Surrogat für das Opfer der Gallen — das
Schlafen auf dem Boden sind Gebräuche, welchen man
nicht allein hier, sondern auch bei andern Völkern begegnet.

Der Gott, welcher dem Range nach auf ʿAtarʿate
folgte, der höchste der männlichen aramäischen Götter,
war Hadad, dessen Name sicher so lautete und nicht,

[1] Baethgen a. a. O., S. 73, halt es für das Bild des Attes, was
nicht unmöglich ist.

wie man wohl behauptet hat[1]), Hader oder Adir, wenn auch immerhin möglich ist, dafs dieser letzte Name als Ehrenname, „der Erhabene", für ihn oder irgendeinen anderen Gott gebräuchlich war. Dafs er der Gott des Donners war, dargestellt mit reichem Haar- und Bartwuchs und deshalb wahrscheinlich von den Griechen für Zeus gehalten, darf als sicher bezeichnet werden. Das war auch der wohlbekannte syrische Gott Ramman (nicht Rimmon, „Granatapfel", wie die Massorethen irrtümlich schrieben), mit welchem er in dem Lokalnamen Hadad-Ramman kombiniert wurde. Es ist aller Grund zu der Annahme vorhanden, dafs dieses zwei Namen für denselben hohen Himmelsgott als den Donnerer waren — nicht der eine aramäisch, der andere assyrisch (Baethgen), denn, wie wir sahen, hatten die Assyrer Ramman den Aramäern entlehnt — sondern der eine dazu bestimmt, die wohlthätige, der andere, die furchtbare Wirkung des Gewitters zum Ausdruck zu bringen. Wird doch die Wurzel des Namens Hadad, welche wahrscheinlich „in Geschrei ausbrechen" bedeutet, immer für fröhlichen Jubel gebraucht; die des Namens Ramman, „der Brüller, der Donnerer", bedeutet auch „zornig sein". In welchem Verhältnis der Gott zu 'Atar'ata stand, ist unsicher; ihr Gemahl war er entschieden nicht, wenigstens nicht in der Zeit, mit welcher wir uns beschäftigen. Eher werden sie als Bruder und Schwester aufgefafst sein, wie es von den Babyloniern geschah, bei welchen wenigstens die Ištar von Uruk und Ramman beide Kinder des höchsten Himmelsgottes Anu sind.

Von andern aramäischen Göttern im Altertum ist nicht viel mehr als der Name bekannt, so von Aziz, dem Mächtigen, welchen einige Gelehrte mit Arês,

---

1) Die Gründe, welche man dafür beibrachte, sind schon von Ed. Meyer, ZDMG. XXXI, S. 734 ff. genügend widerlegt. Vgl. auch Baethgen, a. a. O. S. 67.

andere mit Apollo verglichen haben. Einige, wie der
allgemein und auch in Syrien verehrte Gott Gad, der
der Glücksgott, Ba'al-šamên, der Herr des Himmels, der
auf Cypern, aber auch in Sam'al (Nordsyrien) vorkommende Rešpu und Anat sind schon früher erwähnt. Ob
und inwiefern der Kultus in Damaskus, Ḥarran, Hamat
und anderen Zentren des Landes von dem zu Hierapolis
sich unterschied, weifs man nicht. Weit genauer sind
wir über die Religion in Palmyra (Tadmor) unterrichtet
mit ihren beiden Sonnengöttern Bel und Malakbel, ihren
beiden Mondgottheiten Aglibôl und Jarḥibôl, alle unterthan dem Ba'al-šamîn; aber weder diese Entwicklung
der aramäischen Religion, die auch schon viele Spuren des
Synkretismus zeigt, noch die Blütezeit des Nabatäischen
Reiches mit seinen meist arabischen Göttern gehören in
die Zeit vor Alexander dem Grofsen und können daher
hier nicht behandelt werden [1]).

2. Die Religion bei den Hethitern.

Die Hethiter (Ḥeta, Ḥatti), welche schon in der
ersten assyrischen Periode eine solche Ausbreitung und
solchen Einflufs gewonnen hatten, dafs die Assyrer das
ganze Westland oft „das Land der Ḥatti" nannten,
waren zwar selbst keine Semiten, obschon sie über meist
semitische Stämme das Scepter führten (vgl. oben S. 226),
aber wie ihre Kunstwerke babylonisch-assyrischen Mu-
stern gefolgt zu sein scheinen, so haben sie sich auch
in der Religion nach ihren semitischen Nachbarn und
Unterthanen gerichtet. Schon zur Zeit der 18. ägyptischen Dynastie spricht einer der Ḥatti-Fürsten in seinem
Briefe an den Pharao von der Ištar von Nineve als einer
seiner Gottheiten. In dem Vertrag, welchen der ägyptische

---

1) Vgl. für die Kulte von Palmyra, Ḥauran und Nabatäa de Vogüé, Syrie Centrale, Inscrr. sémitiques, und bezüglich der im
Text genannten Götter vor allem p. 62 suiv.

König Ramses II.. mit dem Fürsten der Ḫeta Ḫetasir
schloſs, und zwar nach einem hartnäckigen Kampfe, bei
welchem der Vorteil sicher nicht lediglich aufseiten der
Ägypter war, werden neben den tausend männlichen und
weiblichen Gottheiten Ägyptens ebenso viel hethitische
als Zeugen angerufen, alle die über die Erde, die Berge
und die Ströme des Ḫetalandes herrschen, und bestimmt
eine Reihe von lokalen Sutechs, eine Antarata (auch
Aštarta gelesen) und noch einige andere Lokalgottheiten,
die einfach Gott oder Göttin genannt werden. Sutech
ist der ägyptische Name, mit welchem die Ägypter gewöhnlich die Baʿalim bezeichneten; unter ihnen wird der
von Tunep, einer Stadt unweit Aleppos, an erster, der
des Ḫetalandes an zweiter Stelle erwähnt. Die Antarata
des Ḫetalandes kann wohl keine andere sein als ʿAtar-
ʿata, folglich die bekannte aramäische Hauptgöttin, welehe
die Hethiter also übernommen hatten. In der Stadt
Ḳadeš, einer Grenzfeste des damaligen Ḫetareiches,
wurde sie wahrscheinlich als Hauptgöttin, als die Üppige
verehrt. Vielleicht kam sie mit der hethitischen Prinzessin, welche Ramses nach Abschluſs des Friedens
heiratete, nach Ägypten, und sicherlich stammen die
kriegerische Anta und die Göttin Ḳen — dargestellt als
eine nackte Frau mit Ähren und Blumen in den Händen
und auf einem Löwen stehend — welche man auch auf
ägyptischen Denkmälern findet, ebenfalls aus Vorderasien.
Bestimmte Namen von hethitischen Göttern werden in
dem erwähnten Vertrage nicht genannt. Man meint in
den noch nicht entzifferten Hieroglypheninschriften der
Ḫittim doch drei derselben lesen zu können, nämlich
Tarku, Sandu und Kamoš (Menant), aber dies bedarf
noch sehr der Bestätigung. Nur der erste würde mit
Sicherheit als ein rein hethitischer Gott betrachtet werden dürfen, denn sein Name kommt in denen verschiedener Ḫetafürsten vor; Sandu läſst an den kleinasiatischen Gott Sandan oder Sandês denken, dessen Herkunft

zweifelhaft ist; der dritte ist der bekannte, sicher semitische Gott von Moab, dessen Namen man auch in dem
der Stadt Karkemisch (Gar-gamišu) finden will. Die
Dürftigkeit der Berichte und die Unverständlichkeit der
hethitischen Inschriften erlauben uns nicht, über die Religion dieses Volkes mit mehr Gewißheit zu sprechen.
Aber daß diese ein Gemisch von eigenen und aramäischen Elementen war, darf wohl als höchstwahrscheinlich betrachtet werden.

3. Spuren von verwandter Religion in Kleinasien.

Kleinasien, seiner Form nach dazu bestimmt, die Brücke
zwischen Asien und Europa zu bilden, „eine asiatische
Hochebene in ein europäisches Küstenland gefaßt", wie
Perrot es sehr glücklich bezeichnet hat, und so der
gewiesene Ort, wo die aufblühende occidentalische Kultur
bei der uralten orientalischen in die Schule ging, gehört
nicht ganz in den Kreis, dessen Grenzen die historische
Untersuchung dieses Buches nicht überschreiten darf.
Welche Form einige orientalische Götter, Mythen und
Kulte in Phrygien, Lydien, Lykien und bei den kleinasiatischen Hellenen annahmen, kommt später zur Sprache.
Die Geschichte dieser Wandlung muß die Einleitung zu
der Geschichte der griechischen Religion bilden. Aber
zum Teil gehört Kleinasien allerdings zu dem Gebiet,
welches wir jetzt zu überschauen haben. In seinem östlichen Teile, in Leukosyrien oder Kappadokien, in Kilikien und einigen benachbarten Landschaften haben Religionen geherrscht, welche von gleicher Art wie die der
Hethiter und Aramäer waren, und selbst diese haben
sich augenscheinlich weit nach Westen verbreitet. Die
Völkerkunde Kleinasiens ist noch voller Rätsel. Soviel
ist sicher, daß schon frühe Semiten in Kilikien eingedrungen sein müssen. Dafür zeugt u. a. ein Relief
zu Ibrîz, an der Westgrenze dieser Landschaft, welches

einen Mann mit unzweifelhaft semitischen Gesichtszügen
und halb nach assyrischer Mode gekleidet darstellt, in Anbetung vor einem Gotte, der mit der einen Hand eine um
seinen Leib geschlungene Weinranke emporhält, in der
andern ein Bündel Kornähren trägt. Man sieht in diesem
Fruchtbarkeitsgott den Prototypus des Dionysos, welchen
die Griechen den orientalischen nannten und der in ganz
Kleinasien unter vielen verschiedenen Gestalten verehrt
wurde.

Semitischer Einfluß, namentlich auf dem Gebiete der
Kunst, ist auch in den Ländern nördlich von Kilikien
nicht zu verkennen. Aber die Bevölkerung scheint weder
zu der semitischen noch zu der ario-europäischen Rasse
gehört zu haben, sondern vielmehr zu der Familie der kaukasischen oder subkaukasischen Stämme. Es sind die
Tibarener, die Kappadokier oder weißen Syrer und die
Kataonier. Reste ihrer Kunst, die zwar eine gewisse Selbständigkeit zeigt, aber auch deutlich die Nachahmung ägyptischer und vielmehr noch assyrischer Vorlagen erkennen
läßt, sind in letzter Zeit entdeckt. Die große Übereinstimmung ihrer Kunstwerke mit den zu Jerablus (Karkemisch),
Ḥamat und sonst im Hethiterlande gefundenen, vor allem
der Umstand, daß sie dieselbe Hieroglyphenschrift wie
diese gebrauchen, legten die Vermutung nahe, daß sie
Stammverwandte der Ḫatti waren, und erzeugten sogar
die Hypothese, daß ein großes Hethiterreich einst ganz
Nordaramäa und Kleinasien umfaßte. Die letztere ruht
auf sehr schwachen Füßen. Die erstere ist nicht ausgeschlossen, aber auch nicht bewiesen. Völker mit verschiedenen Sprachen können sich derselben Schrift be-
dienen. Die Skulpturen in Kappadokien und die mit
ihnen übereinstimmenden in den westlichen Gegenden
der Halbinsel ähneln zwar sehr den echt hethitischen,
sind aber bei weitem vortrefflicher, und die Übereinstimmung läßt sich teilweise daraus erklären, daß die
Kunst in beiden Ländern von der assyrischen abhängig

war [1]). Der assyrische Einfluſs scheint, namentlich seit
den Kriegen zwischen Ašurbanipal und der Dynastie
Gyges' des Lydiers, beständig zugenommen zu haben,
so daſs man schlieſslich die Landessprache in modifizierter assyrischer Keilschrift schrieb und assyrische
Namen in Kappadokien vielfach vorkamen [2]). Stammverwandte der Ḥatti sind die genannten Völker allerdings
wohl gewesen: die einen etwas mehr vorgeschoben
und in Aramäa ansässig geworden, die anderen etwas
näher bei dem nördlich gelegenen Mutterlande zurück-
geblieben. Was wir von ihrer Religion wissen, spricht
dafür.

Diese bestand hauptsächlich in der Verehrung der
Muttergöttin, welche unter verschiedenen Namen in ganz
Kleinasien angebetet, aber meist mit ihrem kappadokischen Namen Ma oder Ammas genannt wurde. In den
merkwürdigen Denkmälern bei dem heutigen Öyük hat man
mit Recht die Überbleibsel eines wichtigen Zentrums ihrer
Verehrung erblickt. Das dortige Heiligtum gehörte zu
einem Palaste. Noch viele der Basreliefs, welehe die
Wände desselben schmückten, sind erhalten. Was sie
darstellen, sind zweifellos religiöse Handlungen: hier ein
Stierbild mit Altar, nach welchem sich von beiden
Seiten her die Anbeter in Prozession begeben und bei
dem ein Priester und eine Priesterin oder Adorante
beschäftigt sind; dort eine sitzende Göttin, welcher ein
Priester ein Trankopfer darbringt und der sich eine
Schar von Gläubigen nähert; dort dieselbe Göttin, aus

---

1) Man vgl. gegenüber den bekannten Ansichten von Ed. Meyer,
Sayce, Perrot u. a. die einseitige, aber nicht zu unterschätzende Abhandlung von Hirschfeld, Die Felsenreliefs in Kleinasien und
das Volk der Hittiter, Berlin (Kgl. Akad. der Wissensch.) 1887.

2) Wenigstens wenn die sogen. kappadokischen Täfelchen, von
denen Pinches schon 1882 zwei und unlängst (1891) Golenischeff vier-
undzwanzig herausgab, wirklich aus Kappadokien stammen, was an sich
nicht unwahrscheinlich ist.

einer Schale trinkend, während man Widder und Schafe ihr zum Opfer heranführt und Musikinstrumente zu ihrer Ehre spielt. Die Göttin ist hier die Hauptgottheit, welche ebenso wie die Ištar von Uruk den Stier als Symbol des Fruchtbarkeitsgottes bei sich hat.

Ungefähr fünf Stunden SW von Öyük, in Jasilikaja bei dem Dorfe Boghaz-Köi — wie man meint, dem alten Pteria Herodots —, ist ein anderer heiliger Ort, ein in den Felsen ausgehauener Tempel, an dessen Wänden etwa sechzig Personen in Basrelief abgebildet sind. Hier sieht man zwei Prozessionen, die einander begegnen, die eine ganz oder wenigstens hauptsächlich aus männlichen, die andere aus weiblichen Figuren bestehend, mit der einzigen Ausnahme, dafs hinter der Göttin, welche den einen Zug anführt, ein junges göttliches Wesen steht. An der Spitze des andern erblickt man einen Gott, das einzige männliche Wesen, das einen Bart trägt; hinter ihm kommen allerhand mythische Gestalten, einige geflügelt, andere mit Bocksfüfsen und Hörnern, viele — wie der junge Gott in der anderen Prozession — bewaffnet mit der Doppelaxt des karischen Labrandeus. Wie die assyrischen Götter auf den Reliefs von Bavian und Maltai, stehen auch hier die vornehmsten Wesen nicht auf dem Boden, sondern die Göttin und ihr junger Gefährte auf Panthern oder Löwen, der höchste Gott auf zwei gebückten menschlichen Gestalten, ein anderer auf zwei Erhöhungen, die wahrscheinlich die beiden Horizonte bedeuten. Dafs hier eine heilige Hochzeit, die Begegnung zweier an verschiedenen Orten verehrter Gottheiten, wie des Horos von Edfu und der Hathor von Dendera, abgebildet ist, leidet keinen Zweifel. Die Göttin ist sicherlich identisch mit der 'Atar'ate der Aramäer, und ihr Attes folgt ihr; ebenso sicher identisch mit der Hauptgöttin von Öyük, denn in ihrem Gefolge kommt auch die sonderbare, auf einem Doppeladler stehende Figur vor, welche man in dem Tempel zu Öyük antrifft. Auch die Priester, mit langem

Frauengewand und bartlosem Gesicht, wahrscheinlich Gallen, zeigen an beiden Orten denselben Typus. Aber in Jasilikaja ist die Wohnung des Gottes, welche die ihm verwandte Göttin nur gastweise aufnimmt. Das geht aus den Darstellungen an der Wand des kleineren, schwerer zugänglichen Gemaches hervor, welches das Adyton gewesen sein muſs, wo keine Göttin, sondern nur der Gott, seinen Priester (?) umarmend und von den heiligsten Symbolen umgeben, und am Eingange die Tempelwache abgebildet ist[1]). Höchst eigenartig ist hier eine symbolische Göttergestalt mit Menschenkopf und spitzer Tiara, deren Körper jedoch durch vier Löwen gebildet wird, was augenscheinlich mit den vier Himmels-gegenden in Verbindung zu bringen ist.

Über das Alter dieser Heiligtümer ist nicht viel zu sagen. Vielleicht sind sie aus derselben Zeit wie die gleich-artigen Skulpturen aus Sinaḫeribs Regierung (704—681), sicher nicht älter; aber ebenso sicher jünger als die groben Bilder der Göttermutter, welche in Troas, auf Kypros und auf den Kykladen gefunden wurden. Die rauhen Horden der Kimmerier, welche im 7. Jahrhundert Kleinasien beunruhigten, werden sie wohl nicht gestiftet haben (gegen Krall). Der Fürst, welcher die mit den Heiligtümern verbundenen Paläste bewohnte, kommt in den Reliefs nicht vor, woraus man geschlossen hat, daſs er selbst der Hohepriester war (Perrot). Die hier dar-gestellte groſse Göttin ist nach ihrer Kleidung und sonstigen Unterscheidungszeichen identisch mit derjeni-gen des kappadokischen Komana an der Iris und des kataonischen Komana am Saros, und wahrscheinlich wurde sie auf ebendieselbe orgiastische Weise, mit hei-

---

1) Eine ausführliche Beschreibung mit vorzüglichen Abbildungen u. a. bei Perrot et Chipiez, Histoire de l'Art dans l'Antiquité, Vol. IV, p. 623 suiv. Vgl. auch das groſse Werk (Expédition ar-chéologique de la Galatic etc.) von Perrot, Guillaume und Del-bet, das auf Staatskosten 1872 in Paris herausgegeben wurde.

liger Prostitution, gewiſs durch Gallen verehrt. Aber
diese Vermutung ruht nur auf dem, was die Geschichte
bezüglich der Zähigkeit religiöser Bräuche lehrt. Die
Berichte über den Kultus in den beiden Komanas sind
weit jünger als die Tempel in Boghaz-Köi und Öyük.
Und es ist zuzugeben, daſs die Skulpturen in beiden
Tempeln weder rasende Korybanten noch grobsinnliche
Symbole noch üppige Göttergestalten aufweisen.

4. Die Götter der Philister und ihr Kultus.

Es würde nutzlos sein, eine Untersuchung über die
Herkunft der Philister und die Lage ihres Stammlandes
Kaphtor anzustellen, für welche alle Daten fehlen. Nur
das darf man wohl als über jeden gegründeten Zweifel
erhaben betrachten, daſs sie Semiten waren und mit den
Pelasgern nichts zu thun haben[1]). Als sie sich in Kanaan ansiedelten, fanden sie dort natürlich die Landes-
gottheiten, die kanaanäisch-phönicische Astarte und
verschiedene lokale Baʿalim, wie den Baʿal Zebub von
ʿEkron, in Verehrung und hüteten sich wohl, ihren Kultus
abzuschaffen; aber sie stellten ihre eigenen Götter daneben, selbst wenn sie ursprünglich mit jenen identisch
waren. So findet man neben der einheimischen Astarte
in ʿAšḳelôn die Göttin, deren Namen die Griechen Derketo aussprachen, augenscheinlich nach der dialektischen
Form Tirʿata des bekannten aramäischen Namens ʿAtar-
ʿata. Die Berichte über diesen Kult sind sehr jung und
obendrein dürftig. Daſs er von dem lokalen Astartedienst unterschieden wurde, steht fest, denn der Tempel
Derketos lag auſserhalb, der andere in der Stadt. Wir
dürfen auch annehmen, daſs die Göttin hier anders als in
Bambyke dargestellt wurde, wohl in ichthyanthropischer

---

1) Gegen Hitzig, der sie für Arier hält, und Stark, der sie mit
den Pelasgern identifiziert. Siehe weiter oben S. 228.

Form. Auch wurde von ihr in 'Aškelôn zwar eine ähnliche Mythe erzählt wie von der aramäischen Göttin, nämlich ihre unglückliche Liebe zu einem Jüngling aus der Zahl der Opfernden; doch weicht diese in den Details so sehr ab, daſs sie nicht aus derselben Gegend herstammen kann. Die Griechen reden ferner von ihrer Tochter Semiramis und nennen diese eine andere Gestalt der himmlischen Aphroditê, d. h. der Astarte, die in der Stadt verehrt wurde. Daſs in diesem Kultus aramäische Elemente den Hauptbestandteil bilden, ist klar, und wie der Name der Göttin, so ist auch der des Gottes, welchen die Philister in Gaza und an anderen Orten verehrten, Marnas (Mar-na, unser Herr), nicht kanaanäisch, sondern aramäisch. Semiramis jedoch hat ihre Heimat in Babylonien und Assyrien (Šamuramat). Ebenso gehört dorthin der männliche Hauptgott der Philister, Dagon, der zu Gaza seinen Haupttempel, aber auch in anderen Städten seine Heiligtümer hatte. Er war keine kanaanäische Gottheit; wenn sein Name auch noch in ein paar Ortsnamen auſserhalb des philistäischen Gebietes vorkommt, so können wir doch nichts anderes darin sehen als Spuren der einst von den Philistern über den gröſsten Teil Kanaans ausgeübten Herrschaft. Eine junge Überlieferung beschreibt sein Bild als eine Zusammensetzung aus dem Körper eines Fisches mit Kopf und Händen, vielleicht auch Füſsen eines Menschen. Obgleich die älteren Berichte hierüber schweigen, so ist doch kein Grund vorhanden, es zu bezweifeln; um so weniger, als auch Derketo eine Fischgestalt hat, und der Name Dagon selbst mit dag „Fisch“, nicht aber, wie Philo von Byblos will, mit dag „Korn“ zusammenhängt. Über seinen Kultus wissen wir nur, daſs er seine Priester und Wahrsager hatte. Was seine Bedeutung anlangt, so werden wir uns nicht weit von der Wahrheit entfernen, wenn wir ihn zu den alten schöpferischen Göttern des kosmischen Ozeans rechnen und mit dem babylonischen Ea in Verbindung bringen, wenn er vielleicht auch in der Götterhierarchie auf einer niederen Stufe stand als dieser. In Babel und Assur wird er mehrmals mit dem höchsten Himmelsgott Anu verbunden, und aus einer der Inschriften des Königs Sargon II.[1]) hat man geschlossen, dafs er vor allem in Ḥarran verehrt wurde. Dies würde eine Vermengung von aramäischen und assyrischen Kulten wenigstens einigermafsen erklären. Aber wir können nicht leugnen, dafs alles das sehr unsicher ist. Nur so viel steht fest, dafs der Gott oft neben dem Baume des Lebens abgebildet wird und dafs er bei der Bestattung der Toten eine Rolle spielt; er gehört also zu den Göttern, die Leben wecken aus dem Tode[2]).

---

1) Khorsab. revers des plaques 8. Es steht jedoch nicht da, dafs der Wille Anus und Dagans, deren Gesetze Sargon für Ḥarran aufzeichnete, gerade nur dort allein galt.

2) Man vgl. dazu u. a. die von J. Menant mitgeteilten Abbildungen, Le Mythe de Dagon, in RHR. 1885, XI, p. 295 suiv. Meine Auffassung Dagons als Gottes der Philister steht direkt gegenüber derjenigen Pietschmanns, Geschichte der Phönicier, S. 144 ff., welcher Dagon für einen kanaanäischen Gott hält und die Etymologie von Philo Byblios acceptiert.

Viertes Kapitel.

Nationale und lokale Götter und Kulte.
B. Bei den Phöniciern, den Kanaanäern und ihren Nachbarn.

---

1. Die phönicischen Volksgötter.

Unter den Religionen der Antike gehört die der Phönicier nicht zu den höchstentwickelten. Viel höher steht die babylonische, mit deren gelehrter Priesterschaft die phönicische sich nicht messen konnte; geschweige denn die israelitische, stets reformiert und gereinigt durch mächtige Propheten, welche mit gerechtfertigter Geringschätzung auf die armen Baʿalspriester von Tyrus und Ṣidon herabsahen. Die Ursachen dieser geringen Entwicklung liegen auf der Hand. Den Phöniciern fehlte die politische Einheit. Auf einem langen, schmalen Küstenstreifen angesiedelt, hatten sie eine Anzahl kleiner Staaten gebildet, unter denen sich zwar einige zeitweise eine gewisse Autorität über die andern anmaſsten und den Titel einer ,,Mutter in Kanaan" beanspruchten, die aber alle immer ein gewisses Maſs von Selbständigkeit und Unabhängigkeit behielten. Deshalb hatten sie auch kein religiöses Zentrum, wo die vornehmsten Landesgötter um einen höchsten geschart und mit ihm zu einem hierarchischen System vereinigt wurden, kein Babel oder Theben oder Jerusalem, und ohne das muſs eine polytheistische Religion auf gewisser Höhe stehen bleiben.

Dazu kommt, dafs sie fast ausschliefslich für Handel und Gewerbe lebten, die ihnen Vorteil versprachen. In Kunst und Kunstindustrie waren und blieben sie zurück. Die Überbleibsel ihrer Architektur und Plastik zeigen einen vollständigen Mangel an Originalität und sind nicht viel mehr als ungeschickte Nachahmungen ausländischer. Modelle. Was sie auf dem Gebiete des Kunstfleifses lieferten, kann nicht entfernt den Vergleich mit den geschmackvollen und zierlichen Produkten der aramäischen Industrie aushalten. Es war, wie Pietschmann richtig bemerkt hat, für die phönicischen Krämer weit vorteilhafter, schlechte Imitationen als kostbare Originale auszuführen und zu verhandeln. Selbst auf ihre politische Unabhängigkeit legten sie wenig Wert, so lange man ihnen Handel und Schiffahrt frei liefs, und nur wann diese Gefahr liefen oder ihren Städten der völlige Untergang drohte, verteidigten sie sich bis aufs Messer. Der Mangel eines kräftigen Volksbewufstseins verhinderte bei ihnen die Bildung einer nationalen Religion. Zwar sagt man zu viel, wenn man behauptet (Pietschmann), dafs sie, zu Küstenbewohnern und Kaufleuten geworden, immer dieselben Götter weiter verehrten, welche sie anbeteten, als sie noch schweifende Hirten oder noch binnenländische Bauern waren, und dafs Meergötter bei ihnen nur eine untergeordnete Rolle spielten. Sie haben thatsächlich ihre Religion der neuen Lebensweise angepafst. Wohl aber werden sie charakterisiert durch eine Passion für die Übernahme fremder Götter und Kulte und die Vermischung derselben mit den ihrigen, was sicherlich zur Reinigung ihres eigenen Glaubens nicht beitrug.

Endlich mufs auch berücksichtigt werden, dafs sie zwar die Makler der höheren Kultur des Ostens waren und sich durch ihren Reichtum allerhand Luxusgegen-

stände und verfeinerte Genüsse verschaffen konnten, dafs
sie aber die Zivilisation sich nicht wirklich angeeignet
und selbständig verarbeitet hatten. Dicht unter der
Oberfläche schlummerte der alte Barbarismus, so dafs
sie gar nicht das Bedürfnis empfanden, das Unmensch-
liche in ihren religiösen Gebräuchen abzuschaffen oder
auch nur zu mildern.

Die Theologie der Phönicier ist ausgesprochen polytheistisch. Alle.die Götter, welche sie verehrten, aufzuzählen würde unmöglich sein, denn was der israelitische
Prophet von Juda sagte, gilt auch in vollem Mafse von
den Phöniciern: die Zahl ihrer Götter war ebenso grofs
als die ihrer Städte; ja, man könnte sagen, dafs sie noch
weit gröfser war. Der Ursprung dieses Polytheismus
wird auf zweierlei Weise erklärt. Nach der älteren und
noch ziemlich allgemein verbreiteten Meinung haben die
Phönicier, bevor sie sich an der Küste niederliefsen, wenn
auch nicht gerade einen Baʿal, so doch einige höchste
· Götter gemeinschaftlich anerkannt und verehrt. Die vielen
Götter aber, aus welchen ihr Pantheon besteht, sind
eigentlich nur die lokalen Formen dieses einen Baʿal oder
dieser einen Baʿalit oderʿAštarit oder wie die allgemeinen
Gottheiten sonst noch heifsen mochten. Obgleich nun
der Baʿal von Tyrus in der That kein anderer war als
der von Ṣidon oder Tarsos oder irgendeines anderen
Ortes, so waren diese doch für das Volksbewufstsein
ganz verschiedene Gottheiten; ebenso wie die weniger
gebildeten Glieder der römisch-katholischen Kirche die
Madonna des einen Ortes als eine eigene Person von
der eines anderen unterscheiden. Dem gegenüber gewinnt eine andere Erklärung mehr und mehr an Boden.
Nach ihr hat die phönicische Religion anfangs lediglich
aus kleinen Stammes- und Lokalkulten bestanden. Die
Götter waren weder eigentliche Naturgötter, noch selbst
mythische Wesen. Sie waren Stammesgötter, Schutzgeister kleiner Gemeinschaften; wurden sie dann Götter

einer Niederlassung, so wurden sie natürlich einiger-
maßen mit der Natur in Verbindung gebracht und Mythen für sie geschaffen. Auch geschah es wohl, daß
durch die Zunahme der Macht und des Einflusses einer
Stadt oder durch die Gründung von Kolonieen der Dienst
ihres lokalen Schutzpatrons sich über die Grenzen seines
ursprünglichen Gebietes hinaus verbreitete, aber dies
machte ihn nur scheinbar zu einem Volksgott, in Wirklichkeit war er nichts anderes als der alte Stammesgott,
der die Herden schützte, Seuchen und Raubtiere ab-
wehrte, die Nahrung für Menschen und Vieh wachsen
ließ und sich von einem anderen Stammesgott lediglich
deshalb unterschied, weil der eine Stamm sich eine
etwas andere Vorstellung von dem Göttlichen machte
als der andere. Roh waren diese Vorstellungen ursprünglich jedenfalls; das beweist die Auffassung der
Götter als fruchtbarer oder starker Tiere: Stiere, Kühe,
Löwen, hauptsächlich „Fresser“ und „Verschlinger“.
Erst nach und nach wurde alles, was man sich als gött-
lich dachte, in solch einem Stammesgott vereinigt, und
einige so hoch erhoben, daß sie in Menschengestalt mit
den wilden Tieren kämpfen und diese ihnen von selbst
gehorchen und sie willig tragen. Hier und dort mag
ein Versuch zur Erklärung von Naturerscheinungen mit
unterlaufen, aber die meisten Mythen sind bloße Er-
dichtungen [1]. — Weder die eine noch die andere Hypothese vermag den phönicischen Polytheismus zu erklären,
wenn auch beiden eine gewisse Wahrheit nicht abzusprechen ist. Ba'al, Milk, 'El, 'Alon sind, wie wir bereits sahen, nicht die Namen bestimmter, erst später mit
verschiedenen Orten in Verbindung gebrachter Götter,
sondern allgemeine Bezeichnungen im Übrigen scharf
geschiedener, aber artverwandter Gottheiten. Ebenso-

---

[1] Diese Theorie ist zuletzt ausführlich verteidigt von Pietschmann
in seiner Geschichte der Phönicier.

wenig sind sie lauter charakterlose Stammesgötter, die
nur zufällig differierten und von denen der eine infolge
des gröfseren Ansehens des Stammes oder der Stadt, zu
welcher er gehörte, eine höhere Bedeutung erlangte als
der andere. Der phönicische Polytheismus verdankt seine
Entstehung weder der Lokalisierung einzelner Naturgötter,
noch der Kombinierung einiger Hunderte von Lokalgottheiten, sondern in gewisser Weise beidem.

Denn dafs einige phönicische Götter entschieden
Naturgötter sind, ist nicht zu verkennen. Um von ʿAštarit,
welche alle Nordsemiten mit einander gemein haben,
nicht mehr zu reden, so gehören zu diesen Naturgott-
heiten sicherlich: in erster Linie Baʿal-šamen (Boʾšamîm),
der Herr des Himmels, mit Zeus verglichen, vielleicht
dem Range nach der höchste, wenn er auch wenig verehrt wurde; Ešmun, in welchem die Griechen ihren
Asklêpios sahen, weil er ein Gott der Genesung war; Sakun,
den sie mit Hermes identifizierten und dessen Name ihn
als „den Vertrauten, den Naheseienden“ bezeichnet;
ferner, obgleich sie nur in Eigennamen vorkommen,
Šamš, der Sonnengott, und Gad, der Glücksgott, in dem
Planeten Jupiter verkörpert; endlich Ṣephôn oder Ṣaphôn,
der Gott des Nordwindes, und einige andere, von denen
wir nur die Namen, nicht aber die Bedeutung wissen,
deren Kultus aber zu allgemein verbreitet erscheint, um
sie nur unter die Stammesgötter zu rechnen.

Das gilt namentlich von dem schon erwähnten Gott Ešmun, der besonders zu Berytos und Ṣidon, aber doch auch
überall, wo Phönicier wohnten, verehrt wurde. Davon
zeugen die zahllosen Eigennamen, die mit dem seinigen
komponiert sind. Seine Tempel legte man gern auf
Bergspitzen oder Höhen und in der Nähe warmer oder
heilkräftiger Quellen an. So in Ṣidon und Karthago,
wo sein Haus auf dem höchsten Punkt der Byrsa oder
Akropolis stehend die Stadt beherrschte und das reichste
von allen war (Strabo 17, 3, 14). Am Tamyras, zwischen

Berytos und Ṣidon, einem Adonis geweihten Bächlein, hatte er einen heiligen Hain (Strabo 16, 2, 22). Alle die Etymologieen des Namens Ešmun, welche im Altertum selbst und von neueren Gelehrten aufgestellt sind, lassen unbefriedigt. Aber dafs er, welcher der Geliebte der Astronoê d. h. der ʿAštarit naʿamat heifst und mit Tammuz und Attês, wenn nicht identisch, so doch nahe verwandt ist, den wohlbekannten, von allen Semiten angebeteten Gott der wohlthätigen Wärme und der fruchtbaren Wasser darstellte, der im Lenz mit der Mutter Erde verbunden Alles zu neuem Leben erwachen läfst, kann keinem Mythologen zweifelhaft sein. Deshalb gehört er auf die Spitzen der Berge, wo der Himmelsgott sich mit der Erdgöttin vereinigt, deshalb sind ihm Quellen und Ströme heilig, deshalb ist er der Gott des Lebens und der Genesung. Philo von Byblos und Damascius machen ihn zum achten Kinde des Sydykos (Sadykos), des Vaters der Kabiren; ob dies noch in etwas anderem seinen Grund hat, als in einer mehr als zweifelhaften Erklärung des Namens Ešmun, vermag ich nicht zu sagen; auch über Ursprung und Bedeutung der Kabiren (der Mächtigen) sind wir noch dürftig unterrichtet. Aber dafs Sydykos nichts anderes als Ṣedek (Ṣadik), ein Gottesname, der in alten kanaanäischen Eigennamen vorkommt, und dafs dieser „Gerechte" kein lokaler oder Stammesgott, sondern nur ein Volksgott sein kann, darf wohl als sicher angenommen werden. Über seine Bedeutung als Naturgott kann man allerhand Vermutungen aufstellen, von denen wohl die wahrscheinlichste ist, dafs er dem nächtlichen Himmelsgott, dem Gott der Unterwelt, dem strengen alten Bel von Nipur gleichzusetzen sei; aber man weifs von ihm eigentlich nichts.

2. Die Lokalgötter der Phönicier.

Die zahlreichen Baʿalim und Baʿalôt der bedeutenderen Städte oder anderer berühmter Kultuszentren

— mögen sie nun ursprünglich lokale Schutzgötter gewesen sein, oder möge man sie als lokale Gestalten
der grofsen Nationalgottheiten betrachten müssen — be-
kamen auch wohl eigene Beinamen und einen selbständigen Charakter, und wenn ihre Stadt an Macht und
Ansehen wuchs und Kolonieen gründete, so wurden sie
auch allgemeiner verehrt. Die Göttin von Byblos, Baʿalat-
Gebal, von welcher schon früher die Rede war, blieb
zwar eine Lokalgottheit, aber sie war weitberühmt, und
ihr Tempel ein Heiligtum, nach dem man von nah und
fern wallfahrtete. Die Griechen nannten sie bald Dionê,
bald Aphroditê; Aphroditê wegen des unzüchtigen Charakters ihres Kultus und der Adonismythe, die aus Byblos
stammte, Dionê mehr in Übereinstimmung mit ihrem
Charakter; in der Zeit, als man alles Ägyptische in
Phönicien nachahmte, wurde sie natürlich mit Isis
identifiziert. Beispiele lokaler Baʿalim sind der von Ṣidon
(Baʿal-Ṣidôn), von Tyrus (Baʿal-Ṣûr), von Ḥaldîm (Ζεὺς
Ἀλδεμιος), vom Libanon (Baʿal-Libnan, Ζεὺς ὄρειος), von
Šaʿarni bei Byblos, der selbst vollständig Baʿal-šamîm hiefs
und in griechischer Übersetzung der himmlische, aller-
höchste Zeus Saarnaios genannt wird; von etwas anderer
Art dagegen sind der Baʿal Markod, in welchem man
einen Herrn von Spiel und Tanz sehen will, und Baʿal
Merpa, der Baʿal der Genesung. Zufall ist es entschieden nicht, dafs die Griechen diese Baʿalim in der Regel
mit ihrem Zeus verglichen; sie werden daher wohl alle
Himmelsgötter gewesen sein, wenn es auch nicht ausdrücklich von ihnen ausgesagt wird, wie von dem Sa-
ʿarnischen.

Von durchaus anderer Art war der grofse Stadtkönig
Milkart (aus milk-kart, König der Stadt) von Tyrus,
den sie nicht Zeus, sondern Herakles nannten, und der
meiner Überzeugung nach von dem Baʿal-Ṣûr zu unterscheiden ist. Keiner der phönicischen Götter hat seine
Herrschaft so weit ausgedehnt wie er. Tausende, nicht

nur in seiner eigenen Stadt und deren Gebiet, sondern auch in den Kolonieen und Niederlassungen nannten sich nach ihm. Er war, seit Tyrus Sidon überflügelt und die Hegemonie erlangt hatte, so sehr der nationale Gott geworden, dafs die Erzählungen von den Seefahrten und Entdeckungen seiner Anbeter mit seinen eigenen Mythen verschmolzen wurden. Ist es auch gewifs eine Übertreibung, seinem Tempel dieselbe zentrale Bedeutung für Phönicien zu vindizieren wie dem Jerusalemischen Tempel für Juda — verehrt wurde er jedenfalls, vor allem in den letzten Jahrhunderten vor Beginn unserer Zeitrechnung, mehr als irgend ein anderer der phönicischen Götter. Karthago, die Tyrische Kolonie, erkannte seine Herrschaft an, obschon es seine eigenen Lokalgottheiten hatte, und bezeugte das durch jährliche Übersendung von Opfergaben und Weihgeschenken für seinen Tempel.

Der Stadtkönig von Tyrus war ein ganz anderer Gott als der wohlthätige, Wachstum und Leben schenkende Ešmun der Sidonier, welchen an ihrer politischen Selbständigkeit nicht viel gelegen war, wenn sie nur ruhig ihre Handelsinteressen verfolgen konnten, ebenso wie die strenge Tyrische ʿAštarit eine ganz andere war als die üppige Baʿalat von Byblos. Die Tyrier, ebenfalls Kaufleute und Seefahrer, standen der Politik nicht so gleichgültig gegenüber. Eine Anzahl kleinerer Staaten und Städte, unter den letzteren sehr mächtige und berühmte, erkannten Tyrus als eine Mutter in Kanaan an. Jahrelang — und nicht selten siegreich — wufsten sie ihre Unabhängigkeit gegen keine geringeren als die assyrischen oder babylonischen Heere zu verteidigen, und in mancher Seeschlacht errangen sie die Palme. Und wie sie selbst, so war auch ihr Gott wohlthätig gegen seine Verehrer, aber der Schrecken seiner und ihrer Feinde, ein Held, dessen mächtige Thaten die Vergleichung mit Herakles nahelegten, und der sich kämpfend und

beständig siegend längs der Meeresküsten einen Weg bis
nach dem fernen Westen gebahnt hatte, wo die beiden
Riesensäulen von seiner wunderbaren Kraft Zeugnis ab-
legten. Dafs er ein Sonnengott war, ist allgemein anerkannt — wahrscheinlich der glühende Sonnengott —
und die Menschen- und Kinderopfer wurden ihm zu
Ehren dargebracht.

Blieb Melḳart auch bei den Karthagern wie in den
übrigen Tyrischen Kolonieen hochgeehrt, ebenso wie
Ešmun, der den Mythen zufolge der beständige Gefährte
Melḳarts auf seinen Zügen war und ihm sogar einmal
das Leben wiedergab — die Griechen nannten ihn deshalb als Herakles' Bruder und Begleiter Jolaos — die
Göttin Tanit und ihr Gemahl oder Geliebter Baʿal Ḥamman scheinen in der „Neuen Stadt" die meiste Verehrung genossen zu haben. Das geht hervor aus einer
unzähligen Menge von Weihinschriften, welche man zu
ihrer Ehre in dem grofsen Tempel anbrachte, und in
denen, mit einer zweifelhaften Ausnahme, in Karthago
wenigstens die Göttin voransteht. Aber trotz dieser
Tausende von Inschriften tasten wir im Dunkeln, sobald
es sich darum handelt, die Bedeutung dieses Götter-
paares zu eruieren. Man hat sie für Lokalgottheiten
gehalten, welche die Tyrische Kolonie von der älteren
Berberbevölkerung übernommen, und diese aus Ägypten
mitgebracht hatte (Renan). Ḥammân würde dann Amun
(Ammon) von Theben, Tanit Neith von Saïs sein. Diese
Annahme ist nicht dadurch zu widerlegen, dafs die Semiten den Thebanischen Hauptgott niemals Ḥammon,
sondern immer Ammon schreiben, und dafs Neith oder
Nit im Ägyptischen niemals Tanit genannt sein kann
— denn die Karthagischen Formen könnten durch den
Berberdialekt verdorben sein. Ebensowenig aber liegt
darin ein durchschlagender Beweis für die Richtigkeit
jener Identifizierung, dafs in dem Tempel der Oase El-
Ḥargeh der Thebanische und der Karthagische Gott wirk-

lich gleichgesetzt wurden — denn das kann Synkretismus aus späterer Zeit sein. Nur soviel steht fest, dafs von der Verehrung Tanits aufserhalb Karthagos und seiner Kolonieen keine sichere Spur zu finden ist[1]). Hier ist sie demnach eigentlich zuhause, und sie ist unzweifelhaft die Gottheit, welche Polybius die Schutzgottheit der Karthager (δαιμων Καρχηδονιων) nennt. Es spricht also viel dafür, dafs die Göttin eine berberische war, welche die Gründer der neuen Stadt aus Pietät beibehielten, weil sie die Herrin des Ortes war; aber sicherlich war es nicht die Saïtische Gottheit, wenn es auch wahr ist, dafs die Berber diese ägyptische Göttin gern verehrten, wahrscheinlich weil sie ihre Nationalgottheit in ihr wiederzuerkennen meinten. Die Griechen fanden in ihr ihre Artemis, die Römer ihre Diana, die virgo caelestis, eine Mondgöttin, auch wohl — weil sie zugleich Muttergöttin war — ihre Juno wieder. Mehrmals heifst sie Pen- oder Pnê-Baal, „Angesicht Baʿals“, d. h. nicht des einen oder andern Baʿal, sondern der Gottheit überhaupt[2]), ein Beiname, der fast zu einem Eigennamen geworden ist. Sie heifst so nicht nach einem Orte (Halévy), aber auch nicht nach der Erklärung des Apulejus, dessen pantheistische Vorstellungen zu einer berberischen oder altsemitischen Göttin wenig passen, als deorum dearumque facies universa, ebensowenig als sie ursprünglich die rerum natura parens, elementorum omnium domina, seculorum progenies initialis ist. Das sind lauter Spekulationen aus späterer Zeit. Sie heifst so in demselben Sinne, wie von einem Şalam-Ba-ʿal, „Bild Baʿals“, die Rede ist, als die sichtbare Gottheit, in welcher der hohe, verborgene Him-

---

1) Nur ist daran zu erinnern, dafs unter den wahrscheinlich ausländischen Gottheiten, welche Ramses II. erwähnt, neben einer ANT eine TNT vorkommt. Die Aussprache des Namens ist hier wie in Karthago unsicher.

2) So mit Recht Baethgen.

melsgott sich offenbart, vielleicht speziell als Mondgöttin.

Mag nun auch die **grofse Göttin von Karthago** ursprünglich die berberische Göttin des Ortes sein, so
haben doch die **Tyrischen Kolonisten** sie augenscheinlich
für identisch mit der grofsen ʿAštarit oder Baʿalat des
Mutterlandes gehalten, denn Tanit wird auf einer Menge
ihr geweihter Steine mit demselben Symbol bezeichnet,
welches sonst der grofsen asiatischen Göttin eignete.

Baʿal-Ḥamman dagegen, ihr beständiger, aber an
Rang ihr nachstehender Gefährte, ist ein altphönicisch-
kanaanäischer Gott, der in Phönicien auch wohl ʾEl-
Ḥamman genannt wurde und sowohl dort als in verschiedenen Karthagischen Kolonieen, auch auf numidischen Monumenten, selbständig auftritt oder die grofse
Göttin als Zweite neben sich hat oder auch mit einer
der bei den Phöniciern so gewöhnlichen Doppelgottheiten
Milk-ʿAštarit verbunden ist. Er war ganz entschieden
ein Gott und nicht nur ein zu einem Gott erhobenes
Symbol. Die Ḥammanîm oder Sonnensäulen, die ver-
schiedentlich im Alten Testament und auch in westasiatischen Inschriften erwähnt werden, sind ihm geweihte
Sinnbilder, welche auf oder bei seinem Altar aufgestellt
wurden und entlehnten von ihm diesen Namen, nicht
umgekehrt. Abbildungen auf numidischen Steinen lassen
keinen Zweifel über seine Bedeutung bestehen. Er ist,
wie ja auch sein Name andeutet, der Gott der glühenden, aber wohlthätigen Sonnenwärme, der Pflanzen und
Blumen aufsprossen und Baum- und Feldfrüchte, besonders die Weintraube, reifen läfst — kurzum ein Gott der
Fruchtbarkeit im weitesten Sinne. Er war demnach
nicht einer der **Lokalgötter**, die infolge des wachsenden
Einflusses ihrer Stadt allgemeiner verehrt wurden, sondern eine alte, bei allen oder doch den meisten semitischen Stämmen bekannte Gottheit, von welcher die
Karthagische nur eine Lokalgestalt darstellt. Mag er

auch bisweilen, wahrscheinlich wegen des Gleichklangs
der Namen, mit dem Thebanischen Amun-Râ gleichgesetzt sein, so war doch keine wesentliche Übereinstimmung zwischen ihnen vorhanden, und ihrem Ursprunge nach waren sie durchaus verschieden.

3. Ausländische Götter bei den Phöniciern.

Nichts ist natürlicher, als dafs ein Handelsvolk wie
das phönicische nicht nur fremde Sitten nachahmte,
sondern auch fremde Kulte sich aneignete. Der Handel,
vor allem wie er im Altertum betrieben wurde, als er
mit ausgedehnten Expeditionen zu Lande und zu Wasser
verbunden war und die Gründung von Comptoiren,
Niederlassungen und Koloniëen erheischte, macht von
selbst duldsam und hindert die Entwicklung eines religiösen Partikularismus, der nur bei einem ackerbau-
treibenden Volke vorkommen kann, und auch dann erst,
wenn dieses ein gottesdienstliches Zentrum hat und
eifersüchtig auf seine Nationalität ist. Dafs aramäische
und durch Vermittlung der Aramäer auch babylonisch-
assyrische Götter zu den Phöniciern gelangen mufsten,
liegt auf der Hand. Zu den ersteren gehört mit Ausnahme der nordsyrischen 'Atar-'ate die in Philistäa und
Kanaan als Derketo verehrte Göttin, von deren Kultus
einzelne Spuren in Phönicien und auf Cypern gefunden
sind, wie der Gott Rešuph oder Aršuph, der hauptsächlich
auf Cypern angebetet wurde und von dort sogar seinen
Weg nach Ägypten fand. Sein Name kennzeichnet ihn
als den Gott des Blitzes; und er kommt in zwei Gestalten vor, nämlich als Rešuph mit dem Pfeil (Rešuph-ḥeṣ)
und als Rešuph-mikal, den man als eine phönicische Form
des Amykläischen Apollon ansieht. Aber alles dies
ist noch recht zweifelhaft, obschon die jüngsten Entdeckungen bewiesen haben, dafs er ein nordsyrischer
Gott war. Die Göttin Anat, welche neben ihm steht

und mit der kriegerischen Athenê verglichen wird, wurde
auch in Kanaan sehr verehrt, wie aus Ortsnamen zu
schliefsen ist, und ist vielleicht von babylonischer Herkunft, Anu weiblich gedacht.

Ist nun auch assyrischer Einflufs in der Kunst der Phönicier nicht zu verkennen, so ist er doch in der Religion nicht ausschlaggebend gewesen. Einige Inschriften
bezeugen, dafs die Phönicier den babylonischen Göttern
Bel und Nergal gedient haben; aber ob sie diese in
uralter Zeit direkt von den Babyloniern oder vielleicht
später durch Vermittlung der Assyrer empfingen, ist
nicht festzustellen. Beachtung verdient die trotz aller
Verschiedenheiten vorhandene grofse Übereinstimmung
zwischen der babylonischen und den vier phönicischen
Kosmogonieen, welche wir kennen. Zwei derselben
kommen bei Damascius, die beiden anderen bei Philo
von Byblos vor, und alle tragen einige Merkmale der
Echtheit. Die beiden bei Philo unterscheiden sich von
einander in der Ausführung und in der Anordnung der
obersten Prinzipien, stimmen aber darin überein, dafs sie
Alles aus dem Chaos (Ba'au) und dem Atem oder Geist
($\pi\nu\varepsilon\upsilon\mu\alpha$, k o l p i a) als ersten Ursachen ableiten. Auch in
den Kosmogonieen des Damascius spielen, obschon diese
in wichtigen Punkten abweichen, neben $\pi o\vartheta o\varsigma$, das Ver-
langen, der Wind oder Atem und die Luft ($\dot{\alpha}\nu\varepsilon\mu o\varsigma$ und
$\dot{\alpha}\eta\varrho$) eine bedeutsame Rolle; beide lehren die Entstehung
der Welt aus dem Ei. In jedem Falle beweisen sie,
dafs die verschiedenen Priesterschulen sich auch damit
beschäftigten, über den Ursprung des Weltalls zu philo-
sophieren.

Viel tiefer war der Eindruck, welchen die ägyptische Kultur mit ihrer Kunst und Religion auf die Phönicier gemacht hatte. Und das ist nicht wunderbar.
Schon sehr frühe standen sie in lebendigem Verkehr
mit Ägypten, welches selbst einige Jahrhunderte lang
über Kanaan und einige angrenzende Länder, vorüber-

gehend sogar über-ganz Westasien bis an den Euphrat
herrschte; und sie hatten sich ihrerseits in Unterägypten
angesiedelt, in dessen Hauptstadt Memphis sie sogar
ein besonderes Quartier besafsen. Kleine Inschriften
aus sehr alter Zeit beweisen, dafs die Phönicier auch
tief in Oberägypten hinein vorgedrungen waren. Kein
Wunder, dafs viele von ihnen sich dem Dienst ägyptischer Götter widmeten und ihre Kinder nach diesen
nannten, ohne deshalb mit der Verehrung ihrer von
den Vätern her ererbten Göttheiten zu brechen; wofür
die letzteren dann auch umgekehrt einen Platz in der
ägyptischen Götterwelt erhielten. Die ägyptischen Götter, welche die Phönicier mit Vorliebe verehrten, gehören fast alle zu den Kreisen des Osiris und des Ptah
von Memphis, selten zu den „Herren von Heliopolis".
Vielleicht haben sie ihre bekannten Zwerggötter, Kabiren, Pygmäen oder Pataiken den Ägyptern entlehnt,
bei welchen sie jedoch nach gewöhnlicher Ansicht auch
nicht heimisch, sondern aus dem Süden eingeführt sein
sollen. Aber dies kommt mir noch sehr zweifelhaft
vor. Es kann sich hier um eine zufällige Übereinstimmung und dann um eine Vermischung des Gleichartigen
handeln. Zwerggötter findet man in allerlei alten Religionen, auch wo von Übernahme nicht die Rede sein
kann. In der Regel sind es kunstfertige Götter, Personifikationen kosmischer Kräfte, im Verborgenen wirkende Erdgeister. Speziell phönicisch ist jedenfalls,
dafs das Bild solch eines Zwerggottes die Pflicht
jedes Schiffes verzierte, ein Brauch, der sich gerade
sehr gut erklären läfst, wenn sie göttliche Wunder-
künstler und Baumeister waren; und wenn der Name
Pygmäen, welchen die Griechen ihnen gaben und natürlich als „Faustgötter" deuteten, eine griechische Form
des bekannten phönicischen Götternamens Puʻm (auch in
Pygmalion) ist, dann würde dieser Name „Hammergott"
ausgezeichnet für solche Wesen passen, und die ganze

Vorstellung nicht von Fremden entlehnt sein. Einen aus-
giebigen Gebrauch machten die Phönicier dagegen von
all' den heiligen Symbolen der Ägypter, unter anderem
von dem Lebenszeichen (anḫ), dem Sonnenauge (uza),
der Uräusschlange, dem Käfer, aber mehr als Zierraten,
deren Bedeutung sie augenscheinlich nicht immer verstanden, wie als religiösen Sinnbildern. In der Periode,
als sie alles, was ägyptisch war, nachäfften, mußsten diese
Hieroglyphen natürlich auch häufig verwendet werden,
aber um ihren Gedankeninhalt bekümmerten sie sich
nicht.

Soviel sie auch nachahmten, ist doch die Meinung,
daſs sie ihre Religion selbst hauptsächlich den Ägyptern
verdankten, sicherlich ungegründet. Selbst der Adonis-
dienst von Byblos ist nicht eine Kopie des Osirisdienstes,
obgleich er in der mythischen Grundlage und manchen
Gebräuchen mit diesem übereinstimmt. Sie wurden miteinander verglichen und in späteren Jahrhunderten sogar
vermischt, aber sie sind bei beiden Völkern selbständig
entstanden und erwachsen, wenn sie auch beide in einem
gemeinschaftlichen Boden wurzeln: in der religiösen Tradition aus vorgeschichtlicher Zeit.

4. Die wichtigsten Götter der Kanaanäer und ihrer Nachbarn.

Über die Religion Kanaans besitzen wir nur spärliche
Berichte, die fast alle aus der Zeit stammen, als das
Land schon längst unter der Herrschaft der Hebräer
stand. Aber man darf wohl als sicher annehmen, daſs
sie von der Religion der Phönicier nicht wesentlich verschieden war und mit der aramäischen Vieles gemeinsam hatte. Auch hier eine Anzahl lokaler Baʿalim, wie
Baʿal-Ḥamôn, Baʿal-Ḥazôr, Baʿal-Ḥermôn, Baʿal-Meʿôn,
Baʿal-Perazim und verschiedene andere. Sichem hatte
seinen Bundes-Baʿal, Baʿal-Berith, und Baʿal-Peʿôr wurde

durch einen sinnlichen Kultus in der Nähe des gleichnamigen Berges im Moabiterlande verehrt. Von etwas
anderer Art war vielleicht der Baʿal-Tamar, welcher als
Zeus Demaros bei Phylo Byblios vorkommt; und Baʿal-
Gad ist einer der ziemlich allgemein verehrten semitischen Götter, nach welchem selbst einer der israelitischen Stämme benannt ist. Baʿal-Zebub, der berühmte
Orakelgott von ʿEḳron, welcher die Ehre gehabt hat, in
späteren Jahrhunderten zu dem Obersten der Teufel erhoben zu werden, mag ursprünglich der Herr und deshalb der Abwehrer der schädlichen Fliegen oder auch
etwas ganz anderes gewesen sein: jedenfalls war er eine
altkanaanäische Gottheit, wenn er auch seinen Sitz in
einer Stadt hatte, welche in historischer Zeit den Philistern gehörte. Wie hoch er sogar bei den Israeliten in
Ehren stand, beweist die Erzählung von 2 Kön. 1, welcher unzweifelhaft eine historische Erinnerung zugrunde
liegt. Der kranke König von Israel, Ahasja ('Aḫazjā),
sucht aus seinem Orakelspruch die Mittel zu seiner Genesung zu erfahren. Vielleicht war auch Bezeḳ ein alter
lokaler Blitzgott, denn die Erklärung des Namens des
Königs Adonibezeḳ als „Herr der Stadt Bezeḳ" ist ganz
unmöglich. Ṣedeḳ, der Gerechte, ist in rein hebräischen
Eigennamen sicherlich nichts anderes als ein Ehrentitel Jahves; aber ob er in den Namen Malkiṣedeḳ und Adoniṣedeḳ
nicht eine engere Bedeutung hatte und einen bestimmten
Gott, vielleicht Jerusalems, bezeichnete — diese Frage
ist wohl nicht unberechtigt. Ferner geht aus verschiedenen Ortsnamen hervor, dafs auch allgemein verehrte
semitische Götter in Kanaan ihre Lokalheiligtümer hatten.
Nach der mehrfach erwähnten Anat hiefs die Priester-
stadt ʿAnatôt, der Geburtsort Jeremias; nach Aštarit die
Stadt der Rephaiten in Basan Aštarit-Ḳarnaim, wo sie
also in der Gestalt einer Kuh verehrt zu sein scheint,
und Bʿaštarâ, d. h. Haus Aštara's, eine Levitenstadt jenseits des Jordans, in dem Gebiet Manasses; und nach

dem Sonnengott Šemeš einige Städte, von welchen die bekannteste zu den Priesterstädten Judas gerechnet wird, aber mehrfach in der Gewalt der Philister war und auch eigentlich zu ihrem Gebiet gehörte. Hadad-Rimmon (Ḥadad-Ramman), in der Ebene von Megiddo, wurde bislang allgemein für eine alte aramäische Niederlassung gehalten, deren die Israeliten sich bemächtigt hätten; seit man jedoch Beweise dafür gefunden hat, daſs die Verehrung dieses Gottes ehedem auch in Kanaan nichts Seltenes war, braucht man nicht mehr seine Zuflucht zu dieser Hypothese zu nehmen.

Die alten Lokalkulte wurden nicht abgeschafft, als junge, kräftige Nomadenvölker die zivilisierten, aber durch den Luxus verweichlichten Stämme unterjochten und ebenfalls zu dem seſshaften Leben übergingen. Was sich schon bei den Philistern herausstellte und später auch mit Israel geschah, nämlich daſs sie über dem nationalen Stammgott und seinem Kreise die uralte Landesreligion nicht vernachlässigten: das war gewiſs auch bei den Moabitern und höchstwahrscheinlich bei den Ammonitern und Edomitern der Fall. Für Moab, das sich östlich vom Toten Meere niederlieſs und sich immer mehr nach Norden auszubreiten suchte, hatte Kamos (Kemôš) dieselbe Bedeutung, wie später Jahve für Israel. Er war der echt nationale Hauptgott, der sicher noch seinen Trabanten neben sich hatte und dessen Verehrung diejenige anderer Götter nicht ausschloſs, aber so sehr der eigentliche Volksgott, daſs Moab das Volk des Kemôš heiſsen konnte. In der bekannten Inschrift des Königs Mêša', eines Zeitgenossen Aḥabs von Israel, ist von dem Verhältnis zwischen dem Gott und seinem Volke in nicht anderer Weise die Rede, als im Alten Testament von dem Verhältnis zwischen Jahve und Israel. Daſs 'Omri Moab jahrelang unterdrücken konnte, erklärt Meša' daraus, das Kemôš zornig auf sein Volk war; aber auch die Rettung aus der Erniedrigung und den Gefahren, welche ihm drohten, schreibt er Kemôš zu. Dieser befiehlt ihm, Israel die Stadt Nebo zu entreifsen, giebt sie in seine Hand, vertreibt die Israeliten aus Jahaṣ, wo sie sich gelagert hatten, und bringt Ḥôrônain wieder unter Meša's Gebot. Ihm weiht er die Altargeräte Jahves, welche er aus den eroberten Städten weggeführt hat, und zu einem Schauspiel, welches Kemôš und Mô'âb ergötzt, tötet er vor ihm alle Kriegsgefangenen aus 'Aṭârôt. Neben dem Gott steht seine Gattin 'Aštar-Kemôš — denn dies ist die einfache Bedeutung dieser Zusammenstellung, und an androgyne Vorstellungen braucht hier nicht gedacht zu werden — und für sie spricht Meša' den Ḥerem über die Stadt Nebo aus. Männer und Knaben werden umgebracht, Frauen, Mädchen und Dirnen (rḫmt) der Göttin geweiht, aber die Altargeräte Jahves, wie sich's gehört, Kemôš selbst zugeeignet. Kemôš, dessen Name „der Überwinder, der Bezwinger" bedeuten kann und vielleicht in dem der Stadt Karkemisch (Gar-gamišu) enthalten ist, was jedoch lange nicht sicher ist, war jedenfalls ein Kriegsgott, möglicherweise Sonnengott und mufs zu der Kategorie der Melakîm gerechnet werden, wie der Name von Meša's Vater Kemôšmelek andeutet. Ihm hat der König wahrscheinlich seinen Sohn geopfert, als die Könige von Israel und Juda seine Hauptstadt belagerten, wie 2 Kön. 3, 26 f. berichtet wird. Monotheismus wird jedoch Niemand den Moabitern zuschreiben [1]). Der nationale Gott war das Haupt der moabitischen Elohim; und dafs der

---

1) Baethgen, a. a. O. S. 14, warnt vor der Schlufsfolgerung, dafs die Moabiter Monotheisten gewesen sein müfsten, weil Meša' von seinem Gott gerade so redet, wie die Israeliten von Jahve. Aber auch der Monotheismus der Israeliten war derzeit noch in der Entstehung begriffen und nicht allein die Überzeugung nur weniger, sondern auch bei diesen noch lange kein strenger. Wenn Stade, Geschichte des Volkes Israel I, S. 114 von dem Monotheismus der Moabiter spricht, meint er natürlich keinen höheren, als den der alten Israeliten. Doch auch so kann ich ihm nicht gänzlich beipflichten.

üppige Kultus des Fruchtbarkeitsgottes Ba'al-Pe'ôr und anderer Lokalgottheiten (z. B. Ba'al-Me'ôn, vielleicht auch Nebo) neben dem seinen gepflegt wurde, harmoniert durchaus mit dem, was bei allen verwandten Semiten, auch in Israel geschah. Man braucht keineswegs hieran die Vermutung zu knüpfen (Stade), daſs die Moabiter in diesen Göttern nur Lokalgestalten des Kemôš sahen.

Über die Ammoniter und Edomiter sind wir weit dürftiger unterrichtet. Die ersteren, ein Bruderstamm von Moab, hatten sich nordöstlich von diesem angesiedelt, lagen natürlich ebenfalls beständig mit Israel im Streit und wurden von dem Volke Jahves ebenso grimmig gehaſst — ein Haſs, der sich, wahrscheinlich mit Anspielung auf eine mögliche Bedeutung ihrer Namen, ausspricht in der Legende von ihrer Herkunft aus Blutschande. Ihr Hauptgott wird gewöhnlich Milkom (nur dialektisch verschieden von Milk) genannt, einmal, Richt. 'II' 24, auch Kemôš, was man in der Regel einem Versehen zuzuschreiben pflegt. Jedoch ist sehr wohl möglich, daſs die Götter von Ammon und Moab sich nur durch ihre Namen unterschieden. Aus dem Namen des ammonitischen Königs Ba'alis, des Zeitgenossen Jeremias, hat man schlieſsen wollen, daſs sie Isis verehrten (Baethgen), was aber, zumal in dieser Zeit, höchst unwahrscheinlich ist, und jedenfalls nicht mit dem phönicischen Abdîs, Isisdiener, in Parallele gestellt werden darf. Von ihren anderen Göttern wissen wir nichts.

Nach 2 Chron. 25, 14 hat der König von Juda Amazja die Elohim von Še'ir, die Götter der Edomiter, nach Jerusalem geschleppt und dort verehrt. Wie diese Götter beschaffen waren, und vor allem worin ihr Wesen bestand, ist schwer zu sagen; am allerwenigsten steht fest, welchen Charakter der nationale Hauptgott besaſs. Sie nannten ihre Götter Ba'al und Malak, wie die Namen Ba'al-Ḥanan und Ḳaušmalaka beweisen, von denen der letztere einer assyrischen Inschrift entstammt. Aber das

sind allgemeine Titel, ebenso wie g a b r i in Ḳaušgabri [1]).
Viele meinen, dafs ihr alter Volksgott Edom hiefs, nach
dem ein philistäischer Kriegsmann Davids ʿObed-Edom,
Diener Edoms, und sie selbst „Söhne Edoms" genannt
wurden, und erblicken auch in Esau, dem Ousoos des
Philo von Byblos, einen alten Gott. Andere leugnen
das und sehen in den Bnê-Edom einfach „Menschen-
söhne" [2]). Sicher ist, dafs Ušu in Assyrien als Gott angebetet wurde [3]). Aber es bleibt die Frage, ob er,
wennschon als Gott, bei ihnen den Platz einnahm, welchen Kemôš bei den Moabitern, Milkom bei den Ammonitern, Jahve in Israel behauptete. Die Edomiter bildeten
nicht ein so geregeltes Staatswesen, wie die genannten
Völker, und waren noch gröfstenteils Nomaden, auch
mit einer Anzahl anderer, vorzüglich kanaanäischer und
arabischer Stämme vermischt. Deshalb ist es nicht
wunderbar, dafs verschiedene fremde Götter, wie der
syrische Hadad, der mit dem arabischen Jagut verwandte Jeʿuš und andere bei ihnen Verehrung fanden.
Vielleicht war der sehr viel bei ihnen vorkommende Gott
Ḳôs, der Ḳauš der assyrischen Inschriften, arabischen
Ursprungs und identisch mit Ḳais. Aus der Zusammensetzung Ḳosbaraka geht hervor, dafs er ein Himmelsgott war, der über den Blitz gebot.

Von der Religion der Araber vor Mohammed können
wir hier nicht sprechen. Sowohl diejenige Mittelarabiens,
als die der Sabäer in Jemen sind Nebenflüsse, welche
erst in einer Zeit, die aufserhalb unserer Betrachtung

---

1) Die Lesung Malikrammu eines edomitischen Königsnamens in
einer Inschrift von Sinaḫerib ist höchst unsicher. Dort steht Airammu,
und dafs Ai = Malik sei, ist keineswegs bewiesen. Gegen Schrader
KAT², S. 150. Baethgen, S. 11.

2) Stade, GVI. I, S. 120 f. Dagegen Baethgen, S. 8.

3) III R. 66 obv. col. 1, l. 15 und 25. Vgl. Lenormant, F r a g m.
c o s m o g o n. de Bérose, p. 127 und Sayce, A c a d. March 20, 1875,
p. 299 f.

liegt, in den grofsen Strom der Entwicklung einmünden.
Nur mit den Kedarenern und den Nabatäern müssen wir
eine Ausnahme machen, weil sie schon in der Periode,
mit welcher wir uns beschäftigen, mit den führenden semitischen Völkern in Berührung kamen. Beide standen
augenscheinlich unter starkem aramäischen Einflufs. Für
die Kedarener (Ḳidrâi) beweist das die aramäische Form
des Namens ihrer vornehmsten Gottheit, Atarsamain, der
in assyrischen Inschriften erwähnt wird und wohl nichts
anderes als die Aštarit des Himmels, die grofse Himmelskönigin bedeuten kann. Der Hauptgott der Nabatäer,
deren Wohnsitze sich von Hauran bis tief nach Arabien
hinein ausdehnten, trägt keinen aramäischen Namen, obschon sie die aramäische Sprache angenommen hatten;
aber sein Charakter war nicht rein arabisch, und er ist
auch kein Nomadengott mehr, sondern der Gott der
Fruchtbarkeit des Ackers, der Obst- und Weingärten,
welcher in ganz Aramäa bis nach Kleinasien hin Verehrung genofs und meist mit Dionysos verglichen wird.
Sie nannten ihn Dhu-Šara (Dusarês), „der Herr von
ʿSara“, worin man gewöhnlich das Gebirge Šara oder
Sera sieht, welches für das höchste Arabiens gehalten
wurde. Zwar hat Wellhausen dagegen geltend gemacht,
dafs sein Kultus dort nicht vorkommt, und sein Name
daher vielleicht von einem fruchtbaren Orte in der Wild-
nis abzuleiten sei. Aber das ist kein durchschlagender
Grund. Auch Jahve wurde weder am Sinai, noch am
Horeb, noch überhaupt am Gebirge Seʿir mehr verehrt,
obgleich er nach dem Deboraliede von dorther seinen
Getreuen zuhilfe eilt, und auch Jahve ist, als seine Verehrer zu sefshaftem Leben übergingen, ein Ackerbaugott
geworden. Wie dem auch sei, der Name scheint nur
ein Beiname zu sein, ebenso wie vermutlich Orotal, wie
Herodot den Hauptgott dieser Araber nennt, der meist
für identisch mit Dusarês gehalten wird. Wenn er der
alte Stammgott der Nabatäer war, dann ist er vielleicht

nach dem Vorbilde des aramäischen Ackerbaugottes modifiziert und hat den Charakter desselben angenommen. Was vor allen Dingen Veranlassung dazu giebt, Dusarês und Orotal gleichzusetzen, ist die Thatsache, dafs neben beiden dieselbe Göttin steht, Allat, die Alilat Herodots, „die Göttin", wie der Name allein heifsen kann. Man streitet darüber, ob sie Mond- oder Sonnengottheit gewesen sei. Eigentlich war sie weder das eine noch das andere. Ursprünglich von Al-'Uzza, der Göttin des Morgensterns nicht verschieden, ist sie die kriegerische Astarte, die Göttin des aus der Finsternis hervorbrechenden Lichtes und deshalb von den Griechen in der Regel mit Athênê verglichen. Bei der so gewöhnlichen Verschmelzung der beiden Gestalten dieser Göttin ist es nicht zu verwundern, dafs sie ein einziges Mal auch als Muttergöttin vorkommt.

Natürlich übernahmen die so weit verbreiteten Nabatäer manche Götter von anderen Völkern und Stämmen, besonders aramäischen, später selbst griechischen, sobald sie meinten, dafs sie mit ihren eigenen Göttern übereinstimmten, oder sobald sie die Götter des Ortes waren, an dem sie sich ansiedelten. So pflegten die Einwohner der Sinaihalbinsel noch mehrere Jahrhunderte nach dem Beginn unserer Zeitrechnung den Monddienst in einer eigentümlichen Form. Aber wir wollen hier nicht seinetwegen von unserer Aufgabe abschweifen.

5. Kultussitten, Kultusstätten und Kultusdiener.

Wie der Kultus der Westsemiten entstanden und welcher Art er in vorhistorischer Zeit gewesen ist, kann hier nicht untersucht werden. Es genüge die Bemerkung, dafs er in der historischen Zeit noch viele ursprünglich animistische Gebräuche bewahrt hatte. Die aufgerichteten Steine — ehedem ohne, später mit Inschriften, Symbolen und bisweilen Abbildungen — aus welchen wiederum später nach dem Beispiel anderer, in der Kultur weiter fortgeschrittener Nationen Bilder entstanden, ḥammanîm oder Sonnensäulen; das Salben dieser Steine mit wohlriechenden Ölen, wodurch sie geweiht, nach der früheren Auffassung aber verehrt wurden; die ašêra's oder heiligen Baumstämme neben dem Altar, welche die weibliche Gottheit repräsentierten — all' dergleichen Dinge sind Überlieferungen aus einer Zeit, in welcher man die lokalen und andere Geister in seiner Nähe zu halten bestrebt war, indem man ihnen einen Körper verschaffte, in welchem sie wohnen konnten. Baityle (bêt-'êl), Maṣṣeben und wie sie mehr heißen mögen, sind ursprünglich nichts anderes als Fetische. Nun aber, nachdem man eine höhere Entwicklungsstufe erreicht und die alte Bedeutung vergessen hatte, wurden sie mehr symbolisch aufgefaßt, d. h. als Unterpfänder der Gegenwart der hohen Götter, und immer mit einem von diesen in Verbindung gebracht. Die meisten Götter hatten nur ein solches, Melḳart immer deren zwei (die bekannten Säulen des Hêraklês), und mehrmals kommen drei Obelisken auf Einer Basis vor, die zweifellos eine göttliche Dreieinigkeit repräsentieren.

Auch die Vorstellungen, welche man sich über das Leben nach dem Tode bildete, über die Fortexistenz, den Zustand und die Macht der Seelen der Verstorbenen, ruhten bei allen nordwestlichen Semiten, die Israeliten nicht ausgenommen, noch auf animistischer Grundlage und scheinen sich bei ihnen noch nicht zur Vergeltungslehre und zu der Vorstellung eines Himmels und einer Hölle entwickelt zu haben. Die große Sorge für die Leichen, die Unantastbarkeit der Gräber, die reichen Geschenke, welche dem Toten zu seinem Wohlbefinden und zu seinem Unterhalt mitgegeben wurden, die lärmenden Trauerklagen, die Haaropfer, die Wunden, welche man sich bei dem Begräbnis beibrachte, und in denen man ein Surrogat für frühere Menschenopfer hat sehen wollen — das Alles war eingegeben durch den Wunsch, die Seelen zufriedenzustellen, und durch die Furcht, sie möchten sich sonst wegen der erlittenen Vernachlässigung rächen. Auch bei anderen, höher kultivierten Völkern des Altertums blieben diese Bräuche im Schwange; die Phönicier und ihre Stammverwandten stehen damit also nicht allein. Bemerkenswert ist nur dies, dafs bei ihnen nicht, wie bei den anderen Völkern, aufserdem andere Gebräuche vorkommen, welche von erhabeneren und vernünftigeren Anschauungen zeugen. Das Grab war das ewige Haus (bêt-'olâm), von dort aus ging der Tote zur Ruhe in den Še'ol bei den Rephaim, den Schatten, und aus der dunkelen Unterwelt konnte sein Schatten, wie der Samuels in Endor, durch Beschwörung herauf-gerufen werden. War der Tote unbegraben oder sein Grab geschändet, dann mufste der arme Schatten umher-irren und spuken, ohne Ruhe zu finden.

In der Fürsorge für die Leichen, wie auch in allerlei anderen Dingen, haben die Phönicier die Ägypter zum Muster genommen, wenn auch ihre Nachahmung ebenso sklavisch als dürftig ausfiel. Eine Anzahl phönicischer Sarkophage, von denen viele in dem Kopfstück des Deckels noch rein ägyptische Gesichtszüge aufweisen, zeugen davon. Berühmt ist vor allem der Sarkophag des Sidonischen Königs Ešmun-'azar, auf welchem eine wichtige Inschrift eingegraben ist. Dafs sie mit diesem Brauch auch die detaillierte Unsterblichkeitslehre der Ägypter übernommen haben, mufs ich sehr bezweifeln.

Man hat auch auf sie die bei vielen jetzt so beliebte Theorie anwenden wollen, dafs, wenn nicht ihr Glaube an die Existenz von Göttern, so doch ihre Verehrung der Götter aus der der abgeschiedenen Seelen entstanden sei (Pietschmann). Aber die für diese Hypothese an-geführten Beweise sind noch schwächer, als die, welche man sonst wohl beizubringen pflegt. Ein Zusammenhang und eine Übereinstimmung besteht sicherlich zwischen beiden. Aber sie sind nebeneinander aus gleichartigen Bedürfnissen entstanden. Nach einer anderen Theorie[1] sollen die ältesten Opfer der Semiten unblutige Opfergaben und Weihgeschenke gewesen, und die blutigen, die Brandopfer, vor allem die Holokausten, ebenso wie die gemeinschaftlichen Opferfeste bei ihnen jüngeren Datums und aus der Idee der Stammverwandtschaft von Göttern, Menschen und Haustieren entstanden sein. Diese Fragen sind Sache der vergleichenden psychologischen und philosophischen Untersuchung der Religion und können in einem rein historischen Werke, wie diesem, nicht behandelt werden. Überzeugende historische Beweise können für solche Hypothesen nicht geliefert werden. Wir lassen daher diese Fragen unbeantwortet und erwähnen nur das Wenige, was man von den Opfern bei den Phöniciern weiſs und was auch wohl auf die der Kanaanäer passen wird. Von dem Kultus der Aramäer und von den Menschenopfern war schon früher die Rede.

Man kennt die phönicischen Opfer eigentlich allein aus zwei Opfertafeln, die wahrscheinlich beide aus Karthago stammen, obgleich nur die eine ebendort, die andere in Marseille gefunden ist[2]. Aus ihnen ersehen wir nicht nur, welche Opfer gebracht wurden, sondern auch welchen man den meisten Wert beilegte, und wieviel man für jedes derselben dem Priester schuldig war. Es gab drei Arten von Opfern: ein Brandopfer (holocaustum, kalil), ein Sühnopfer (ṣanʿat) und ein Dankopfer, wel-

---

1) Diese Theorie ist aufgestellt von W. Robertson Smith in seinem Artikel Sacrifice in der Encyclopaedia Britannica und später ausführlich verteidigt in seinem bedeutenden Werke: Lectures on the Religion of the Semites. First Series. The fundamental Institutions, Edinb. 1889. New Edition, London 1894. Pietschmann S. 216 schlieſst sich ihr teilweise an. Sie ist nachdrücklich bekämpft von H. Oort, Theol. Tijds. XXIV, 1890, blz. 152 vgg.

2) CIS. Nr. 165 und 167. — Nr. 170, welche von ähnlichem Inhalt war, ist zu sehr beschädigt, um verglichen zu werden.

ches auch ein Holocaustum war (šelem kalil) — die
jedoch in einer der Inschriften auf zwei reduziert werden;
derselbe Unterschied, wie zwischen Num. 15, 3. 8 und
Exod. 20, 24. Diese Arten stimmen zwar nicht dem
Namen, wohl aber ihrer Beschaffenheit nach ziemlich
mit den jüdischen überein. Die Tiere, als die kostbar-
sten Opfer, werden zuerst genannt: Ochsen, Kälber,
Widder, Böcke und Ziegen, Jungvieh. Die Vögel, sowohl zahme als wilde, dienten lediglich zu Dankopfern,
Zauberei und Wahrsagerei. Dann folgen die Gaben:
ein Vogel, Erstlinge der Früchte, Kuchen, Öl, endlich
Opferkuchen, Milch und Fett. Für alle diese Opfer ist
der Anteil des Priesters und dessen, der das Opfer weiht,
sorgfältig, aber in beiden Tafeln verschieden bestimmt.
Nur weisen beide einen, wenn auch etwas schwankenden
Satz zugunsten der Armen auf. Die Priester, welche
mehr fordern, als ihnen zusteht, und die Opfernden,
welche die Bestimmungen ignorieren, werden mit Strafen
bedroht. Der Opferdienst war also streng geregelt, wenn
auch im Detail für die verschiedenen Kulte und Tempel
nicht in derselben Weise. Wir dürfen annehmen, daſs
dies nicht nur in Karthago, sondern auch im Mutterlande der Fall war. Ob wirklich eine Sammlung von
solchen Gesetzen, eine Art Leviticus bestand, von dem
diese beiden Tafeln nur Auszüge waren, wie Renan vermutet hat, müssen wir unentschieden lassen.

Groſse Künstler waren die Phönicier nicht, und vielleicht standen in dieser Hinsicht die Kanaanäer noch
tiefer. Das Originale, was sie lieferten, bestand nur in
geschmacklosen Symbolen und widerlich abstoſsenden
Götzenbildern, sodaſs sie gewöhnlich zu ungeschickter
Nachahmung meist ägyptischer, aber auch anderer, in späteren Zeiten griechischer Modelle ihre Zuflucht nahmen.
Soweit wir darüber urteilen können, bedeuteten sie auch
als Baumeister nicht viel, und die Kunst muſs in Salomos
Reiche recht tief gestanden haben, daſs er für seinen

Jahvetempel die Hilfe phönicischer Architekten und Werk-
leute erbitten mußte. Aber sie besaßen Übung und eine
gewisse Kunstfertigkeit, wenn ihnen auch die großen
Traditionen von Babel oder Memphis fehlten, und ebenso
der gute Geschmack, welchen die Aramäer wenigstens
im Kunsthandwerk bewiesen. Dennoch haben sie, wie
ihre Nachbarn, viel gebaut. Meša' von Moab erwähnt
eine verhältnismäßig große Anzahl von Heiligtümern,
welche er errichtet bezw. restauriert hat. Ešmun-'azar
von Şidon spricht von nicht weniger als vier Tempeln,
an denen er in seiner Residenz baute. Auch Tyrus
besaß mehr als einen. Aber die meisten sind verloren
gegangen. Von einzelnen sind einige Reste gefunden,
wie von dem zu Amrit, und von einem Paar, denen zu
Byblos und Paphos, besitzen wir dürftige Abbildungen
auf Münzen, in denen gleichwohl der Einfluß griechischer Vorlagen zu spüren ist. Wenn man ihn von allen
den fremden und späteren Zuthaten befreit, so ist der
Plan der phönicisch-kanaanäischen Tempel sehr einfach:
nichts anderes als das eigentliche Heiligtum (mkdš-bt,
oder mit einem vermutlich ausländischen Worte teba),
in welchem die Gottheit, Fetisch, Symbol oder Bild,
wohnte, umgeben von einem nach allen Seiten hin ab-
geschlossenen Raume, zu dem ein oder mehrere Thore
Zulaß gewährten. Bisweilen, so zu Amrit, stand das
Heiligtum mitten in einem Teiche, sodaß es nur mit
dem heiligen Boote zu erreichen war. War der Fetisch
oder das Symbol der Gottheit klein, so bestand das
ganze Adyton wohl aus einem Monolithen; war es aber
ein großer konischer Stein, dann stand er, wie in Gebal,
frei inmitten des umzäunten Hofes, nur durch ein Gitter
oder eine Balustrade vor unehrerbietiger Berührung geschützt. Längs der Innenseite der Umhegung lief eine
auf Säulen ruhende Galerie, wo die Weihgeschenke, Bilder und andere Gaben aufbewahrt wurden. Das Ganze
ist offenbar das in ein festes Gebäude verwandelte hei-

lige Zelt der Nomaden mit seiner Umzäunung, dessen
Charakter auch der **grofse** Tempel von Mekka bewahrt
hat. Aufser diesen Heiligtümern hatte man noch die
Altäre auf den Höhen (b a m ô t), welche auch Meša῾ erwähnt, zuweilen von einem heiligen Hain umgeben, und
wahrscheinlich auch andere Tempel in der Ebene, die
von den früheren Bewohnern des Landes gegründet waren,
sich aber unserer näheren Kenntnis entziehen. Sie werden, jedoch in kleinerem Mafsstabe und einfacherer Ausführung, denselben Charakter wie die aramäischen Tempel
gezeigt haben, von denen schon früher die Rede war.

Die Kultusdiener in den bedeutenden Tempeln waren
sehr zahlreich. Einen Beweis dafür liefert eine bei dem
alten Citium auf Cypern gefundene Inschrift, in welcher
aufser den dienstthuenden Priestern mit ihren Unter-
gebenen und noch anderem Opferpersonal die Baumeister, die Vorhangswächter, die Thürwächter, die
Haarscherer, der Herr der Schreiber, die Lustknaben
(k l b m), die Tempelsklaven, welche die niederen Dienste
verrichteten, und die Dirnen, welche wahrscheinlich auch
Sängerinnen und Tänzerinnen waren, aufgeführt werden [1]).
Aber von der Rangordnung und Einrichtung der Priesterschaft in Phönicien und Kanaan ist so gut wie nichts mit
Sicherheit bekannt. Wir wissen nur, dafs Priestertum
und Königtum in Phönicien zwar unterschieden wurden,
aber doch oft zusammenfielen; dafs Priester wohl Mit-
regenten oder Gouverneure minderjähriger Fürsten waren,
und unter anderem der oberste Melkartpriester in Tyros
von Rechts wegen Šôphêt und mit dem königlichen
Purpur bekleidet war. In ihren Schulen beschäftigten
sie sich mit den kosmogonischen und mythologischen
Spekulationen, deren Nachklang wir bei Damascius und

---

1) CIS. Nr. 86 A und B. Aufser den Genannten werden noch
Seelen (n p h š) des Hauses bei den Säulen Mikals (Ršp, Apollon Amy-
klaios) erwähnt, deren Bedeutung wir jedoch nicht kennen.

Philo Byblios vernehmen. Daſs wir nicht weniger als vier verschiedene Kosmogonieen der Phönicier besitzen, beweist schon, dafs die Priesterschaft es bei ihnen noch nicht zu einer Einheit gebracht hat, und selbst ein Papsttum wie das der Thebanischen Amunpriester in Ägypten ihnen unbekannt war. In jedem Staate hatten die Priester der Hauptstadt einen hohen Rang und mächtigen Einfluſs, aber dieser erstreckte sich nicht weiter als auf solch' ein beschränktes Gebiet. Neben den Priestern, vielleicht nicht einmal scharf von ihnen unterschieden, standen die Propheten (nbi), aller Wahrscheinlichkeit nach auch Prophetinnen: eine Art von Sehern, welche von dem göttlichen Geiste beseelt waren und in ihrer Ekstase die Orakel der Götter verkündigten. Man ist zu der Vermutung berechtigt, daſs sie zugleich die Hüter und Pfleger der heiligen Litteratur, der Hymnen und Mythen waren und dafs sie auch wohl gemeinschaftlich lebten. Diese Formen des Prophetismus, welche bei vielen anderen, unzivilisierten und barbarischen wie selbst zivilisierten Völkern des Altertums ihre Analogieen haben, standen gerade in den Küstenländern des Mittelländischen Meeres besonders in Blüte. Vielleicht ist dieser Prophetismus mit dem Gotte Nabû zu den Babyloniern, sicherlich mit dem kleinasiatischen Apollo zu den Griechen und Römern gebracht. Israel hat ihn, wie wir später sehen werden, von den Kanaanitern übernommen und, indem es ihm seinen ethischen Jahvismus aufpfropfte, den Prophetismus zu seiner reinsten und erhabensten Offenbarung entwickelt.

Zu einer solchen Entwicklung vermochte die Religion der Phönicier nicht zu gelangen. Die Zersplitterung der Staaten, das Übergewicht der lokalen Aristokratieen, welche die alten Bräuche und Überlieferungen konservierten, die wichtige Stellung, welche Handel und Industrie in ihrem Leben einnahmen und, als Folge davon, der lebhafte Verkehr mit Fremden — das alles trug

nicht zur Entwicklung und Reinigung der Religion, sondern eher zum Gegenteil bei [1]). Soweit die spärlichen
und lückenhaften Quellen es uns gestatten, ein Urteil
über die in diesem Kapitel behandelten Religionen zu
fällen, können wir nur sagen, dafs ihre Götterlehre noch
stark naturalistisch und ihr Kultus noch sehr barbarisch
war, und das trotz der weitgeförderten materiellen Kultur
der Völker, zu welchen sie gehören. Dafs sie jedoch,
bei aller Verschiedenheit der Entwicklung, in der That
mit der Religion Israels verwandt waren, bezeugen die
vielen theophoren Eigennamen der Phönicier, welche mit
israelitischen übereinstimmen und den Beweis liefern,
dafs sie das Verhältnis zwischen der Gottheit und dem
Menschen in derselben Weise auffafsten [2]).

---

1) Vgl. hierüber meine Vergel. Geschiedenis, blz. 521—523.
Histoire Comparée (trad. Collins), p. 323—325.

2) Vergel. Geschiedenis, blz. 518—521. Histoire Comparée, p. 322 suiv.

Fünftes Kapitel.
Jahve und die Götter der Völker.

------

1. Ursprünge.

Es würde mit der Anlage dieses Werkes nicht übereinstimmen, hier eine vollständige, wenn auch kurz
zusammengefaſste Geschichte der israelitischen Religion
und eine Beschreibung ihrer Vorstellungen und Gebräuche
auf den verschiedenen Stufen ihrer Entwicklung einzu-
schalten. Was sollte es nützen, einen doch immer nur
oberflächlichen Auszug aus den Werken derjenigen zu
geben, welche sich speziell mit der Untersuchung von
Israels Religion, Altertum und Geschichte befassen?
Auch muſs diese Religion, zumal von denen, für welche
unsere Geschichte in erster Linie bestimmt ist, besonders
und aus den Quellen selbst studiert werden.

Doch würde unser Abriſs der Geschichte der Religion in Vorderasien unvollständig sein, wollten wir von
der wichtigsten der Religionen, welche dort entstanden
und herrschten, gänzlich schweigen. Es ist zwar nicht
unsere Aufgabe, eine Erklärung der merkwürdigen Thatsache zu versuchen, daſs der Gott eines in der politischen Geschichte wenig bedeutenden Volkes, welcher ursprünglich vielleicht einem kleinen Stamme gehörte, sich
nicht nur so hoch über die früheren Götter des Landes
erhebt, daſs diese schlieſslich als Götzen vor ihm ver-
sinken, sondern daſs er auch endlich für die Hervor-

ragendsten seiner Bekenner der Eine, wahrhaftige Gott
wird, aus dessen Verehrung zwei mächtige Weltreligionen
entspriefsen, von denen die eine in wechselnden Formen
den unsterblichen Keim der reinen, allgemein menschlichen Religion bewahrt. Was uns hier zu thun obliegt,
ist allein, den Platz zu bestimmen, welchen der Jahvismus unter den verwandten Religionen einnimmt, und in
den Hauptzügen zu skizzieren, in welchen Beziehungen
er mit diesen übereinstimmt, in welchen andern er von
ihnen abweicht, vor allem aber unsere Aufmerksamkeit
zu richten auf den Kampf zwischen Jahve und den Göttern der Völker.

Wir müssen einen Augenblick bei den Ursprüngen
des israelitischen Volkes verweilen, soweit wir über sie
aus Überlieferungen und Legenden etwas zu erschliefsen
vermögen. Vielleicht ist ein historischer Kern in der
Erzählung, dafs Abraham, der Stammvater der Hebräer,
unter welchem Namen man Israel und die ihm nächst-
verwandten Völker verstand, aus Ur-Kašdîm stammte
und dafs er von Ḥâran, der bekannten Stadt am Baliḫ
n Mesopotamien, westwärts zog. Dafs die alten Schriftsteller bei Ur-Kašdîm nicht an die bekannte Stadt Ur
in Süd-Babylonien dachten, die gar nicht den Chaldäern
(Kašdîm) gehörte, erhellt aus der Mitteilung, dafs Ḥâran,
Abrahams Bruder, die Personifikation der Stadt, in Ur-
Kašdîm starb, mit anderen Worten: dafs ein Teil des
ursprünglichen Stammes sich in Ḥâran ansiedelte und
seit dieser Zeit mit den westlichen Stammverwandten
keine Beziehungen mehr unterhielt, d. h. für sie wie tot
war. Ḥâran liegt daher in Ur-Kašdîm, und dies wird
wahrscheinlich identisch sein mit Arpakšad (der Kreis der
Kašdîm)[1], welcher der Stammvater aller Hebräer heifst.

---

1) Wegen der älteren Form kasdîm, ksad, welche erst unter
dem Einflufs des Babylonischen kaldi wurde, müssen diese Überlieferungen alt sein.

Beide sind dann Eponymen von Mittel-Mesopotamien,
von wo aus Chaldäer und Aramäer, wie wir aus der
babylonisch-assyrischen Geschichte wissen, wahrscheinlich erst viel später nach Süden zogen. Unmöglich ist
es jedoch nicht, daſs schon von altersher zwischen Ḥâran
und Ur in Süd-Babylonien Beziehungen bestanden. Beide
Orte waren Mittelpunkte der Verehrung des Mondgottes.
Ein anderer Bruder Abrahams ist Naḥôr, welcher der
Vater aller Aramäer genannt wird, und mit dem die Abra-
miden lange in Beziehung blieben, was in der Vorstellung zum Ausdruck gelangt, daſs die Frauen der beiden
jüngeren Patriarchen Jiṣḥâḳ und Jaʿaḳob von aramäischer
Abkunft waren. Bei den Israeliten erhielt sich also die
Überzeugung, daſs sie ursprünglich den Aramäern am
nächsten verwandt waren und mit ihnen wie in ehelicher
Gemeinschaft lebten, während die Beziehungen zu dem
halb aramäischen, halb aṣsyrischen Ḥâran einer ferneren
Vergangenheit angehörten.

Abraham, Isaak und Jakob repräsentieren drei Perioden in der Stammesgeschichte der von den Aramäern
getrennten Hebräer. In die erste fällt die Ansiedlung
von Ammon und Mo'ab, in die zweite die Abstoſsung der
Išma'eliter, in die dritte die der Edomiter. Jakob repräsentiert die übriggebliebenen sieben Stämme, welche
erst später in Kanaan auf zwölf gebracht wurden, und
unter Isra'el, einem Namen, der ihm erst jenseits des
Jordans gegeben wurde, sind die Stämme zusammen-
gefaſst, die von Nordosten aus in Kanaan einzogen, oder,
wie Ruben und Gad, am linken Ufer des Flusses ihr
Nomadenleben fortsetzten. Gad, Dan, Ašer und Naph-
tali betrachtete man als fernere Verwandte, was die
personifizierende Legende dadurch ausdrückt, daſs sie
dieselben zu Söhnen von Nebenfrauen macht. Solch
eine Vorstellung kann erst in Kanaan entstanden sein,
denn der Grund dafür, diese Stämme nicht zu den Kindern der rechtmäſsigen Frauen zu rechnen, kann allein

der gewesen sein, dafs sie nach ihrer Niederlassung die
Kanaanäer nicht beherrschten, sondern unter diesen die
Minorität bildeten und demzufolge wahrscheinlich auch
von ihrem Kultus und ihren Sitten mehr übernommen
hatten, als die anderen. Schon seit alter Zeit waren die
Stämme in zwei Gruppen gespalten, die Söhne der Lea
(wilde Kuh?) und der Rahel (Schaf), eine Unterschei-
dung, die sich in dem Gegensatze Juda und Joseph
fortsetzt. Šimeʿôn und Levi, welche dem Anschein nach
zuerst einen Einfall in das begehrte Land unternommen
hatten, aber dabei so roh und verräterisch zu Werke
gingen, dafs sie geschlagen und verjagt wurden und alle
Selbständigkeit einbüfsten, verschmolzen mit Juda; die
anderen scharten sich um Joseph, welchem die Hegemonie verblieb. Die Scheidung zwischen Juda und Joseph,
welche selbst noch bis tief in die Richterzeit hinein so
vollkommen war, dafs Juda in dem Deboraliede nicht
einmal erwähnt wird, beherrscht die gesamte folgende
politische und religiöse Geschichte des Volkes. Juda
mit Simeon und Levi scheint sich erst später und allein
mit Hilfe ganz fremder, meist ḳenitischer Stämme von
Süden aus ein eigenes Gebiet in Kanaan erworben zu
haben.

Mit unserer Darstellung von Abraham, Isaak und Jakob
als Stammvätern, d. h. mehr oder weniger historischen
Personifikationen alter Stammverbände, ist die andere,
welche sie zu alten Göttern macht, nicht schlechthin unvereinbar. Selbst waren sie solche nicht. Aber als die
sicher unhistorische Sage entstand, dafs sie bereits Kanaan
durchzogen und sich hier zeitweilig niedergelassen hätten,
wurden alte einheimische Kultuszentren zu ihren früheren
Aufenthaltsorten gemacht und so für den Jahvedienst
geheiligt.

Die Frage, ob die Hebräer im engeren Sinne ursprünglich eine andere Sprache als die, welche wir heutzutage die hebräische nennen, und die von der kanaa-

näisch-phönicischen nur dialektisch verschieden ist, z. B.
eine aramäische Mundart sprachen, ist für die Religionsgeschichte von untergeordneter Bedeutung und würde
von uns unbeantwortet gelassen werden können, selbst
wenn sie einer befriedigenden Lösung fähig wäre [1]).

2. Die vorjahvistische Religion der Israeliten.

In Israel selbst hatte man noch das Bewufstsein, dafs
Jahve erst seit Moses der gemeinschaftliche Volksgott
geworden war, und dafs man ihn vor dieser Zeit wenigstens unter einem anderen Namen verehrte — nach einzelnen, aber sehr jungen Stellen des Pentateuch unter
demjenigen des El-šaddâi. Diese Vorstellung ist, wenn
wir den Namen auf sich beruhen lassen, sicher richtig.
Es ist sehr wohl möglich, dafs Jahve — obschon der
Name vielleicht anders ausgesprochen wurde — ein altsemitischer Gott ist, wenn auch der Versuch, ihn in
einem der babylonischen Götter wiederzuerkennen, als
mifsglückt betrachtet werden mufs, und wenn auch die
Spuren seines Namens bei aramäischen Stämmen mindestens sehr schwach und jedenfalls sehr jungen Datums
sind. Aber für die Hebräer war er unter dem Namen
Jahve ein neuer, sogar ein fremder Gott, obgleich sie
wahrscheinlich seit alter Zeit einen verwandten Himmelsgott unter anderem Namen verehrt haben.

Bevor dies näher erläutert wird, müssen wir einen
Augenblick bei der Frage verweilen, was sich bezüglich
ihres Gottesglaubens vor Moses mutmafsen läfst. Nach
den Einen (zuletzt Baethgen) sollen sie damals schon
Monotheisten gewesen sein, wenigstens die Erzväter.
Nehmen wir nun auch an, dafs hier nicht Monotheismus

---

1) Von grofser Bedeutung für dieses Problem ist der Umstand,
dafs die Sprache der Moabiter, wie wir aus dem Mesaʾ-Stein wissen, so
nahe mit dem Hebräischen verwandt ist.

im strengen Sinne des Wortes gemeint sei; geben wir
ferner zu, dafs verschiedene Beweise, welche man für
einen uralten Polytheismus der Israeliten angeführt hat,
wenig Kraft besitzen und zum Teil sogar nichts besagen [1]);
wenn wir nicht mit Worten spielen wollen, so dürfen wir
bei rohen Nomaden nicht eine Religionsform voraussetzen, welche nur die reife Frucht einer hohen religiösen
Entwicklung sein kann. Strikt monotheistisch ist selbst
der Jahvismus erst seit den Propheten des 8. Jahrhunderts v. Chr., Israel als Volk niemals, als Gemeinde erst
nach dem Exil gewesen.

Wenn also keine Monotheisten, dann Polytheisten?
Von den meisten Geschichtschreibern, welche die kritische Methode anwenden, wird diese Frage in bejahen-
dem Sinne beantwortet. So auf der linken Seite Kuenen,
auf der rechten Baudissin. Aber nachdrücklich widersetzen sich dem Andere, vor allem Stade. Nach diesem
mufs die vorjahvistische Religion der Hebräer animistisch
gewesen sein. Dieser Animismus ist dann durch die
Erhebung Jahves zum Volksgott in seiner Entwicklung
zum Polytheismus gestört, hat den Jahvedienst lange
Zeit verunreinigt, ist aber endlich gröfstenteils ausgerottet

[1]) Baethgen, Beiträge, S. 132 ff., bekämpft die Ansicht von Kuenen,
Baudissin und Anderen, dafs die Form 'Elôhîm ein Beweis für früheren
Polytheismus der Israeliten sei, weil es von diesem Worte keinen Sin-
gularis giebt, mit Ausnahme eines später gebildeten. Das neupersische
Yazdân allein ist genügend, um diese Schlufsfolgerung aller Beweiskraft
zu entkleiden. In der Sache hat er jedoch Recht. Wenigstens können
die Israeliten diese Form den Kanaanäern entlehnt haben, welche in
ihren Briefen an Amenothes III. und IV. den König als ilani, plur.
mit der sing. Bedeutung „Gott“, anreden. Richtig ist seine Bemerkung, dafs mit Ba'al und Melek zusammengesetzte Namen hier nichts
beweisen. Ba'al und Melek sind allgemein gebräuchliche Ehrennamen
für alle Götter, beide einst auch für Jahve. Seine anderen, äufserst
schwachen Beweisführungen können wir hier nicht widerlegen. Sobald
er mit irgendeiner Spur von Polytheismus in Israel keinen Rat weifs,
mufs er von den Kanaanäern oder Anderen übernommen sein.

oder mit den höheren Ideen in Übereinstimmung gebracht. Hier liegt offenbar eine Begriffsverwirrung vor.
Einen Polytheismus, wie den Ägyptens oder Babyloniens,
Griechenlands oder Roms wird niemand den hebräischen
Hirten- und Jägerstämmen vor Moses zudiktieren, weil
bei ihnen der Kulturgrad, welcher allein die Entstehung
eines solchen ermöglicht, noch nicht vorhanden war.
Aber animistische Religionen sind thatsächlich polytheistisch, oder wenn man will — was hier auf dasselbe
hinausläuft — polydämonistisch.

Welche Götter die vormosaischen Hebräer verehrten, ist schwerlich noch mit Sicherheit zu bestimmen,
weil auch da, wo sich in ihren Sagen alte Götter wieder-
erkennen lassen, Noah, Henoch, Simson u. a., nicht mehr
festzustellen ist, ob diese ihnen ursprünglich eigen (ich
meine aus dem Stammlande mitgebracht) oder entlehnt
sind. Was wir mit Sicherheit sagen können, ist dies,
dafs die Religion der Stämme vor ihrer Vereinigung
durch Moses sich in ihrem Wesen und ihrer Entwicklung
nicht von der der übrigen Semiten unterschieden haben
wird, welche sich auf derselben Stufe der Kultur oder
vielmehr der Barbarei befanden. Und wenn wir in Betracht ziehen, dafs die heiligen Handlungen in Israel sich
in zwei Klassen zerlegen lassen, einmal solche, welche
zum Ackerbau gehören, mit den drei hohen Festen
Mazzôt, Wochen- und Herbstfest, also erst bei den
Israeliten eingeführt sein können, nachdem sie sich als
ackerbauendes Volk in Kanaan angesiedelt hatten, und
dann solche, welche mit dem Mond und seinem Laufe
in Verbindung stehen, wie das Osterfest, die Neumonds-
feste, der Sabbat — dann wird wahrscheinlich, dafs die
Hebräer ehemals, ebenso wie die ältesten Semiten Mesopotamiens in Babylonien, besondere Verehrer des
Mondgottes Sin waren, der ja in Ḥâran ein wichtiges
Kultuszentrum gefunden hatte. Hieraus hat sich nun
sicher kein eigener israelitischer Polytheismus entwickelt,

da dies durch den Einfluſs des Jahvismus verhindert
wurde. Den Polytheismus, welcher bei ihnen, wie jeder
sieht, wirklich bestanden hat, haben sie von Anderen
übernommen. Dies beweist jedoch, wie sehr derselbe
für sie ein Bedürfnis war, ein notwendiges Durchgangs-
stadium, um zum vollständigen Bekenntnis des streng
monotheistischen Jahvismus zu gelangen. Vom Animismus kann man unmöglich ohne Übergang zum Monotheismus kommen.

Auf der anderen Seite ist es ebenso unrichtig zu
sagen, daſs der Jahvismus sich aus dem Polytheismus
entwickelt habe. Er war die Schöpfung eines hohen
religiösen Geistes, der an dasjenige anknüpfte, was er
in der Naturreligion der Westasiaten vorfand, und dann
darauf fortbaute. Der Jahvismus hat sich entwickelt
neben, in und durch Kampf mit dem Polytheismus, von
dem er nicht immer rein blieb, gegen den er aber von
Anfang an seiner Art nach gerichtet war. Nichtsdestoweniger war die groſse Mehrzahl der Israeliten polytheistisch und blieb das auch noch lange, wennschon
es richtig ist, daſs sie den Stoff dieses Polytheismus
hauptsächlich von Anderen entlehnten.

3. Die Entstehung des Jahvismus.

Der Ursprung des Jahvedienstes liegt nicht so vollkommen im Dunkeln, als man meist anzunehmen geneigt
ist. Auch nach Anwendung der strengsten Kritik auf
die bekannte Überlieferung bleibt immer noch ein historischer Kern übrig, zu dessen Verwerfung kein Grund
vorhanden ist. Ob zu diesem der Aufenthalt in Ägypten gehört, ist für uns eine Frage von sekundärem Interesse. Die Tradition ist zu stabil, zu detailliert, zu innig
immer mit der Verehrung Jahves verbunden, „des Gottes,
der Israel aus Ägyptenland geführt hat", um sie als
reines Phantasieprodukt zu betrachten. Man übersehe
dabei nicht, daſs der Aufenthalt in Ägypten in zwei,

unabhängig von einander entstandenen und erst viel
später mit einander in Verbindung gebrachten Legenden,
der von Abraham und der von Jaḳob-Joseph, gleichmäfsig vorkommt. Auch Moses, obschon die verherr-
lichende Sage für ihn aus alten Mythen und freier Dich-
tung der Phantasie eine wunderbare Lebensgeschichte
gewoben hat, ist ohne irgendwelchen Zweifel nicht nur
eine historische Person, sondern auch der, welcher die
zerstreuten Stämme um das Heiligtum seines Gottes
vereinigt, ihnen dort in den Orakeln den Willen dieses
Gottes verkündigt und letzteren zu dem gemeinschaftlichen Volksgott erhoben hat, welchem sie ihre Rettung
aus der ägyptischen Sklaverei verdankten und unter
dessen oberster Leitung sie nun auszogen, sich ein
neues Vaterland zu erobern. Ihre Rettung aus der
Knechtschaft waren sie diesem Gotte schuldig, weil sein
Orakel Moses befohlen hatte, die in Ägypten zurückgebliebenen Brüder aus ihrer traurigen Lage zu befreien,
und weil Moses als sein Gesandter aufgetreten war. In
diesem Allen findet sich nichts, was die Kritik uns als
unhistorisch zu beanstanden zwänge. Um den entgegengesetzten Beweis zu liefern, würde man zunächst zu
erklären haben, wie solch' eine gänzlich aus der Luft
gegriffene Erzählung, welche mit solcher Ausführlichkeit
berichtet ist, und in der so viel genaue Mitteilungen aus
dem ägyptischen Leben vorkommen, in einer Zeit entstehen konnte, als man keinen Grund mehr hatte, Ägypten zu hassen, und in ihm sogar oft einen Bundesgenossen begrüfste. Wie dem auch sei, darin stimmen
Alle überein: auf der Sinaihalbinsel, am Fufse des Gebirges, wahrscheinlich in Ḳadeš, ist ein religiöser Stämme-
bund gestiftet, auf Grund dessen jeder Stamm dem Anschein nach vollkommen unabhängig blieb und nur mit
allen anderen zu gewissen gemeinschaftlichen religiösen
Handlungen verpflichtet und den Aussprüchen des Orakels
in dem gemeinschaftlichen Heiligtume unterworfen wurde.

Der Begründer und Führer dieses Bundes war Moses, im völlsten Sinne des Wortes die Seele desselben. In dem Heiligtume — sicher nicht mehr als ein einfaches Zelt — war er der Priester und Prophet, hütete er die heilige Lade, auf welcher bei dem Orakelgeben die Gottheit thronte und der sie in jedem Fall eine geheimnisvolle Macht mitteilte, und richtete er Alle, welche ratsuchend oder zur Schlichtung entstandener Streitigkeiten, mit einem Worte: um den göttlichen Willen zu vernehmen, zu ihm kamen. Wenn er, wie die Überlieferung berichtet, die Fundamentalsätze des Jahvebundes auf steinerne Tafeln eingegraben hat, dann waren es sicher nicht die Zehn Worte in der Form, wie wir sie aus Exodus und Deuteronomium kennen, aber etwas Ähnliches kann es gewesen sein. Soviel ist sicher, der Bund blieb bestehen, trotz der Trennung der Stämme, innerer Kriege und politischer Scheidung zwischen Nord und Süd, und die Verherrlichung seines Stifters war in beständiger Zunahme begriffen.

Der Gott, in dessen Namen er diesen Bund begründete, war natürlich der dortige Lokalgott, der Gott der Stämme, als deren Priester und Haupt Moses' Schwiegervater Jethro genannt wird. Vielleicht bildeten letztere einen dreigliedrigen Stammverband, und ist dies die Ursache davon, dafs der Name Jethro mit Rehu'el und Ḥobab wechselt, und dafs derselbe bald als Midianiter, bald als Ḳeniter bezeichnet wird. Schon vor vielen Jahren[1]) habe ich die Vermutung geäufsert, dafs Jahve ursprünglich der Gott der Ḳeniter gewesen sei; zuerst weil Jethro bestimmt als Priester bezeichnet wird, und Moses während seines Aufenthaltes bei ihm keinen anderen Gott verehren konnte, als den des ersteren, sodann wegen der bedeutenden Rolle, welche die Ḳeniter immer in der

---

1) Vergel. Geschiedenis der egypt. en mesopot. godsdiensten, blz. 588 vgg. Histoire Comparée, p. 350 suiv.

israelitischen Geschichte spielen. Von den Israeliten als
Brüder betrachtet, welche sie auf ihren Kriegszügen begleiten und im Frieden ihr schweifendes Hirtenleben
in ihrer Mitte fortsetzen, werden sie selbst als Muster-
bilder der echten, unverfälschten Jahvediener der alten
Zeit hingestellt. Mit Freude sehe ich, dafs einer der
neuesten Geschichtschreiber Israels (Stade), natürlich
ohne mein Werk zu kennen und somit ganz unabhängig,
zu demselben Resultat gelangt ist. Es ist nicht unmöglich, dafs die Keniter ihren Jahve, oder wie der Name
sonst ehedem gelautet haben mag, mit anderen benachbarten Stämmen gemein hatten, und dafs dieser Gott in
der Wüste um den und auf dem Sinai zuhause war; dafs
man seine Wohnung auf den höchsten Gipfeln des Gebirges suchte, beweisen das Deboralied, in welchem
Jahve von Šeʿir herauf kommt zum Streit, und die
spätere Erzählung von Elia's Wanderung nach dem Berge
Gottes Ḥoreb, wo er mit einer Theophanie begnadigt
wird. Als Naturgott unterscheidet er sich nicht wesentlich von dem Gotte, der in ganz West-Asien unter allerlei
Namen, jedoch meistens unter dem des Hadad (Addu,
Daddu), „der laute Jauchzer" oder des Rammân, „der
zornige Brüller", bisweilen auch als Birku, „der Blitz",
angerufen wird, und nach welchem babylonische, assyrische, aramäische, phönicische und kanaanäische Fromme
ihre Kinder zu nennen liebten. Er ist der Gott, in dem
sich alle Erscheinungen der Atmosphäre oder, nach
der Anschauung des Altertums, des Himmelsgewölbes
vereinigen, weil er der Gott des Sturmes und des Gewitters ist, in welchem alle diese Erscheinungen zu-
sammenwirken. Wohlthätig als der, dessen Regen die
Felder erquickt und das Getreide reifen läfst, gefürchtet
als der, dessen Blitz tödlich trifft, dessen zornige Stimme
im Donner Zittern einflöfst, dessen Atem im Sturme
Alles vernichtet, ist er doch immer ·der Gott, welcher
das Licht über die Finsternis, die guten Himmelsmächte

über die bösen triumphieren läfst. Auf Jahve als den
alten Naturgott trifft dies Alles in gleicher Weise zu,
wie eine Anzahl Schilderungen des Alten Testaments beweisen. Im Feuer erscheint er den Seinen, im Donner hört
man seine Stimme; von den Kerubîm, den Gewitter-
wolken, wird er getragen, von Seraphim, Blitzschlan-
gen, ist er umgeben. Deshalb ist er ein kriegerischer
Gott, Herr der Heerscharen, nämlich der Sterne, welche
im Deboraliede neben und für ihn kämpfen, später
auch der Scharen seiner Getreuen, der Gewaltige, vor
dem alle seine Feinde zittern. Aber als der Gott des
Lichtes und des Lebens ist er zugleich ein gnädiger und
wohlthätiger Gott, der den Landmann segnet, das Korn
und den Weinstock gedeihen läfst. Es mag sein, dafs
diese Seite seines Wesens bei den nomadisierenden Stämmen in der Wüste in den Hintergrund trat und durch die
mehr furchtbare, vor allem die kriegerische verdunkelt
wurde; aber beide Auffassungen gehörten von Anfang an
zu dem Begriffe dieses Gottes. Die Ansicht, dafs Jahve,
ein wilder und unerbittlicher Wüstengott, erst durch Verschmelzung mit einem kanaanäischen Ba'al habe gemildert und so zu einem Gott des Ackerbaues werden
können, mufs sicherlich zurückgewiesen werden.

Jahve ist durch Moses nicht der Natur ferngerückt: im
Gegenteil, er beherrschte sie und offenbarte sich in ihr
auch noch fernerhin. Aber der Prophet hat ihn über
die Natur erhoben, indem er ihn zu dem Bundesgott der
sieben Stämme machte, nachdem er — und das ist die
Hauptsache — für ihn selbst der Gott seines Lebens,
sein Retter und Helfer geworden war. Die ganze reiche
Entwicklung des Jahvismus über die verwandten Religionen hinaus, von denen er sich anfangs wenigstens
äufserlich nicht unterschied, hat ihren Ursprung in der
Person des Moses. Worin das Neue der Religion bestand, welche er seinem Volke gab, ist jetzt nicht mehr
zu konstatieren, da man die Frucht jahrhundertelanger Er-

fahrung und religiösen Denkens schon ihm in den Mund gelegt oder in die Feder gegeben hat. Aber dafs er eine Vereinfachung des Kultus vornahm und die Heiligkeit, d. h. Unnahbarkeit seines Gottes in den Vordergrund stellte, läfst sich vermuten. Strenge und Einfachheit bildeten stets den Charakter des Jahvismus, für welchen die Propheten in Israel und Juda stritten, und wenn sie sich dabei beständig auf alte Institutionen und göttliche Gebote beriefen, so wird dies wenigstens nicht durchgängig ohne Berechtigung geschehen sein.

4. Kanaan im vierzehnten Jahrhundert [1]).

Es ist vollkommen unmöglich zu bestimmen, wann die hebräischen Stämme in Kanaan eingewandert sind und sich dort angesiedelt haben; nur so viel ist sicher, dafs dies stückweise und allmählich, wahrscheinlich, dafs es nicht immer auf kriegerische, sondern auch auf friedliche Weise geschah. Die Überliefernng, dafs diese Züge erst nach Moses' Tod begannen, ist wohlbegründet. So lange der grofse Stifter des Jahvebundes noch lebte, blieb man in der Umgebung seines Heiligtums, und hielt seine Autorität als Richter und Gesetzgeber die Stämme zusammen. Dafs sie sich darauf zerstreuten und, ein jeder für sich oder in kleineren Gruppen, auf die Suche nach reicheren und fruchtbareren Wohnsitzen gingen, ist natürlich.

Man hat in den bereits mehrfach erwähnten Briefen, welche zu El-Amarna in den Ruinen der Residenz Ḫu-naten's (Amenothes IV.) gefunden wurden und an ihn, wie seinen Vater Amenothes III. gerichtet sind, einzelne. Andeutungen zu entdecken gemeint, dafs die Hebräer damals schon in der Nachbarschaft Kanaans umherschweiften

---

1) Vgl. Westasiens Vergangenheit im Lichte der Funde von El Amarna. Nach einer akademischen Rektoratsrede von Prof. Dr. Tiele in Leiden (Beilage zur Allgemeinen Zeitung, München 1895, Nr. 209—210). Deutsche Bearbeitung von G. G. (Georg Gehrich).

und sogar schon teilweise wenigstens glückliche Versuche machten, einige Gaue des gelobten Landes zu erobern.

Das ganze Land stand zu jener Zeit noch unter der Herrschaft Ägyptens, das auch noch über ganz Aramäa gebot und seinen Einfluß bis an den Euphrat geltend machte; obgleich unter der Regierung des Schwärmers Ḫu-n-aten seine Macht schnell abnahm und bald gänzlich zugrunde ging. Der Oberkönig übte seine Herrschaft in den Provinzen durch ihm untergebene Fürsten oder von ihm angestellte Statthalter aus, die unter der Aufsicht hoher ägyptischer Beamten standen; aber ihre Autorität wurde wenig respektiert: die Statthalter dachten mehr an ihre eigenen Interessen, als an die der Monarchie, bekriegten einander unaufhörlich, plünderten die Gesandtschaften der befreundeten Könige der Staaten am Euphrat und Tigris, liefsen sich Thaten von grauenhafter Unmenschlichkeit zuschulden kommen und strebten danach, ihre Unabhängigkeit wiederzugewinnen, während auswärtige Feinde, vor allem das stets an Macht zunehmende Reich der Hethiter (Ḫatti), sich beeilten, aus der allgemeinen Verwirrung und der Schwäche des Suzeräns Kapital zu schlagen. Zu diesen, dem Anschein nach fremden Eindringlingen gehört ein Volk, welches mit Hilfe einiger Stadtvögte und Stammeshäupter, von Geser, Aškelon und Lakiš mit Lebensmitteln, von anderen, darunter Gath, mit Truppen unterstützt, in kurzer Zeit einen grofsen Teil des südlichen Kanaans besetzte, widersetzliche Statthalter tötete und nun sogar Jerusalem (Urusalîm), damals schon eine mächtige Festung und Zentrum der Regierung, bedrohte. Der Gouverneur dieser Stadt, Abdiḫíba, der in der Reihe der ägyptischen Landvögte einen höheren Rang bekleidete und über einen ziemlich grofsen Distrikt gebot, klagt in Brief auf Brief, dafs bald von Šeʿir an bis Gaza und von Gaza bis Geser kein treuer Statthalter mehr übrig und, wenn ihm nicht bei-

zeiten Hilfstruppen gesendet würden, Alles verloren sein
werde. Diese furchtbaren Feinde nennt er die Ḫabiri,
welche sicherlich ein bestimmtes Volk waren [1]), und in
denen man nicht ohne Wahrscheinlichkeit die Hebräer
wiederzuerkennen meint [2]). Dazu kommt, dafs der ehr-
geizige und aufrührerische Landvogt des Amoriterlandes
(Amurri), welches nördlich von Kanaan lag und vielleicht auch einen Teil desselben umfafste, Aziru, in einem
seiner Briefe von den Männern Juda's (Yandu) spricht, als
von Kriegsleuten, die er im Interesse Ägyptens aus der
Stadt Tunep in Syrien verjagt habe [3]). Es ist richtig,

---

1) Prof. Sayce hielt das Wort für „ die Verbündeten, Verschwore-
nen", was sprachlich sehr wohl möglich ist, aber sowohl durch den
Zusammenhang, als dadurch widerlegt wird, dafs der Name wenigstens
einmal mit dem Determinativum von Ort oder Volk geschrieben ist.

2) So u. a. H. Zimmern in seiner Antrittsvorlesung: P a l ä s t i n a
u m   d a s   J a h r   1 4 0 0   v. C h r.   n a c h   n e u e n   Q u e l l e n. Man würde
im Babylonischen eher Ḫibiri = ʿIbrîm erwarten, aber in fremden
Eigennamen verfuhr man sehr frei mit den Vokalen. Scharfsinnig ist
die Vermutung von Morris Jastrow jr., E g y p t   a n d   P a l e s t i n e   1 4 0 0
v. C h r. in J o u r n a l   o f   B i b l.   L i t e r a t u r e 1891, welcher bemerkt,
dafs die Ḫabiri in den Briefen mit Milkili verbunden vorkommen, und
Ḫeber und Malkiʾel als zwei Familien des Stammes Aser genannt werden, weshalb er die Ḫabiri als Söhne Ḫeber's betrachtet. Aber es
ist schwierig, in einer unbedeutenden Familie eines im fernen Norden
wohnenden Stammes die Abkömmlinge eines mächtigen Kriegervolkes zu
erblicken, welches im Süden so viel Schrecken verbreitete. Jedenfalls
würden sie dann doch Hebräer gewesen sein.

3) Die Orthographie des Namens Y a - u - d u, welche in Berl.
Nr. 39 Winkler-Abel l. 24 und 28 vorkommt, ist dieselbe wie in den
späteren assyrischen Texten. Irre ich mich nicht, so hat Pater Scheil
zuerst auf den Namen aufmerksam gemacht in J o u r n. A s i a t. Mars-
Avril 1891. Pater A. J. Delattre jedoch sucht die leider sehr beschädigten Stellen des Briefes ganz anders und den Stamm Juda aus ihnen
hinaus zu interpretieren. Aber seine Beweisführung stützt sich auf ein
sonderbares Versehen, welches er bei der Lesung von Reihe 28 begeht.
Er liest dort ṣabi Yaudu und übersetzt: l e s   s o l d a t s   (o u   o f f i -
c i e r s !?)   o n t   t e m o i g n é, aber es steht da ameluti Yaudu, was
in diesem Zusammenhange nichts anderes als d i e   M ä n n e r   J u d a's
bedeuten kann.

dafs die Erstgenannten, falls sie thatsächlich Hebräer
sein sollten, deshalb noch nicht mit Bestimmtheit unter
die Kinder Israels zu rechnen sind, aber in Verbindung
mit der Erwähnung der Männer Juda's gewinnt diese Vermutung doch an Wahrscheinlichkeit. So viel mufs indessen zugestanden werden, dafs aus ein paar so kurzen
und nicht vollkommen deutlichen Mitteilungen keine
weittragenden historischen Folgerungen abgeleitet werden dürfen.

Was aber mit Sicherheit aus diesen Briefen erhellt,
ist zunächst dies, dafs der politische Zustand Kanaans
in den Jahren, welche der Ansiedlung der Israeliten dort
nicht lange voraufgingen, sehr verwirrt, und die Sitten
bei einer vielleicht hochentwickelten materiellen Kultur
roh und barbarisch waren. Der Verfall der ägyptischen
Hegemonie, die Wühlereien und Aufstände, die wechselseitigen Fehden und Kriege machten es den abgehärteten
Wüstenbewohnern leicht, ihre Absicht auszuführen; aber
als sie einmal festen Fufs gefafst hatten, wirkte die
Üppigkeit der höheren Kultur wenigstens anfangs er-
schlaffend auf ihre Sitten, ohne sie von ihrer Barbarei
zu kurieren.

Was die Religion anlangt, so wurden — abgesehen
davon, dafs einige Städte ägyptische Kulte angenommen
hatten, und im übrigen alle ihren lokalen Baʿals und
Baʿalits dienten — zwei Götter vor allem, Rammân und
Šamaš, der Gott aller atmosphärischen Erscheinungen
und der Sonnengott, nicht nur in Kanaan, sondern in
ganz West-Asien allgemein verehrt, und neben ihnen
die Göttin, deren Dienst noch weiter verbreitet war,
Aštarte. Ašera, welche man in den letzten Jahren ziemlich
allgemein für ein Symbol des männlichen Gottes gehalten
hat, und die lange Zeit mit dem israelitischen Jahvedienst verbunden war, kommt hier in der babylonischen
Form Aširti bestimmt als Göttin vor. Mit diesen Religionen kam der Jahvedienst nun bald in Berührung,

und obwohl er sich schon früh dem Sonnenkultus feindlich gegenüberstellte, so konnte es doch nicht ausbleiben,
daſs manche Elemente und Riten der anderen, besonders der Anbetung Rammâns, des Gottes, der mit dem
Naturgott Jahve so nahe verwandt war, in den Kultus
des letzteren übergingen, vor allem als auch Kanaanäer
die Religion ihrer Besieger annahmen. Ferner lernen
wir aus den genannten Urkunden, daſs es auch damals
schon Sitte war, den Prinzessinnen, welche einen fremden Souverän heirateten, ihre eigene Schutzgottheit mit-
zugeben, für welche dann in ihrem neuen Vaterlande
mindestens eine Kapelle errichtet wurde; das Beispiel
Salomos und Aḫabs beweist, daſs die Israeliten, als
sie ebenfalls die monarchische Verfassung angenommen
hatten, sich trotz ihres Jahvismus dem anbequemt haben.
Endlich verdient noch eine Thatsache hervorgehoben
zu werden, aus welcher ein wichtiger Schluſs auf die
frühere Geschichte West-Asiens gezogen werden muſs.
Alle jene Briefe, mit nur drei Ausnahmen, welche aus
besonderen Gründen resultieren, sind nicht in der Sprache
des obersten Landesherrn; auch nicht in den Landes-
sprachen der Provinzen — der phönicischen, kanaanäischen, aramäischen, oder welche es sonst noch sein
mochten — sondern in der babylonischen Sprache, gewöhnlich die assyrische genannt, und in etwas modifizierter babylonischer Keilschrift verfaſst. Nur die Fürsten
von Babel und Assur, und ein einziges Mal auch die
von nichtsemitischen Staaten am Euphratufer, schrieben
also in ihrer eigenen Sprache; aber die Sprache Babels
war so sehr die offizielle ganz Vorderasiens geworden,
daſs die Ägypter sie nicht durch die ihrige verdrängen
konnten und genötigt waren, sie durch einige ihrer
Beamten erlernen zu lassen. Auch die Briefe aus Kanaan
sind babylonisch geschrieben, obschon hier und dort
mit einem einzelnen einheimischen Ausdruck gemischt.
Diese Thatsache ist von groſser Bedeutung. Denn sie

beweist, dafs die - uralte Kultur Babels der Kultur aller dieser Reiche und Stämme ihren Stempel tief aufgeprägt hatte. Die Frage, ob dies die Folge einer früheren, und dann sehr langen Oberherrschaft oder von anderen, friedlichen Beziehungen war, können wir hier unentschieden lassen, obwohl sie für die allgemeine Geschichte von Bedeutung ist. Sicher ist, dafs dieser Einflufs Babels schon alten Datums gewesen sein mufs. Im 14. Jahrhundert kann es denselben nicht mehr ausgeübt haben. Es stand damals unter der Herrschaft der Kaššiten, eines Volkes, dessen Herkunft noch dunkel ist, dessen Sprache aber nicht zu der semitischen Familie gehört. Die Macht Babels war damals auf Babylonien beschränkt; selbst Assyrien besafs schon eine gewisse Unabhängigkeit. Die Zeit, in welcher das Babylonische die offizielle Verkehrssprache West-Asiens wurde, lag also schon in der Vergangenheit. Aber mit der Sprache mufs sich wenigstens in irgendeinem Mafse die Kenntnis der Litteratur, der Wissenschaft, der Überlieferungen und selbst der Religion der alten heiligen Stadt nach dem Westen verbreitet haben. Man mufs das berücksichtigen, wenn man im alten Israel Traditionen und Legenden, Gebräuche und Institutionen findet, welche grofse Übereinstimmung mit babylonischen zeigen, und von denen man daher nicht anzunehmen braucht, dafs sie erst in ziemlich später Zeit direkt übernommen seien, da die Israeliten ihnen ja schon bei den Kanaanäern begegnen konnten.

5. Die Einführung des Jahvedienstes in Kanaan.

Als die israelitischen Stämme unter der Führung des schon früh in zwei Teile, Ephraim und Manasse, gespaltenen Stammes Joseph in den Norden, Juda mit Šime'ôn und Levi, unterstützt von Ḳenitern und den nichtisraelitischen Stämmen Kaleb und Jeraḥme'el, in den Süden Kanaans eingedrungen waren und sich teils auf friedliche Weise als mehr oder minder abhängige Beisassen dort

angesiedelt, teils mit den Waffen in der Hand ein Gebiet
erobert hatten, wo sie sich als die Herren und Meister
benahmen, vertauschten sie ihren Gott Jahve nicht mit
den Göttern des Landes. Auf den Befehl seines Orakels,
mit seiner Hilfe hatten sie ihre neuen Wohnsitze erlangt,
er hatte für sie das gelobte Land erobert, er es ihnen
geschenkt; es gehörte nun ihm, und er war ebenso gut
oder vielmehr, weil er sich als der Mächtigere gezeigt
hatte, mit mehr Recht wie die alten Götter von nun an
der **Landesgott**. Aber sie hätten sich schon damals über
die allgemeine Anschauung des Altertums erhoben haben
müssen, um den Dienst der hier vorgefundenen Götter
sofort abzuschaffen. Das war nicht geraten. Sie würden
sonst zwar das Land besessen haben, aber die Segnungen, welche doch von den Lokalgöttern abhingen,
hätten gefehlt. Obendrein würden sie, hätten sie es
auch gewollt, noch nicht die Macht dazu besessen haben.
Hier und da waren die Kanaanäer noch viel zahlreicher
und stärker, als sie selbst. Nur an einigen Orten, wo
sie heftigen Widerstand leisteten, wurden sie unterworfen,
in der Regel verschmolzen sie mit den Siegern. Ausgerottet im eigentlichen Sinne des Wortes wurden sie
niemals; erst nach der Vernichtung der verbündeten
Kanaanäer durch den Sieg Barak's und Debora's, aber
dann auch definitiv, wurde ihre Macht gebrochen, wurden sie selbst zur unterliegenden Partei, zur beherrschten
Nation.

Aber auch dann noch wollte man den Dienst der
kanaanäischen Götter nicht missen. Durch ihre Ansiedlung in Kanaan waren die Israeliten aus nomadisierenden
Hirten Ackerbauer geworden. Einige Stämme, welche
kein fruchtbares Ackerland erhalten hatten, nicht allein
jenseits des Jordans, sondern auch in einigen Gegenden
des eigentlichen Kanaans, unter ihnen die Ḳeniter, setzten die alte Lebensweise fort und galten denn auch für
echte, den väterlichen Institutionen getreue Jahvediener.

Aber Jahve war ursprünglich kein Ackerbaugott und bevor er das werden konnte, mußte sein Kultus bedeutende Modifikationen erleiden, wozu ja seine doppelte Natur als wohlthätige, Fruchtbarkeit schenkende, wie als gewaltige, strenges Gericht haltende Gottheit Gelegenheit gab. Dies geschah auf zweierlei Weise.

Es ist eine allgemein verbreitete, aber dennoch unrichtige Ansicht, daß der Volksgott Israels sich nun einem einzigen kanaanäischen Landesgott gegenübergestellt sah, der Ba'al hieß. Ba'al, der Herr, eigentlich immer mit dem Artikel Habba'al, war der Ehrenname, welcher verschiedenen Göttern gegeben und auch von Jahve selbst noch Jahrhunderte lang getragen wurde, bis der Kampf gegen die Einführung des Ba'al von Tyrus unter der Regierung des Hauses 'Omri dazu nötigte, Jahve diesen Titel nicht mehr beizulegen, sondern lediglich den ebenso gebräuchlichen „Adonâi" beizubehalten. Es gab, abgesehen von dem auch in Kanaan besonders verehrten Rammân, viele lokale Ba'al's, die sicher nicht nur dem Namen, sondern auch ihrem Charakter nach verschieden waren, und neben ihnen 'Aštarit's und 'Ašera's — von der letzteren weiß man nunmehr, daß sie wirklich eine Göttin und nicht nur, wie man verkehrterweise ziemlich allgemein annahm, ein Symbol gewesen ist. Die Namen der meisten gingen verloren; die Priester und Propheten, welche die historischen Bücher des Alten Testaments schrieben bezw. bearbeiteten, waren wohl darauf bedacht sie zu verschweigen; selbst Ba'al änderten sie bisweilen in Bošet (Schande), und 'Aštarit scheint man später wenigstens, laut der verkehrten Vokalisation 'Aštoret, ebenso gelesen zu haben. Meist scheinen sie Sonnen- und als solche Fruchtbarkeitsgötter gewesen zu sein, die man unter dem allgemeinen Namen Šamaš zusammenfaßte. Nur von einigen Ba'alîm in Städten, welche die Philister erobert hatten, wissen wir die Namen, so von Dagon, dem Gotte von Ašdod und Gaza, Ba'al-

Zebub, dem Gotte von ʿEḳron, und von einigen anderen, wie Baʿal-Gad, Baʿal-Tamar und Baʿal-Šemeš.
Die übrigen werden nach den Orten benannt, wo man
sie verehrte. Aus solchen und anderen Ortsnamen,
wie Anatôt auf dem Gebiete von Benjamin, ʿAštarôt-
ḳarnaim, Beʿeštera in Manasse jenseits des Jordans, Bêt-
šemeš, deren wir mindestens drei kennen, Ḥadad-Ram-
mân in der Ebene Megiddo u. a. geht hervor, daſs
unter den Göttern der Kanaanäer groſse Mannigfaltigkeit
herrschte.

Anfangs blieben nun sicherlich die einheimischen
Kulte neben dem Jahvedienste bestehen, und daſs an
den ersteren auch die Israeliten teilnahmen, ist allgemein
anerkannt. Aber auch der Jahvedienst fand Anhänger
unter den mit den neuen Bewohnern gemischten alten
Landsassen, vor allem an den Orten, wo, wie es meist
der Fall war, bestehende Heiligtümer Jahve geweiht
wurden. Dies hatte zur Folge, daſs beide Weisen der
Gottesverehrung sich gegenseitig beeinfluſsten. Muſste
sich einerseits der kanaanäische Polytheismus dem strengeren Geiste des Jahvismus fügen, und wurden, wo
Israel Meister war, die gröbsten Äuſserungen des Natur-
dienstes eingeschränkt und gemildert, so nahm anderseits auch die Religion der Eroberer neue Elemente in
sich auf, die ihr ursprünglich durchaus fremd waren.
Die Maṣṣeba's, die aufgerichteten Steine, waren vielleicht
beiden Religionen eigen, aber die Ašera, in der Gestalt
eines Baumstammes, welche jetzt neben Jahvealtären
stand, gehörte keineswegs dorthin. Von den Ackerbau-
festen, welche nun mit den echtjahvistischen heiligen
Tagen verbunden und Jahve ebenfalls geheiligt wurden,
sprachen wir bereits. Auch nahmen die Meisten keinen
Anstoſs daran, daſs in einigen Heiligtümern Jahve durch
ein Stierbild veranschaulicht wurde, obwohl diese Vorstellung dem Kultus des Baʿals der Fruchtbarkeit und
des Überflusses, wahrscheinlich Rammâns, entlehnt war.

Vielleicht wurde die alte mosaische Form der Gottesverehrung in relativer Reinheit noch im Heiligtume zu
Silo gepflegt, wo man die Lade aufbewahrte, das Palla-
dium der wandernden und streitenden Stämme, obschon
sich auch dort, wie das Beispiel der Söhne Elis beweist,
grobe Mifsbräuche einschlichen. Sonst nahm man die
Sache nicht sehr genau. Micha, auf dem Gebirge
Ephraim, hatte zwei Bilder in dem von ihm errichteten
Gotteshause; und der Priester, welchem er den dortigen
Kultus anvertraute, der ihn aber bald beraubte und
verliefs, um den vorteilhafteren Posten eines Stammes-
priesters der Daniten zu übernehmen, war wohl noch
ein Levit aus Juda, ein Nachkomme des Moses selbst.
In dem Heiligtume, welches Gideon, der eifrige Jahvediener, zu 'Ophra gründete, stand es nicht viel besser.
Die Geschichte Simsons, des danitischen Streiters für
Jahve, eine Art Epos, in welchem ein historischer Kern
unter allerlei Mythen sich versteckt, ist wenig erbaulich
und beweist, dafs der Jahvismus der alten Daniten sich
weder durch sittliche Strenge, noch durch religiöse Reinheit auszeichnete; und Jephta hat durch die Opferung
seiner Tochter zu Ehren Jahves gezeigt, dafs er von
seinem Gott nicht anders dachte, als die Ammoniter von
Milkom oder die Moabiter von Kemoš. Vielleicht, wahrscheinlich sogar, gab es in Israel noch eine kleine Minder-
zahl von Getreuen, welche diese Erschlaffung nicht bil-
ligten und dadurch, dafs sie sich strenger an die alten
mosaischen Institutionen hielten, es verhinderten, dafs
der Jahvismus wieder gänzlich auf die Stufe des Natur-
dienstes herabsank. Aber das Volk als solches machte
zwischen dem Volksgotte und den alten Landesgöttern
kaum einen Unterschied.

Bei der Mehrzahl bestand dieser Unterschied denn
auch lediglich darin, dafs Jahve der eigene Gott und
die anderen fremde waren. Übrigens differierte die Vorstellung, welche man sich von ihm bildete, nicht so sehr

von dem, was die **Kanaanäer** von ihren Göttern dachten, und beide wurden auf ungefähr dieselbe Weise verehrt. Man konnte ihre Gunst gewinnen und ihren Zorn stillen, indem man sie den Opferduft riechen liefs. Heilige Steine waren für beide Gotteswohnungen (bêt-'el). Jahve hatte seine Lade, das Unterpfand seiner Gegenwart, ebenso gut als **Maruduk** in Babel und Amun-Râ in Theben. Nahm die Mantik einen wichtigen Platz in dem Kultus aller anderen Semiten ein: den Willen Jahves lernte man kennen, indem man das Los warf. Als man nun sah, wie viel mehr dic alten Einwohner des Landes für ihre Götter übrig hatten — wie sie ihnen das Teuerste zum Opfer brachten — wie sie die für dieselben bestimmten Wohnungen mit gewisser Pracht einrichteten und viel Geld aufwendeten, um sie auszustatten — da mufste man wohl zu der Schlufsfolgerung kommen, dafs man seinem eigenen Gotte doch nichts weniger verpflichtet sei und dafs man ihn nicht hinter den anderen Göttern zurückstehen lassen dürfe, damit diese nicht reicher und mächtiger würden, als er. Was einige Jahrhunderte später — und auf der Stufe, welche man damals erreicht hatte, mit Recht — als Abfall angesehen wurde, war jetzt vielmehr ein unverständiges, aber ehrliches Eifern der Frommen für Jahves Ehre. Wie viel höher die strenge Einfachheit des alten Jahvismus stand, vermochten in dieser Zeit erst wenige einzusehen, und ist thatsächlich niemals dem Bewufstsein des ganzen Volkes klar geworden.

Auch die Religionsdiener in den Jahve geweihten Heiligtümern unterschieden sich nicht wesentlich von den Priestern der Baʻalîm. Wie diese waren sie beauftragt mit der Verkündigung und Erklärung der Orakel, mit der Leitung der Opfer und der Pflege des wahren Ritus und der religiösen Gebote, worin hauptsächlich ihre tôra, Unterweisung, bestand. Viele von ihnen gehörten zum Stamme Levi, welcher, zu schwach um sich auf einem eigenen Gebiete unter selbständigem Regiment zu behaupten, für den besten Kenner der mosaischen Tradition galt. Neben ihnen standen die Seher (ro'eh) oder Schauer (ḥozch), welche im Besitz einer höheren Erleuchtung waren, in älterer Zeit von den Priestern nicht scharf unterschieden, sodaſs manche beide Würden in sich vereinigten (wie ja auch später ein Mann aus priester-liehem Geschlecht, wie Jeremias, und ein wirklicher Prie-ster, wie Ezechiel, zugleich Prophet sein konnte), aber oft lagen sie auch miteinander im Streit. Einige Arten von Wahrsagung, Zauberei und Mantik, vor allem die, welche mit Totenbeschwörung verbunden waren, scheinen von vornherein durch den Jahvedienst ausgeschlossen und von seinen Repräsentanten verboten zu sein. Aber eine bekannte Form des Prophetismus, wie man an-nimmt, von kanaanäischem Ursprung, drang schon zur Zeit der Richter in den Jahvismus ein und behauptete fernerhin einen wichtigen Platz in demselben. Es ist die Form, welche der Name nabi' bezeichnet, ein Name, der allmählig die älteren verdrängte und von uns mit „Prophet" übersetzt wird. Auch die Ba'alspropheten tragen diesen Titel. Die Wurzel, aus welcher er gebil-det ist, kommt in ihrer ursprünglichen Bedeutung noch in der Sprache von Babel und Assur vor; nabû heiſst dort „nennen, verkündigen, ausrufen", wobei man be-achte, daſs Nennen nach animistischer Auffassung eine mystische Handlung ist, verwandt mit Beschwören, Be-zaubern. Es ist unsicher, ob die Babylonier hiervon auch einen Namen für ihre Propheten abgeleitet haben; aber wenn sie ihren „Gott der Offenbarung" (ilu taš-mêtu), den Orakelgott par excellence, Nabû nannten, so erhellt daraus, daſs sie ihn als den Verkündiger des Willens der hohen Gottheit, ursprünglich vielleicht als den Gott des mächtigen Zauberwortes betrachtet haben. Deshalb ist die Erklärung nabi = der Spre-cher, obschon von den meisten Gelehrten verworfen,

thatsächlich die richtige, wenn wir das Sprechen im
antiken, orientalischen Sinn auffassen und nicht vergessen, daſs sie nicht ihre eigenen Worte aussprachen,
sondern dasjenige, was ihnen von der Gottheit eingegeben war.

Hiermit stimmt überein, was von den Nebi'îm in
Israel berichtet wird. Sie bildeten Vereine oder Schulen,
in denen Musik und Gesang geübt, wahrscheinlich die
alten Lieder gesungen und neue in Ekstase gedichtet
wurden, sodaſs sich hier eine Art prophetischer Tradition erhielt. Dem ursprünglichen Jahvismus fremd, war
dies eine Nachahmung dessen, was man bei den Kanaanäern gefunden und nur auf den eigenen Boden verpflanzt hatte. Die groſsen, alleinstehenden Propheten,
wie Samuel, Elia, Elisa, standen zu diesen Vereinen in
Beziehung und hielten sie unter einer gewissen Aufsicht,
lebten aber nicht immer in ihrer Mitte. Ob die strengen
Jahvisten der alten Zeit, ein Samuel z. B., für sie eingenommen waren, darf bezweifelt werden. Diese Institution gehörte doch ursprünglich zu dem allgemein in
West-Asien verbreiteten Dienst des Fruchtbarkeits-Baʿals,
des Spenders von Korn und Wein, und stand deshalb nicht
nur im Geruche der Heterodoxie, sondern war auch oft
mit allerhand Ausschweifungen gepaart. Deshalb thaten
die Seher weise daran, etwas, was sie nicht abschaffen
konnten, unter ihre Leitung und Aufsicht zu nehmen
und so für die Entwicklung des Jahvismus fruchtbar zu
machen. Es ist ihm in der That förderlich gewesen.
Denn sind auch die groſsen Propheten der späteren Zeit
nicht aus diesen Vereinen hervorgegangen, wies auch
ein Amos z. B. den Titel nabi' und ben-nabî' mit
gewisser Entrüstung von sich: die Art und Weise ihrer
Prophetie war doch nicht die der alten Seher, wohl aber
eine veredelte Form des Sprechens aus göttlicher In-
spiration und in Ekstase, welches die Prophetensöhne
den Baʿalspropheten abgesehen hatten.

6. Die jahvistische Bearbeitung der alten Überlieferung.

Wenn die Prophetensöhne die Hüter der alten Überlieferungen sowohl der Hebräer als der früheren Bewohner Kanaans waren, so sind wahrscheinlich in ihrem
Kreise diese Überlieferungen in jahvistischem Geiste
zu ethischen Erzählungen umgestaltet. Götter werden
durch diese Umgestaltung zu Stammvätern, Stammväter
zu Vorbildern von Frömmigkeit und Edelsinn, wie Abraham, oder zu Prototypen des aus ihnen entsprossenen
Volkes, wie Jaḳob. Unter diesen Erzählungen finden sich
einige so allgemein verbreitete Sagen, dafs man nicht
mehr entscheiden kann, ob sie ursprüngliches Eigentum
der Israeliten oder von ihnen anderen Stämmen entlehnt
sind, was sich ja bezüglich der meisten, auch der spezifisch semitischen, nicht mehr nachweisen läfst. Wird
man jetzt auch nicht mehr, wie früher, in all' den
Patriarchen und Helden der alten Legende ehemalige
Götter sehen und nicht mehr versuchen, alle Erzählungen auf ursprüngliche Mythen zu reduzieren, so ist
doch nicht zu verkennen, dafs sich Götter und Mythen
in ihnen verstecken. Selbst konservative Gelehrte, wie
Baethgen z. B., erkennen an, dafs Henoch (Ḥanôk), der
365 Jahre lebt und dann nicht stirbt, sondern von Gott
hinweggenommen wird, ein alter Lichtgott des Sonnen-
jahres ist, nach welchem mit ʿIrad eine neue Weltperiode
beginnt. Die Vorstellung, dafs die älteste Menschheit oder
wenigstens ein Rest derselben plötzlich hinweggenommen ist und noch irgendwo in fernen mythischen Gegenden oder in einer Art Elysium fortlebt, ist sehr allgemein; wir brauchen nur den Helden der Sintflut bei
den Babyloniern und den Yima des Avesta zu nennen.
Der Sintflutheld bei den Israeliten ist Noaḥ geworden,
aber er war es ursprünglich nicht. Die älteste Erzählung von ihm schildert ihn als Ackersmann und Erfinder

des Weinbaues, wie als Vater dreier Söhne, der Eponymen der in Kanaan beisammen wohnenden Völker,
Kanaan's selbst, Šem's, hier noch Repräsentant der
Kinder Israel allein, und Japhet's, unter welchem Namen
Wellhausen die Philister, Budde die Phönicier versteht,
während man weit eher an die nichtisraelitischen, aber
mit Israel naheverbundenen Stämme, wie die Ķeniter,
zu denken hat. Der Baʿal der Fruchtbarkeit des Ackers
und des Weinberges, der von ihnen allen, von den
Kanaanäern allein auf unzüchtige Weise verehrt wurde,
ist hier Aller Stammvater geworden. Erst viel später,
als man ihn zu dem aus der Sintflut Geretteten gemacht,
und gleichzeitig der Horizont der Israeliten sich erweitert hatte, wurde er der Vater eines neuen Menschen-
geschlechtes, Šem der Repräsentant aller durch Sprache
und Abstammung mit Israel verwandten, Japhet der der
nördlichen, sowohl arischen als nichtarischen Völker,
während man Kanaʿan im Hinblick auf die Ägypter und
ihre Verwandten in Ḥam änderte. Daſs sich in den drei
Erzvätern Abraham, Isaaķ und Jaķob ebenfalls frühere
Stammesgötter verbergen, glaube ich jetzt bezweifeln zu
müssen, obschon bedeutende Autoritäten dieses noch
behaupten. Aber als nach der Ansiedlung Israels und
Judas in Kanaan die Namen dieser Stammväter mit
einigen alten Heiligtümern kanaanäischer Baʿalim verbunden waren, und man diese als ihre früheren Aufent-
haltsorte oder ihre Gräber zu verehren begann, werden
einheimische Tempellegenden auf sie übertragen sein. Ein
treffendes Beispiel hierfür ist die Erzählung von Abrahams
Kinderopfer, von der Gottheit befohlen und im Moment
der Ausführung verhindert, eine Erzählung, welche in
ihren Grundzügen genau mit ähnlichen übereinstimmt,
welche man bei den Griechen und den vedischen Brah-
manen antrifft, während sie nach Philo von Byblos bei
den Phöniciern noch eine reine Mythe war, die von Gott
selbst erzählt wurde. Merkwürdige Parallelen zu der Ge-

schichte von Joseph und Potiphars Weib findet man in
dem ägyptischen Märchen von Batau und Anpu und in
der südindischen, auch dramatisch bearbeiteten Legende
von Saranga. Und wie Moses, um ihn vor Verfolgung
zu schützen, in einem Körbchen dem Flusse anvertraut
und aus ihm gerettet wurde, um später der Retter und
Führer seines Volkes zu werden, so war es nach einer
altbabylonischen Legende lange vor ihm auch dem König
Sargon ergangen.

Noch viel allgemeiner verbreitet sind die Erzählungen
von einem Paradiese mit dem Baume des Lebens, wo
die ersten Menschen in der Nähe der Gottheit selbst
lebten, von dem Brudermorde, von Halbgöttern, Gib-
borîm, die aus Ehen zwischen Göttern, hier Söhnen
Gottes, und irdischen Müttern, den Töchtern der Menschen, entsprossen waren, und eine Anzahl anderer.

Kanaanäischen Ursprungs ist die Vorstellung von dem
Anfange und dem Fortgange der Kultur, wie sie in der
Ḳainitischen Stammtafel hervortritt, in welcher Ḳain den
Ackerbau, Henoch den Städtebau, Lemek mit seinem
Sohne Tubal-Ḳain die Erfindung der metallenen Waffen
und seine beiden anderen Söhne das Nomadenleben und
die Musik repräsentieren. In den bei Philo Byblios erhaltenen phönicischen Sagen sind es noch Götter, welchen die Menschen alle diese und andere Erfindungen
zu danken haben. Auch in die Heldengeschichte Simsons sind Mythen verwoben, welche die Erzähler von
den Kanaanäern übernahmen; diese hatten sie mit einer
Anzahl stammverwandter Völker gemein, und auch sonst
ist ihr Vorkommen bezeugt. Nach Babel dagegen weisen
die Legenden von Nimrod, dem grofsen Jäger vor Jahves
Angesicht, für welchen der babylonische Gott der Jagd
und des Krieges, zugleich der grofse Städtegründer,
Nindar, der Streiter Bels, als Modell gedient hat, und
die vom Turmbau und der Sprachverwirrung. Letztere
kann nicht im Exil entstanden sein, denn angesichts der

von Nebukadrezar restaurierten und vollendeten Terrassen-
türme von Babel und Borsippa konnte man solche Vorstellungen nicht bilden, und das Niedersteigen Jahves,
um das Werk der Menschen zu besehen und zu vernichten, ist ein archaistischer Zug, welcher das hohe
Alter der Sage beweist. Sie kann nur entstanden sein
aus der Erinnerung an Babels uralte Macht und Herrschaft über viele Nationen, und die Sprachverwirrung beruht auf einer Volksetymologie. Ob die zehn Erzväter
vor der Sintflut in der sethitischen Stammtafel nach dem
Muster der zehn babylonischen Könige vor der Flut angeordnet sind, ist schwer zu entscheiden.

Aber die gröfste Übereinstimmung besteht zwischen
den beiden ineinander verarbeiteten biblischen Sintfluts-
erzählungen und der babylonischen. Im Einzelnen kann
das hier nicht aufgezeigt werden [1]. Soviel ist sicher:
die übereinstimmenden Punkte şind so zahlreich und betreffen oft so untergeordnete Details, dafs wir hier nicht
eine doppelte Bearbeitung ein und derselben alten, münd-
lich überlieferten Traditon vor uns haben können, sondern dafs eine babylonische Sintflutslegende, wenn auch
vielleicht in anderer Redaktion als der, welche wir noch
besitzen, den Verfassern der biblischen Erzählungen bekannt gewesen sein mufs. Minder stark ist die Übereinstimmung zwischen der babylonischen Kosmogonie und
der jüngsten Schöpfungserzählung des Alten Testaments
in Gen. 1. Doch sind alle Elemente der ersteren in der
letzteren vorhanden, und die Reihenfolge der Schöpfungen
ist in der Hauptsache dieselbe [2].

Wenn nun auch die jahvistischen Schriftsteller einen

---

1) Vgl. die sorgfältige Arbeit von W. H. Kosters, Theol. Tijds.
XIX, 1885, blz. 161 vgg. und 321 vgg.

2) Vgl. die interessante Monographie von H. Gunkel, Schöpfung
und Chaos in Urzeit und Endzeit. Eine religionsgeschichtliche
Untersuchung über Gen. 1 und Apc. Joh. 12. Mit Beiträgen von Hein-
rich Zimmern. Göttingen 1895.

Teil des Stoffes, den sie bearbeiteten, kanaanäischen, babylonischen und gemeinsemitischen Überlieferungen entlehnten, so haben sie doch auf Alles den Stempel eines neuen Geistes gedrückt, und selbst wo sie nicht viel veränderten, waren sie bestrebt, die grofsen Thaten ihrer Helden ausschlicfslich Jahvès Ehre dienstbar zu machen oder wenigstens strikten Gehorsam gegen sein Gesetz einzuschärfen. Jahve war es, der seine Getreuen begeisterte, der ihnen den Sieg über ihre Feinde schenkte, der in der Bestrafung ihrer Übertretungen seine Gerechtigkeit, in der Erfüllung seiner Verheifsungen seine Treue, in allen seinen Führungen beide, seine Macht wie seine Barmherzigkeit zeigte. Herrscher über die Natur ist er kein Naturgott mehr, sondern der Gott, der sich hauptsächlich in der fürsorglichen Regierung seines Volkes, also in der Geschichte offenbart, und Alles kommt von Ihm allein. Er ist noch Volksgott, neben welchem die anderen Volksgötter ihre eigenen Stämme und Nationen regieren, obschon mehrmals deutlich durchschimmert, dafs er über ihnen steht. Es ist noch lediglich die Geschichte eines einzelnen Volkes, in welcher man seine Macht und Weisheit erkennt; der Gedanke, dafs er die ganze Welt regiere, sollte Israels Frommen erst später zum Bewufstsein gebracht werden, wenn er auch schon darin beschlossen lag, dafs er der Schöpfer aller Dinge und der Erzieher wenigstens der ältesten Menschheit war. Aber an sich ist jede Erzählung, auch wenn sie aus den Überlieferungen polytheistischer Religionen geschöpft wurde, rein monotheistisch geworden. Nirgends sieht man dies deutlicher, als z. B. bei einem Vergleich der babylonischen Schöpfungsberichte und Sintflutslegenden mit den israelitischen. Dort ist der Schöpfer aller Dinge, der grofse Maruduk von Babel, ein gewordener Gott mit einer Reihe von Ahnen, die schliefslich mit allem, was besteht, aus einer Ehe zwischen den oberen und den unteren kosmischen Wassern hervorgegangen sind; hier

ist es der Eine, aus sich selbst seiende Gott, auf dessen
Befehl Alles sich ordnet und ins Dasein tritt. Dort wird
die Vertilgung der Menschheit wegen ihrer Sünden im
Rate der Götter beschlossen, und jeder erfüllt dabei seine
eigene Aufgabe: der höchste Gott zieht sich in seinen
Himmel zurück und ein Anderer ist der Vollstrecker des
Strafgerichtes, ein Anderer der Retter, der wenigstens
einige bewahrt, ohne Wissen und zum grofsen Ärger
jenes (vgl. S. 153 f.) — hier ist es einunddieselbe Gottheit, welche straft und rettet. Von der ganzen Theogonie, von dem Streit zwischen den himmlischen Mächten, von der Verteilung der Thätigkeiten unter sie ist
nichts übrig geblieben. Auch der sittliche Gehalt der
biblischen Erzählungen über das frühste Altertum, wenngleich nicht immer in Übereinstimmung mit der durch
den christlichen Geist entwickelten Ethik, steht höher,
als derjenige gleichartiger Überlieferungen bei anderen
Völkern der Antike. Aus welchem Material die alten
Traditionen Israels auch gebildet sein mögen: sie sind
eine durchaus neue Schöpfung, anziehend durch ihre
Naivität, erhaben in ihrer Einfalt. Gestalten, wie die des
Vaters der Gläubigen und die des Mannes Gottes, der
sanftmütiger war als irgendein anderer, stehen in der vorchristlichen Welt allein, nicht nur unübertroffen, sondern
auch unerreicht. Sie sind nicht für Ein Volk oder für
Eine Religion, sondern für alle Zeiten klassisch im wahren
Sinne des Worts. Man braucht sie nur mit den Heiligen
und Frommen, den Göttern und Heroen selbst der übrigen heiligen Bücher des Altertums zu vergleichen, um
den Wert der Religion zu ermessen, deren Geist sie zur
Anschauung bringen.

7. Der Jahvismus als Staatsreligion unter den ersten Königen.

Wir haben etwas vorgegriffen, denn die schöne Bearbeitung der Erzväterlegenden, von welcher oben die

Rede war, gehört ·erst zu einer viel späteren, nämlich zu der litterarischen Periode. Solch' reine und erhabene religiöse Begriffe besaſs man in der Zeit der Richter, welche man sehr richtig als die Zeit der theokratischen Anarchie charakterisiert hat, und selbst unter den ersten Königen noch nicht.

An dem Ende der Richterperiode stehen Jahre tiefer Erniedrigung. Die siegreichen Philister, in deren Hände selbst die heilige Lade von Silo gefallen war — nach der auch in Assyrien herrschenden Sitte wurde sie als Unterpfand der Gegenwart Jahves in die Schlacht mit· geführt — herrschten wenigstens über die nördlichen Stämme. Joseph verlor die Hegemonie, die erst auf Benjamin, dann auf Juda überging. Die Eliden flüchteten mit Ephod und Teraphim nach Nob bei Jerusalem. Das waren dunkele Tage für Israel. Aber gerade diese schwere Prüfung ist der Entwicklung des Jahvismus zugute gekommen. Die in dieser Zeit zuerst kräftig auftretenden Nebi'im weckten durch ihren Enthusiasmus das Nationalbewuſstsein und die Liebe zur nationalen Religion. Samuel, der groſse Seher von Rama, eiferte für diese Religion, wenn auch nicht, wie der spätere Geschichtschreiber es sich vorstellt, durch Abschaffung aller Lokalkulte kanaanäischen Ursprungs, so doch durch Befestigung und Reinigung des Jahvedienstes und durch Ausbreitung seiner Macht. Auſserdem veranlaſste er einen angesehenen Benjaminiten, Saul, den Sohn des Kiš, sich an die Spitze einer rasch zusammengerafften Kriegsmacht zu stellen und die Befreiung des von den Ammonitern belagerten Jabes in Gilead zu unternehmen. Nach seinem ersten Siege zum Könige ausgerufen, wagte er es, auch die Philister anzugreifen, und es gelang ihm, diesen Erbfeind einige Jahre lang im Zaum zu halten. Mit der Begründung des Königtums wurde der Jahvismus Staatsreligion, d. h. soweit man zu dem Gebrauch dieses Ausdrucks befugt ist für eine Zeit, in der Königtum noch nichts

anderes bedeutete, als die ständige Verwaltung des Ober-
befehls über das Heer und des höchsten Richteramtes:
Staatsreligion also die Religion des königlichen Hauses,
welche von dem Könige protegiert und geschützt wurde.
Man erzählt von Saul, dafs er sehr gegen die Wahrsager
und Totenbeschwörer eiferte, vor denen der Jahvismus
stets Abscheu zeigte; aber dafs es ihm nicht gelungen
war, sie gänzlich auszurotten, geht daraus hervor, dafs
er kurz vor seinem tragischen Ende, von schwermütigen
Ahnungen gequält, zu einer dieser von ihm verfolgten
Zauberinnen seine Zuflucht nahm, um den Schatten Samuels herbeizurufen. Nicht minder als Saul war David
ein warmer Freund der Religion Israels. Die Überführung der Lade, welche in einem judäischen Grenzorte
geblieben war, nachdem die Philister sie in abergläubi-
scher Angst aus ihrem Lande entfernt hatten, nach Jerusalem, wo nunmehr die Residenz sich befand, verlegte
nicht nur den Schwerpunkt des Königreiches nach Juda,
sondern machte auch die neue Hauptstadt zum Mittelpunkt der reinsten Form der Jahveverehrung, von welchem einst nach langem Kampfe die wichtigsten Reformen ausgehen sollten. War das Zelt, in welchem die
Lade auf Ṣion niedergesetzt wurde, thatsächlich noch
nichts Anderes, als die königliche Hofkapelle: gerade
weil es dem Könige gehörte, war es das vornehmste
Heiligtum des Landes, welches denn auch Allen offen-
stand. Auch die ruhmreichen Siege Davids, unter welchem das Reich seine gröfste Ausdehnung erlangte und
aufser den kleinen Nachbarstaaten selbst Edom und Aram-
Ṣoba umfafste, erweiterten nicht nur den Gesichtskreis
des Volkes, sondern trugen auch zur Erhöhung der Ehrerbietung vor Jahves Macht bei, mit dessen Hilfe diese
Siege erfochten waren, und der durch sie Sein Gebiet
ausgebreitet hatte. Der prachtliebende Salomo, unter
dessen Regierung das Königreich an Umfang verlor, aber
nach innen straffer organisiert wurde, bedurfte für seinen

neuen Palast ein glänzendes Gotteshaus. Mit scheelen Augen werden die Freunde des alten, einfachen Jahvedienstes den Bau dieses Tempels angesehen haben, der nach fremdem Modell angelegt, von ausländischen Künstlern gebaut, mit phönicischen Symbolen geschmückt und mit allerhand phönicischen Einrichtungen versehen wurde, aber in den Augen des Volkes entlehnte die Volksreligion demselben einen neuen Glanz, und für ihre Zukunft war diese Gründung von der gröfsten Bedeutung. Beide, David und Salomo, sind von den späteren Geschlechtern über Gebühr verherrlicht, während Sauls Andenken mit ebenso unverdienter Schmach bedeckt wurde. Dafs ihr Jahvismus der Religion der Propheten des 8. Jahrhunderts und der späteren Zeit noch wenig glich, und dafs sie noch nicht imstande waren, die Psalmen zu dichten und die Sprüche zu sammeln, welche man ihnen zuschreibt, wird nur von solchen geleugnet, welche meinen, jede fromme Überlieferung als wirkliche Geschichte annehmen zu müssen.

Rein, unvermischt mit kanaanäischen Elementen war ihr Jahvismus sicher nicht, und die einzige Religion des Landes war er ebensowenig. Es scheint in diesen Tagen ein gewisser Synkretismus zwischen dem Jahvedienste und dem Dienste der Ba'alim zustande gekommen zu sein, wodurch der erstere noch mehr als der letztere modifiziert wurde. Und dafs die Landesgötter neben Jahve, mehrmals sogar in seinem eigenen Tempel und mindestens in ihren überall verbreiteten Heiligtümern und auf den Höhen verehrt wurden, steht fest. Niemand erblickte damals etwas sonderlich Unrechtes darin. Ein Stamm, eine Familie, ein Ort mufsten ihren eigenen Göttern treu bleiben, wenn auch der Landesgott über allen stand und die höchste Verehrung forderte. Man betrachtet die religiösen Verhältnisse Israels vor dem Exil viel zu sehr in dem Lichte dessen, was man über die späteren jüdische Gemeinde weifs. Man feierte selbst die grofsen Feste

nicht als Glied solch' einer Gemeinde, sondern an verschiedenen Orten, bei den uralten Heiligtümern des
Stammes oder des Ganes, und selbst in den gröfseren
religiösen Zentren nicht gemeinschaftlich, sondern grup-
penweise wallfahrtend. Und man fürchtete, wenn man
diese Pflicht erfüllt hatte, ebensowenig die Ehre Jahves
zu verkürzen, indem man den eigenen Lokalgöttern
auch das Ihre gab, als man den Gehorsam gegen den
König zu verletzen geglaubt haben würde, indem man
den Häuptern des Ganes oder des Ortes die altüber-
lieferte Huldigung darbrachte.

Eine andere Frage ist, inwieweit die Könige sich
daran beteiligten. Dafs aus dem Vorkommen von Namen, die mit Ba'al zusammengesetzt sind, in den Familien Sauls und Davids nicht gefolgert werden darf,
dafs sie anderen Göttern als Jahve dienten, wurde bereits gesagt. Unter Ba'al kann hier sehr wohl Jahve
selbst verstanden sein. Michal's teraphim beweist
ebensowenig; Jahve hatte solche Bilder überall, ohne
dafs es jemanden ärgerte, und auch dieser Hausgott
brauchte kein anderer Gott zu sein. War er es aber,
so nahm er innerhalb des Jahvismus denselben Platz
ein, wie ein Schutzheiliger im Katholicismus. Es ist sehr
wohl möglich, dafs David, als er sich bei den Philistern
aufhielt, sich dazu verpflichtet fühlte, auch ihre Götter
zu verehren, nach dem noch im Buche Ruth ausgesprochenen Prinzip: „Dein Volk ist mein Volk und
(folglich) dein Gott mein Gott." Aber als Könige haben
Saul und David keinem anderen Gott gedient als Jahve.
Nicht aus bewufstem Monotheismus, sondern weil er als
oberster Landesgott selbstverständlich der Gott des Königs war, und sie ihm Alles verdankten. Nur von Salomo wird berichtet, dafs er, alt und schwach an Geist
geworden, sodafs seine Weiber ihn beherrschten, den
Göttern opferte, für welche er den fremden Fürstinnen
seines Harems zuliebe kleine Tempel auf dem Ölberge

erbaut hatte. Ich kann darin weder mit Kuenen eine
beschönigende Beschreibung dessen erblicken, was er
sein ganzes Leben lang mit allerhand Göttern gethan
hätte, noch mit Stade eine unverdiente Beschimpfung
seines Andenkens. Dafs er für die Götter seiner Weiber,
wenn diese zu einem regierenden Hause gehörten und
Prinzessinnen von Geblüt waren, Kapellen errichtete, war
etwas so Gewöhnliches, dafs sich Niemand daran stiefs;
diese Heiligtümer blieben selbst unter Hiskia unversehrt
und wurden erst bei der grofsen Reform des Josia entweiht. Aber dafs er seinen Frauen zu Gefallen an dem
Kultus, den sie dort übten, sich beteiligte, kann Ärgernis
erregt haben, selbst zu seiner Zeit; nicht weil es andere,
sondern weil es fremde Götter waren. Was ihn dazu
veranlafste, war vielleicht nicht einmal die schwache
Nachgiebigkeit des Alters, sondern eher das Mifsgeschick,
welches ihn in seiner letzten Regierungszeit betraf und
ihn nötigte, nun Jahve ihm nicht mehr so kräftig half
als früher, den Schutz anderer Gottheiten zu erflehen.
Es war natürlich, dafs man später die Spaltung des
Reiches unter seinem Sohne als eine Strafe für diese
Sünde betrachtete.

8. Jahve gegen Melkart.

Nach der Teilung konnte der Jerusalemische Tempel
nicht mehr das vornehmste Heiligtum für das nördliche
Reich bleiben; es verstand sich von selbst, dafs Jerobe'am ein eigenes königliches Heiligtum nötig hatte.
Zwei der ältesten Kultuszentren seines Landes, das zu
Betel und das zu Dan, bestimmte er dazu. Nur ersteres
hat in der Geschichte eine Rolle gespielt. In beiden
wurde Jahve in der Gestalt eines jungen Stieres verehrt,
was sicher nicht erst von Jerobe'am eingeführt ist. Ob
dies schon eine ältere Form des Jahvedienstes oder ein
Produkt aus der Verbindung desselben mit der Verehrung

eines früheren Landesgottes war, ist schwerlich mit Bestimmtheit zu entscheiden; das letztere ist am wahrscheinlichsten. Der Stier war sowohl in der Mythologie,
wie im Kultus das heilige Tier des Gottes, welcher die
Erscheinungen der Atmosphäre, die schrecklichen wie
die wohlthätigen, Sturm, Gewitter, Regen verursachte:
des allenthalben geehrten Hadad-Rammân; und dieser
gerade der Gott, mit welchem Jahve als Naturgott
in Ursprung und Bedeutung so gut wie ganz übereinstimmte. Obschon die Möglichkeit nicht ausgeschlossen ist, dafs auch Jahve ehedem durch dieses
Symbol dargestellt wurde, so legt doch der lokale
Charakter dieser Kultusform die Vermutung nahe, dafs
sie erst dann auf ihn übertragen wurde, als er in einigen
Heiligtümern den aramäisch-kanaanäischen Gott verdrängt hatte und mit ihm zusammengeschmolzen war.
Das war es denn auch, was den Gechichtschreibern so
viel Ärgernis gab und sie von der Sünde Jerobeʻams,
des Sohnes Nebats, sprechen liefs. Man wufste sogar
zu erzählen, wie tief entrüstet Moses und wie erzürnt
Jahve selbst gewesen sei, als das ungehorsame Volk in
der Wüste, während der Abwesenheit des Gottesmannes
und unter Konnivenz seines Bruders, solch' einem goldenen Stierbilde geopfert hatte. Aber alles dies ist
spätere Reflexion. Ob wenigstens eine Minorität thatsächlich schon Anstofs nahm an Jerobeʻams Thun? Sehr
wohl möglich. Dafs der eigenartige Kultus. in Betel
und Dan unterhalten wurde, konnte derzeit niemand hin-
dern; auch Saul und seine Nachfolger hatten ihn nicht
abgeschafft. Aber dafs diese nun die Haupttempel des
Landes, die königlichen Heiligtümer wurden, und nicht
ein anderes Gotteshaus, wo man, wie voralters zu Silo
oder noch jetzt in Jerusalem, Jahve in reinerer Form verehrte, kann schon damals von einigen mifsbilligt sein.

· Mit ʻOmri begann eine neue Dynastie, und bestieg
ein energischer und kriegerischer König den Thron

Israels. Aber in der von jahvistischen Propheten bearbeiteten Geschichte sind er und seine Nachfolger, vor allem sein Sohn Aḥab, mit düsteren Farben gemalt. Wurde doch unter ihnen der Dienst eines fremden Gottes in Israel eingeführt und von der königlichen Familie begünstigt. Es war der Dienst des Tyrischen Baʿal, Melkart, für welchen Aḥab selbst in der neuen, von ʿOmri gegründeten Haupt- und Residenzstadt Samaria einen eigenen, prächtigen Tempel erbaute, wo er von einem zahlreichen Stabe von Propheten umgeben war. Izebel, die phönicische Prinzessin, mit welcher Aḥab vermählt war, eiferte für diesen Kultus und zog ihren Gatten mit sich. Alle die Thaten des Königs, welche das religiöse und nationale Gefühl der Jahvisten kränkten, schrieben diese und das Volk aus Abneigung gegen das Fremdländische den Einflüsterungen der Phönicierin zu, gerade wie alle Mifsgriffe Louis' XIV. von dem französischen Volke der Autrichienne auf Rechnung gesetzt wurden. Man erzählte selbst, dafs sie die Propheten Jahves verfolgen und töten liefs, sodafs viele von ihnen gezwungen waren, sich zu verstecken, und sogar Elia, nach einem grofsen Triumphe über die Baʿalspropheten von ihrer Rache bedroht, sein Heil in der Flucht suchte. Diese Berichte sind wahrscheinlich sehr übertrieben. Nicht alle Jahvepropheten wurden verfolgt, denn am Ende seines Lebens fragt Aḥab sie um Rat, wobei Hunderte seinem Aufrufe Gehör geben. Nur diejenigen, welche ihm zu widerstehen wagten und seine Politik mifsbilligten, wurden getroffen. Denn sicher ist die Ansicht richtig[1]), dafs die Gründung des Baʿalstempels in Samaria die Besiegelung eines Bündnisses darstellte, welches Aḥab mit seinem Schwiegervater schlofs, und das demzufolge — wenigstens auf seiner Seite — mehr aus politischen, als aus religiösen Beweggründen hervorging. Den öffent-

---

1) Stade, GVI. I, S. 523.

lichen Jahvedienst schaffte der König gewifs nicht ab
und er scheint denselben auch nicht vernachlässigt oder
gehindert zu haben. Seine Kinder, 'Atalja, 'Aḥazja,
Joram tragen Namen, welche mit demjenigen Jahves
zusammengesetzt sind. Dafs er Jahvepropheten zurate
zog, wurde bereits erwähnt. Sogar von dem „Aufwiegler
Isra'els", seinem grimmigen Widersacher Elia, läfst er
sich dann und wann etwas sagen und demütigt sich vor
ihm, d. h. vor Jahves Wort und Gericht.

Die erhabene, geheimnisvolle Gestalt des Tišbiters
ist von der dichtenden Sage verherrlicht. Plötzlich tritt
er auf und ebenso plötzlich verschwindet er. Wo er
sich befindet, geschehen Wunder, oder verrichtet er
selbst solche. Jahve redet mit ihm wie mit Moses auf
dem heiligen Berge. Raben speisen ihn in der Wüste.
Wo er eintritt, mangelt weder Mehl im Fasse, noch Öl
im Kruge, obschon überall die Hungersnot wütet. Selbst
der Tod hat keine Macht über ihn: in einem feurigen
Wagen, von Feuerrossen gezogen, fährt er gen Himmel,
wie früher auf sein Gebet oder seinen Befehl Feuer vom
Himmel herabflammte, um das Opfer auf dem Karmel
zu entzünden oder die Beleidiger Jahves zu vernichten.
Kein Wunder, dafs diese mächtige Gestalt auf die Phantasie des Volkes einen tieferen Eindruck gemacht hat,
als selbst der Gröfste der Propheten nach ihm.

In der That bezeichnet Elia einen Wendepunkt in
der Geschichte der Religion Israels. Nicht dafs er sich
schon zu dem Gedanken einer von Israels Nationalität
losgelösten Jahvegemeinde erhoben und den Sieg der
treuen Minderheit seiner Verehrer ersehnt hätte, wenn
auch das Reich und die Selbständigkeit des Volkes
darüber zugrunde ginge. Das ist noch nicht einmal in
der Erzählung von der Theophanie auf dem Ḥoreb
deutlich ausgesprochen, und jedenfalls ist diese grofsartige Schilderung viel jüngeren Datums, nicht vor der
Zeit Jerobe'ams II. gedichtet. In ihr liegt sogar eher

eine unwillkürliche, leise Kritik seines Auftretens und
der harten Maßregeln und Strafgerichte, welche Elisa
ankündigte und Jehu ausführte: erst in dem stillen
Friedenswehen, welches nach diesen Stürmen herrscht,
ist Jahve. Sein Aufenthalt bei der Phönicierin in Ṣar-
pat beweist vielmehr das Gegenteil. In Phönicien
mochte man den Baʿal verehren: hier würde er nicht
daran gedacht haben, dies zu mißbilligen. Es liegt
sogar nicht der mindeste Beweis dafür vor, daß er
gegen den alten einheimischen, kanaanäischen Baʿaldienst geeifert hat, sofern dieser innerhalb der Grenzen
blieb, in welchen er bislang bestand und als mehr oder
weniger mit dem Jahvedienste verbunden galt. Aber
daß ein König von Israel in seiner neuen Hauptstadt
einen Tempel für einen fremden Gott, den Tyrischen
Baʿal-Melkart baute: das war es, was seinen heiligen
Zorn entflammte. Vielleicht würde er es schon mit miß-
günstigen Augen angesehen haben, wenn Aḥab für seine
phönicische Gemahlin einen kleinen Haustempel errichtet hätte, um ihr Gelegenheit zu geben, die Götter
ihrer Ahnen weiter zu verehren. Aber ein Tempel, der
für den öffentlichen Kultus bestimmt war, mit einer
zahlreichen Priesterschaft, die auf Kosten der Jahvepropheten protegiert und bevorrechtet wurde; ein Tempel, dessen Pracht und sinnberückender Kultus, um zu
schweigen von der Anziehungskraft alles Neuen und
Fremden, Viele zum Abfall von dem Dienste ihres
eigenen Volksgottes verleitete — das hieß Jahves Ehre
verkürzen und war eine große Thorheit in Israel. Man
stelle sich nicht vor, daß Izebel die Verehrung ihres Gottes
zu der einzigen in Israel erheben und die Jahves abschaffen wollte. Davon ist keinen Augenblick die Rede.
Nur die Jahvepropheten, welche sich der Einführung des
fremden Kultes widersetzten, werden verfolgt sein; der
nationale Gottesdienst wurde nicht abgeschafft, nach-
giebige Propheten des Gottes ihres Gemahls duldete sie

am Hofe und liefs zu, dafs ihre Kinder unter Jahves
Schutz gestellt wurden. Die ansässigen Bauern und die
wandernden Hirten mochten ihren Gott behalten, wenn
sie es wünschten, aber in die Hauptstadt, wo sie, die
Tochter des alten Tyrischen Königshauses, residierte,
gehörte ein Heiligtum für den mächtigen Gott, der die
Meere beherrschte und seinem Volke die Schätze aller
Erdteile zuführte. Es ist das gröfste Verdienst Elia's, die
drohende Gefahr erkannt und mutig den ungleichen
Streit gegen die Macht des Königs, die Ränke der Königin und die Indifferenz der grofsen Menge begonnen
zu haben. Diese Gefahr bestand in der Einbürgerung
eines Polytheismus in Israel, wie er in den gröfseren
und kleineren Nachbarstaaten herrschte und vor allem
bei den Phöniciern zu finden war. Der Kampf war so
ungleich, dafs er sich für von Allen verlassen, allein
von allen Getreuen übriggeblieben halten konnte. So
schlimm stand es nicht. Er hatte Bundesgenossen, mehr
als er glaubte; unter ihnen einen Propheten wie Micha
ben Jimla, selbst Hofbeamte und Kriegsobersten, und in
Elisa fand er seinen Nachfolger. Selbst hat er sein
Hauptziel nicht erreicht, wenn es ihm auch einmal gelang, blutige Rache an den Propheten des fremden Baʿal
zu nehmen; doch nur um unmittelbar darauf vor der
Wiedervergeltung der Phönicierin flüchten zu müssen.
Das Ärgernis blieb bestehen, so lange das Haus ʿOmri
regierte; erst als dieses auf Elisa's Befehl durch Jehu
ausgerottet war, war auch das Schicksal des phönicischen
Königstempels besiegelt. Er wurde dem Erdboden
gleich gemacht, und sein Platz verunreinigt. Aber ohne
Elia's Auftreten würde dies niemals geschehen sein. Er
gab den Anstofs, rüttelte die Gewissen der treuen, aber
noch furchtsamen Jahvediener wach, beunruhigte den
König, auf den sein Wort doch immer Eindruck machte,
und der ihm sicher gefolgt wäre, wenn er sich nicht
von seiner Frau hätte regieren lassen; und wenn Elia

auch den Sieg seiner Sache nicht mehr sah: als er um
Jahre später errungen wurde, war er doch die Frucht
seines Wirkens. Das Volk, obschon es ihm tiefe Ehrerbietung entgegenbrachte, verstand ihn wahrscheinlich
nicht, ausgenommen da, als er dem schändlichen Ge-
waltakte und der Rechtsverdrehung Aḫabs entgegentrat.
Das Wort, welches er damals sprach, prägte sich unauslöschlich der Erinnerung des Feldobersten ein, welcher später, als Elisa, der Fortsetzer des Werkes seines
Meisters, die Zeit für gekommen hielt, dessen Befehle
ausführte und die Sünden Aḫabs an seinen Nachkommen
auf eine Weise rächte, welche den unversöhnlichen
Gottesgesandten völlig zufriedengestellt haben würde.
Fremde Götter scheinen nach dieser Zeit, wenigstens
von Staats wegen, in Israel nicht mehr verehrt zu sein.
Und was mehr ist: wenn auch Elia's Eifer sich nicht
gegen die einheimischen Baʿalim gerichtet hatte, so begann man doch zu fühlen, dafs sie mit dem fremden
verwandt waren. Ihr Kultus blieb zwar bestehen, aber
den gewissenhaften Jahvisten war er fremd geworden,
und an dem Namen Baʿal, den man jetzt nicht mehr
auf Jahve anwendete, klebte ein Makel.

9. Der Jahvismus Israels bis zu dem Untergange des Reiches.

Unter blutigen Greueln war das Haus ʿOmri dahin-
gesunken. Joram, Aḫabs Sohn und zweiter Nachfolger,
fand wenig Gnade in Elisaʾs Augen, obgleich er den
ausländischen Baʿaldienst nicht begünstigt zu haben
scheint. Er befragte ihn, erhielt auch unwillige Antwort; aber er stand mit dem Propheten auf dem Fuſse
eines bewaffneten Friedens. Dieser wartete nur auf eine
günstige Gelegenheit, um die Dynastie zu stürzen. Erst
als der König verwundet aus dem syrischen Kriege nach
Jizreʿel zurückgekehrt war, hielt er sie für gekommen

und forderte seinen Gesinnungsgenossen, den Reiter-
hauptmann Jehu, in Jahves Namen auf, sich des Thrones
zu bemächtigen. Wie dieser den erhaltenen Befehl zur
Ausführung brachte, braucht hier nicht erzählt zu werden. Es war ein Blutbad, keine Reformation, ein Hin-
morden des gesamten königlichen Gechlechts, den verwandten Davidssohn nicht ausgenommen, ein Nieder-
metzeln der Verehrer des Tyrischen Gottes, nachdem
sie verräterisch nach Samaria gelockt waren. Der spätere Geschichtschreiber kann, obschon er diese Greuel
mit gewissem Wohlbehagen erzählt, doch seine Enttäuschung darüber nicht gänzlich verbergen, dafs Jehu
es bei der Ausrottung dieses Baʿaldienstes belassen und
den Jahvismus Israels nicht reformiert hat, ebensowenig
wie einer seiner Nachkommen. Dies verdient um so
mehr Beachtung, als Elisa bis an seinen Tod, unter
Joas, der Ratgeber der Könige aus dem Hause Jehu
blieb und demgemäfs mit der Verbannung des fremden
Kultes zufrieden gewesen zu sein scheint. Das Hauptziel war erreicht: der nationale Jahvedienst hatte gesiegt,
aber die Art und Weise, auf welche er diesen Sieg
errungen hatte, bewies, dafs er wenigstens in Israel noch
nicht viel höher stand, als sein phönicischer Nebenbuhler.

Die neue Dynastie war nicht glücklich. Jehu zeigte
sich geschickter dazu, verwundete Könige, Frauen, Kinder
und wehrlose Baʿaldiener, als die Heere Hasaels zu vernichten. Zwar wurden die Syrer während seiner Regierung von dem assyrischen Könige Salmanassar II.
schwer gezüchtigt, sodafs Jehu es für ratsam hielt, dem
grofsen Eroberer einige kostbare Geschenke zu senden,
aber als die Assyrer abgezogen waren, ohne Damaskus
erobert zu haben, und lange Zeit hindurch in anderen
Gegenden beschäftigt wurden, erhoben die Westaramäer
wieder das Haupt und rächten an ihrem alten Feinde
Israel die durch Assur erlittene Schmach. Unter Jehu's

Nachfolger - Joahas war Israel durch wiederholte Niederlagen zu völliger Machtlosigkeit herabgesunken . Aber unter Joas wendete sich das Blatt. Die Syrer, gänzlich erschöpft durch die wiederholten Züchtigungen, welche die Nachfolger Salmanassar's II. ihnen angedeihen liefsen, konnten jetzt sogar den Kriegerscharen Israels nicht mehr widerstehen. Selbst der plötzliche Verfall des assyrischen Reiches in den letzten Jahren Ašurdan's III. und unter der Regierung seines Nachfolgers Ašurnirari II., mit welchem dieser Dynastie das Scepter entsank, sodafs an Feldzüge nach dem Westen nicht mehr zu denken war, kam den westaramäischen Reichen nicht zugute. Ihre Kraft war gebrochen. Israel benutzte diese Ohnmacht und, nicht mehr gehemmt durch die Scheu vor der furchtbaren Macht, welche so lange der Schrecken Asiens gewesen war, dehnte es seine Grenzen bis nach Hamat aus und schien einer Epoche des Reichtums und des Glückes, der Blüte und der Wohlfahrt entgegenzugehen. Unter der Regierung Jerobeʿam's II. konnte es sich einbilden, wieder einen Platz unter den Mächten zweiten Ranges in Vorderasien erlangt zu haben, und schmeichelte es sich mit dem Gedanken, dafs Jahve sich jetzt nicht mehr abwendete von seinem Volke, sondern es zu bisher ungekannter Gröfse bestimmt habe.

Es war notwendig, eben einen Blick auf die politischen Verhältnisse zu werfen, um die religiösen begreifen zu können. Denn nicht alle liefsen sich blenden durch die schöne Luftspiegelung, welche die oberflächliche Menge in falsche Ruhe einwiegte. Der Luxus gab Veranlassung zu groben Mifsbräuchen. Der Hof, die übermütigen Grofsen, die königlichen Priester und Propheten bekümmerten sich wenig um das wahre Wohl des Volkes. Von ersteren wurde der geringe Mann unterdrückt, der Arme mit Füfsen getreten, das Land ausgesogen. Die Priesterschaft Jahves, nun geehrt und vor fremder Nebenbuhlerschaft nicht mehr besorgt, dachte mehr an ihre eigenen Interessen, als an die Unterweisung in der Lehre Jahves und die Handhabung des Rechtes und guter Sitte. Die nationale Religion herrschte wieder: Jahve gehörte Land und Volk, ihm dankte es die Befreiung von der Übermacht seiner Feinde und seine äußere Größe, die Opferfeste wurden mit großem Jubel und Gepränge in der ungebundenen Freude sinnlichen Genusses gefeiert. Aber es war noch der alte, mit kanaanäischen Elementen vermischte Jahvedienst mit seinen Bildern und Ašera's, seinen Kedešîm und Kedešôt, welche Vater und Sohn zugleich zu Gottes Ehre besuchten, mit all' den Riten und Gebräuchen, welche ihn von den Religionen der umwohnenden Völker und dem einheimischen Baʿaldienst sich nur wenig unterscheiden und der ehemaligen strengen Verehrung des Volksgottes nur wenig gleichen ließen.

Das mußte die ernsteren Frommen nachdenklich stimmen. Es gab sicher solche, welche aufrichtig meinten, daß nun nach Sturm und Unwetter das sanfte Säuseln wehe, in welchem Jahve war. Aber die Armen und Bedrückten im Lande konnten sich schwerlich einbilden, daß mit dem Falle des ruhmreichen aber herrschsüchtigen Hauses ʿOmri Unrecht und Gewaltthat in Israel aufgehört hätten, und die Ära der Freiheit und des Friedens angebrochen sei. Auch die ethische Entwicklung des Volkes hatte, wahrscheinlich teilweise unter dem Einfluß der großen Unglücksfälle in der vorhergehenden Zeit, Fortschritte gemacht, und die unreinen Formen des königlichen Kultus mußten demnach Ärgernis erregen. In der Stille begann sich eine tiefere und reinere Auffassung des Wesens Jahves und seines Kultus zu bilden. Und einige, deren prophetischer Blick etwas weiter reichte, als das trügerische Heute und die engen Grenzen, in denen sich die Politik der kleinen Staaten des Westens bewegte, waren überzeugt, daß der Untergang einer Dynastie nicht den Untergang des kriegerischen assyrischen Reiches bedeutete, und daſs die unermeſslichen Streitkräfte der Monarchie nur auf einen geschickten und mutigen Führer warteten, um sich den ganzen Westen zu unterwerfen und nicht nur an Irsraels Feinden die Urteile Jahves über das seinem Volke zugefügte Unrecht, sondern auch an Israel selbst die Strafe für seine Sünden zu vollstrecken.

Der erste, der in Israel, und zwar an dem Mittelpunkte des halbkanaanäischen Jahvedienstes im Norden, in Betel, diese neuen Gedanken aussprach, war — bezeichnend genug — ein Hirt aus Juda, Amos von Teḳoa, der weder Prophet noch Prophetensohn heiſsen wollte, aber auftrat als von Jahve gesandt, um Israel zum Bewuſstsein seiner Sünden und zur Bekehrung zu bringen. Mit ihm beginnt die Reihe der reformatorischen Propheten, welche nicht bloſs, wie Elia und Elisa, die nationale Religion gegenüber der von auſsen eingeführten vertreten, sondern sie auch reinigen wollten, und deren Gottessprüche in die Sammlung der Bücher Alten Testaments aufgenommen sind. Wurde er auch auf königlichen Befehl durch die offizielle Priesterschaft als Unruhstifter verbannt: sein Wort fand Wiederhall. Bald nach ihm stand ein anderer Prophet, ein angesehener Mann, vielleicht aus priesterlichem Geschlecht, Hosea ben Be'eri auf und zeugte in demselben Geiste. Was nützte es, daſs man Jahve diente, wenn man das Recht vergewaltigte und nicht mit reinen Händen und reinem Herzen seinen Altären nahte? Auch die Stierbilder und die in die Jahveverehrung eingeschlichenen heidnischen Gebräuche erregten bei ihm Anstofs. Und daſs er nicht allein stand, sondern Gesinnungsgenossen fand, beweisen Erzählungen, wie die von dem goldenen Kalbe in der Wüste, dessen von Aaron zugelassene Anbetung die Empörung des Moses wachrief, und von Abrahams Opfer, welche die Abschaffung der Kinderopfer als von Jahve gewollt darstellt — Erzählungen, welche wahrscheinlich in dieser Zeit entstanden und aufgezeichnet sind. Daſs das nun so übermütige Israel dem Untergange nicht entgehen, daſs es ebenso wie verschiedene seiner Nachbarn ins Exil geführt werden würde, war die feste Überzeugung dieser Männer, wenn sie sich auch dessen versichert hielten, daſs es nach einer Zeit schwerer Prüfung gesichtet und geläutert zu neuem Leben wiedererstehen würde. Ob sie noch andere Gründe zum Ärgernis hatten, mit anderen Worten, ob die fremden Kulte, welche wir bald in Juda antreffen werden, um diese Zeit bereits in Israel eingedrungen waren, ist eine Frage, welche nicht mit voller Sicherheit beantwortet werden kann. Ein paar Äuſserungen Hosea's (10, 7; 13, 1 f.)[1]) und die bekannte Amosstelle (5, 25 ff.) sollten es denken lassen. Von einem abgöttischen Kultus in der Wüste ist bei Amos nicht die Rede. Daſs man dort Jahve geopfert habe, konnte Amos nicht leugnen, und besondere Berichte über diese so gut wie vorhistorische Zeit standen ihm sicherlich nicht zugebote. Das Tragen der Sikkut (sicher „das Zelt", der heilige parakku) ihres Königs und ihres Sterngottes Kêvan bezieht sich entweder auf die Zukunft oder, was mir wahrscheinlicher vorkommt, auf die Gegenwart [2]). Wegen

---

1) Vgl. über diese Stellen Eerdmans, a. a. O. blz. 22 vgg.

2) Die gewöhnliche Übersetzung, welche die Perfecta in v. 26 als Vergangenheit auffaſst, ist an sich sehr wohl möglich. Der Gegensatz: Habt ihr mir geopfert? Nein, ihr habt anderen Göttern gedient, ist vollkommen logisch. Aber weshalb die Strafe für das, was die Ahnen einige Jahrhunderte früher gethan haben, jetzt erst an den Nachkommen vollzogen werden soll, als letztere sich dieser Abgötterei nicht mehr schuldig machten, ist unerfindlich. Die Beziehung der Perfecta auf die Zukunft hat an sich etwas Gewaltsames und giebt als Gegensatz keinen Sinn. Man fasse die Perfecta präsentisch, so wird der Sinn wenigstens logischer. Im Text folge ich der jetzt allgemein angenommenen Korrektur von Kijjûn in Kêvan (Saturn). Sie ist jedoch nicht absolut gesichert, und die Übersetzung „die Säule des Sterns eures Gottes" vielleicht vorzuziehen.

dieser Sünden gegen Jahve sollen sie weggeführt werden bis über Damaskus hinaus. Wenn diese Stelle
nicht ein späteres Einschiebsel ist, worauf jedoch nichts
hindeutet, so müssen wir wohl annehmen, dafs der Prophet von Tekoa schon ausländische Kulte im Reiche
Israel antraf.

Jedenfalls geschah, was sie voraussahen. Israel,
durch Bürgerkrieg, Revolution, Bruderkrieg gegen Juda
und nationalen Hochmut geschwächt, wurde die leichte
Beute assyrischer Eroberer wie Tiglatpilesar's III. (Pulu)
und Salmanassar's IV. (Ulula'i), und der Kern des Volkes
wanderte ins Exil. Machte auch Sargon II. dem Im-
perium dieser ungesetzlichen Herrscher ein Ende, so
beginnt mit ihm doch die ruhmreiche Dynastie, unter
deren Regiment Assyrien den Gipfel seiner Macht und
Blüte erst erreichen und in Wahrheit eine Weltmonarchie
werden sollte. Mit den Luftschlössern irdischer Gröfse
war es in Israel für immer vorbei, und wenn Juda,
welches über ein Jahrhundert länger bestand, sich noch
zuweilen mit ähnlichen Hoffnungen schmeichelte, so
sollte es die Eitelkeit derselben schliefslich ebenfalls
erkennen.

Von den israelitischen Exulanten hat man nichts
mehr gehört. Sie bildeten zwar den am meisten entwickelten und angesehensten, aber doch nur den klein-
sten Teil der Nation. Die einfältigen Versuche, die
sogenannten Zehn Stämme in allen möglichen Weltteilen
wieder aufzufinden, sind längst von allen ernsthaften
Geschichtsforschern aufgegeben. Die aus Israel Weggeführten sind sicher nach und nach mit der Bevölkerung verschmolzen, in deren Mitte die Eroberer sie
verpflanzt hatten. Und dies ist ein Beweis dafür, dafs
sie dem Weckrufe der Amos, Hosea und ihrer Geistesverwandten kein Gehör gegeben haben. Sie haben ihren
nationalen Jahvekultus nicht gereinigt, und dieser unterschied sich zu wenig von den Kulten ihrer neuen Wohn-

sitze, um sie dort ihre Selbständigkeit als Nation oder als religiöse Gemeinschaft behalten zu lassen. Der Jahvismus mußte unter der Führung der großen judäischen Propheten noch eine lange Entwicklung durchlaufen, ehe er ein solches Widerstandsvermögen sich aneignete. Die israelitische Form desselben aber, wenn sie auch offenbar die Keime der höheren Entwicklung in sich trug, war in Wahrheit noch nicht viel mehr als ein nationaler Kultus, der in der Fremde wie ein von seiner Wurzel losgerissener Baum verdorren mußte.

Bei den Zurückgebliebenen dagegen, also bei der großen Mehrheit des Volkes, blieb die Verehrung Jahves unverändert erhalten. Das war nicht allein in den nördlichen, schon von Tiglatpilesar III. unterworfenen Landschaften der Fall, welche später mit dem gemeinschaftlichen Namen Galiläa bezeichnet wurden — einem Namen, welchen man der bei Phönicien gelegenen Landschaft entlehnte, die vor dem Exil wegen ihrer gemischten Bevölkerung Galil der Gojîm hieß. Hier, vor allem in der südlichsten Gegend, fanden die zurückgekehrten Judäer schon eine dichte israelitische Bevölkerung vor, deren Anschluß an die judäische Gemeinde sie sich nicht widersetzten, wenn man auch in Jerusalem wohl mit einiger Geringschätzung auf sie herabblickte. Noch mehr trifft das Obenerwähnte auf die Landschaft zu, welche Sargon II. nach der Eroberung Samariens seinem Reiche einverleibte, das spätere Samaria. Hier war die Gefahr, daß der Jahvismus aufgegeben wurde, viel bedeutender, weil der Eroberer nicht nur den angesehensten und gebildetsten Teil der Bewohner weggeführt, sondern die Lücke auch schnell durch Kriegsgefangene verschiedener Abstammung und Religion wieder gefüllt hatte. Diese Maßregel, von welcher das zweite Buch der Könige berichtet (17, 24 ff.), wird durch verschiedene Stellen aus den Inschriften Sargons bestätigt. Nur in den Details finden sich Abweichungen; man kann jedoch sagen,

dafs die Berichte sich mehr gegenseitig ergänzen, als
widersprechen. Nach dem jüdischen Geschichtschreiber
kam ein Teil der neuen Bewohner aus Babel und Kuta;
und Sargon meldet, dafs er nach der Züchtigung Ma-
ruduk-bal-iddin's, des Chaldäers, der sich der Herrschaft
über Babel bemächtigt hatte, eine Anzahl babylonischer
Gefangener nach dem Ḥattilande verpflanzt habe, unter
welchem Namen auch Samaria verstanden sein kann.
Von Hamat, ʿAvva (Iva) und Sepharvaim, die im zweiten
Buch der Könige noch erwähnt werden, sagt er nichts.
Aber vielleicht gehören diese zu einer späteren Ver-
pflanzung von Stämmen, denn der Rabšaḳe des Sina-
ḥerib nennt sie mit Arpat und Hena als Eroberungen
seines Herrn (2 Kön. 18, 34; 19, 13). Dagegen spricht
Sargon wiederholt von arabischen Stämmen, die er nach
Bit-ʿOmri, wie es das eine Mal, oder nach der Stadt
Samírina, wie es das andere Mal heifst, überführt habe[1]).
Esra (4, 2) schreibt die Ansiedlung fremder Stämme in
Samarien dem Esarḥaddon zu. Jedenfalls steht fest,
dafs eine bunte Menge von nichtisraelitischen Kriegsgefangenen auf samarischem Gebiete den Platz der von
Sargon weggeführten Bewohner eingenommen hat. Und
wenn es auch von dem Verfasser der Königsbücher
nicht ausdrücklich hervorgehoben würde, so dürften wir
doch wohl nicht daran zweifeln, dafs die Einwanderer
ihre eigenen Stammesgötter mit sich brachten und in
ihren neuen Wohnsitzen weiter verehrten.

Über die Kutäer — wahrscheinlich die zahlreichsten
unter den Fremdlingen, denn die Samariter wurden von
ihren Feinden so genannt — ist der biblische Autor
richtig instruiert. Nergal, der Todes- und Kriegsgott, ist
der Gott der Stadt Kuta bei Babel. Von den anderen Kulten, welche er aufzählt, vermögen wir nichts mit Sicherheit zu sagen. Ob die Sukkôt-benôt der Babylonier

---

1) Vgl. Schrader, KAT² z. d. St.

etwas mit der heiligen Prostitution zu thun haben, oder
ob dieses Wort entstellt überliefert und eine Korruption
von Zar-panit (Zer-banit), der Muttergöttin (LXX sok-
ḫôth-benith), der Gemahlin Maruduks ist, wird wohl
immer unsicher bleiben. Der Ašimâ von Hamat und
der Nibḫaz und Tartâḳ der Avväer sind uns völlig
unbekannt; nur haben diese beiden Namen einen un-
semitischen, der letztere einen sogenannten hittitischen
Klang. In der Meinung, dafs unter Sepharvîm oder
Sepharîm die beiden babylonischen Sippars zu verstehen seien, hat man in Adrammelck und Anammelek,
denen dieser Stamm Kinderopfer brachte, den Sonnengott des einen Sippar und den hohen Himmelsgott Ana
(Anu), von dessen specieller Verehrung sich dort keine
Spur findet, oder eine Entstellung der Anunit-malkat,
der Göttin des anderen Sippar, sehen wollen. Aber dafs
ein babylonischer Gott den Namen Adar trug, ist eine
unbewiesene Vermutung, und ob in Babylonien einheimischen Göttern der Titel Malik und Malkat gegeben
wurde, ist ebenfalls zweifelhaft. Obendrein ist, wie schon
früher betont wurde, aller Grund zu der Annahme vorhanden, dafs Sepharîm in Aramäa gesucht werden mufs,
worauf die Stellung des Namens in 2 Kön. 17 und die
Ewähnung desselben bei den aramäischen Orten in
2 Kön. 18 und 19 hinweist, während die in Vorderasien
allgemein verbreiteten Kinderopfer in Babel und Assur
längst abgeschafft zu sein scheinen.

Wichtiger ist für uns die Nachricht, dafs diese Fremdkulte und ihre Pflege in Samarien den Jahvedienst nicht
verdrängt haben, sondern ihm untergeordnet wurden.
Als Veranlassung dazu nennt der Erzähler des zweiten
Königsbuches den Schrecken, welchen die Löwen, die
sich in dem seit der Wegführung schwach bevölkerten
Lande vermehrten, unter den neuen Ansiedlern erregten.
Man schrieb dies dem Zorn des Landesgottes zu und
erbat und erhielt die Erlaubnis, durch einen aus dem

Exil zurückgesandten Priester den uralten Kultus in Betel
wieder erneuern zu lassen. Die Verehrung Jahves wurde
also wieder die Hauptreligion des Landes, und alle,
Eingeborne wie Fremde, fügten sich dieser Thatsache.
In der Art des israelitischen Jahvismus lag kein unüber-
steigliches Hindernis für diese Verschmelzung mit ausländischen Elementen; die letzteren blieben doch auf
die Religion der Einwanderer beschränkt und wurden in
die Volksreligion als solche nicht aufgenommen. Die
Samariter hatten wenigstens nicht das Bewußtsein, keine
ächten Jahvediener zu sein, und verlangten deshalb
später auch in die jüdische Gemeinde aufgenommen zu
werden. Aber diese, einer so unreinen Form des nationalen Gottesdienstes entwachsen, wies sie mit Entrüstung
ab. So viel ist sicher, daß der Jahvismus der Samariter
eine Landesreligion geblieben ist, welche für die religiöse Entwicklung der Menschheit keine bleibende Frucht
abgeworfen hat.

10. Aḫaz und die Reform des Hizkia.

Konnte auch die von Amos und Hosea ausgestreute
Saat in Israel nicht mehr aufkeimen, so ging sie des-
halb doch nicht verloren. Jesaja und andere große
Propheten nahmen in Juda alsbald dieselbe Arbeit auf
und setzten sie in ihrem Geiste fort. Die Zeit zwischen
dem Untergange des Reiches Israel und dem des
Reiches Juda ist eine der wichtigsten in der Religionsgeschichte. Sie umfaßt den Kampf auf Leben und
Tod zwischen dem reformierten und zu seiner höchsten
Entwicklung gediehenen Jahvismus und einer fanatischen
Reaktion, durch welche er stets mehr verunreinigt wurde:
einen Kampf, der gewissermaßen auf kleinerer Bühne
das Vorspiel des gewaltigen Ringens bildete, welches
mit dem Untergange der antiken Religion und dem
Siege des Christentums endigte. Auch hier hat die

Reformation zuletzt triumphiert, aber erst nachdem der
Sieg mehr als einmal ihren Widersachern verblieben
war, und nur auf Kosten der Unabhängigkeit des Volkes. Es liegt aufserhalb unserer Aufgabe, diesen Streit,
vor allem soweit er die Geschichte der religiösen Ideen
innerhalb des Judentums betrifft, ausführlich zu sehil-
dern; für uns kann es sich nur darum handeln, den
Sieg des gereinigten Jahvismus über die fremden und
die ethnischen Elemente überhaupt zu skizzieren.

Um die Bedeutung dieses Kampfes zu fühlen, müssen
wir seinen eigentlichen Charakter richtig verstehen. Er
ist keineswegs ein Ringen zwischen höherer Intelligenz
und Unwissenheit, zwischen Liberalismus und Orthodoxie,
nicht einmal zwischen einer hoch entwickelten religiösen
Anschauung und einem zurückgebliebenen, abgöttischen
Fanatismus, am allerwenigsten zwischen religiösem Ernst
und Leichtsinn. Beide Parteien waren gleich ernst, gleich
religiös. Beide waren tief durchdrungen von der Not
der Zeiten und voll von düsteren Erwartungen für die
Zukunft. Aber sie suchten sich auf verschiedene Weise
gegen diese Not zu waffnen und dies drohende Unheil
entweder abzuwenden oder sich gegen dasselbe zu stärken.
Die eine, die der grofsen Propheten und ihrer Geistesverwandten unter Königen und Volk, suchte ihr Heil in
der Reinigung des Kultus und der unbedingten Befolgung des Sittengesetzes Jahves — die andere, die der
grofsen Mehrheit und einiger anderer unter ihrem Einflufs stehender Könige, in der Bereicherung des Pantheons wie des Kultus und der Erschwerung der Opfer.
Beide suchten dasselbe, strebten nach demselben Ziel:
das Volk zu erhalten und die Gottheit zu versöhnen;
aber die eine erwartete das Heil von der Gesinnung,
die andere von den religiösen Zeremonieen. Es war ein
Streit zwischen einer ethischen und einer ritualistischen
Religion.

Deshalb ist es verkehrt, die Verbindung von allerhand ausländischen Kultusbräuchen mit dem nationalen Jahvedienste Synkretismus zu nennen, wenn man nicht diesem Worte eine ganz andere als die gewöhnliche Bedeutung unterlegen will. Die Anhänger dieser Richtung suchten die fremden Kulte zwar, so gut es gehen wollte, mit dem heimatlichen in Übereinstimmung zu bringen und waren gewiſs davon überzeugt, durch diese Handlungsweise nicht in Konflikt mit demselben zu geraten. Aber sie thaten es, um neben Jahve, der sich augenscheinlich von seinem Volke abgewendet hatte, die Gunst der mächtigen Götter zu erlangen, welche ihren Anbetern den Sieg auch über Jahves Volk geschenkt hatten und mithin vorsichtigerweise nicht vernachlässigt werden durften. Jahve war und blieb der höchste, der eigentliche Volksgott, die anderen kamen erst in zweiter Linie in Betracht. Von irgendwelcher Verschmelzung, sodaſs man in den fremden Göttern nur anderen Gestalten des eigenen Gottes, diesem selbst nur unter anderen Namen und mit anderen Opfern zu dienen meinte, findet sich nicht die mindeste Spur. Solch' eine philosophische Theorie — denn das ist der Synkretismus thatsächlich — stimmte weder zu dem Charakter des Volkes, noch zu dem Geiste dieser Zeit. Man wurde mehr durch Angst und Leidenschaft, als durch Nachdenken und Überlegung beeinfluſst.

Der erste König von Juda, von dem berichtet wird, daſs er zum Fremden in der Religion neigte, ist Aḫaz. Er opferte seinen Sohn, „nach den Greueln der Völker, welche Jahve vor den Kindern Israel vertrieben hatte", wie es im Königsbuche heiſst: also nach dem altkanaanäischen Ritus, wie er im Hinnomthal bei Jerusalem geübt wurde. Es läſst sich viel für die Vermutung sagen, daſs er dies in den bangen Tagen that, als Pekaḥ von Israel und Raṣon von Damaskus ihn belagerten, und die assyrische Hilfe noch nicht erschienen war. Sicher muſs es etwas Ungewöhnliches gewesen sein, sonst würde

es nicht ausdrücklich berichtet werden; eine Neuigkeit,
die hier noch ziemlich bestimmt als eine Nachfolge der
Könige von Israel bezeichnet wird.   In der That war
dort das Gleiche schon früher im Schwange, wenigstens
wenn wir die Anklagen des Amos und Hosea richtig
verstehen.   Wenn nun auch Aḫaz der erste judäische
König gewesen zu sein scheint, der ein solches Opfer
darbrachte, so folgt doch daraus keineswegs, daſs er das
Tophet, den Ort, wo man seine Kinder für den Melek
„durch das Feuer gehen lieſs“, im Thal der Söhne
Hinnoms eingerichtet hat.   Es bestand ohne Zweifel.
Hizkia kann es nicht gestiftet haben, und unter seiner
Regierung erwähnt es Jesaja als eine bekannte Sache.
Aber es kann viel älter sein als Aḫaz.   Wir kommen
bei der Besprechung der Regierung Manasses darauf
zurück.

Von geringerem Belang, obschon in den Augen des
jüdischen Geschichtschreibers verabscheuungswürdig, war
die Ersetzung des alten bronzenen Altars im Jerusalemischen Tempel durch einen steinernen Altar, der auf Befehl des Königs von dem Priester Uria erbaut wurde.
Dabei folgte man einem Modell, welches Aḫaz in Damaskus gesehen hatte, als er dort Tiglatpilesar III., dem
Besieger Raṣon's und seinem Schutzpatron, seine Reverenz
erwies.   Nach seiner Rückkehr von Damaskus wurde der
Altar von ihm selbst eingeweiht und fortan bei der Darbringung aller königlichen und öffentlichen Opfer benutzt,
während der frühere Altar von seiner Stelle gerückt und
zu weiterer Verfügung gehalten wurde.   Der Priester hat
sich augenscheinlich nicht hieran geärgert, aber für viele
strenge Jahvisten wird es eine Schändung des Heiligen
gewesen sein.

Weit, bedenklicher war jedoch, daſs er das Dach
eines Obergemaches in seinem Palaste für den Dienst
der Himmelskörper einrichtete, wenn er auch noch nicht
wagte, ihn — wie später Manasse that — in den Tempel

Jahves selbst einzuführen [1]). Auch von diesem Kult wird später noch die Rede sein.

Hizkia (Jeḫizkijahu, Ḥizkija), Aḫaz' Sohn und Nachfolger, war ein Mann von ganz anderer Gesinnung. Sein Freund und Berater war der große Prophet Jesaja, dessen Ideale er sicherlich nicht völlig zu realisieren vermocht hat, dessen Rat er aber allezeit begehrte und dessen Aussprüchen er gern sein Ohr lieh. Deshalb ist er für den prophetischen Geschichtschreiber ein König nach seinem Herzen, und werden ihm allerlei Reformen zugeschrieben, an welche er vielleicht nicht einmal gedacht hat. Gesetzt den Fall, er hätte wirklich alle Bamôt, Maṣṣeben und Ašeren zerstört, an denen Jesaja, soweit wir sehen können, keinen Anstoß nahm, und die obendrein zu dem uralten Jahvedienst gehörten — wie hat er dann in der unmittelbaren Nähe seiner Hauptstadt das Tophet und die von Salomo erbauten Heiligtümer der fremden Götter schonen können? Hizkias Reform scheint vor allem gegen die Bilder Jahves gerichtet gewesen zu sein, welche er zunächst im königlichen Tempel und dann, soweit ihm dies möglich war, auch sonst fortnehmen ließ, wenn es ihm auch gewiß nicht gelungen ist, sie aus allen Privatheiligtümern und -Häusern zu entfernen. Zu diesen Bildern gehörte auch die eherne Schlange, der Kupfergott (Neḫuštan), welche der Überlieferung nach aus der Zeit der Wüstenwanderung stammte und noch immer in Jahves Tempel zu Jerusalem verehrt wurde. Man braucht weder den Totem des Hauses David (Robertson Smith), noch einen Ahnengeist (Stade) in ihr zu suchen. Es kann sich um die Blitzesschlange, eine Art Seraph, aber ebensogut, in Übereinstimmung mit

---

1) Direkt wird nicht behauptet, daß Aḫaz diesen Fremdkult ausübte. Aber wenn später gesagt wird, daß Josia die hierzu bestimmten Einrichtungen auf dem Dache des Obergemaches Aḫaz' zerstörte, so kann das schwerlich einen anderen Sinn haben. Abweichend Eerdmans, a. a. O. blz. 51.

dem, was der Bericht des Buches Numeri (21, 5 f.) auf seine Weise erzählt, um einen Schlangenfetisch handeln, welchem man opferte zum Schutz gegen schädliche Ottern. Wie dem auch sei: für das religiöse Bewuſstsein Jesajas und seiner Geistesverwandten war dieser animistische Kultus ein Anstoſs geworden.

Mit der verhältnismäſsig noch sehr bescheidenen Reform Hizkias war eine Hebung des Nationalgefühls verbunden. Im Vertrauen auf Jahves Hilfe wagte es der König, sich mit einigen Nachbarfürsten der Autorität Assyriens zu widersetzen, diejenigen, welche dieser Eidgenossenschaft nicht beitreten wollten, mit den Waffen zu züchtigen und sogar mit dem aufrührerischen chaldäischen Lehnsfürsten Maruduk-balidinna (Merodach-baladan) Beziehungen anzuknüpfen. Hierdurch brachte er sein Reich an den Rand des Abgrunds. Sinaḥerib war nicht der Mann dazu, solche Unabhängigkeitsgelüste ungestraft zu lassen; und bald hatten die assyrischen Truppen ganz Philistäa und Juda sich unterworfen. Ägypten, auf welches Hizkia gegen Jesajas Rat sich verlassen hatte, kam, wie immer, zu spät und würde auf keinen Fall den assyrischen Heeren Stand gehalten haben. Wie ein Vogel im Käfig war der judäische König in seiner Hauptstadt eingeschlossen und sah sich genötigt, seinen Tempel aller Kleinodien zu berauben, um den schweren Tribut an den Sieger entrichten zu können, welcher sein Hauptquartier in Lakiš aufgeschlagen hatte. Ein plötzliches Unglück, welches die assyrische Kriegsmacht traf, wahrscheinlich eine pestähnliche Krankheit, bewog diese zum Abzuge und verschaffte Juda wieder verhältnismäſsige Ruhe. Aber der schöne Traum von Freiheit und Herrschaft war zerflossen, und die Macht des Reiches gebrochen. Diejenigen, welche mit den strengen Maſsregeln des Königs nicht einverstanden waren und sich ihnen nur unwillig gefügt hatten, konnten in den Heimsuchungen, welche Juda getroffen hatten, nur einen Beweis dafür sehen, daſs Jahve selbst

die Änderungen im herrschenden Kultus verabscheute,
ebenso wie sie dieselben nicht als eine Reinigung der
Religion, sondern vielmehr als irreligiös und vermessen
betrachteten. Nicht wenige werden sogar in den Siegen
Sinaḥeribs einen Beweis für die Macht der assyrischen
Götter gesehen haben. Der Weg zu einer Reaktion war
gebahnt, und nur das Ansehen des alten Königs, welches sich nach dem Abzuge des Feindes wieder einigermaſsen hob, hielt sie noch auf. Kaum war er jedoch
zu seinen Vätern versammelt, als sie mit ungeahnter
Energie auftrat.

11. Die Reaktion unter Manasse und Amon.

Manasse kehrte zu der Politik seines Groſsvaters
zurück, indem er sich Assyrien unterwarf und dadurch
Ruhe und Frieden im Lande schaffte, aber zugleich Alles
aufbot, um sich der Gunst der himmlischen Mächte zu
versichern. Niemals sind alte, längst in Vergessenheit
geratene und ausländische Kultusformen in Juda so zahlreich gewesen, niemals sind sie mit einem so fanatischen
Eifer ausgeübt, niemals ist dann auch der Zorn der
Reformpartei und der strengen Jahvisten so heftig ent-
brannt, als unter der Regierung Manasses und seines
Nachfolgers Amon. Von dem Opferplatze Tophet im
Thal der Söhne Hinnoms stieg täglich der Rauch der
Kinderopfer zur Ehre des Melek zum Himmel empor,
und als ob sie sich dadurch nicht an dem Gott Israels
versündigten, begaben die Opfernden sich von dort aus
mit bluttriefenden Händen sogar am Sabbattage nach
dem Tempel Jahves, um auch diesem ihre Huldigung
darzubringen. Und das war noch nicht das Schlimmste.
In diesen Tempel selbst wurden nun allerlei abgöttische
Kulte eingeführt. Das Haus des Heiligen war ein polytheistischer Metropolitantempel, die Wohnung eines wahren
Pantheons geworden. Das ganze Heer des Himmels,

Sonne, Mond und Sterne, bislang nur in den Häusern angebetet, wurde jetzt hier öffentlich verehrt. Mit dem Rücken nach dem Heiligtum und dem Angesicht nach Osten gewendet, begrüßte man ehrerbietig den Sonnengott. Seine Wagen und Rosse standen am Eingange neben der Halle Natanmeleks, des Eunuchen. An einem anderen Thore saßen Frauen, um den gestorbenen Tammuz zu beweinen. Anderswo stand ein Bild, welches Ezechiel, mit einem Wortspiel auf den noch unerklärten Namen, ein Bild des Eifers nennt, weil es Jahves Eifer erwecken mußte. Endlich gab es dort noch ein geheimes, dunkeles Gemach, dessen Wände mit den tierischen Gestalten aller der „Dreckgötter Israels" verziert waren, und wo ihnen selbst die Angesehensten in Juda ihre Devotion bezeugten [1]).

Es ist nicht zu bezweifeln, daß die meisten dieser Gebräuche, der Dienst des Himmelsheers, namentlich des Sonnengottes, die Verehrung des Tammuz (Dumuzi) und Alles, was damit zusammenhing, nicht zum Jahvismus gehörten, ja im Gegensatze zu ihm standen, und daß diese Fremdkulte von den Assyrern übernommen waren, in deren Religion von Alters her die Verehrung der Himmelskörper als Offenbarungen der Götter eine wichtige Rolle spielte. Kein assyrisches Königsbild, auf dem nicht die Symbole von Sonne, Mond und Sternen angebracht wären, wie sie auch sein Staatskleid schmückten. Damit stimmt überein, daß Manasse sich viel mit

---

1) Ein Teil dieser Details ist Ezechiel 8 entlehnt. Ich bin mit Kuenen (G. v. I. I, blz. 491 vgg. HCO[2], II, blz. 278) und Anderen davon überzeugt, daß der Prophet hier nicht von etwas spricht, das noch zu seiner Zeit im Jerusalemischen Tempel geschah, sondern ein Bild der Abgötterei aus der Zeit vor Josia zeichnet. Wenn unter Jojakın und Zedekia dergleichen Mißbräuche wieder in den Tempel eingeführt wären, so würden wir wohl auch bei Jeremia eine Spur davon finden. Daß der Kultus der fremden Götter damals im Volke wieder auflebte, werden wir sehen; aber daß er wieder offiziell im Tempel zugelassen sei, ist eine grundlose Vermutung.

Magie, Mantik, Totenbeschwörung und all' den animistischen Gebräuchen befaßte, als deren Meister und Pfadfinder gerade die Chaldäer betrachtet wurden. Daß auch Tammuz nach Babel und Assur gehört, bedarf nicht des Beweises. Die zoomorphen oder therianthropischen Götterbilder in dem geheimen Gemach hat man mit ägyptischen Religionsformen in Verbindung gebracht. Das ist sehr wohl möglich: nirgends waren reine oder gemischte Tiergestalten für die Götter so üblich als dort, und da man in Juda nun einmal danach trachtete, sich der Hilfe a l l e r göttlicher Wesen zu versichern, kann man es wohl für rätlich gehalten haben, auch die ägyptischen nicht zu vernachlässigen, betete sie aber dann, um die Herren in Ninive nicht zu ärgern, im Verborgenen an. Doch sind dies alles Vermutungen; die Tiergottheiten könnten auch babylonisch-assyrische, die Ungeheuer aus dem kosmischen Ozean der Tiavat, oder mit anderen Worten, die Sternbilder des nächtlichen Himmels gewesen sein; nur soviel ist sicher, daß sie, obwohl von dem Propheten „Dreckgötter des Hauses Israels" genannt, nicht zum Jahvedienst gehörten.

So bleibt trotz der relativ ausführlichen Berichte über Manasses Abgöttereien doch noch immer Vieles ungewiß. Ob neben den Priestern Jahves eine andere Priesterschaft oder vielleicht sogar verschiedene Kollegien standen, welche den Kultus der fremden Gottheiten wahrnahmen, ist z. B. nicht mehr auszumachen. Daß Jahve der eigentliche Gott des Tempels, der höchste Himmelsgott blieb und nicht neben sondern über die anderen gestellt wurde, und daß man diese als seine Trabanten, seine συμβωμοι betrachtete, versteht sich wohl von selbst. Im Altertum war das nicht anders möglich.

Aber eine schwierigere Frage ist die nach dem Verhältnis zwischen Jahve und dem Melek, welchem auf dem Tophet die Kinderopfer gebracht wurden. Schon früher (S. 243 Anm.) habe ich ausgesprochen, daß ich denen

nicht zustimmen kann, welche den in Rede stehenden
Melek für eine besondere Gestalt Jahves selbst halten.
Das ist jetzt näher zu erläutern. Dafs man ehemals, und
in der Theorie auch noch im 8. Jahrhundert v. Chr.,
Kinder- und Menschenopfer für dem Jahvismus nicht
durchaus widersprechend hielt und solche zuweilen dem
Gott Israels geweiht hat, in der Meinung ein ihm wohlgefälliges Werk zu thun, ist nicht zu leugnen, obwohl
jetzt auch die höher entwickelten Jahvisten sich gegen
sie aussprachen. Ebensowenig ist zu verkennen, dafs
diese Opfer schon ein Jahrhundert früher, wenigstens
im Reiche Israel, wieder häufig dargebracht und in
Betel gerade für Jahve geschlachtet wurden. Aber wenn
auch dieser neuerwachte Eifer nach Juda verpflanzt sein,
und der Melekdienst von Ge-Hinnom in ihm einen Anknüpfungspunkt und eine Rechtfertigung gefunden haben
kann: dieser Melek war ein anderer Gott als Jahve. Es
wurde sogar nicht einmal der Versuch gemacht, ihn in
den Tempel auf dem Ṣion einzuführen, und ursprünglich
stand er offenbar durchaus nicht mit ihm in Verbindung.
Alle Propheten unterscheiden stets scharf zwischen den
beiden Göttern. Der Melek, der Baʿal ist immer ein anderer als Jahve, wurden auch früher beide Titel ihm
beigelegt. Wenn die Verehrer beider sie für einund-
denselben Gott gehalten hätten, so würden die Propheten
wenigstens bisweilen diese Meinung erwähnt und bekämpft
und nicht so konsequent, ohne Furcht vor Widerspruch,
den Melek als nichtisraelitische Gottheit zu den Abgöt-
tern, den Dreckgöttern gerechnet haben. Sie eifern nur
gegen die, welche den Dienst des einen für verträglich
mit dem des anderen hielten. Wenn Ṣephanja (I, 5) von
denen spricht, „welche sich vor den Sternen beugen
und bei Jahve schwören und bei ihrem Melek", so ist
das keine Verbindung, sondern ein scharfer Gegensatz.
Wenn Ezechiel seine Entrüstung darüber zu erkennen
giebt, dafs man, nachdem man dem Melek Kinderopfer

gebracht, sich mit blutigen Händen nach Jahves Tempel
begab und das obendrein wohl noch am Sabbattage, so
würde er sich anders ausgedrückt haben, wenn man ihm
hätte antworten können: „Es ist Jahve, den wir auf beide
Weise verehren, und deshalb gehört sich dies gerade
am Sabbat." Und wenn man einen Beweis dafür will,
dafs dieser Prophet das Opfern auf dem Tophet nicht
nur als einen barbarischen Ritus, sondern auch und
mehr noch als die Anbetung eines fremden Gottes verabscheute, dann achte man auf diese Worte (16, 20 f.):
„Du nahmst deine Söhne und Töchter, die du mir geboren hattest, und opfertest sie den gillulîm zur Speise.
Du schlachtetest meine Söhne und gabst sie ihnen,
indem du sie ihnen überliefertest", als ob er sagen wollte:
„wenn ihr, was mir gehörte, wenigstens mir geopfert
hättest, so würdet ihr minder sündig sein". Der Prophet
hätte nicht so sprechen können, wenn der Melek von Ge-
Hinnom Jahve selbst und sein Dienst ein wiedererstan-
dener alter einheimischer Kult gewesen wäre [1]).

Die Verehrung des Melek durch das Schlachten und
Verbrennen von Kindern war also ein fremder Kult. Er
war nicht babylonisch-assyrischen Ursprungs, denn in
der Religion der damaligen Oberherrscher Israels findet
sich keine sichere Spur desselben. Auch bestand er wahrscheinlich schon, ehe sich ihr Einflufs geltend machen
konnte. Von einer Errichtung des Tophets hören wir
nichts. Wenn Ahaz sich ihrer schuldig gemacht hätte,

---

1) Ezech. 20, 25 f. kann hier nicht in Betracht kommen. Scheint
der Prophet hier anzuerkennen, dafs Jahve selbst in der Wüste die Darbringung der Erstgeborenen geboten hat, so hatte er Grund dazu wegen
der bekannten Stelle des Bundesbuches und sucht nun das dort gegebene
Gebot zu erklären und zugleich als ein schlechtes Gesetz zu brand-
marken. Weder Wellhausen, noch Kuenen (HCO[2], II, 284) legen irgend-
welches Gewicht darauf und betrachten es mit Recht nicht als unparteiische Geschichte. Das Kinderopfer gehörte als ausdrückliche Vor-
schrift sicherlich nicht zu dem alten mosaischen Jahvismus und kommt
in Juda und Israel denn auch nur ausnahmsweise vor.

so würde das sicher in seinem Sündenregister bemerkt
sein. Unter Hizkia bestand es, und dieser dachte nicht
daran, es abzuschaffen. Es muſs also zu der alten kanaanäischen Landesreligion gehört haben, und dort wurde
ein Kultus ausgeübt, den man duldete, ohne sich selbst
an ihm zu beteiligen, wenigstens ohne ihn mit der nationalen Religion zu verbinden. Vielleicht war er schon
längst in Verfall geraten. Da trieb der erwachte religiöse
Fanatismus zu der Schluſsfolgerung: Wenn alle Erstgeburt Jahve gehört, dann auch die von dem Teuersten,
was wir haben, unsern Kindern. Juda folgte diesem Beispiel, aber als fühlte man hier, daſs diese Opfer, wenn
sie auch dem Stiergott von Betel geheiligt wurden, in
dem Jahvetempel auf Ṣion doch am unrechten Platze
sein würden, schlachtete man sie, einen Kompromiſs vor-
ziehend, vor dem alten kanaanäischen Melek, dessen
Heiligtum in der Nähe der heiligen Stadt bislang für
nicht unvereinbar mit dem Jahvedienste gehalten wurde.
Wie dem auch sei, möge diese Vermutung den Sach-
verhalt treffen oder nicht: Jahve und Melek dürfen nicht
identifiziert werden und wurden auch von denen, welche
sie verehrten, nicht für identisch gehalten.

Was für die Reformationspartei in Juda eine gren-
liche Abgötterei war und was wir die Reaktion nannten,
war doch nicht eine einfache Rückkehr zu alten Religionsformen, die durch allerlei gleichartige Elemente fremder
Religionen verstärkt wurden, sondern eine mächtige religiöse Bewegung, aus der Not der Zeit entstanden und
darauf angelegt, durch fromme Werke das gefürchtete
Urteil noch abzuwenden. Daſs man vor allem das Assyrische nachahmte, war natürlich in einer Epoche, als die
babylonische Kultur, jetzt in ihrer assyrischen Form und
durch die assyrischen Waffen verbreitet, wieder den Ton
angab und die ägyptische überflügelte, und stand in
Verbindung mit der Politik Manasses und Amons, welche
ihrem Lande Frieden und eine relative Wohlfahrt sicherten.

Diese Kultur mit ihrer reichen Tradition, ihrer Wissenschaft und Kunst war auch für die treuen Jahvisten nicht bedeutungslos; auch ihr Gesichtskreis wurde erweitert, ihre Weltkenntnis vermehrt, was von selbst auch ihre religiösen Anschauungen weitherziger und minder partikularistisch machen mufste. Manche schöne Erzählung, die offenbar die selbständige jahvistische Bearbeitung babylonischer Vorlagen ist — aber eine Bearbeitung, welche sowohl in litterarischer als in religiöser Beziehung das Original weit übertrifft, zeigt noch immer, wie auch die Anhänger des unvermischten väterlichen Glaubens sich das Fremde zu Nutze zu machen wufsten. Die uneutwickelte Menge dagegen entlehnte diesem vor allem das Inferiore, das, worin Babel und Assur bei all' ihrer höheren materiellen und intellektuellen Kultur gerade hinter Israel zurückstanden, und buhlte mit Kultusformen, die bei unzivilisierten oder barbarischen Völkern ein gewisses Existenzrecht besitzen, nun aber alle Bedeutung verloren hatten und deshalb nichts als häfslicher und, was das Schlimmste ist, unmenschlicher Aberglaube waren. In fanatischem Eifer ging Manasse jedenfalls seinem Volke voran; und er scheint diejenigen, welche sich gegen diese Ärgernisse aufzulehnen wagten, verfolgt und nicht wenig Blut vergossen zu haben. Seine Politik war bei dem dermaligen Zustande der zivilisierten Welt die verständigste und brachte auch gute Früchte für sein Volk; diejenigen, welche aus einem achtungswerten, aber wenig gerechtfertigten Nationalitätsgefühl ihr opponierten, sollten unter den folgenden Regierungen erfahren, wie jämmerlich jeder Versuch Judas, eine politische Rolle zu spielen, scheitern mufste. Aber diese weise und vorsichtige Politik forderte durchaus nicht die Preisgabe des Besten, was Israel besafs, die Verunreinigung seiner ererbten Religion. Die Geschichtschreiber haben deshalb die Könige, welche den religiösen Fanatismus der obersten und der untersten Stände nicht zügelten, sondern ihn durch ihr Beispiel anfeuerten und den Kern der Nation bedrückten, mit düsteren Farben gezeichnet. Und dazu hatten sie das gröfste Recht.

12. Von der Reformation Josias bis zum Exil.

Die Geschichte der Reformation Josias nach ihrem Ursprung und ihrer Bedeutung für die Entwicklung des Jahvismus mufs hier, dem Plane dieses Werkes entsprechend, als bekannt vorausgesetzt werden. Wie sie in der Stille vorbereitet wurde durch reformatorisch gesinnte Priester und ihre Geistesverwandten unter den Propheten, welche die Grundzüge derselben in ein Gesetzbuch zusammengefafst hatten, das den Kern des Deuteronomiums bildet und zu günstiger Stunde dem gutgesinnten Könige vorgelegt wurde, als die letzten Ermahnungen des grofsen Religionsstifters an sein Volk, also mit göttlicher Autorität bekleidet; wie sie, von Josia mit voller Überzeugung und durchgreifendem Eifer ins Werk gesetzt, den Keim der Hierokratie in sich trug, welche in ihrer nach dem Exil erfolgten Konsolidierung die praktische, jedoch immer sehr dürftige Realisation der Ideale der Propheten war, aber zugleich dem Prophetismus den Todesstofs versetzte, weil sie seine Freiheit in Banden schlug — an das Alles kann hier nur erinnert werden. Wir haben diese Reformation hier lediglich als eine wichtige Episode in dem Kampfe zwischen Jahve und den Göttern der Völker zu würdigen.

Im Gegensatz zu der noch etwas schüchternen Reform des Hizkia war die Josias radikal. Sie war nicht nur gegen die Bilder der Gottheit und einzelne Gebräuche gerichtet, sondern gegen Alles, was zu den kanaanäischen, gemischt kanaanäischen und fremden Kulten welcher Art auch immer gehörte, also nach der Auffassung der reformatorischen Propheten mit dem echten Jahvismus sich nicht vertrug. Der Tempel auf Șion wurde

von allen polytheistischen Riten gesäubert, die Heiligtümer, welche Salomo für seine fremden Weiber errichtet hatte, wurden geschleift, das Tophet verunreinigt,
der Dienst der Himmelskörper, selbst in Privatwohnungen,
verboten, und die Einrichtung, welche Aḥaz zu diesem
Zwecke im königlichen Palaste getroffen hatte, zerstört;
sogar die Jahveverehrung auf den Bamôt wurde nicht
länger geduldet, und auf diese Weise der Dienst des
Nationalgottes im Jerusalemischen Heiligtum zentralisiert.
Maṣṣeben wurden umgeworfen, Ašeren verbrannt. Auch
aufserhalb Judas, in dem vormaligen Reiche Israel, suchte
der König die Vorschriften des neugefundenen Gesetzes
seines Gottes zur Ausführung zu bringen. Vor der sinken-
den assyrischen Macht nicht mehr in Besorgnis und sich
wenig darum kümmernd, dafs sie bald auf eine andere,
nicht minder furchtbare Herrin übergehen sollte, zog
Josia nach Betel, um dort alles zu vernichten, was zu
der seit Jahrhunderten hier üblichen Form des Jahvedienstes gehörte. Die Alleinherrschaft Jahves in Israel
schien definitiv gesichert, und allgewaltig thronte er in
seinem erwählten Heiligtum zu Jerusalem.

Über den Eindruck, welchen diese gewaltsamen Mafs-
regeln auf das Volk machten, berichten die uns zugebote
stehenden Quellen nichts. Dafs man sich — wenn auch
noch so unwillig — unterwarf, versteht sich in einer
orientalischen Monarchie von selbst. Aber dafs mancher
verfehmte Gott noch in der Stille verehrt, und der verbotene Kultus noch in manchem abgelegenen Winkel
ausgeübt wurde, ebensosehr. Dafs auch diese, lediglich
lich aufgezwungene Reformation nicht von Bestand sein
konnte, sobald die Autorität dessen, der sie durchgesetzt
hatte, ein Ende nahm, weil sie in dem Herzen des Volkes
nicht Wurzel geschlagen hatte, sollte sich bald zeigen.

In der festen Überzeugung, dafs Jahve, dessen Ehre
er wahrgenommen und dessen Gebote er so treulich befolgt hatte, nun ihm und seinem Volke beständige Un-

abhängigkeit verbürgen und ihn bei allen seinen Unter-
nehmungen segnen würde; im Vertrauen darauf, dafs Jahves Hilfe mächtiger sei als zahlreiche Heere, war Josia
mit seinem bescheidenen Kontingent ausgerückt, um den
ägyptischen König Neko in seinem Zuge nach dem Euphrat zu hemmen, als dieser sich beeilte, für sich und
sein Reich die Provinzen mit Beschlag zu belegen,
welche jetzt der mächtigen Faust Assurs entglitten und
in früherer Zeit zu Ägypten gehörten. Der Ausgang
ist bekannt. Ägypten war zwar nicht mehr, was es
früher gewesen war, aber jetzt mehr als ehedem eine
Militärmacht, deren Heere gröfstenteils aus tapferen Ber-
bern und anderen Soldtruppen bestanden, welche das
Soldatenhandwerk aus dem Grunde kannten. Um diese
zu schlagen, bedurfte es eines Feldherrn, wie des
grofsen Nebukadrezar, und eines Heeres, wie des assy-
risch-babylonischen; eine schwache Kriegsmacht, wie
sie ein König von Juda, und zudem in jener Zeit, ins
Feld stellen konnte, bedeutete demgegenüber nichts,
wenn er sich auch vielleicht nicht strikt an die echt
priesterlichen, aber wenig praktischen Vorschriften über
Heeresbildung gehalten hat, welche das 20. Kapitel
des Deuteronomiums umfafst. Der König fiel. Der Sohn,
welcher ihm gefolgt war, wurde von dem ägyptischen
Könige entthront und durch einen jüngeren Bruder ersetzt. Juda und die Reste Israels waren wieder abhängig
von Ägypten, bis dieses Joch mit dem Babels vertauscht
werden sollte.

  Aber jetzt erhoben die kraft der Autorität des nun
gefallenen Fürsten unterdrückten Kulte, oder wenigstens
ähnliche, wieder ihr Haupt. Zwar findet sich kein Beweis dafür, dafs der Dienst der Himmelskörper und die
Kinderopfer für den Melek, welche er abgeschafft hatte,
wieder eingeführt, und der Tempel aufs Neue durch un-
jahvistische Bräuche verunreinigt wurde. Die Mifsbräuche,
gegen welche Ezechiel eifert, gehören, wie schon er-

wähnt wurde, einer früheren Periode an; wären sie noch
im Schwange gewesen, so würde Jeremia sicherlich nicht
von ihnen geschwiegen haben. Aber aufserhalb des
Tempels gewann der Polytheismus wieder Schritt für
Schritt an Boden. So viel Städte, so viel Götter, hiefs
es von Juda. Das neue Verhältnis zu Ägypten scheint
auch Anlafs zu der Übernahme ägyptischer Kulte gegeben zu haben, obschon die Andeutungen, aus welchen
man dies schliefst, zu unbestimmt sind, um mit genügender Sicherheit von ihnen reden zu können. Aber
einen Kult finden wir in voller Blüte und sogar nach
der zweiten Deportation unter Zedekia und dem Falle
Jerusalems zum grofsen Ärgernis Jeremias mit hartnäckiger Leidenschaft weiter gepflegt: den der Malkat
haššamajîm.

Schon in Jerusalem, so klagt der Prophet, war es
ihm anstöfsig gewesen zu sehen, dafs man immer fortfuhr, allerhand Göttern zu opfern und das Heer des
Himmels anzubeten, selbst auf offener Strafse, aber vor
allem, dafs man der Königin des Himmels besondere
Verehrung erwies. Männer, Frauen und Kinder nahmen
an dieser Teil; die Kinder sammelten das Holz, die
Männer zündeten das Feuer an, und die Frauen, die
sicherlich bei diesem Kult die erste Rolle spielten,
kneteten den Teig zu Kuchen, die ein Bild oder Symbol
der Göttin vorstellen mufsten. Der Sinn dieses Brauches, der nicht allein bei Semiten, sondern sehr allgemein, auch bei arischen Völkern — namentlich bei den
alten Germanen — vorkommt[1]), und dessen schwache
Spur sich noch in unseren Weihnachtskuchen erhalten
hat, ist natürlich der, dafs man durch das Essen ihres
Bildes Teil an der Gottheit haben, sie womöglich in sich
aufnehmen wollte. Es ist höchst bemerkenswert, dafs

---

[1]) Vgl. u. a. Pfannenschmid, Germanische Erntefeste (Hannover 1878), S. 215 f.

diese Kultusform schon in Juda vorkommt und dort so
besonders beliebt gewesen zu sein scheint. Dafs sie
hier von einem fremden Volke, Assyrern oder Ägyptern, übernommen sei, ist nicht nachzuweisen. Jeremia's
Mifsbilligung ist kein Beweis dafür. Sicherlich nicht
jahvistischen Ursprungs, könnte sie doch zu dem israe-
tisch - kanaanäischen Mischkultus gehören; denn wo ein
Melek ist, erwartet man beinahe eine Malkat. Aber es
ist nicht zu leugnen, dafs in den phönicischen Inschriften
die Göttinnen wohl Ba'alit, Rubat, Herrin oder Fürstin, aber niemals Malkat oder Milkat genannt werden,
wenn auch der Titel in einigen Eigennamen eine Göttin
bedeutet haben mufs, und dafs die Zusammensetzung
Malkat haššamajîm bei ihnen nirgends angetroffen wird.
Deshalb hat man vermutet, dafs der Ehrenname „Königin
des Himmels" von den Assyrern entlehnt und die mit
ihm bezeichnete Göttin folglich eine babylonisch - assyrische sei. Es thut wenig zur Sache, ob der Name Malkat
in dieser Bedeutung bei den Assyrern vorkommt; šarrat
und šarrat šamê sind bei ihnen gewöhnliche Epitheta
ihrer Ištar oder Belit, und das hebräische Malkat haššamajîm würde die richtige Übersetzung davon sein. Es
ist also wohl Grund dazu vorhanden, auch hier an assyrischen Einflufs zu denken. Dafs an eine Königin und
nicht an ein Königreich zu denken ist, mit anderen Worten, dafs man Malkat und nicht Meleket lesen mufs — vor
allem, dafs hier unbedingt nicht an den Dienst der
Himmelskörper insgesamt gedacht werden darf, kann
man als sicher annehmen.

Ob nun diese Göttin eine Mondgöttin war, oder ob man
sie in dem Planeten Venus, und zwar als Abendstern,
anzuschauen glaubte, ist eine Frage, auf die man vorerst
die Antwort schuldig bleiben mufs. Das letztere ist bei
weitem wahrscheinlicher. Sicherlich aber ist sie die
grofse Muttergöttin, die Lebenspenderin, welche das
Menschengeschlecht erhält, Gedeihen und Fruchtbarkeit

verleiht, und von der vorzüglich die Frauen Segnungen erwarten [1]).

Wichtiger ist die Frage, wie es kam, dafs die judäischen Frauen an dieser Form der Gottesverehrung und an dem, was damit zusammenhing, mit solcher Zähigkeit festhielten, dafs die ernsten Ermahnungen Jeremia's selbst in Ägypten, wohin man ihn gegen seinen Willen mitgeführt hatte, nichts dagegen vermochten. Die Antwort, welche er nach seinem eigenen Bericht auf seine Strafrede empfängt (44, 15 ff.), läfst deutlich erkennen, weshalb sie ihm nicht gehorchen wollen. In den Tagen, als ihre Väter und sie selbst getreulich der Königin des Himmels opferten, hatten sie Brot und Frieden — seit sie es unterlassen hatten, litten sie an allem Not und wurden durch den Hunger und das Schwert aufgerieben. Es half wenig, dafs der Prophet sie auf die schwere Züchtigung hinwies, welche Juda erlitten hatte, und die

---

1) Über die Bedeutung dieser Göttin ist in letzter Zeit viel geschrieben. Vgl. Schrader, Die מלכת השמים und ihr aramäisch-assyrisches Aequivalent in SB. der Kgl. Akad. Berl. 1886, XXVII, 20. Mai, gerichtet gegen Stade ZS. f. d. alttest. Wiss. 1886, S. 123—132. Dagegen wieder Stade, ebds. S. 289—339. Ferner Kuenen, De Melecheth des hemels, in Versl. en Meded. der K. Akad. van W. Amst. 1888, blz. 157 vgg., der sich mehr Schrader als Stade anschliefst und zu dem Resultat kommt: „het feit, dat de Judeërs der 7e eeuw v. C. de koningin des hemels hebben gediend, acht ik onaantastbaar." Er denkt am liebsten an Venus als Abendstern. Vom assyriologischen Standpunkt aus schliefst sich ihm an Schrader in ZA. III, 1888, S. 353 ff. und IV, 1889, S. 74 ff. Vgl. noch Stade, GVI. I, S. 630, Anm. 1.

Eerdmans, a. a. O. blz. 65—87, hat eine sorgfältige Untersuchung angestellt, deren Resultat ist, dafs Malkat Šamê in den assyrischen Texten nicht mit Sicherheit nachgewiesen werden kann, wohl aber šarrat šamê. Wenn wir auch dies zugeben, so mufs doch in Betracht gezogen werden, dafs in Babel-Assur šarratu und malkatu wenigstens in der Götterhierarchie reine Synonyma waren, und die Judäer demgemäfs, als sie sich die fremde Göttin aneigneten, für ihren Ehrentitel den Ausdruck wählten, welcher am meisten mit ihrem Sprachgebrauch übereinstimmte.

ein Zeichen des Zornes Jahves über die Abgötterei seines
Volkes war; sie dachten an die glücklichen Tage Manasses und Amons und an die Schicksale, welche seit
der Reform des frommen Josia über Israel herein-
gebrochen waren, und liefsen sich nicht überzeugen.
Aber der tiefste Grund des Zwiespaltes zwischen Jeremia und seinen Gesinnungsgenossen auf der einen und
der grofsen Masse des Volkes auf der anderen Seite lag
nicht in dergleichen Erwägungen. Mit Raisonnements
wie diesen rechtfertigt man sich, aber sie gehören zu
späterer Reflexion. Die Frage ist die, was den Kampf
zwischen Jahve und den Göttern der Völker so heftig,
hartnäckig und langwierig machte; was die Mehrheit in
Israel und Juda bewog, zwar nicht an Stelle, aber doch
neben der reineren nationalen Religion, welche sie von
Alters her besafsen, immer wieder andere Götter zu verehren, sodafs jene Religion, von allem Fremden gesäubert, zuletzt nur das Eigentum einer kleinen Minder-
zahl, nicht mehr des Volkes als solchen, sondern der
jüdischen Gemeinde blieb. Man sagt zu wenig, wenn
man diese Thatsache lediglich durch den Unterschied
in der geistigen Entwicklung erklären und daraus fol-
gern will, dafs wenigstens die unteren Stände noch zu
beschränkt an Einsicht waren und zu sehr am Sinnlichen
hingen, um den grofsen Propheten in ihrem höheren
idealen Fluge folgen zu können. Die Ursache lag mit
und wohl hauptsächlich in dieser Religion selbst. Sie
war zu einseitig ethisch und zu ausschliefslich Volksreligion. In ihrem Abscheu vor den allzu sinnlichen
Formen der Gottesverehrung, in ihrer Entrüstung über den
klaffenden Widerspruch zwischen dem religiösen Fanatismus, der Opfer und heilige Feste verdoppelte, und
der noch immer herrschenden Unsittlichkeit, Rechtlosig-
keit und Gewaltthätigkeit liefsen sich die Propheten über
jeden Kultus mit einer Geringschätzung aus, die für viele
aufrichtig, wenn auch etwas beschränkt Fromme, denen

solche oder ähnliche Formen noch unentbehrlich waren,
ein Ärgernis sein mufste. Zudem kann eine Religion,
die einzig und allein Volksreligion sein will, nicht die
Religion eines ganzen Volkes werden. Religion ist
Sache der Gemeinschaft, aber auch des Individuums.
Stellt man den Gott, für welchen man ausschliefsliche
Verehrung fordert, dar als lediglich zu dem Volk als
Ganzem und zu dem einzelnen Menschen nur insofern
in Beziehung stehend, als er ein Teil dieses Volkes ist,
so läfst man das Bedürfnis einer persönlichen Gemeinschaft mit Gott, die jedem Frommen auf jeder Stufe der
Entwicklung eigen ist, unbefriedigt. Und wenn man dies
so sehr übertreibt, dafs man alle gesonderten Kultusstätten
abschafft, die Heiligtümer, welche durch jahrhundertelange Tradition Stämmen, Gauen, Städten und Familien
teuer geworden sind, zerstört und den gesamten Kultus
auf einen einzigen Mittelpunkt in der Hauptstadt des
Reiches beschränkt, so zwingt man mindestens diejenigen, welche noch sinnlicher Formen bedürfen, um
sich das Göttliche zu vergegenwärtigen, dazu, die Stillung
dieses Verlangens in der Verehrung minder unnahbarer
Gottheiten zu suchen, welche man bei sich haben und
mit denen man nicht blofs ein- oder zweimal im Jahre
Gemeinschaft pflegen darf. Die gewaltsam aufgezwungene Reformation, welche die Verehrung Eines Gottes
auf Eine Form und Eine Stätte beschränkte, war vielleicht das einzige Mittel, um den Jahvismus zu seiner
höchsten Entwicklung zu bringen, aber sie war eine
schmerzliche und gefährliche Operation, die nur die
Stärksten überleben konnten, und an der das Volk da-
hinsiechte. Das in dem Reiche Juda verkörperte Haus
Israel ist gestorben an dem Jahvismus des Josia; aber
der mosaische Jahvismus würde, wie im Reiche Israel,
zugrunde gegangen sein, wenn Juda um den Preis von
Manasses abgöttischen Kulten verschont geblieben wäre.
Der Einzige, welcher dies klar einsah, war Jeremia —

deshalb wurde er als ein Feind seines Volkes, ein
Landesverräter angesehen. Eine rein monotheistische
Religion mit Einer Kultusform und Einem Kultuszentrum
war nur lebensfähig, wenn man sie auf eine Gemeinde
beschränkte, die den Kern des Volkes bildete, und auch
dann erst, als man ihr zugestand, überall ihre Bethäuser
zu errichten. Aber auch so war sie nur eine Über-
gangsbildung und konnte erst dann zur Religion der
Menschheit werden, als das „an Einem Orte" durch
das „an allen Orten" ersetzt, und nicht mehr Eine Form
der Anbetung vorgeschrieben, sondern alle Formen der
Anbetung je nach dem Bedürfnis des Einzelnen zugelassen waren, wenn diese nur im Geist und in der Wahrheit geschah.

13. Der Jahvismus nach dem Exil.

Der Jahvismus hat in der sogenannten babylonischen
Gefangenschaft seinen Höhepunkt erreicht; das Christentum hat sich zwar aus ihm, aber als ein selbständiger
Schöfsling, als eine neue Schöpfung entwickelt. Auf
diesem Höhepunkte steht die grofsartige, tieftragische
Gestalt des edelsten der Propheten, Jeremia, dessen
Glaube nicht wankte, auch als er, einsam inmitten in
seinen Augen abtrünniger Volksgenossen, für seine Predigt kein Gehör fand und in dem götzendienerischen
Ägypten so gänzlich vergessen wurde, dafs man nicht
einmal die Erinnerung an seinen Tod bewahrte. Aber
neben ihn, in mancher Hinsicht noch über ihn verdient
der Unbekannte gestellt zu werden, dessen Weissagungen,
denen Jesajas, des Sohnes Amos', angeschlossen, in religiöser und litterarischer Beziehung Alles übertreffen,
was die auf uns gekommene Sammlung von Urkunden
der israelitischen Religion enthält. Wir können das hier
nur beiläufig erwähnen. - Auch die Geschichte des Jahvismus bei den Exulanten in Babylonien, der Rückkehr

der dort gebildeten Gemeinde und ihrer Ansiedlung im
Lande der Väter, der Wiedererbauung des Tempels und
der Entstehung und Entwicklung des Judentums liegt
aufserhalb unserer Aufgabe. Der Kampf zwischen Jahve
und den Göttern der Völker war noch nicht zu Ende,
trotz des für immer entscheidenden Sieges, der von dem
Prophetismus errungen und durch die Bildung der neuen
Gemeinde befestigt war. Er sollte noch einmal wieder auf-
flammen, als Antiochos Epiphanês versuchte, den Juden
die griechisch-römische Kultur und Sitte aufzuzwingen
und ihren Jahve durch Jupiter Optimus Maximus Capi-
tolinus in hellenischem Gewande zu verdrängen. Wenn
sich nun auch manche durch den Glanz des Hellenismus blenden und zum Abfall vom väterlichen Glauben
verlocken liefsen, so hat doch im allgemeinen die Verfolgung des griechisch-syrischen Königs den Enthusiasmus für diese Religion angefacht und damit zugleich das
Nationalgefühl kräftig geweckt, sodafs selbst das Joch
der Fremdherrschaft abgeschüttelt werden konnte. Doch
gehört dies zu einer späteren Periode als der, mit welcher wir uns beschäftigen. Aber es war dennoch die
Frucht dessen, was Ezra und Nehemia gethan hatten,
und zugleich die Rechtfertigung ihres Werkes.

Es scheint ein tiefer Fall zu sein: von Deutero-Jesaja
bis Ezra, von dem Evangelisten unter den Propheten
bis auf diesen ängstlich gewissenhaften, beschränkten
Schriftgelehrten, den Mann des Gesetzes, der sich nicht
damit begnügte, die Ehen mit Töchtern von Nicht-
israeliten zu verbieten, sondern diejenigen, welche schon
mit solchen fremden Frauen vermählt waren, zwang, sie
fortzuschicken — eine Mafsregel, unmenschlich und un-
sittlich zugleich, aber nur dazu bestimmt, die Gemeinde
des Heiligen von Allem zu säubern, was Ihm nicht ursprünglich angehörte und wieder auf die Wege der
Heiden zurückführen konnte. Unsere Sympathie haben
weit eher die Verfasser der um diese Zeit entstandenen

kleinen Bücher Ruth und Jona, welche, sehr ungleich
an litterarischem und religiösem Wert, dennoch beide
die Tendenz verfolgen, gegen die jetzt herrschende Ex-
klusivität und die bornierte Verachtung aller Fremden
Opposition zu machen. Ruth, die Moabitin, die Witwe
eines israelitischen Mannes, welche ihrer Schwiegermutter
zuliebe sich von Vaterland und Religion lossagt und
nicht nur eine treue Dienerin Jahves zu sein scheint,
sondern sogar eine Stammmutter des gefeierten Davi-
dischen Königshauses wird, mußte den Beweis liefern,
daß die Ausweisung der fremden Frauen nicht bloß
eine barbarische, sondern auch für die Reinheit des
Jahvismus unnötige Maßregel war; und einen wie tiefen
Eindruck die Erzählung des Buches Jona, daß sich selbst
die Niniviten nicht unempfänglich für das Wort Jahves
und nicht unbußfertig nach der Predigt seines Propheten
zeigten, auf unbefangene Leser in Israel gemacht hatte,
erhellt aus der bekannten Anführung in den Evangelien
(Mt. 12, 41 und Parall.). Es gereicht der jüdischen Gemeinde zur Ehre, daß sie diese Schriften aufbewahrt
und später sogar eines Platzes in dem Kanon für würdig
befunden hat. Dennoch hat die Gemeinde richtig gesehen, als sie die Samariter abwies, und war die Politik
oder besser — denn es handelt sich hier eigentlich um
einen Kriegszustand — die Taktik des Ezra, als er die
fremden Frauen zu entlassen befahl, die wahre. Sollte
der Jahvismus, noch so schwach, noch so umzingelt von
Religionen, die, wie viel tiefer sie auch stehen mochten,
doch immer mit der jüdischen verwandt und dazu geeignet waren, auf die minder Entwickelten eine größere
Anziehungskraft auszuüben, nicht wieder seine strenge
Einfachheit und monotheistische Reinheit einbüßen und
langsam zerrinnen, wie das bei den nach Assur und Medien
deportierten Israeliten und den nach Ägypten ausgewanderten Judäern geschehen war, dann mußte er umschanzt
und umzäunt und energisch gegen alles Fremde, das

sich einzuschleichen drohte, verteidigt werden. Die Zeit war noch nicht reif dafür, den erhabenen religiösen Gedanken, welcher das Volk Israel überlebt und in der Gemeinde der zurückgekehrten Judäer seine letzte Verkörperung gefunden hatte, zum Gemeingut Aller zu machen. Es kam vor der Hand lediglich darauf an, ihn zu beschirmen und zu bewahren. Eigentlich begriffen die Männer, welche sich anschickten, die jüdische Gemeinde zu reformieren, ihn auch nicht vollständig. Er war für sie auch nicht mehr als ein Toter, den sie aber mit tiefer Ehrerbietung betrachteten. Sie haben ihn sorgfältig einbalsamiert und mit den Binden einer partikularistischen und sektiererischen Hierokratie umwickelt, bis er sich im späteren Judentum langsam von dieser Hülle befreien und dann im Urchristentum mit neuem Leben erfüllt aus dem Grabe erheben konnte.

Ein Problem, welches nicht nur für die Entwicklungsgeschichte des Judentums, sondern für die der Religion überhaupt wichtig ist und auch der Zeit nach noch durchaus in den Rahmen unserer Untersuchung fällt, ist dieses: ob die Juden in und nach dem Exil einige ihnen früher unbekannte Vorstellungen aus der Religion der Perser übernommen und dem Jahvismus angepaßt haben. Ziemlich allgemein nahm man bislang an, daß dies in der That der Fall gewesen, und daß namentlich der Unsterblichkeitsglaube und die relativ ausgebildete Angelologie und Dämonologie, welche — wie niemand bezweifelt — nachexilisch sind, aus dem Mazdaismus, der durch die Perser von den Medern oder Baktrern entlehnten Religion Zarathustra's, in den Jahvismus gelangt seien. In letzter Zeit haben verschiedene Gelehrte diese Meinung, welche noch von Vielen geteilt wird, bestritten und die Vermutung ausgesprochen, daß das Judentum diese Vorstellungen nicht von den Persern zu übernehmen brauchte, sondern sie sehr wohl aus sich selbst entwickelt haben könne. Die Sache muß also wieder

von neuem untersucht, und dabei auch noch eine dritte
Möglichkeit in Rechnung gezogen werden, nämlich daſs
die Übereinstimmung zwischen diesen Vorstellungen bei
den Juden und den Mazdayasniern auch daraus zu erklären sein könnte, daſs beide in dieser Beziehung aus
derselben Quelle schöpften, der chaldäischen Religion.
Bislang hat niemand daran gedacht. In abstracto würde
auch möglich sein, daſs die Eschatologie und die Engel-
und Teufellehre der Parsen jüdischen Ursprungs wäre;
aber diese Möglichkeit wird schon durch das Alter
einiger Urkunden des Avesta, in welchen diese Lehr-
stücke vorkommen, abgeschnitten und steht mit den
bestverbürgten historischen Thatsachen im Widerspruch.
Es empfiehlt sich, die Resultate der jetzt erst wieder auf-
genommenen Untersuchung abzuwarten und zuvor die
Religion Zarathustras kennen zu lernen, ehe wir unser
Urteil in dieser Angelegenheit abgeben. Wir können
später darauf zurückkommen.

So viel ist sicher: diese Vorstellungen — ob in ihren
Grundzügen übernommen oder nicht — waren nötig,
um die Staatsreligion Altisraels auch für andere als ge-
borene Israeliten zugänglich zu machen und sie alle
Bedürfnisse des frommen Gemütes befriedigen zu lassen.
Und ebenso gewiſs ist, daſs die siegreiche Macht einer
Idee sich niemals glänzender geoffenbart hat, als darin,
daſs aus den Trümmern der vernichteten israelitischen
Nation die jüdische Gemeinde wiedererstand, welche ihr
köstliches Erbteil den kommenden Geschlechtern über-
lieferte und so für die Menschheit rettete.

14. Charakteristik.

Bezüglich der ägyptischen und der babylonisch-assyrischen Religion konnte am Schlusse eines jeden der
vorhergehenden Bücher die erreichte Höhe der Entwicklung bestimmt, und zugleich eine Würdigung dessen

versucht werden, was sie zu der Religion der Menschheit beigetragen haben. Bildete doch jede der beiden eine gewisse Einheit. Von der Höhe der Entwicklung der vorderasiatischen Religionen im Allgemeinen kann nicht die Rede sein, weil sie auf so durchaus verschiedenen Entwicklungsstufen stehen. Aber die in den vorhergehenden Kapiteln gegebene historische Skizze hat die Art und den Grad der Verschiedenheit deutlich genug hervortreten lassen; und die Vergleichung der Religionen untereinander, vor allem die der phönicisch-kanaanäischen und der ihr verwandten mit dem mosaischen Jahvismus kommt einer Beurteilung gleich und giebt mindestens den Maßstab zu einer solchen an die Hand.

Auch die Ursache jener großen Verschiedenheit oder, um bestimmter zu reden, des hohen Fluges, welchen der Jahvismus genommen hat und vermöge dessen er alle Religionen der verwandten Stämme und Völker tief unter sich zurückläßt, braucht hier nicht mehr aufgesucht zu werden. Soweit sie in den Bereich wissenschaftlicher Wahrnehmung und Beurteilung fällt — eine Beurteilung, welche der religiösen Betrachtung durchaus ihren Wert beläßt und sie in ihrer Berechtigung anerkennt — ist sie bereits im Verlaufe unserer Untersuchung mit genügender Klarheit bezeichnet. Der Jahvismus ist nicht nur eine entstandene, sondern eine gestiftete, nicht mehr eine Naturreligion, sondern eine ethische Religion. Er ist die Religion einer Person, die zu einer Nationalreligion geworden ist. Auch Naturreligionen entwickeln sich nur durch Vermittlung von Individuen; und ethische Religionen entstehen, breiten sich aus und werden reformiert · nur in Übereinstimmung mit den Gesetzen der menschlichen Natur. Aber unter ethischen Religionen sind solche zu verstehen, welche von einer außergewöhnlichen, mächtigen religiösen Persönlichkeit, einem Propheten, Gesetzgeber oder Denker, oder von einer ge-

schlossenen Gemeinschaft religiös höher entwickelter
Menschen begründet und dadurch von Anfang an in
eine bestimmte Richtung gelenkt werden, weil ihnen der
Geist des Stifters oder der Stifter unauslöschlich seinen
Stempel aufgedrückt hat. So lange die Überlieferung
von ihrem Ursprunge — geschrieben oder ungeschrie-
ben — unversehrt bewahrt wird, leben sie; nur wenn
von Anderen, welche mit demselben Geist beseelt und
mit höherem religiösen Fühlen und Denken begabt sind,
auf dieser Grundlage fortgebaut wird, entwickeln sie sich.
Als Stifter ihrer Religion in vorgeschichtlicher Zeit
nennen die Verehrer Jahves als des Gottes Israels Moses, und es liegt kein Grund vor, die Zuverlässigkeit
dieser Tradition zu bezweifeln; als diejenigen, welche
Jahrhunderte später in seinem Geiste fortgearbeitet haben,
kennt man aus der Geschichte die Propheten. Dadurch steht die Religion Israels von Anfang an immer
einigermafsen, und die Religion Judas in dem letzten
Jahrhundert vor dem Exil und während desselben, als
die vollreife Frucht jener, so unendlich hoch über den
Religionen aller stammverwandten Völker, nicht nur
denen der anderen Hebräer, der Aramäer, Phönicier und
Kanaanäer, sondern auch der der Babylonier und Assyrer. Weiter kann die wissenschaftliche Untersuchung
und die wissenschaftliche Erklärung nicht gehen. Wenn
sichere Berichte über die Lebensgeschichte des Moses
vorhanden wären, so würde es vielleicht gelingen zu
bestimmen, welche Umstände und Vorstellungen seine
Bildung beeinflufst haben, und allenfalls seine geistige
Genealogie aufzuzeigen; aber auch hier würde doch
·immer, wie sonst überall — selbst wo es sich um
Personen handelt, auf welche das volle Licht der Geschichte fällt — die originale Persönlichkeit, in welcher
sich die Erfahrungen und Ideen nur gespiegelt haben,
anerkannt werden und unerklärt bleiben müssen.

Die Charakteristik dagegen umfafst alle in diesem

Buche behandelten Religionen, denn selbst der Jahvismus, der die übrigen doch so weit hinter sich läfst, verliert den eigenartigen Charakter der semitischen Religion keineswegs. Im Gegenteil: sofern er sich in der einseitigen Richtung, welcher die Entwicklung der semitischen Religionen folgt, weiter fortbewegt und die Prinzipien, von denen sie ausgehen, strenger und entschiedener durchgeführt hat, zeigt er die besonderen Merkmale dieser Religionen in schärferer und deutlicherer Ausprägung. Von den beiden Hauptideen, welche das religiöse Leben beherrschen, der Erkenntnis von Gottes Erhabenheit über Welt und Mensch und dem Bewufstsein der Verwandtschaft des Menschen mit Gott, wird in den semitischen Religionen die letztere durch die erstere völlig in den Schatten gestellt. Das, was man in der Sprache der Schule die Transcendenz Gottes zu nennen pflegt, tritt hier mehr und mehr in den Vordergrund, die Immanenz Gottes dagegen immer mehr in den Hintergrund; wenn auch in keiner einzigen Religion eins der beiden Momente gänzlich fehlen kann. So bleibt auch Jahve für Israel der Herr, der Meister, der König, und diejenigen, welche ihm angehören, sind seine Sklaven, Diener, höchstens Günstlinge; aber den Namen „Gottes Liebling", der bei anderen Semiten sehr gebräuchlich ist, dürfen sie sich nicht beilegen, und selbst ein Davidssohn würde nicht gewagt haben, sich den Sohn Gottes zu nennen, wie die Könige von Babel und Assur. Nur ein Moses, ein Abraham haben das Vorrecht, mit Jahve zu verkehren wie ein Mann mit seinem Freunde. In unnahbarer Einsamkeit wohnt der Heilige in dem Innersten seines Tempels, welches nur der oberste Priester ein einziges Mal im Jahre betreten darf; selbst in den Vorraum wird niemand zugelassen, der ungeweiht ist — die Menge der Gläubigen mag sich glücklich preisen, dafs ihr erlaubt wird, in seinen Vorhöfen zu weilen. Wer seine Lade anrührt, sei es auch um sie zu schützen,

wird durch einen Blitzschlag getötet; wer Ihn sieht, mufs
sterben. Selbst die Auserwählten, welche einer Theophanie gewürdigt werden, verhüllen ehrerbietig ihr Angesicht und erblicken nur die Säume seines Gewandes
oder den Abglanz seiner Herrlichkeit. Von seiner Macht
ist nichts ausgenommen: Licht und Finsternis, Gutes und
Böses. Er schafft beides; wenn der Gezüchtigte sich
keiner Schuld bewufst ist, so darf er doch weder klagen
noch fragen, gehorsam unterwerfe er sich und lege still-
schweigend die Hand auf den Mund. Er ist Alles, die
Völker Tropfen am Eimer, Stäubchen an der Wagschale,
der Mensch nichts. Nichts wenigstens als das Eigentum
Gottes, welchem er mit all' dem Seinen gehört, und der
von ihm, im Gegensatz zu den tiefstgewurzelten Gefühlen
des menschlichen Herzens, die Opferung des Teuersten
fordern kann. Mit Einem Worte: der Jahvismus auf dem
Höhepunkte seiner Entwicklung ist die am entschiedensten
theokratische und die am wenigsten theanthro-
pische Religion des Altertums. Erst das Judentum,
aus dem reinsten Jahvismus entstanden, suchte durch
die Zulassung dualistischer Anschauungen und durch die
Ausbildung einer mehr persönlichen Gemeinschaft mit
dem Heiligen der anderen, zu sehr vernachlässigten
Seite des religiösen Bedürfnisses einigermafsen zu ge-
nügen.

Einseitig mag die religiöse Entwicklung Israels gewesen sein, wie das ja nach einem ehernen Gesetz jede
Entwicklung ist; aber ihre Frucht ist nicht verloren gegangen. Es hat selbst schon anfangs versucht, das
Fehlende zu ergänzen. Es hat eins der beiden Haupt-
prinzipien der Religion zu voller Entfaltung gebracht,
ohne deshalb das andere gänzlich zu vernachlässigen.
Dafür ist es geschmäht und bedrückt als der verachtete
Knecht Gottes; dafür hat es seine Freiheit, sein Glück,
seine nationale Existenz opfern müssen. Aber gerade
dadurch erhält dieses Volk von Hirten und Bauern, in

Kunst und Wissenschaft, in äufserer Kultur und kriege-
rischem Ruhm allen seinen Verwandten nachstehend, in
der Geschichte der Menschheit eine ganz einzigartige
Bedeutung, in der der Religion des Altertums den ersten
Rang. Deshalb hat es eine Litteratur hinterlassen, ebenso
klassisch in ihrer Art, wie die der Griechen und Römer,
und für das geistige Leben der höchstentwickelten Nationen von gröfserer Bedeutung. Im Christentum, dem
es sterbend das Leben gab, lebt das Bleibende des
Jahvismus fort und ist so zum Eigentum der Menschheit
geworden. Jahve hat gesiegt, und die Götter der Völker sind vernichtet.

Bibliographische Anmerkungen.

Bibliographische Anmerkungen.

Der Zweck dieser Anmerkungen ist lediglich der, die wichtigsten Werke über die in diesem Werke behandelten Gegenstände zu nennen und wenigstens einige von ihnen mit ein paar Worten zu charakterisieren, um so für den Studenten und denjenigen, welcher Religionsgeschichte nicht als Spezialstudium betreibt, aber sich nichtsdestoweniger über irgendeinen Teil derselben genauer unterrichten will, als Wegweiser zu dienen. Auch für die Bearbeiter der Religionsphilosophie und der allgemeinen Geschichte, welche bisweilen, wie aus ihren Schriften hervorgeht, in der Wahl ihrer sekundären Quellen sehr unglücklich sind, kann dieses Verzeichnis seinen Nutzen haben. Doch erwarte man hier keine Bibliographie. Nach Vollständigkeit ist nicht einmal gestrebt. In der Regel wird nur genannt, was der Verfasser selbst vor Augen gehabt hat; wo dies nicht der Fall war, wie z. B. bei kürzlich erschienenen Werken bedeutender Autoren, wird es ausdrücklich erwähnt. Die Bibliographie, welche sich auf die in dieser Geschichte nicht behandelten Religionen bezieht, mußte natürlich außer Betracht bleiben. Man vergleiche dafür mein Manuel de l'Histoire des Religions, traduction M. Vernes, Nouvelle Edit. Paris 1885 [1]).

---

1) Auch die allgemeinen Werke über vergleichende Mythologie sind hier nicht aufgezählt, weil sie sich fast alle auf dem Gebiete der arischen,

* Für das Studium der Geschichte des Altertums überhaupt, somit auch für dasjenige seiner Religion, bietet
die Einleitung in das Studium der alten Geschichte von Curt Wachsmuth, Leipzig 1895, durch
ihre umfassende Aufzählung und eingehende Kritik der
bezüglichen Quellen und der wissenschaftlichen Litteratur
ein ausgezeichnetes Hilfsmittel dar, zumal dieses einen
starken Band bildende Werk durch Ergänzungshefte fortwährend auf der Höhe der Wissenschaft erhalten werden
soll (a. a. O. S. 705). Regelmäfsige und umfassende
Übersichten über die Litteratur des Gesamtgebietes der
Religionsgeschichte liefert in Deutschland vor allem der
Theologische Jahresbericht (Leipzig 1882—88,
Freiburg i. B. 1889, Braunschweig 1890 ff.) dessen religions-
historische Abteilung anfangs Pünjer, seit 1886 Furrer re-
digierte. Auch die bedeutenderen Artikel in Zeitschriften
werden berücksichtigt. Man beachte aufserdem die von
Siegfried bearbeitete Abteilung desselben Jahrbuches,
welche über die Litteratur der alttestamentlichen Wissenschaft und verwandter Disciplinen berichtet.

---

wenigstens der nichtsemitischen Religionen bewegen und in der Regel
auch mit der ägyptischen Mythologie nicht befassen. Was auf die ägyptische und semitische Mythologie Bezug hat, findet man, soweit nötig, in
den bibliographischen Anmerkungen von Buch I—III erwähnt.

Einleitung.

1. Allgemeine Werke.

C. Meiners, Allgemeine kritische Geschichte der Religionen. 2 Teile, Hannover 1806—1807.

E. Renan, Etudes d'Histoire religieuse. 2. Ed. Paris 1857.

J. H. Scholten, Geschiedenis der godsdienst en wijsbegeerte. 3. dr. Leiden 1863.

F. Max Müller, Chips from a German Workshop. Vols I and II, London 1867. * Deutsch unter dem Titel: Essays I. II, Leipzig 1869.

W. D. Whitney, Oriental and Linguistic Studies. 2 vols, New-York 1873—74.

C. P. Tiele, Geschiedenis van den godsdienst tot aan de heerschappij der wereldgodsdiensten. Amsterdam 1876. — Art. „Religions" in der Encyclopaedia Britannica.

[C. Puini, Saggi di Storia della Religione, Firenze 1882.]

Geo. Rawlinson, The Religions of the ancient World, London o. J. (1882).

A. Réville, Histoire des Religions. Leçon d'Ouverture. Paris 1880. — Prolégomènes, 4. Ed. 1886. — I. Les Religions des peuples non civilisés, 1883. — II. Les Religions du Mexique, de l'Amérique centrale et du Pérou, 1885. — III. La Religion chinoise. 2 vols, 1889.

H. Preifs, Religionsgeschichte. Gesch. der Entwick-

lung des relig. Bewußtseins u. s. w. I.—IV. Abt.
Leipzig 1888.

P. D. Chantepie de la Saussaye, Lehrbuch der
Religionsgeschichte. 2 Bde, Freiburg i. B. 1887—89.

Cte Goblet d'Alviella, Introduction à l'Histoire générale des Religions, Bruxelles et Paris 1887.

G. H. Lamers, De Wetenschap van den Godsdienst;
Leiddraad ten gebruike bij het Hooger Onderwijs.
Inleiding, Utrecht 1891. I. Historisch Deel (Geschiedenis der godsdiensten) ald. 1891 ff. * Noch nicht
vollendet. — II. Wijsgeerig Deel (Wijsbegeerte van
den godsdienst). Eerste stuk, ald. 1893. * Tweede
stuk, ald. 1894. * Derde stuk, ald. 1895.

Religious Systems of the World (by several Authors).
2. Ed. London 1892.

Unter den obengenannten Werken ist das von Meiners nur ehrenhalber — als bahnbrechend auf einem
neuen Wege — aufgeführt, obwohl es jetzt ganz veraltet ist und im Widerspruch mit seinem Titel weder
eine allgemeine, noch eine kritische Geschichte enthält.
Renan's Aufsätze, welche über verschiedene Religionen
handeln, verdienen nicht nur wegen ihres Styls, sondern
auch wegen mancher richtigen und feinen Bemerkung noch
immer gelesen zu werden. In Scholten's Geschichte
nimmt die der Philosophie den ersten Rang ein, und die
der Religion, obschon in dieser Ausgabe beträchtlich erweitert und vermehrt, bildet nur die Einleitung zu jener.
Von den Essays von Max Müller gilt dasselbe wie
von Renan's Études. Sie enthalten u. a. den erweiterten
Artikel über die vergleichende Mythologie, in welchem
er zuerst die Theorie der Mythenerklärung entwickelte,
welche er später in seinen Lectures on the science
of Language, London 1861—64, Lectures on the
science of Religion, London 1873, Lectures on
the origin and growth of Religion, London 1878,

näher darlegen und auch etwas modifizieren sollte. Selbst
die, welche sich mit dieser Theorie nicht oder nicht
völlig befreunden können, müssen das glänzende Talent, die Feinsinnigkeit und das umfangreiche Wissen
des Verfassers bewundern. Sein grofser Gegner ist der
amerikanische Gelehrte W. Dwight Whitney, ein nicht
minder grofser Sprachkenner, der sowohl auf dem Gebiete des Sprach- wie des Religionsstudiums eine strengere
wissenschaftliche Methode befolgt. Von C. P. Tiele's
Geschiedenis sind die Übersetzungen in das Englische
von Carpenter und in das Deutsche von Weber mehr
als einmal, aber stets unverändert erschienen, während
der Verfasser bei der schwedischen und dänischen Ausgabe von Fischier und Buhl Gelegenheit hatte, Änderungen und Verbesserungen anzubringen. Die zweite
Auflage der französischen Übersetzung von M. Vernes,
Paris 1885, darf als eine neue Ausgabe betrachtet werden. Einen neuen Versuch genealogischer und morpho-
logischer Gruppierung der Religionen liefert derselbe
Autor in dem angeführten Artikel der Encyclopaedia
Britannica. Die Saggi von Puini enthalten eine selbständige Bearbeitung von Tiele's Geschiedenis, die aber
nur auf dem Gebiete der turanischen und chinesischen
Studien, Puini's Spezialität, besonders ausgedehnt ist.
Rawlinson's Werkchen ist nur für solche brauchbar,
die eine flüchtige und etwas oberflächliche Übersicht ver-
langen. Réville's umfangreiches Werk ist bislang nicht
weiter als bis zu den Chinesen gediehen. Mit grofser
Belesenheit, scharfsinnigem Urteil und unbefangenem
Blick verbindet der Verfasser eine ausgezeichnete Klarheit der Darstellung. Namentlich die Prolégomènes sind
höchst interessant. Preifs' Religionsgeschichte, deren
Ziel und Charakter schon durch den Nebentitel „eine
Geschichte des menschlichen Geistes" gekennzeichnet
wird — die also vor allem eine philosophische Geschichte
sein will, ist ein sehr lesenswertes Buch, in welchem nur

die Anordnung der Religionen seltsam ist (Brahmanismus,
Buddhismus, Mazdaismus werden zu den Naturreligionen,
die griechische und italische Religion als geistig-indivi-
dualistische zu einem höheren Stadium gerechnet), und
dessen Teile obendrein von sehr ungleichem Werte sind.
In der semitischen Welt ist der Verfasser sichtlich zuhause, in der arischen weniger, und was er z. B. über
die zarathuštrische Religion sagt, ist sehr dürftig. Das
Lehrbuch von Chantepie de la Saussaye bedarf
keiner Empfehlung. Wir können auf die Rezensionen in
Theologisch Tijdschrift XXII (1888), blz. 351 vgg. und
XXIII (1889), blz. 618 vgg. verweisen und fügen nur
hinzu, daſs der Verfasser selbst in der englischen Übersetzung seines Werkes (von Mrs. B. Collyer, née Max
Müller, London 1891) die §§ über die ägyptische Religion, soweit dies möglich war, mit den Resultaten der
neusten Entdeckungen und Untersuchungen in Übereinstimmung gebracht hat. Auch die Einleitung von Graf
Goblet d'Alviella habe ich besprochen Theologisch
Tijdschrift XXI (1887), blz. 253 vgg. Das Werk von
G. H. Lamers zeichnet sich aus durch Genauigkeit und
Hervorhebung des Wichtigsten bei der nötigen Kürze
und entspricht deshalb vollkommen der Absicht des Verfassers, einen Leitfaden für den höheren Unterricht zu
geben, der zugleich als Hilfsmittel zum Selbststudium
dienen kann. Es ist eine Geschichte, d. h. eine historische Beschreibung der verschiedenen Religionen, keine
Geschichte der Religion. Das an letzter Stelle genannte
Werk ist eine Sammlung von Aufsätzen verschiedener
Verfasser über die wichtigsten Religionen, knapp und
mehr charakterisierend als beschreibend. Es ist wohl
überflüssig, auf die groſsen Dienste hinzuweisen, welche
die Revue de l'Histoire des Religions, begründet von
Maurice Vernes, jetzt redigiert von Jean Réville,
dem Studium der Religionsgeschichte geleistet hat.

Benjamin Constant, De la religion considérée dans sa source, ses formes et ses développements. 5 vols, Paris 1824—31.

L. Noack, Mythologie und Offenbarung. Die Religion in ihrem Wesen, ihrer geschichtlichen Entwickelung u. s. w. 2 Teile, Darmstadt 1845.

O. Pfleiderer, Die Religion, ihr Wesen und ihre Geschichte. 2 Teile, Leipzig 1869. — Religionsphilosophie auf geschichtlicher Grundlage, Berlin 1878. — 2. stark erweiterte Auflage: Bd. I. Geschichte der Religionsphilosophie von Spinoza bis auf die Gegenwart, Berlin 1883. Bd. II. Genetisch-speculative Religionsphilosophie, ibd. 1884. — * 3. Auflage: I. Bd. Ibd. 1893.

Emile Burnouf, La science des religions, Paris 1872. 4. Edit. revue et complétée, ibd. 1885.

Ed. von Hartmann, Das religiöse Bewußtsein der Menschheit im Stufengange seiner Entwickelung, Berlin 1882. — Die Religion des Geistes, ibd. 1883.

Paul Gloatz, Speculative Theologie in Verbindung mit der Religionsgeschichte. Bd. I, 1 und 2, Gotha 1883—84.

F. Max Müller, Natural Religion, London 1889. *Deutsch unter dem Titel: Natürliche Religion. Autorisierte Ausgabe von E. Schneider, Leipzig 1890. — Physical Religion, London 1891. * Deutsch unter dem Titel: Physische Religion. Autoris. Ausgabe von R. O. Franke, Leipzig 1892. — Anthropological Religion, London 1892. * Deutsch unter dem Titel: Anthropologische Religion. Autoris. Ausgabe von M. Winternitz, Leipzig 1894. — Theosophy or Psychological Religion, London 1893. * Deutsch unter dem Titel: Theosophie oder psychologische Religion. Autoris. Ausgabe von M. Winternitz, Leipzig 1895. Bilden zusammen die Gifford-Lectures vor der Universität Glasgow in den Jahren 1888, 1890, 1891 und 1892.

Geo. Runze, Sprache und Religion. Studien zur vergleichenden Religionswissenschaft I, Berlin 1889.
Cte Goblet d'Alviella, L'idée de Dieu d'après l'anthropologie et l'histoire (Hibbert-Lectures), Bruxelles
1892.
André Lefèvre, La Religion. (Biblioth. de science
contemp.) Paris 1892.
G. de Molinari, Religion, Paris 1892.
Edw. Caird, The evolution of religion. Gifford-Lectures 1890—92. 2 vols, Glasgow 1893.

Obige Werke bilden eine Auswahl von Schriften über
die Philosophie der Religion, verfaßt von Autoren sehr
verschiedener Richtung, welche jedoch darin übereinstimmen, daß sie der Geschichte und der Entwicklung
der Religion besondere Aufmerksamkeit schenken und
darauf ihre philosophischen Untersuchungen gründen.
Auch die Werke von Herder, Krause, Schelling und
Hegel könnte man zu dieser Kategorie zählen, wenn die
historischen Daten, über welche sie verfügten, nicht so
dürftig wären, und sie dieselben nicht lediglich zur Stütze
eines vorher entworfenen Systems verwendet hätten.
    Auch Benjamin Constant gebot noch nicht über
die reichen Ergebnisse der historischen Untersuchung des
Altertums, welche uns vorliegen, und sein Buch ist daher in mancher Hinsicht veraltet. Aber es ist noch immer
lesenswert. Sein großes Verdienst ist, zuerst deutlich
zwischen der Religion als solcher, dem religiösen Gefühl
nach seiner Bezeichnung, und den Formen der Religion
unterschieden und den ersten Versuch gemacht zu haben,
die Entwicklung der Religion zu schildern. Als Gegen-
stück ist Noack's Buch angeführt, welches mehr System-
sucht als Kenntnis und Beurteilung der Geschichte verrät. Otto Pfleiderer, dessen Schriften sich durch
lebendigen Styl und Klarheit der Darstellung auszeichnen, hat in dem zuerst genannten Werke die philoso-

phische Untersuchung der Religion einer geschichtlichen
Übersicht voraufgehen lassen, in dem zweiten beide zu
einem Ganzen zu verarbeiten gesucht. Die historischen
Skizzen, welche dasselbe enthält, sind die Frucht tüch-
tiger und ausgedehnter Studien, scharfsinnigen Urteils
und weitherziger Betrachtungsweise; und deshalb kann
seine Religionsphilosophie zugleich als philosophische
Religionsgeschichte dienen. Émile Burnouf, obwohl
in der Geschichte kein Fremdling, hat sich durch gewisse
mit Vorliebe gepflegte und unbewiesene Theorieen zu
unannehmbaren Resultaten verleiten lassen. In anziehender Form hat Ed. von Hartmann den religiösen Entwicklungsgang der Menschheit geschildert, wie er sich
diesen von dem Standpunkte seiner pessimistischen Philosophie aus vorstellt. Ausgehend von der Überzeugung,
,,dafs der Inhalt der Theologie nicht rein objektiv Gott,
sondern objektiv-subjektiv allein das Gottesbewufstsein
sein kann, welches sie also nach seinem Ursprung, ob-
jektiven Gehalt und wirklichen historischen Formen wissenschaftlich begreifen mufs", versucht Paul Gloatz die
Dogmatik mit einer ausführlichen Entwicklungsgeschichte
der Religion zu verbinden; er hat jedoch seinen breit
angelegten Plan noch nicht weiter ausgearbeitet als bis
zu der Beschreibung der niedrigsten Naturvölker.

Die Gifford-Lectures von F. Max Müller, deren
Titel nicht ohne Weiteres ein klares Bild ihres Inhalts
geben, enthalten eigentlich einen Beweis, dafs die Wahrnehmung des Unendlichen dasjenige ist, was alle Religionen miteinander gemein haben, wenn sich auch die
Vorstellung des Unendlichen stets höher entwickelt hat.
Die Methode, welche Müller befolgt, ist die historische,
im Gegensatz zu der abstrakt-logischen Hegels. Der
erste Teil bildet die Einleitung und handelt über Religion im allgemeinen, die drei folgenden — nach dem
eigenen Ausdruck des Verfassers — über die Entdeckung
Gottes, die Entdeckung der Seele und die Entdeckung

der Einheit Gottes und der Seele. Dafs der schöne Styl
und die vielseitige Kenntnis des Verfassers sein Werk
auch für solche, die seinem Grundgedanken nicht zustimmen können, zu einer angenehmen und lehrreichen
Lektüre macht, braucht kaum erwähnt zu werden.

Georg Runze, der sein Werk F. Max Müller gewidmet hat, ist mit diesem Meister darin einig, dafs
Sprachstudium und Theologie auf dem Gebiete der
vergleichenden Religionswissenschaft einander die Hand
reichen müssen, und stellt sich die Aufgabe, die Resultate der Sprachwissenschaft der Lösung theologischer
Probleme dienstbar zu machen. Goblet d'Alviella
giebt eine klare und gewandte Darlegung der Gottesidee
in ihrer historischen Entwicklung, von der prähistorischen
Zeit an (über welche die vergleichende Ethnographie
einige Hypothesen zu bilden gestattet) bis zu dem reinsten Monotheismus. Auf völlig anderem Standpunkte
steht André Léfèvre, welcher in dem, was er den
letzten Kampf zwischen Religion — für ihn identisch mit
Sinnverwirrung — und Wissenschaft nennt, entschieden
auf die Seite der letzteren tritt und alle Religionen, als
auf einer „conception anthropo-animique" von Wesen
und Dingen beruhend, für abgethan ansieht: das letzte
Wort eines einseitig materialistischen Rationalismus, der
die Wissenschaft überschätzt. Die Schrift G. de Molinari's ist eigentlich ein Plaidoyer für die Freiheit der
Religion, gestützt auf die Geschichte ihrer Entwicklung
und den Beweis, dafs sie aus einem unausrottbaren Bedürfnis des menschlichen Geistes entsteht. Ein Meister-
werk sind die Gifford-Lectures von Edw. Caird, welches
nicht besser charakterisiert werden kann als durch seine
eigenen Worte: „kritischer Geist ohne Agnosticismus
und vernünftiger Glaube ohne Dogmatismus", und in
dem der Verfasser, wie Benjamin Constant, aber mit den
reichen Mitteln, welche die Religionswissenschaft auf ihrer
gegenwärtigen Höhe ihm darbietet, „in den stets sich

verändernden Formen das Eine geistige Prinzip" aufzu-
spüren versucht, „welches fortwährend im menschlichen
Leben wirksam ist". Die bekannten Werke Herbert
Spencer's, vor allem seine „Descriptive Sociology"
und seine „Principles of Sociology" brauchten hier nicht
angeführt zu werden, obwohl sie auch die grofsen Probleme, welche die Entwicklung der Religion betreffen,
nicht unbesprochen lassen.

2. Naturreligion und Animismus.

A. Allgemeine Werke.

Theodor Waitz, Anthropologie der Naturvölker. Bd. I:
Über die Einheit des Menschengeschlechts und den
Naturzustand des Menschen, Leipzig 1859. 2. Aus-
gabe 1877. Bezüglich der übrigen Teile siehe unten.

Adolf Bastian, Der Mensch in der Geschichte. 3 Teile,
Leipzig 1860. — Beiträge zur vergleichenden Psycho-
logie, Berlin 1868.

Daniel Wilson, Prehistoric Man. Researches into the
origin of civilisation in the old and the new World,
London 1865.

Friedr. Müller, Allgemeine Ethnographie, Wien 1873.
* 2. Auflage 1878.

Oscar Peschel, Völkerkunde. 1. Auflage, Leipzig
1874. * 6. Auflage ed. Kirchhoff, ibd. 1885.

G. Gerland, Anthropologische Beiträge I, Halle 1875.

E. B. Tylor, Primitive Culture. 2 vols, London 1865.
2. Ed. 1878. * 3. Ed. 1891. * Deutsche Ausgabe unter
dem Titel: Die Anfänge der Kultur. Unter Mitwirkung des Verfassers deutsch von J. W. Spengel und
Fr. Poske. 2 Bde, Leipzig 1873. * Französische Aus-

gabe von P. Brunet und E. Barbier. 2 vols, Paris
1876—78. — Researches into the early History of
Mankind, London 1871. * 3. Ed. 1878.

Sir J. Lubbock, Origin of civilization, London 1874.
* 5. Ed. 1890. * Deutsche Ausgabe: Die Entstehung   .
der Civilisation und der Urzustand des Menschengeschlechts. Erläutert durch das äufsere und innere
Leben der Wilden. Nach der 3. engl. Ausgabe deutsch
von A. Passow. Vorwort von R. Virchow. Jena 1875.

G. Roskoff, Das Religionswesen der rohesten Naturvölker, Leipzig 1880.

F. von Hellwald, Kulturgeschichte in ihrer natürlichen
Entwickelung, Augsburg 1875. * 3. Auflage 1883.

O. Caspari, Die Urgeschichte der Menschheit mit Rück-
sicht auf die natürliche Entwickelung des frühesten
Geisteslebens. 2. Auflage. 2 Bde, Leipzig 1877.

Fritz Schultze, Der Fetischismus, ein Beitrag zur Anthropologie und Religionsgeschichte, Leipzig 1871.

A. Lang, Custom and Myth, London 1884. — Myth,
Ritual and Religion. 2 vols, ibd. 1887. Holländi-
sche Ausgabe mit Anmerkungen von L. Knappert,
Onderzoek naar de ontwikkeling van godsdienst, cultus
en mythologie. 2 Deelen, Haarlem 1889.

W. Schwartz, Prähistorisch-anthropologische Studien.
Mythologisches und Kulturhistorisches, Berlin 1884.

W. Schneider, Die Naturvölker. Mifsverständnisse,
Mifsdeutungen und Mifshandlungen. 2 Teile, Pader-
born und Münster 1885—86.

Vgl. übrigens die weitere Litteratur bei A. Réville, La
religion des peuples non-civilisés (Histoire des Religions I.), p. 27—31.

Das seiner Zeit ausgezeichnete, jetzt natürlich in mancher Hinsicht veraltete, umfangreiche Werk von Waitz,
nach seinem Tode von Gerland fortgesetzt und vollendet, ist noch immer wertvoll durch Stoffreichtum, glück-

liche Gruppierung der Daten und unparteiische Beurteilung der Thatsachen. Von Adolf Bastian's zahlreichen Büchern sind nur zwei namhaft gemacht, die für unseren Gegenstand wichtiger sind als die übrigen. Es ist nützlich, die Anschauungen eines solchen Anthropologen kennen zu lernen; unglücklicher Weise giebt er zum Beweise derselben zwar eine Anzahl Beispiele, aber gänzlich ungeordnet und zugleich ohne Benennung der Quellen, aus denen sie geschöpft sind. Dadurch werden diese Bücher nicht nur unlesbar, sondern auch ungeeignet für den wissenschaftlichen Gebrauch. Weit bessere Dienste leisten die Werke von Friedrich Müller und Oscar Peschel — das erste sehr kurz, aber was die Religion anlangt sorgfältig, das zweite anziehend durch frische Ursprünglichkeit der Ideen und schönen Styl. Daniel Wilson nimmt einen ganz eigenartigen Standpunkt ein, sofern er den Wilden als von einer höheren Stufe der Kultur herabgesunken, also nicht als Typus des Urmenschen ansieht. Mit den Problemen der eigentlichen Religionswissenschaft beschäftigt er sich weniger, aber sein Werk ruht auf tüchtigen Studien und genauer Beobachtung. Gerland's Beiträge sind die Frucht umfassender anthropologischer Gelehrsamkeit und deshalb sehr lesenswert, wenn man auch seinen bisweilen piquanten, aber gewagten Hypothesen nicht ohne Weiteres zustimmen wird. Edw. Tylor hat durch seine beiden angeführten Werke eine neue Bahn für die Untersuchung der Religionen der Naturvölker gebrochen. An vielseitiger Kenntnis und Beherrschung des Stoffes von Niemandem übertroffen, ist er zugleich am tiefsten in den Geist des noch wenig entwickelten Menschen eingedrungen, sodaß seine Erklärung der animistischen Welt- und Lebensanschauung und ihres Einflusses auf die Religion der Hauptsache nach als richtig angenommen werden darf. Wie hoch Sir John Lubbock auch auf anderen Gebieten stehen mag, und obwohl man von seinem Werke

Kenntnis nehmen mufs — für die Beurteilung religiöser
Phänomene scheint. er nicht das rechte Organ zu besitzen. G. Roskoff hat ihn denn auch in manchen
Punkten widerlegt und überzeugend nachgewiesen, dafs
verschiedene Völker, welchen Lubbock alle Religiosität
abspricht, thatsächlich eine Religion besitzen. Von Hellwald's Kulturgeschichte ist das trostlose Buch eines
Skeptikers, welcher der Religion gleichgültig gegenüber-
steht. Caspari geht von ganz entgegengesetzten Prinzipien aus: in seiner Schrift ist viel Lehrreiches, auch
viel, was zu näherer Untersuchung reizt. Schultze ist
einseitig, aber scharfsinnig. Aus dem Fetischismus, der
nur eine Seite des Animismus darstellt, will er alle Erscheinungen ableiten und rechnet dazu auch verschiedene, welche überhaupt nicht hierher gehören. Vgl.
C. P. Tiele, Een probleem der godsdienstwetenschap,
Gids 1871, I, 98 vgg. Deutsche Übersetzung, Leipzig
1871. Andrew Lang ist nicht minder einseitig als
Schultze; in der Erklärung des Ursprungs der Mythologie und Religion vertritt er die anthropologische Schule
gegenüber derjenigen der vergleichenden Mythologie,
und zwar mit bedeutender Gelehrsamkeit und seltenem
Talent, obgleich — nach dem treffendem Ausdruck von
La Saussaye in der Vorrede zu Knappert's Übersetzung —
„seine Auseinandersetzungen mehr den Ton einer piquanten Bestreitung seiner Gegner oder eines geschickten
Plaidoyers, als den einer unparteiischen Untersuchung
anschlagen". Vgl. C. P. T. in Revue de l'Histoire des
Religions, 1885, XII, p. 260 suiv. Theol. Tijdschrift 1886,
I vgg. Wie sehr die von Tylor und Lang verteidigte
Auffassung in den letzten Jahren schon den Beifall von
Mythologen der alten Schule gefunden hat, beweist unter
anderem das Werk von Schwartz, dem Schwager und
früheren Gesinnungsgenossen Adalbert Kuhn's, der
jedoch in den jüngeren Artikeln der genannten Samm-
ung der Anthropologie einen hervorragenden Platz ein-

räumt. Schneider steht auf konservativ römisch-katholischem Standpunkte und will deshalb von Entwicklungs-
hypothesen und dem, was damit zusammenhängt, nichts
wissen. Da er jedoch seiner Aufgabe gewachsen ist,
kann sein Werk als eine sehr heilsame Kritik der Theorie
betrachtet werden, welche er bekämpft, eine Kritik, aus
welcher auch seine Gegner Vorteil zu ziehen vermögen.
Ältere Werke, wie Dupuy, Origine de tous les
Cultes, von dessen verkürzter Bearbeitung im Jahre 1869
eine neue Ausgabe erschien, und (Radenhausen) Isis,
der Mensch und die Welt, sind, weil nur von histori-
schem Interesse, nicht unter die obengenannten aufgenommen. Als Vorläufer der neueren Methode nenne
ich noch: Alfr. Maury, La Magie et l'Astrologie dans
l'Antiquité et au Moyen Age, Paris 1860. Vgl. auch
C. P. Tiele, De plaats van de godsdiensten der Natuur-
volken in de vergelijkende godsdienstwetenschap, Amsterdam 1873.

* Zur Einführung in das Studium der allgemeinen
Anthropologie, mit deren wichtigsten Ergebnissen der
Religionshistoriker gründlich vertraut sein mufs, sind besonders geeignet E. B. Tylor's Anthropology (1881),
deutsche autorisierte Ausgabe von G. Siebert unter dem
Titel: Einleitung in das Studium der Anthropologie und
Civilisation, Braunschweig 1883, und das klassische Werk
von Johannes Ranke, Der Mensch, 2 Bde, Leipzig
1886. 2. neubearbeitete Auflage, Leipzig und Wien
1894. Über den gegenwärtigen Stand der prähistorischen
Forschung orientiert in durchaus zuverlässiger Weise
M. Hoernes, Die Urgeschichte des Menschen nach dem
heutigen Stande der Wissenschaft; Wien, Pest, Leipzig
1892. Als bedeutendstes Organ für die in Rede stehenden Gebiete ist das „Archiv für Anthropologie.
Zeitschrift für Naturgeschichte und Urgeschichte des Menschen. Begründet von A. Ecker und L. Lindenschmit,
herausgegeben von Johannes Ranke" (mit sehr ausführ-

lichen Litteraturverzeichnissen) zu nennen. Für ethno-
graphische Studien ist neben den oben besprochenen
Werken von Friedr. Müller und Oscar Peschel
auf Friedr. Ratzel's Völkerkunde (3 Bde, Leipzig
1885—87. 2. gänzlich neubearbeitete Auflage in 2 Bdn,
Leipzig und Wien 1894—95) zu verweisen; ein prächtig
ausgestattetes und reichhaltiges Werk, dessen Stärke
übrigens gerade nicht in seinen religionsgeschichtlichen
Partieen beruht. Unter der periodischen Litteratur dieses
Faches verdienen die „Zeitschrift für Ethnologie",
„Ausland" und „Globus" besondere Beachtung.

B. Werke über einzelne Religionen und Religions-familien auf animistischem Standpunkte.

Wir können hier bei weitem nicht Alles aufzählen,
wovon man behufs eines speziellen Studiums dieser Religionen und Religionsgruppen würde Kenntnis nehmen
müssen, sondern berühren nur das, was dazu geeignet
erscheint, von der Art dieser Religionen eine richtige
Vorstellung zu verschaffen.

Für die Australier ist noch immer wertvoll das
Werk George Grey's, Journals of two expeditions of
discovery in North-Western and Western Australia, 2 vols,
London 1841. Man vgl. ferner Gerland-Waitz, VI,
706—829; Tylor, Primit. Culture, I, 320 ff.; Réville,
Peuples non-civilisés, II, 143 suiv. und p. 11.

Papua's und Melanesier. A. Goudzwaard,
De Papoewas van de Geelvinksbaai, Schiedam 1863.
Van Boudyck Bastiaanse, Voyages faits dans les
Moluques, à la Nouvelle-Guinée etc. Paris 1845. Ferner
Gerland-Waitz, VI, 512—705; Réville, II, 116 suiv.
und p. 10.

Malayen und Polynesier. Für die Kenntnis der
animistischen Religionen des Niederländisch-Ostindischen

Archipels sind vor allem die Uitgaven van het K. Instituut van Taal-, Land- en Volkenkunde van N.-J., besonders die „Bijdragen" zurate zu ziehen. Auch der „Indische Gids" enthält manchen einschlägigen Artikel. Der erste, welcher diese Religionen zum Gegenstande echt wissenschaftlicher Studien gemacht hat, ist der unermüdliche, aber leider früh gestorbene Anthropologe G. A. Wilken, ein Mann von seltener Gelehrsamkeit, unter dessen Publikationen, abgesehen von den Artikeln in den obengenannten „Bijdragen" und dem „Indischen Gids", besonders zu erwähnen sind: Het Animisme bij de volken van den Indischen Archipel, Leiden 1885 (vgl. Het Shamanisme bij de volken van den Indischen Archipel, in Bijdragen V, II, 1887); Over de Verwantschap en het Huwelijks-en Erfrecht bij de volken van den Ind. Archipel, beschouwd uit het oogpunt van de nieuwere leerstellingen op het gebied der maatschappelijke ontwikkelingsgeschiedenis, Leiden 1883; Über das Haaropfer und einige andere Trauergebräuche bei den Völkern Indonesiens (aus Revue Coloniale Internationale), Amsterdam 1886. Bezüglich der übrigen Schriften desselben Verfassers vgl. man die Verzeichnisse, auf welche M. J. de Goeje verweist hinter seiner Biographie G. A. Wilken's im Jaarboek der k. Akademie van Wetenschappen voor 1892 (auch aufgenommen in die Levensberichten van de Maatsch. d. Nederl. Letterkunde desselben Jahres). Ferner Waitz, V, 1.

Eine gute Übersicht der eigentlichen polynesischen Religionen giebt Oberländer, Die Inseln der Südsee, Leipzig 1871. Besonders empfohlen zu werden verdienen G. Schirren, Die Wandersagen der Neu-Seeländer und der Maui-Mythos, Riga 1856; Sir G. Grey, Polynesian Mythology and ancient traditional History of the New-Zealand Race, London 1855, und W. W. Gill, Myths and Songs from the South-Pacific, with preface by Max Müller, London 1876. Beide, Sir G. Grey und

Gill, haben lange Zeit unter den Eingeborenen gelebt;
ersterer giebt die aufgefangenen Erzählungen ohne weitere Erklärung oder Spekulation, letzterer begleitet sie
mit Theorieen und Erläuterungen, welche sicherlich nicht
überall auf Zustimmung rechnen dürfen. Der grofse
Wert seines Buches beruht auf den Gesängen, welche
er im Original wiedergiebt, indem er zugleich eine Übersetzung derselben beifügt. Auch A. Fornander kennt
die Eingeborenen, mit denen er sich verschwägert hat,
aus eigener Anschauung, aber sein Werk: An account
of the Polynesian Race, its origin and migrations, 3 vols,
London 1878—85, ist ohne Wert für die Religionsgeschichte wegen der vielen unhaltbaren Hypothesen,
welche der Verfasser aufzustellen beliebt. Vgl. ferner
bezüglich der Mikronesier und der nordwestlichen Polynesier Waitz-Gerland, VI, 1—514 (Litteraturangaben
ebds. V, S. XXVI—XXXIV; VI, S. XIX—XXII); Réville, II, 6 suiv.

Nigritier und Verwandte. Lehrreich und charak-
teristisch als Frucht eigener Beobachtung bei Abwesenheit aller Theorie bleibt stets W. Bosman, Nauw-
keurige Beschrijving van de Guinese Goud-, Tand- en
Slavekust, 2. Uitg. 1709. Eine gute Übersicht giebt
Ed. Schauenburg, Reisen in Central-Afrika von Mungo
Park bis auf Dr. Barth und Dr. Vogel, 2 Teile, 1859 bis
1865, womit zu vergleichen H. Wagner, Schilderung
der Reisen und Entdeckungen des Dr. Ed. Vogel, Leipzig
1860, und A. Kaufmann, Schilderungen aus Central-
Afrika, Brixen 1862. Vorzüglich ist S. Leighton Wilson, History and Condition of Western Africa, Philadelphia 1859; auch Brodie Cruickshank, Eighteen
years on the Gold-Coast, London 1853, enthält viel
Gutes. Für die Kenntnis der priesterlichen Hierarchie
ist von Wichtigkeit T. E. Bowditch, Mission to Ashan-
tee, London 1819. R. Hartmann, Die Nigritier, Bd. I,
Berlin 1877 (verkürzte, populäre und etwas verbesserte

Ausgabe: Die..Völker Afrikas, Leipzig 1879) sucht die Einheit aller afrikanischen Rassen zu beweisen und unterscheidet sich hierin von Gerland, welcher sie in seinen Anthropol. Beiträgen I, 396 mit Aegyptern und Semiten zu Einer Rasse, der arabisch-afrikanischen, verbindet. Nicht ohne Interesse ist Cameron, Across Africa, 2 vols, London 1877; aber durchaus nicht zu vertrauen ist J. B. Douville, Voyage au Congo et dans l'intérieur de l'Afrique équinoxiale, 3 vols, Paris 1832, da er sich jedenfalls nur zum Teil auf eigene Anschauung stützt. Die Reisebeschreibungen von Barth, Speke und Grant und Sir Samuel Baker liefern nur wenig Material für die Kenntnis der betreffenden Religionen. Für die Kaffern, Hottentotten und Buschmänner ist ein Standard-work G. Fritsch, Die Eingeborenen Süd-Afrikas, ethnographisch und anatomisch beschrieben, Breslau 1872, und wichtig ist auch E. Casalis, Les Basoutos, Paris 1860. * Unter den neuesten Reisewerken sind neben den Schriften von G. Rohlfs, G. Schweinfurth, G.ʻNachtigal und H. v. Wifsmann besonders hervorzuheben: Franz Stuhlmann, Mit Emin Pascha in's Herz von Afrika. Reisebericht von Dr. F. St. mit Beiträgen von Dr. Emin Pascha. 2 Teile, Berlin 1894, und Oscar Baumann, Durch Massailand zur Nilquelle. Reisen und Forschungen der Massai-Expedition des deutschen Antisklaverei-Komite in den Jahren 1891—93, Berlin 1894 — beide auch in illustrativer Hinsicht vorzüglich ausgestattet. — Vgl. ferner Waitz, II, Litteratur S. XVII—XXIV; Réville, I, Litteratur p. 49—52 und 167—168.

Für die amerikanischen Rassen ist die Litteratur so umfangreich, dafs wir in dieser Beziehung hauptsächlich verweisen auf H. E. Ludewig, The Litterature of American aboriginal languages, with additions by Turner, ed. by N. Trübner, London 1857; Waitz, III und IV, S. XIX—XXXII und VII—VIII; Réville,

I, p. 208—211. Von verschiedener Richtung und verschiedenem Werte sind die Werke von Brasseur de
Bourbourg, Catlin, Schoolcroft und Léon de
Rosny, aber man wird sie immer zurate ziehen müssen,
wie auch H. H. Bancroft, Native races of the Pacific
States of North-America, 5 vols, 1875, reich an Daten,
aber ohne irgendwelche kritische Sichtung. Zahlreiche
Beiträge findet man in den jährlichen Berichten und sonstigen Publikationen der Smithsonian Institution,
von denen sich ein Katalog im Annual Report, 1886,
Vol. I, p. 485 ff. findet. Vergl. auch in demselben Report, Vol. II. Part V, The George Catlin Indian Gallery.
Siehe ferner die Archives de la Société américaine de
France, Paris, Leroux, denen hinzuzufügen ist F. A. de
la Rochefoucauld, Palanqué et la civilisation Maya,
ebds. 1888. Einen ganz eigenartigen Standpunkt nimmt
D. G. Brinton ein, dessen Werkchen: The religious
sentiment, its source and aim, New-York 1876, die Prinzipien darlegt, von denen er bei seinen Untersuchungen
ausgeht, während er sich in seinen anderen Schriften
speziell mit den amerikanischen Religionen beschäftigt.
Zu diesen gehören: The myths of the new World, a
treatise on the symbolism and mythology of the red
race of America, New-York 1863. American Hero-Myths,
a study in the native religions of the Western Con-
tinent, Philadelphia 1882. Ferner giebt er mit Anderen,
wie Horatio Hale und A. S. Gatschet eine Library
of aboriginal American Literature heraus, von der acht
Lieferungen erschienen sind. Wir nennen davon besonders: I. The Chronicles of the Mayas, II. The Iroquois
Book of Rites, VI. The Annals of the Cakshiquels,
VII. Ancient Nahuatl poetry, und hauptsächlich VIII. Rig-
Veda Americanus, unter welchem nicht sehr treffenden
Titel eine Sammlung alter heiliger Aztekenlieder nebst
einem Übersetzungsversuch publiziert ist. Das Buch, zu
welchem man in Europa am meisten greift, um sich über

unseren Gegenstand zu informieren, ist J. G. Müller, Geschichte der Amerikanischen Urreligionen, Basel 1855, welches diese Bevorzugung verdient wegen seines Über-flusses an Material und der meist sehr richtigen Er-klärungen, aber von einer sicherlich falschen Hypo-these beherrscht wird, nämlich der, dafs die nördlichen Religionen, auf dem Glauben an Geister und Seelen be-ruhend, sich dadurch scharf unterschieden von den süd-lichen, in welchen der Sonnendienst die Hauptsache sei. * Eine in verschiedenster Hinsicht sehr wertvolle und interessante Fundgrube bildet das gediegene Reisewerk Karl von den Steinen's, Unter den Naturvölkern Zentral-Brasiliens, Reiseschilderung und Ergebnisse der zweiten Schingú-Expedition 1887—88, Berlin 1894, nach dem berufenen Urteil von Professor Johannes Ranke in München: „eine ganz neue, in der Litteratur bisher ein-zige Erscheinung: das erste Lehrbuch der Völkerpsycho-logie, dargestellt in der klassischen Beschreibung Eines Naturstammes" (Correspondenzblatt, Juni 1894).

Für die Kenntnis der uralaltaïschen Religionen bleibt noch immer das Hauptwerk M. Alexander Castrén, Vorlesungen über die Finnische Mythologie, aus dem Schwedischen übersetzt von Anton Schiefner, St. Petersburg 1853. Seine kleineren Schriften, eben-falls von Schiefner herausgegeben, enthalten u. a. eine Abhandlung über die Zauberkunst der Finnen und eine allgemeine Übersicht über die Götterlehre und die Magie der Finnen zur Zeit des Heidentums. Die Werke Ca-strén's haben eine neue Epoche in dem Studium der Mythologie der Finnen und ihrer Verwandten eingeleitet. Sie beruhen auf eigener, selbständiger Untersuchung, und der Autor hat das auf seinen Reisen gesammelte Material nach einer im ganzen richtigen Methode ver-arbeitet. Von der Kalewala, den Heldenliedern der Finnen, ist die vollständigste Ausgabe die von Lönrott, 1849 im Auftrage der Universität Helsingfors veranstaltet (die erste

26*

Ausgabe von 1835 enthält nur 35, die von 1849 50 Runen). Übersetzung von A. Schiefner, Kalewala, das National-Epos der Finnen, nach der 2. Ausgabe ins Deutsche übertragen, Helsingfors 1852. Vgl. dazu H. M. Meyboom, de Kalewala, Gids 1879 Nr. 9. Aufserdem H. R. von Schröter, Finnische Runen, Upsala 1819. E. Beauvois, La Magie chez les Finnois, in Revue de l'Hist. des Religions, 1881, t. III, p. 273; 1882, t. V, p. 1 und VI, p. 257.

Für die Tataren kann man vergleichen A. Schiefner, Heldensagen der minussinschen Tataren, rhythmisch bearbeitet, St. Petersburg 1859; für die Lappen O. Donner, Lieder der Lappen, Helsingfors 1876; für die Esthen J. W. Boecler, Der Ehsten abergläubische Gebräuche, Weisen und Gewohnheiten, mit Anmerkungen von Fr. R. Kreutzwald, St. Petersburg 1854; J. B. Holzmayer, Osiliana, Erinnerungen aus dem heidnischen Götterkultus und alte Gebräuche, gesammelt unter den Insel-Esten, Dorpat 1872. Leopold von Schröder, Die Hochzeitsgebräuche der Esten u. s. w. versucht durch Vergleichung dieser Gebräuche mit den indogermanischen die ältesten Beziehungen zwischen dieser und der finnisch-ugrischen Völkerfamilie aufzuzeigen. Vgl. ferner für die Litteratur Réville, II, p. 178 suiv. und das citierte Werk von v. Schröder, S. 9—12 und passim.

Erstes Buch.

Ägypten.

Allgemeine Werke.

Die grofsen Bilderwerke von Champollion, Ro-
sellini, Leemans, Lepsius, Sharpe, Duemichen, Mariette, Pleyte u. A., wie das grofse Hiero-
glyphisch-Demotische Wörterbuch von H. Brugsch
(7 Bände) sind nur für solche brauchbar, welche Hieroglyphenschrift lesen und etwas von der ägyptischen
Sprache verstehen. Wer ohne spezielles Studium sich
eine Vorstellung von dieser Schrift und Sprache machen
will, greife zu J. P. Mahaffy, Prolegomena to ancient
history, London 1871, De Rosny, Les Écritures figu-
ratives, Paris 1860, vor allem aber zu Ph. Berger,
Histoire de l'Écriture dans l'Antiquité, Paris 1891, und
H. Brugsch, Hieroglyphische Grammatik zum Nutzen
der studierenden Jugend, Leipzig 1872, oder Le Page
Renouf, Egyptian Grammar, London 1875, und dem
später zu nennenden Werke von Johannes Duemichen. *Neuerdings erschien (als Pars XV der Porta
linguarum orientalium): Adolf Erman, Aegyptische
Grammatik mit Schrifttafel, Litteratur, Lesestücken und
Wörterverzeichnis, Berlin 1894. — Besondere Erwähnung
verdient W. Pleyte, Zur Geschichte der Hieroglyphenschrift, nach dem Holländ. von Carl Abel, Leipzig 1890
(Auszug aus einem gröfseren Aufsatze in dem Maandblad

voor Onderwijs). Der grofse Entdecker Champollion
le jeune hat die Resultate seiner Entzifferung nieder-
gelegt in seinem Précis du système hiéroglyphique des
anciens Égyptiens, 2. Éd. mit Abb., Paris 1828, und syste-
matischer in seiner Grammaire égyptienne. Die Chrestomathie égyptienne seines Schülers Emm. de Rougé
(Abrégé grammatical I, Paris 1867; II, 1868) ist unvollendet
geblieben. Für die Erklärung der Hieroglyphen in der
Antike vgl. man Horapollinis Niloi Hieroglyphica, ed.
C. Leemans, Amsterdam 1835. Eine wahre Encyklopädie der ägyptologischen Wissenschaft, von der Hand
eines Meisters verfafst, ist das Werk von H. Brugsch,
Die Aegyptologie. Abrifs der Entzifferungen und Forschungen auf dem Gebiete der ägyptischen Sprache, Schrift
und Altertumskunde. Leipzig, I. Abt. 1889; II. Abt. 1891.

Lehrreiche Abhandlungen, Texterklärungen und Monographieen findet man in folgenden Zeitschriften und
Sammelwerken:

Revue Archéologique, Paris.
Zeitschrift für ägyptische Sprache und Altertumskunde,
 von R. Lepsius, H. Brugsch und D. Stern.
 Leipzig 1863 ff.
Recueil de Travaux relatifs à la Philologie et l'Archéo-
 logie égyptiennes et assyriennes, Paris 1870 suiv.
Mélanges d'Archéologie égyptienne et assyrienne, Paris
 1874 suiv.
Transactions of the Society of Biblical Archaeology und
 Proceedings derselben Gesellschaft, London 1872 ff.
Journal Asiatique (Table des matières de la septième
 série 1873—1882, Paris 1882, t. XX, s. v. Egypte,
 und die folgenden Jahrgänge).

Für die Kenntnis des ägyptischen Altertums sind
von Wichtigkeit:
C. C. J. Bunsen, Aegyptens Stelle in der Weltgeschichte, 6 Bde. I—III Hamburg 1844—45, IV—VI

Gotha 1856—57. Englische Übersetzung von H. Cot-
trel, Egypt's place in universal history, I—V, London 1848—67.

Sir Gardner Wilkinson, Manners and Customs of
the ancient Egyptians. 1. Series, 3 vols. London
1837 (2. Ed. von Vol. I 1842); 2. Series, 2 vols
und 1 Teil Abb. London 1841.

W. H. Davenport Adams, The Land of the Nile, or
Egypt past and present, London 1878.

G. Perrot et C. Chipiez, Histoire de l'Art dans l'Antiquité. Tome I. Egypte, Paris 1880 suiv. * Deutsche
Ausgabe von R. Pietschmann, Leipzig 1884.

G. Maspéro, L'Archéologie égyptienne, Paris 1887.
* Deutsche Ausgabe von G. Steindorff unter dem
Titel: Aegyptische Kunstgeschichte, Leipzig 1889.

Ad. Erman, Aegypten und ägyptisches Leben im
Altertum. 2 Bde, Tübingen o. J. (1885—87).

* Aegyptische und vorasiatische Altertümer aus den
königlichen Museen zu Berlin. 87 Lichtdrucktafeln
gr. fol. mit erläuterndem Text, Berlin 1895.

Das große Werk von Bunsen ist jetzt veraltet und
behält nur seinen historischen Wert, aber der 5. Teil
der englischen Übersetzung ist noch immer von Bedeutung wegen der vielen Ergänzungen und Verbesserungen
von der Hand S. Birch's, die er enthält, so besonders
eine Übersetzung des Totenbuches und ein hieroglyphi-
sches Wörterbuch nebst Grammatik. Die Erklärungen,
welche Sir G. Wilkinson von den Mythen und religiösen Bräuchen der Ägypter giebt, müssen meist ab-
gelehnt werden; aber sein Werk enthält dessen unge-
achtet eine reiche Fülle wohlverbürgter Thatsachen und
ausgezeichneter Abbildungen. Das Büchlein von Davenport Adams ist populär, aber im ganzen sorgfältig und brauchbar. Die Kunstgeschichte von Perrot
und Chipiez hat einen wohlverdienten Ruf, nicht nur

wegen ihrer vortrefflichen Abbildungen, sondern auch
wegen ihres gut geschriebenen und echt wissenschaftlichen Textes. Maspéro giebt eine kurze, aber in
jeder Hinsicht zuverlässige Übersicht über die ägyptische Kunst, mit guten Abbildungen. Vollkommen auf
der gegenwärtigen Höhe der Ägyptologie steht das
Werk von Adolf Erman, das sich auch durch Originalität auszeichnet; aber sein Verfasser, obwohl ein
Archäologe ersten Ranges, verrät öfter Mangel an histo-
rischem Sinn und an Verständnis für die hohe Entwicklungsstufe, welche die Ägypter vor allen anderen Völkern
erreicht haben — waren auch die Formen, in welchen
diese sich dokumentierte, häufig unbeholfen und gebrechlich (vgl. Arthur Lincke, Ein Wort zur Beurteilung
des alten Orients, in der Festschrift des Vereins für Erd-
kunde zu Dresden). Dagegen verdient ein Werkchen des
Madrider Professors D. Miguel Morayte (deutsch von
Ad. Schwarz, Alt-Aegypten) trotz des grofsen Lobes,
welches es geerntet hat, bezüglich der ägyptischen Religion nicht das mindeste Vertrauen. Nicht ohne Nutzen
wird man die Kataloge von Museen und Sammlungen
durchmustern. Wir nennen nur die des Museums in
Leiden (C. Leemans), Paris (E. de Rougé), Berlin
(H. Brugsch), Lyon (Th. Devéria), Bulak (Mariette-
Bey), der ägyptischen Manuskripte des Louvre (Devéria), der Sammlung Schouten in Utrecht (W. Pleyte)
u. s. w.

Wissenschaftliche Reisen.

Champollion, Lettres écrites d'Egypte et de Nubie
en 1828 et 1829, Paris 1833. — Notices descriptives
conformes aux manuscrits autographes, Paris 1844.
R. Lepsius, Briefe aus Aegypten u. s. w. Berlin 1852.

M. Gentz, Briefe aus Aegypten und Nubien, Berlin
1853.

H. Brugsch, Reiseberichte aus Aegypten, Leipzig
1855.

G. A. Hoskins, A winter in upper and lower Egypt,
London 1863.

J. J. Ampère, Voyage en Egypte et Nubie, Paris
1867.

A. Mariette-Bey, Itinéraire de la Haute-Egypte, comprenant une description des monuments antiques des
rives du Nil, Alexandria 1872.

H. Brugsch, Wanderung nach den Türkisminen und
der Sinaihalbinsel, 2. Ausg., Leipzig 1868.

A. Rhoné, L'Egypte à petites journées. Etudes et
souvenirs. Le Kaire et ses environs, Paris 1877.
Vortreffliche Illustrationen.

Am. B. Edwards, A thousand Miles up the Nile,
2 vols. Leipzig, Tauchn. Edit. 1878.

Es genügt, auf diese Reisebeschreibungen zu verweisen. Nur mag noch daran erinnert werden, dafs die
Verfasserin der letzten die begabte Romancière ist, welche
sich in den späteren Jahren ihres Lebens der Ägyptologie gewidmet und als Sekretärin des Egypt. Exploration Fund verdient gemacht hat.

Geschichte.

R. Lepsius, Königsbuch, Berlin 1858.

Valdemar Schmidt, Assyriens og Aegyptens gamle
Historie efter den nyere Tids Forskninger. I, Kjöbenhavn 1872. II, 1877.

H. Brugsch, Histoire d'Egypte dès les premiers temps
de son existence jusqu' à nos jours, 1 re partie (bis

Nektanebos) Leipzig 1859. 2. Edit. 1re partie (bis: zum Ende der 17. Dynastie) Leipzig 1875. — Geschichte Aegyptens unter den Pharaonen. Nach den Denkmälern. Erste deutsche Ausgabe. Leipzig 1877.

S. Sharpe, History of Egypt, 2 vols. 6th Ed. London 1876.

Joh. Duemichen, Geschichte des alten Aegyptens, Berlin 1879.

Ed. Meyer, Geschichte des alten Aegyptens, Berlin 1887. Beide Werke gehören zu der Oncken'schen Sammlung.

A. Wiedemann, Geschichte Aegyptens von Psammetich I. bis auf Alexander den Grofsen, Leipzig 1880. — Aegyptische Geschichte, Gotha 1883—84. * Supplement dazu, Gotha 1888.

G. Maspéro, Lectures Historiques. Histoire ancienne. Egypte, Assyrie, Paris 1890. — Histoire ancienne des peuples de l'Orient. Tome Ier: Les Origines. Egypte, Chaldée. Paris 1894, en cours de publication.

E. de Rougé, Recherches sur les monuments qu'on peut attribuer aux VI premières dynasties, Paris 1866.

R. Lepsius, Über die zwölfte ägyptische Königsdynastie, Berlin 1852.

F. Chabas, Les Pasteurs en Egypte, Amsterdam 1868. — Recherches pour servir à l'histoire de la XIXme dynastie, Chalons et Paris 1873.

M. Büdinger, Zur ägyptischen Forschung Herodots. Wien 1873.

Jakob Krall, Studien zur Geschichte des alten Aegypten, I—IV. Wien 1881—90.

R. Lepsius, Einleitung zur Chronologie der Aegypter, Berlin 1848.

J. Lieblein, Aegyptische Chronologie, Christiania 1863.

F. J. C. Mayer, Aegyptens Vorzeit und Chronologie, Bonn 1862.

Joh. Duemichen, Die erste sichere Angabe über die Regierungszeit eines ägypt. Königs aus dem alten Reich, Leipzig 1874.

C. Piazzi Smith, On the antiquity of intellectual man, Edinburgh 1868.

Aufser den oben genannten Spezialwerken kann man auch zurate ziehen das grofse und gerade bezüglich Ägyptens besonders gute Geschichtswerk von Max Duncker, Geschichte des Altertums (5. Aufl. 1878), und die bekannten kürzer gefafsten Geschichten desselben Zeitalters von F. Lenormant, G. Maspéro (siehe jedoch S. 402. 404) und Ph. Smith, die aber sämtlich bei weitem übertroffen sind durch E. Meyer's Geschichte des Altertums I, Stuttgart 1884, welche auch neben Duncker stets verglichen werden mufs. Über einzelne der angeführten Bücher nur ein paar Bemerkungen. Das Werk Valdemar Schmidt's habe ich ziemlich genau charakterisiert in meiner Babylonisch-assyrischen Geschichte S. 47 ff. Das von Brugsch ist eigentlich keine Geschichte, sondern vielmehr eine chronologisch geordnete Reihe historischer Texte in Übersetzung und mit kurzer Erklärung, weshalb es stets seinen Wert behält. Die deutsche Ausgabe ist die beste. Die „History" von Sharpe ist grofsenteils veraltet und vor allem, soweit sie über die Religion der Ägypter handelt, mit Vorsicht zu benutzen. Duemichen's Geschichte war zu breit angelegt und ist deshalb in der Oncken'schen Sammlung durch die von Eduard Meyer ersetzt, der auch hier wieder sein Talent bewiesen hat, gründliche Sachkenntnis mit klarer und bündiger Darstellung zu vereinigen, welche von gesundem und scharfsinnigem Urteil zeugt. Für die Kenntnis der politischen Geographie, der Haupttempel und anderer Antiquitäten,

wie der Sprache und Schrift des alten Ägyptens bleibt
Duemichen's Buch eine reiche Fundgrube. Wiedemann's grofses Verdienst, welches aus allen seinen Schriften erhellt, ist die sorgfältige und vollständige Angabe
der Quellen und ihres Inhaltes; aber als Geschichtswerke
stehen diese Schriften durchaus nicht auf der Höhe derjenigen Ed. Meyer's. Das zuerst genannte Werkchen von
Maspéro ist speziell für den Gymnasial-Unterricht bestimmt. Seine „Histoire ancienne des peuples de l'Orient"
ist eine prächtige, gänzlich umgearbeitete und mit einer
Anzahl guter Abbildungen versehene Ausgabe seines
bekannten früheren, verdienstvollen Werkes. Chabas'
Anschauungen über die Geschichte, vor allem über die
Religion zur Zeit der Hirtenfürsten sind unannehmbar,
weil er die Texte, auf welche sie sich stützen, nicht
richtig erklärt hat. De Rougé's vortreffliche Abhandlung bleibt noch immer wichtig, wenn auch die Quellen
für die Geschichte der ältesten Dynastieen durch die
letzten Entdeckungen nicht unerheblich vermehrt sind.
Das Nötige hierüber kann man in den oben genannten
Sammelwerken und Zeitschriften finden. Piazzi Smith
ist nur erwähnt, um vor der Annahme seiner ungesun-
den Hypothesen warnen zu können. In jüngster Zeit
haben hauptsächlich die Untersuchungen des Astronomen
Eduard Mahler eine neue und festere Basis für
die ägyptische Chronologie geschaffen. Vgl. vor allem
die Zeitschrift für ägypt. Sprache und Altertumskunde,
Bd. XVIII f.

Texte mit Übersetzung und übersetzte Texte.

Totenbuch. Obschon hier Textausgaben ohne
Übersetzung oder selbst mit Interlinearversion nicht erwähnt zu werden brauchen, weil beide nur für solche

geeignet sind, welche etwas ägyptisch verstehen, wollen
wir doch die beiden wichtigen Ausgaben dieses heiligsten Buches der Ägypter notieren, nämlich die von
Lepsius, nach einem Turiner Papyrus, der nicht älter
ist als die 26. Dynastie (Leipzig 1842), und die schöne
kritische von Ed. Naville, herausgegeben auf Veranlassung und unter Aufsicht des Orientalisten-Kon-
gresses nach Thebanischen Texten der 18. und 20. Dynastie, deren 1. Teil den zusammenhängen Text von
186 Kapiteln, deren zweiter die Varianten und deren
dritter eine ausführliche Einleitung enthält. Vgl. darüber
Herm. Lincke, Vom Wiener Orientalisten-Kongreſs
(Dresden 1886), S. 55 ff. Nach dem ersteren Text ist
das Buch übersetzt von Birch (vgl. S. 399) und Paul
Pierret (Le Livre des Morts des anciens Égyptiens,
traduction complète accompagnée de notes, Paris 1882),
die jedoch beide nicht viel mehr als einen allgemeinen
Begriff von dem Inhalte desselben geben können. Die
von Brugsch in der Zeitschrift für ägypt. Sprache und
Altertumskunde 1872 f. begonnene Übersetzung ist un-
vollendet geblieben. Die von Seiffarth (Theologische
Schriften des alten Aegyptens, Gotha 1855) beruht auf
einer längst verurteilten Theorie über die Erklärung der
Hieroglyphen. In den Proceedings der Soc. of biblical
Archaeology erscheint seit einiger Zeit eine neue Über-
setzung von Le Page Renouf, von der zu hoffen ist, daſs
sie bald als Separatausgabe zu haben sein wird. Für die
Textkritik von höchster Bedeutung ist Lepsius, Aelteste
Texte des Todtenbuches nach Sarkophagen des ägypt.
Reiches (Berlin 1867); und auch W. Pleyte hat in
seinen Études égyptiennes (Leiden 1866 ff.) und in seinen
Chapitres supplémentaires du Livre des Morts, 162—174
(Leiden 1882. Vol. I Text, Vol. II Übersetzung und
Anmerkungen) wichtige Beiträge dazu geliefert, wie auch
zu der Kenntnis der Mythologie und einiger Kulte.
Eug. Lefébure gab eine gute Traduction comparée

des hymnes au soleil composant le XVe Chapitre du
Rituel funéraire égyptien (Paris 1878).

Für Übersetzungen von Texten verschiedener Art
vergleiche man die oben namhaft gemachten Sammlungen, aber vor allem die „Records of the Past",
deren 1. Serie, herausgegeben von S. Birch, vom 2. bis
zum 12. Teil abwechselnd ägyptische Texte, und deren
2. Serie, herausgegeben von A. H. Sayce, in ihren
sechs bislang erschienenen Teilen sowohl ägyptische als
babylonisch-assyrische Texte enthält. Ferner mögen
noch genannt werden:

F. Chabas, Le Papyrus magique Harris, publié et traduit, Chalons 1860. — Mélanges égyptologiques,
série I—III. Chalons et Paris 1862 suiv. — Le Ca-
lendrier des jours fastes et néfastes (Pap. Sallier IV),
trad. complète, cbds. o. J. S. auch seine Zeitschrift:
L'Egyptologie, 1874 suiv.

G. Maspéro, Essai sur l'inscription dédicatoire du
Temple d'Abydos, Paris 1867. — Hymne au Nil,
publié et traduit, Paris 1868.

C. W. Goodwin, The Story of Saneha, an egypt. tale,
transl. from the hieratic text, London 1866.

W. Pleyte, Een loofzang aan Ptah (Evangeliespiegel)
und De veldslag van Ramses den Groote tegen de
Cheta (Theol. Tijds. 1869).

E. v. Bergmann, Das Buch vom durchwandlen der
Ewigkeit, Wien 1877.

Georg Ebers, Der geschnitzte Holzsarg des Ḥaṯbastru,
Leipzig 1884.

Ph. Virey, Etudes sur le Papyrus Prisse. Le Livre de
Ḳaqimna et Les Leçons de Ptah-hotep, Paris 1887.

Louis Ménard, Hermes Trismégiste, trad. compl.
Paris 1866.

*H. Brugsch, Thesaurus inscriptionum aegyptiacarum.

Altägyptische·· Inschriften, gesammelt, verglichen, übertragen, erklärt und autographiert von H. B. 6 Abt. (LX, 1578 S.) Leipzig 1883—91. Besonders wichtig für die Religionsgeschichte ist Abteil. IV: Mythologische Inschriften altägyptischer Denkmäler (S. 619—850 des ganzen Werkes)', Leipzig 1884.

* **K a r l P i e h l**, Inscriptions hiéroglyphiques, recueillies en Europe et en Egypte. Publiées, traduites et commentées par K. P. Leipzig 1886 ff.

Religion.

Algemeine Werke.

C. P. T i e l e, Vergelijkende Geschiedenis der Egyptische en Mesopotamische godsdiensten, Amsterdam 1869—72. 1. Boek: Egypte. Verkürzte französische Übersetzung von G. **C o l l i n s**, Paris 1882. Vollständige englische des 1. Buches von **J a m e s B a l l i n g a l**, London 1882.

F. N i p p o l d, Aegyptens Stellung in der Religions- und Culturgeschichte, Berlin 1869.

P. L e P a g e R e n o u f, (Hibbert-) Lectures on the origin and growth of Religion as illustrated by the Religion of ancient Egypt, London and Edinburgh 1880. * Deutsche autorisierte Ausgabe unter dem Titel: Vorlesungen über Ursprung und Entwicklung der Religion erläutert an der Religion der alten Aegypter, Leipzig 1882.

P a u l P i e r r e t, Le Panthéon égyptien, Paris 1881. Vgl. von demselben: Discours d'ouverture de l'Ecole du Louvre, Pàris 1883.

J. L i e b l e i n, Gammelägyptisk Religion,· populärt frem-

stillet, Christiania 1883. — Egyptian Religion, Leipzig 1884.

H. Brugsch, Religion und Mythologie der alten Aegypter. 1. Hälfte, Leipzig 1884. 2. Hälfte 1888. Na-
menregister 1890. * 2. Ausgabe, Leipzig 1890.

* V. v. Straufs und Torney, Der altägyptische
Götterglaube. I: Die altägyptischen Götter und
Göttersagen, Heidelberg 1889. II: Entstehung und
Geschichte des altägyptischen Götterglaubens, ibid.
1890.

A. Wiedemann, Die Religion der alten Aegypter,
Münster 1890.

* G. Maspéro, Etudes de mythologie et d'archéologie
égyptienne. 2 vols, Paris 1893. (Bibliothèque égyp-
tologique I. II.)

Plutarch, Über Isis und Osiris, herausgegeben von
G. Parthey.

Einzelne Mythen und Kulte.

R. Lepsius, Über den ersten ägyptischen Götterkreis
und seine geschichtlich-mythologische Entstehung,
Berlin 1851. — Über die Götter der vier Elemente
bei den Ägyptern, Berlin 1856.

W. Pleyte, Lettres sur quelques monuments relatifs au
dieu Set, Leiden 1863. — Set dans la barque du
soleil, Leiden 1863.

Ed. Meyer, Set-Typhon, eine religionsgeschichtliche
Studie, Leipzig 1875.

H. Brugsch, Die Sage von der geflügelten Sonnenscheibe, Göttingen 1870.

E. Naville, Textes relatifs au mythe d'Horos dans le
temple d'Edfou, Genève et Bâle 1870.

D. Mallet, Le culte de Neit à Sais, Paris 1888.

G. Parthey, Das Orakel und die Oase des Ammon,
Berlin 1862.

F. J. Tönnies, De Jove Ammone, Tübingen 1877.

Ch. Nicholson, On the diskworshippers of Memphis, Transactt. of the R. Soc. of Literature, 2. series, vol. IX, part 2, p. 197 ff.

Eug. Plew, De Sarapide, Königsberg 1868.

H. Brugsch, Die Adonisklage und das Linoslied, Berlin 1852.

M. Uhlemann, Das Todtengericht bei den alten Aegyptern, Berlin 1854.

P. Pierret, Le dogme de la résurrection chez les anciens Egyptiens, Paris o. J.

J. Duemichen, Über die Tempel und Gräber im alten Aegypten, Strafsburg 1872. — Bauurkunde der Tempelanlagen von Dendera, Leipzig 1865. — Der ägyptische Felsentempel von Abu - Simbel, Berlin 1869.

M. de Rochemonteix, Le Temple égyptien. Extr. de la Revue internationale de l'Enseignement, Paris 1887. — La grande Salle hypostyle de Karnak, ibid. 1891.

H. Brugsch, Die ägyptische Gräberwelt, Leipzig 1868.

Zur Ergänzung dieser bibliographischen Angaben greife man zu den mit grofser Sachkenntnis und richtigem Urteil geschriebenen Bulletins critiques de l'Égypte ancienne von G. Maspéro in der Revue de l'Hist. des Religions 1880 suiv. Das zuerst genannte Werk des Verfassers ist durch das vorliegende nicht völlig ersetzt, da es viel ausführlicher ist; mufs aber mit demselben stets verglichen werden, um verfolgen zu können, wo es durch die späteren Entdeckungen zu ergänzen und zu verbessern ist. Nippold's Abhandlung ist nur eine kurze, populäre Übersicht. Von den Hibbert-Lectures von Le Page Renouf, welche viel Schönes und Lehrreiches enthalten, kann man mit H. Lincke sagen, dafs sie zu subjektiv und zu wenig zusammenfassend sind. Lieb-

l e i n's Egyptian Religion giebt eine gute Kritik derselben. In seinem erwähnten gröfseren Werke hat dieser
Autor eine populäre Darstellung der ägyptischen Religion
geliefert, welche die Beachtung aller verdient, die der
nordischen Sprache mächtig sind. Paul Pierret ist ein
vorteilhaft bekannter Ägyptologe und seine — etwas zu
flüchtige — Skizze des ägyptischen Pantheons verdient gewifs Vertrauen, was die Details anlangt; doch ruht sie auf
der unbegründeten Hypothese eines ursprünglichen Monotheismus, aus dem der Polytheismus durch Entartung
entstanden sein soll. In dem viel ausführlicheren und
tüchtigeren Werke von Brugsch ist sein Gegenstand
nach einer veralteten und längst abgethanen religions-
wissenschaftlichen Methode behandelt; aber der grofse
Reichtum an Thatsachen, den es enthält, und die umfassende Gelehrsamkeit, über welche der Verfasser ver-
fügt, machen es unentbehrlich für jeden, der sich mit
einschlägigen Studien beschäftigt. Alfr. Wiedemann
dagegen bekämpft mit Recht die Vorliebe der meisten
Schriftsteller, den Ägyptern ein zusammenhängendes Reli-
gionssystem beizulegen, das sie niemals besessen haben.
Er geht von der Ansicht aus, dafs alle ägyptischen Götter
Lokalgottheiten seien; aber von der relativen Wahrheit,
welche in dieser Auffassung liegt, macht er keinen Gebrauch, um die Art der Götter aus der Beschaffenheit
ihrer Kultusorte zu bestimmen. Für die rechte Kenntnis
der ägyptischen Mythologie hat sein Buch wenig Wert.
Das Werk von Ollivier Beauregard, Les divinités
égyptiennes (Paris 1866) läfst sowohl bezüglich der Thatsachen als der Methode Alles zu wünschen übrig.

Auf die verschiedenen Monographieen können wir hier
nicht näher eingehen. Nur einige der wichtigsten sind
aufgeführt. Besondere Aufmerksamkeit verdient die vor-
zügliche Arbeit von D. Mallet, die in ihrer Art muster-
haft ist, und die von Brugsch und Naville, welche
wertvolle Beiträge zu der Erklärung der Horosmythen

liefern. Auf dem Gebiete der heiligen Baukunst ist
Joh. Duemichen eine hervorragende Autorität, was
sowohl seinem oben angeführten gröfseren Werke, als
den hier genannten kleineren Arbeiten besondere Wichtigkeit verleiht. Durch Klarheit und Richtigkeit zeichnen
sich die beiden Abhandlungen des frühverstorbenen
de Rochemonteix aus. Die Abbildungen und Beschreibungen der ägyptischen Tempel und Gräber in
der schon genannten Histoire de l'Art von Perrot und
Chipiez sind, wie nicht anders zu erwarten, vortrefflich.

Die ägyptische Religion in ihren Beziehungen zu der der Nachbarvölker.

Wiederholt hat man versucht, den Ursprung verschiedener Religionen, Mythen und Riten in der ägyptischen
Religion zu suchen, ohne dafs man es weiter gebracht hätte
als bis zu mehr oder minder glücklichen Hypothesen,
von denen jedoch keine allgemeine Zustimmung oder
wenigstens den Beifall der hervorragendsten Autoritäten
zu finden vermochte. So hat E. Röth, Geschichte
unserer abendländischen Philosophie I. die ägyptische
und zoroastrische Theologie als die Quelle unserer sämt-
lichen spekulativen Ideen bezeichnet; aber trotz all' seiner
Gelehrsamkeit ist ihm der Beweis nicht gelungen. Noch
verwerflicher ist die Methode J. Braun's in seiner
Naturgeschichte der Sage, Rückführung aller religiösen
Ideen u. s. w. auf ihren gemeinsamen Stammbaum
(2 Teile, München 1864), deren Titel genug besagt.

Über die wechselseitigen Beziehungen zwischen Ägypten und Israel ist natürlich am meisten geschrieben.
Wir erwähnen nur:

W. Pleyte, La religion des Pré-Israélites, Recherches
    sur le dieu Set, Utrecht 1862.
W. G. Brill, Israël en Egypte, Utrecht 1857.

U h l e m a n n, Israeliten und Hyksos in Aegypten, Leipzig 1856.

F. J. L a u t h, Moses der Ebräer, nach ägyptischen Papyrusurkunden, München 1868.

A. E i s e n l o h r, Der grofse Papyrus Harris, ein Zeugnifs für die mosaische Religionsstiftung enthaltend, Leipzig 1872.

G. E b e r s, Aegypten und die Bücher Mose's, I. (Nicht mehr erschienen.) Leipzig 1868.

G e o. R a w l i n s o n, Egypt and Babylon from Scripture and profane Sources, London o. J.

G. M a s p é r o, La liste de Sheshonq à Karnak, London o. J.

J o n a s D a h l, Er Jehovadyrkelsen af aegyptisk Oprindelse? Kristiania 1881.

Das E b e r s'sche Werk, obwohl jetzt zum Teil veraltet und Hypothesen enthaltend, welche der Autor selbst nicht mehr verteidigen würde, verdient noch immer zurate gezogen zu werden. Auch P l e y t e hat seine Vergleichung des Setdienstes mit dem Jahves längst aufgegeben. L a u t h's Vermutung ist sehr unwahrscheinlich, und auch diejenige E i s e n l o h r's, obgleich sie empfehlenswerter scheint, ist bei weitem nicht bewiesen. G. R a w l i n s o n behandelt in populärer Weise alle Stellen des Alten Testaments, welche sich auf Ägypten beziehen, nach der Reihenfolge der Bücher in der gebräuchlichen Übersetzung und ohne irgendwelche Kritik. M a s p é r o beschäftigt sich aufs neue mit der vielbesprochenen Liste der von Šešonḳ eroberten Orte Palästinas, welche zuletzt von B l a u und B r u g s c h gründlich bearbeitet wurde. J. D a h l bekämpft die Ansicht, dafs der Jahvismus ägyptischen Ursprungs sei.

Alfr. W i e d e m a n n bespricht „Die ältesten Beziehungen zwischen Ägypten und Griechenland" (Leipzig

1883), welche er nicht früher als die 26. Dynastie an-setzen will.

Über die Elemente der ägyptischen Religion, welche in die altchristliche übergegangen sind, vergleiche man u. a. S. Sharpe, Egyptian Mythology and Egyptian Christianity (London 1863), nur mit grofser Vorsicht zu gebrauchen, und L. Conrady, Die ägyptische Götter-sage in der christlichen Legende (Wiesbaden 1882), dem vollkommen zu vertrauen ist.

Zweites Buch.

Allgemeine Werke über die Semiten.

E. Renan, Histoire générale et système comparé des langues sémitiques, 1re partie. 2. Edit. Paris 1858. * 4. Ed. 1864. — Nouvelles considérations sur le caractère général des peuples sémitiques et en particulier sur leur tendance au monothéisme, Paris 1859. — La part des peuples sémitiques dans l'histoire de la civilisation, 5me Edit. Paris 1867. — Vgl. F. Max Müller, Chips from a German Workshop, vol. I. (* Essays, Bd. I. Leipzig 1869.)

R. F. Grau, Semiten und Indogermanen in ihrer Beziehung zu Religion und Wissenschaft, Stuttgart 1864.

Friedr. Müller, Indogermanisch und Semitisch, Wien 1870. — Vergl. seine Allgemeine Ethnographie S. 437 ff.

D. Chwolsohn, Die semitischen Völker. Versuch einer Charakteristik, Berlin 1872.

J. G. Müller, Die Semiten in ihrem Verhältnis zu Chamiten und Japhetiten, Basel 1872.

E. Schrader, Die Abstammung der Chaldäer und die Ursitze der Semiten, in Zeitschrift der Deutschen Morgenländischen Gesellschaft XXVII. 1873, S. 397 ff.

M. J. de Goeje, Het vaderland der Semietische volken.

Rectorale Redevoering in Jaarb. der Rijks-Universiteit te Leiden, 1881—82.

F. Hommel, Die Semiten und ihre Bedeutung für die Kulturgeschichte, Leipzig 1881. — Die semitischen Völker und Sprachen. Versuch einer Encyklopädie der semitischen Sprach- und Altertumswissenschaft. I. Bd. Allgemeine Einleitung (Die Bedeutung der Semiten für die Kulturgeschichte). 1. Buch: Die vorsemitischen Kulturen in Aegypten und Babylonien, Leipzig 1883. Nicht weiter erschienen.

J. Halévy, Mélanges de critique et d'histoire relatifs aux peuples sémitiques, Paris 1883.

W. R. Smith, Lectures on the Religion of the Semites. First Series: The fundamental Institutions, Edinburgh 1889. — New Edition, thoroughly revised by (the late) Author, London 1894. Vgl. S. 284, Anmerk. 1.

Obengenannte Werke enthalten mehr oder minder ausführliche Arbeiten zur Charakterisierung der sogenannten semitischen Völkerfamilie, besonders ihrer Sprache und ihrer Religion. Renan's Hypothese einer ursprünglichen Neigung der Semiten zum Monotheismus wird jetzt wohl von keinem Berufenen mehr vertreten. Ich habe sie bereits in „De Gids" (Februar 1862) bekämpft. Grau steht durchaus auf einem veralteten, supranaturalistischen Standpunkte. Wie geistreich die von Chwolsohn und J. G. Müller vorgeschlagenen Lösungen des Problems auch sein mögen, so haben sie doch mit Recht wenig Beifall gefunden. Hommel und Halévy, obschon sie sich in der sumerisch-akkadischen Frage schnurgerade gegenüberstehen, sind immer belehrend und verfügen über ein bedeutendes Wissen; aber ihre oft sehr paradoxen Behauptungen und Kombinationen sind nicht selten mehr überraschend, als überzeugend. Die Vermutungen von Schrader und de Goeje über das

Stammland der Semiten besitzen einen hohen Grad von
Wahrscheinlichkeit und verdienen mindestens ernstliche
Erwägung.

Babel-Assur.

Zeitschriften und Sammlungen.

Zeitschrift für Keilschriftforschung von H o m m e l und
   B e z o l d, I—II, Leipzig 1884 f., ersetzt durch: Zeit-
   schrift für Assyriologie und verwandte Gebiete von
   C. B e z o l d, Leipzig 1886 ff., Berlin 1892 ff.
Revue d'Assyriologie et d'Archéologie orientale par
   J. O p p e r t, E. L e d r a i n et L. H e u z e y, Paris
   1884 suiv.
The Babylonian and Oriental Record by T e r r i e n d e
   L a c o u p e r i e, London 1886 ff.
Beiträge zur Assyriologie und vergleichenden semitischen
   Sprachwissenschaft von F r i e d r i c h D e l i t z s c h und
   P a u l H a u p t, Leipzig 1889 ff.
J. H a l é v y, Recherches Bibliques. — Jetzt ersetzt durch
   seine Revue Sémitique d'épigraphie et d'histoire an-
   cienne, Recueil trimestriel, Paris 1893 suiv.
Johns Hopkins' University Circulars.
V. R e v i l l o u t, Mélanges assyro-babyloniennes, 1889 suiv.
H. V. H i l p r e c h t, Assyriaca. Eine Nachlese auf dem
   Gebiete der Assyriologie. 1. Teil (Publications of
   the University of Pennsylvania; Series in Philology,
   Literature and Archaeology Vol. III, Nr. 1), Boston
   und Halle 1894.

Aufser in diesen Zeitschriften, den Organen verschiedener Richtungen und Schulen der Assyriologie, welche
unentbehrlich sind, um auf der Höhe der neuesten Entdeckungen zu bleiben, findet man Artikel, welche das

babylonisch-assyrische Altertum und seine Religion betreffen, auch in den gröfseren orientalistischen und selbst allgemeinen Zeitschriften Europas und Amerikas, wie in dem Journal Asiatique, dem Journal des Savants, dem Journal of the R. Asiatic Society, Hebraica, dem Journal of the American Oriental Society, der Revue de l'Histoire des Religions, den Verhandlungen der verschiedenen Internationalen Orientalistenkongresse und manchen anderen, doch vor allem in den Transactions und den Proceedings of the Society of biblical Archaeology und den Mitteilungen aus den orientalistischen Sammlungen der Königl. Museen zu Berlin. Die Zeitschrift für Assyriologie giebt, wie ihre Vorgängerin, die Zeitschrift für Keilschriftforschung, eine so gut wie vollständige Bibliographie. Die von K a u l e n (in seinem später zu nennenden Werke), auch sehr vollständig und chronologisch geordnet, läuft bis 1882 und schliefst also beinahe an die erstgenannte an.

Das sumerisch - akkadische Problem.

F. L e n o r m a n t, Etudes accadiennes, 3 vols, Paris 1873—82. — Lettres assyriologiques, 2me série, Paris 1872. — La Magie chez les Chaldéens et les origines accadiennes, Paris 1874; Chaldaean Magic, its origin and development, London 1877. — Etudes sur quelques parties des syllabaires cunéiformes, Paris 1876. La langue primitive de la Chaldée et les idiomes touraniens, Paris 1874.

J. H a l é v y, Observations critiques sur les prétendus Touraniens de la Babylonic, Journ. Asiat. juin 1874. — La nouvelle évolution de l'Accadisme, Paris 1876 und 1878. — Aperçu grammatical de l'allophonie assyro-babylonienne, Leiden 1884.

J. O p p e r t, Sumérien ou rien. Journ. Asiat. 1875, p. 442—508. — Etudes sumériennes, Paris 1876.

E. Schrader, Ist das Akkadische der Keilschrifttexte eine Sprache oder eine Schrift? (Zeitschrift der Deutschen Morgenländischen Gesellschaft XXIX, I, 1875.) — Zur Frage nach den Ursprüngen der alt-babylonischen Kultur (Kgl. Preuſs. Akad. der Wissen-schaften, Berlin 1884). — Dagegen J. Halévy in Revue Critique, 14 et 21 juillet 1884.

Stanislas Guyard, La question Suméro-accadienne, in Revue de l'Histoire des Rel. t. V, 1882, p. 253.

Paul Haupt, Die sumerischen Familiengesetze, Leipzig 1879. — Akkadische und sumerische Keilschrifttexte I—IV, Leipzig 1881 ff. — Die Akkadische Sprache, mit Anhang von O. Donner, Über die Verwandt-schaft des Sumerisch-Akkadischen mit den Uralaltai-schen Sprachen, Berlin 1883. — The Babylonian Woman's Language, in Amer. Journ. of Philology, Vol. V, Nr. 1.

H. Winckler, Sumer und Akkad (Mitteilungen des akadem.-orientalischen Vereins), Berlin 1887.

C. F. Lehmann, Die Existenz der sumerischen Sprache (in seinem Werke über Šamaššumukîn, S. 57—173, angeführt auf S. 425).

Obiges Verzeichnis enthält nur die Werke, welche sich ausschlieſslich mit der sumerischen Frage oder mit der Sprache der alten Einwohner Babyloniens befassen. Auch in den anderen assyriologischen Werken, vor allem den historischen, wird hierüber dann und wann ausführlich verhandelt. Vgl. Delitzsch, Grammatik, S. 61—71; Hommel in verschiedenen seiner Werke, hauptsächlich: Die Semitischen Völker und Sprachen I, S. 266—326, und Geschichte, S. 237 ff.; Tiele, Geschichte, S. 59 ff. Im Gegensatze zu Halévy, Guyard, jetzt auch Delitzsch, Pognon und Teloni sind alle anderen Assy-riologen, wie sehr auch ihre Meinungen über den Namen und den Charakter der alten Sprache differieren mögen,

einstimmig der Ansicht, dafs sie eine nichtsemitische und
keine künstliche ist.

Keilschrift.

J. Menant, Les noms propres assyriens, Paris 1861. –
Les écritures cunéiformes, Paris 1864. — Le sylla-
baire assyrien, Paris 1869—73.

P. Glaize, Les inscriptions cunéiformes et les travaux
de M. Oppert, Metz et Paris 1867.

E. Schrader, Die Basis der Entzifferung der assyrisch-
babylonischen Keilschrifttexte (Zeitschrift der Deutschen Morgenländ. Gesellschaft XXIII, III, 1869).

Friedr. Delitzsch, Assyrische Lesestücke, 3. Aufl.
Leipzig 1885.

E. de Chossat, Classification des caractères cunéiformes babyloniens et ninévites, Paris o. J.

A. Amiaud et L. Méchineau, Tableau comparé des
Ecritures babylonienne et assyrienne, archaïques et
modernes, Paris 1887.

R. E. Brünnow, A classified List of all cuneiform idea-
graphs. Leiden 1889.

Neben diesen Werken über die Keilschrift, welche
nur die wichtigsten ihres Faches sind, und unter denen
die Abhandlung von Schrader vorzüglich zu empfehlen
ist, wie die Listen von Delitzsch und Brünnow
unschätzbare Dienste geleistet haben, können auch die
früher angeführten allgemeinen Werke von de Rosny
und Berger zurate gezogen werden. Vgl. ferner die
Grammatiken.

Sprache und Litteratur.

Grammatiken von Oppert (1860, 2. Ausg. 1867).
Menant (1868). Sayce (Comparative 1872. Assyrian
1875). G. Bertin (Abridged Grammars of the languages

of the cuneiform inscriptions 1888, oberflächlich und
nach zweifelhafter Methode), Friedr. Delitzsch (Assyr. Grammatik, Berlin 1889, welche die früheren an
Brauchbarkeit und wissenschaftlichem Wert übertrifft).
Prolegomena von Bezold (Wien 1887) und von Haupt
(Journ. Amer. Orient. Society vol. XIII, 1887).

Ein vollständiges Wörterbuch des Assyrischen giebt
es noch nicht. E. Norris, Assyrian Dictionary I—III,
1868—72, enthält nur die Verben und ist obendrein
gänzlich veraltet. Delitzsch' gröfseres Assyrisches
Wörterbuch hat es seit 1887 erst bis zu 3 Lieferungen
und noch nicht weiter als א gebracht. * Aber von
dem in Aussicht gestellten Handwörterbuch desselben
Verfassers sind nunmehr drei Teile erschienen (S. 1—576,
א—צ, Leipzig 1894 u. 1895). — Bis dieses Werk vollständig vorliegt, müssen noch die Glossarien nach edierten Texten oder Chrestomathieen die Lücke ausfüllen.
Am ausführlichsten ist das von J. N. Strafsmaier,
Alphabet. Verzeichnis der assyrischen und akkadischen
Wörter im II. Bande der Cuneiform Inscriptions of W. A.
(Leipzig 1882), welches jedoch nur die Worte durch
eine Anzahl von Stellen erläutert, aber mit Ausnahme
des Anfangs die Bedeutung im Deutschen nicht angiebt.
Stan. Guyard's Notes de Lexicographie assyrienne
(Paris 1883) enthalten kostbare Beiträge zur Kenntnis des
Assyrischen. Andere Hilfsmittel sind:

A. H. Sayce, Lectures on the Assyrian Language and
Syllabary, London 1877.

G. Evans, An Essay on Assyriology, London and
Edinburgh 1883.

K. L. Tallqvist, Die Sprache der Contracte Nabuna'ids
(555—538 v. Chr.), mit Berücksichtigung der Contracte Nebukadnezars und Cyrus', Helsingfors 1890.

Th. G. Pinches, Texts in the Babylonian Wedgewriting, London 1882.

Bruto Teloni, Crestomazia assira con paradigmi grammaticali.—Roma, Firenze, Torino 1887 (Società asiat. italiana).

Abel und Winckler, Keilschrifttexte zum Gebrauch bei Vorlesungen, Berlin 1890. — Winckler, Altbabylonische Keilschrifttexte zum Gebrauch bei Vorlesungen, lithographiert von Eug. Bohden, Leipzig 1892.

* Br. Meifsner, Assyrisch-babylonische Chrestomathie für Anfänger, Leiden 1895.

A. Delattre, Les Inscriptions historiques de Nineve et de Babylone, Gand 1879.

A. H. Sayce, Babylonian Literature, London o. J. * Deutsch von K. Friederici, Berlin 1878.

C. Bezold, Kurzgefafster Überblick über die babylonisch-assyrische Litteratur nebst einem chronologischen Excurs, zwei Registern und einem Index zu 1500 Thontafeln des British Museum, Leipzig 1886. (Vgl. S. 130, Anm. 1.) — Catalogue of the cuneiform Tablets of the Kouyunjik Collection of the Brit. Mus., Vol. I. London 1889. (Vgl. S. 130 ibd.) — Die Fortschritte der Keilschriftforschung in neuerer Zeit, Hamburg 1889 (Sammlung gemeinverständlicher wissenschaftl. Vorträge von R. Virchow und Fr. von Holtzendorff).

B. Teloni, Libri, Documenti e Biblioteche nell' antica Mesopotamia, Firenze 1890.

Bezold's Überblick giebt unter bescheidenem Titel eine höchst sorgfältige, fast vollständige Aufzählung der gesamten reichen babylonisch-assyrischen Litteratur, soweit sie zugänglich ist: ein unschätzbares Nachschlagebuch. Das Werkchen von Sayce ist sehr anziehend geschrieben; aber man hüte sich vor den geistreichen, jedoch höchst unsicheren Hypothesen, an denen dieser Gelehrte Gefallen findet. Gegen eine derselben, die

Existenz öffentlicher Bibliotheken in Assyrien, ist die
Abhandlung von Teloni gerichtet.

Edierte Texte.

Die grofsen Textausgaben ohne Transscription und
Übersetzung sind nur für Assyriologen brauchbar. Dazu
gehören an erster Stelle die fünf Bände, welche Sir
H. Rawlinson nacheinander mit Norris, Smith und
Pinches herausgegeben hat, die ziemlich ungenaue
Blumenlese von Lenormant, Haupt's vortreffliche
Ausgabe der Sintflutsage, die Miscellaneous Texts von
S. Alden Smith, welche sehr die Spuren von Über-
eilung tragen, die ausgezeichneten Babylonischen Texte
von J. N. Strafsmaier und B. T. A. Evetts, welche
Hunderte von Dokumenten aus der Zeit des Nebukadrezar,
Avil-Maruduk, Nergalšarušur, Labašimaruduk, Cyrus, Kam-
byses und Darius publizierten, R. F. Harper's Assyrische
und Babylonische Briefe, Heuzey's Ausgabe der von
de Sarzec entdeckten Monumente und Hilprecht's
Ausgabe der Texte, welche die amerikanische Expedition
von Philadelphia in Sippar fand, beides Muster in ihrer
Art, und verschiedene von geringerem Interesse. Auch
gehören hierher die Ausgaben der in El-Amarna gefundenen Briefe, nämlich die der in Berlin und Bulaḳ befindlichen von Winckler und Abel und die der im
British Museum aufbewahrten Briefe von Bezold und
Budge, aber der letzteren ist eine ausführliche Inhaltsangabe beigefügt, und obendrein hat Bezold sie in
seinem Buche „Oriental Diplomacy" (London 1893)
transskribiert. Halévy hat in dem Journal Asiatique
von 1890, 1891 und 1892 eine vollständige Transskription und Übersetzung sämtlicher Briefe begonnen,
welche er jetzt in der unlängst von ihm begründeten
Revue Sémitique fortsetzt, und die vor der Übersetzung
von Sayce in den „Records of the Past" den Vorzug

verdient. Übersetzungen einzelner Briefe, u. a. von
Zimmern und Delattre, sind in Zeitschriften zu finden.
Teil I, III, V, VII, IX und XI der genannten Sammlung
und die sechs erschienenen Teile der neuen Serie enthalten Übersetzungen einer sehr grofsen Anzahl Texte,
welche sehr ungleich an Wert und Genauigkeit und vor
allem, was die älteren Teile anlangt, mit grofser Vorsicht zu gebrauchen sind. Im Folgenden geben wir jetzt
ein Verzeichnis der wichtigsten bislang erschienenen

Texte mit Übersetzungen oder übersetzte Texte.

A. Historische.

Eberhard Schrader, in Verbindung mit L. Abel,
C. Bezold, P. Jensen, F. E. Peiser, H. Winckler, Keilinschriftliche Bibliothek, Sammlung von
assyr. und babylon. Texten in Umschrift und Übersetzung, 3 Bde, Berlin 1889—92.

* Assyriologische Bibliothek, herausgegeben von Fr. Delitzsch und Paul Haupt, Leipzig 1881 ff. Bislang
XIII Teile. Einzelne derselben sind im Folgenden
unter ihrem Spezialtitel aufgeführt.

J. M. Price, Introduction into the Inscriptions discovered
by Mons. E. de Sarzec, Munich 1887.

J. Menant, Inscription de Hammourabi, roi de Babylone, Paris 1863.

E. Schrader, Die Keilinschriften am Eingange der
Quellgrotte des Sebeneh-Su (Kgl. Akad. der Wissen-
schaften), Berlin 1885.

W. Lotz, Die Inschriften Tiglatpilesar's I. Transscr.
Übers. Kommentar, Leipzig 1882.

S. A. Strong, Four Cuneiform Texts, J. R. A. S. 1892,
p. 337 ff. Texte aus der Zeit von Ašurbelkala,
Maruduk-balatsu-ikbi und Nabû-šum-iškun.

H. V. Hilprecht, Freibrief Nebukadnezar's I. Leipzig
1883.

H. Lhotzky, Die Annalen Asurnazirpal's, München 1885.

V. Scheil, Inscription archaique de Šamši-Ramman IV, transcr. trad. commenté, Paris 1889.

P. Rost, Die Keilschrifttexte Tiglatpilesar's III. Bd. I: Einl. Transscr. Übers. u. s. w. Bd. II: Autographierte Texte. Leipzig 1893.

Oppert et Menant, Les Fastes de Sargon (grande inscription des salles du palais de Khorsabad), Paris 1862.

J. Menant, Inscriptions des revers de plaques du palais de Khorsabad, Paris 1865.

D. G. Lyon, Keilschrifttexte Sargon's, herausgegeben, umschrieben, übersetzt und erklärt, Leipzig 1883.

E. Schrader, Die Sargonstele des Berliner Museums, Berlin 1882.

H. Winckler, Die Keilschrifttexte Sargon's. Bd. I: Einl. Umschr. Übers. Wörterverz. Bd. II: Texte, autographiert von Abel. Leipzig 1889. Vgl. Dissertat. Inaugur. Berlin 1886.

G. Smith, History of Sennacherib, transl. from the cuneif. inscriptions. Ed. by Sayce, London and Edinburgh 1878.

R. Hörning, Das sechsseitige Prisma des Sanherib, übers. und umschrieben, Leipzig 1878.

H. Pognon, L'Inscription de Bavian (Biblioth. de l'Ecole des hautes Etudes), Paris 1879—80.

B. Meifsner und P. Rost, Die Bauinschriften Sanherib's, Leipzig 1893.

E. A. Budge, The History of Esarhaddon, London 1880.

E. Schrader, Inschrift Asarhaddon's, K. v. Ass., gefunden zu Sendschirli, autograph. von L. Abel. (Mitteil. der Oriental. Sammlungen der Kgl. Museen zu Berlin XI), Berlin 1893.

S. A. Strong, On a unpublished Cylinder of Esarhaddon, „Hebraica" 1892, p. 110 ff. Vgl. G. A. Bar-

ton in „Proceedings of the Amer. Oriental Society‟
1891.

G. Smith, History of Assurbanipal, London 1871.

S. Alden Smith, Die Keilschrifttexte Asurbanipal's,
Transscr., Übers., Kommentar und Glossar, Leipzig
1887—89.

F. Hommel, Zwei Jagdinschriften Asurbanipal's, Leipzig
1879.

S. A. Strong, Two Edicts of Ašurbanipal, J. R. As.
Soc. 1889.

C. F. Lehmann, Šamaššumukîn, K. v. Babylonien.
Inschriftl. Material über den Beginn seiner Regierung.
Leipzig 1892. Vgl. Dissertat. Inaug. Monach. 1886.

Joh. Flemming, Die grofse Steinplatteninschrift Nebukadnezar's II. Göttingen 1883.

H. Pognon, Les inscriptions babyloniennes de Wadi
Brissa, Paris 1887. Vgl. Hilprecht in Zeitschr. für
kirchl. Wissensch. und kirchl. Leben, Heft IX, 1889,
S. 491 ff.

J. F. X. O'Connor, Cuneif. Text of a Cylinder of Ne-
buchadnezzar, Woodstock College (America) 1885.

B. Teloni, Un' Iscrizione di Neriglissar, transscr., tra-
dotta e commentata. Roma 1889.

B. Rechtswesen.

Oppert et Menant, Documents juridiques de l'Assyrie
et de la Chaldée, Paris 1877.

F. E. Peiser, Keilschriftl. Acten-Stücke aus babylon.
Städten, Berlin 1889. — Jurisprudentiae babylonicae
quae supersunt, Cöthen 1890. — Babylonische Ver-
träge des Britischen Museums, nebst einem juristi-
schen Excurs von J. Köhler, Berlin 1890. —
J. Köhler und E. Peiser, Aus dem babylonischen
Rechtsleben. I, Leipzig 1890. II, 1891. * III, 1894.

A. Boissier, Recherches sur quelques contrats babyloniens, Paris 1890.

K. L. Tallqvist, Die Sprache der Contracte Nabû-nâˑ
id's (555—538 v. Chr.), mit Berücksichtigung der
Contracte Nebukadnezar's und Cyrus', Helsingfors
1890. — Babylonische Schenkungsbriefe, ibd. 1891.

B. Meifsner, Beiträge zum altbabylonischen Privat-
recht, Leipzig 1893.

C. Eigentlich religiöse.

E. Schrader, Die Höllenfahrt der Istar, nebst Proben
assyrischer Lyrik, Giefsen 1874.

P. Haupt, Der babylonische Sintflutbericht, transcr. u.
übers. in Schrader's Keilinschr. u. d. A. Test.²

J. Halévy, Documents religieux de l'Assyrie et de la
Babylonie, texte, transcription en caractères hé-
braiques, traduction, commentaire. Paris 1882.

H. Zimmern, Babylonische Bufspsalmen, umschr., übersetzt u. erklärt, Leipzig 1885.

Alfr. Jeremias, Die Höllenfahrt der Ištar, Leipzig
1886. — Izdubar-Nimrod. Eine altbabylonische
Heldensage, Leipzig 1891 (kurze Inhaltsangabe des
Epos).

Joh. Jeremias, Die Cultustafel von Sippar, Leipzig
1889.

* J. A. Knudtzon, Assyrische Gebete an den Sonnen-
gott für Staat und königliches Haus aus der Zeit
Asarhaddon's und Asurbanipal's. Mit Unterstützung
der Universität zu Kristiania herausgegeben. Bd. I:
Autographierte Texte. Bd. II: Einl., Umschrift und
Erklärung, Verzeichnisse. Leipzig 1893.

* K. L. Tallqvist, Die assyrische Beschwörungsserie
Maqlû. Nach den Originalen im Brit. Mus. herausgegeben. Leipzig 1894.

Die oben angeführten historischen und juridischen
Texte enthalten wichtige Beiträge zur Kenntnis der babylonisch-assyrischen Religion, weil sie zum gröfsten Teil

Anrufungen - der Gottheit und Lobpreisungen verschiedener Götter umfassen oder, was die zweite Gattung anlangt, ihrem Schutze unterstellt werden. Sind auch die Spezialausgaben religiöser Texte nicht zahlreich, so findet man doch noch manche übersetzt in einigen der später zu nennenden Werke, welche von der Religion handeln, wie Smith-Sayce, Chaldaean Genesis, Jensen's Kosmologie und anderen.

Werke über Antiquitäten und Kunst.

Aufser den grofsen Bilderwerken von Botta und Place, Layard und Anderen, der schönen Reproduktion der Basreliefs an den Thoren von Balawat und der von de Sarzec in Tello gefundenen Altertümer kommen vor allem hier in Betracht:

Sir Austin Layard, Nineveh and its remains, London 1848. Discoveries among the ruins of Nineveh and Babylon, London 1853. — Vgl. L. F. Janfsen, Over de ontdekkingen van Nineveh, Utrecht 1850.

F. Finzi, Ricerche per lo studio dell' antichità assira, Torino 1872.

G. Smith, Assyrian Discoveries, an account of explorations in 1873—74, London 1875.

F. Kaulen, Assyrien und Babylonien, Freiburg i. B. 1882.

E. Ledrain, Les antiquités chaldéennes du Louvre, Paris 1882.

J. Menant, Nineve et Babylonc (107 gravures), Paris 1887.

G. Perrot et C. Chipiez, Histoire de l'Art dans l'Antiquité. T. II. La Chaldée. l'Assyrie. Paris 1884.

Joach. Menant, Notice sur quelques cylindres orientaux, Paris 1878. — Sur quelques empreintes de cylindres du dernier empire de Chaldée, Paris 1879. — Empreintes de cachets assyro-chaldéens, Paris 1882. —

Les pierres gravées de la Haute Asie, 1ᵉ partie,
Chaldée, Paris 1884. — Collection de Clercq. Catalogue méthodique et raisonné, publ. par M. de Clercq
avec la collaboration de M. J. Menant, Paris 1885.

Layard's bekannte Schriften haben als getreue Berichte über seine wichtigen Entdeckungen bleibenden
Wert. So auch das Werk von George Smith. Kaulen's Buch ist eine fleifsige Kompilation, von konser-
vativ-katholischem Standpunkte aus geschrieben und ohne
irgendwelche Kritik, aber sorgfältig. Perrot und Chipiez machen zwar die Kunstgeschichte zu ihrer Haupt-
aufgabe, bringen sie aber mit Geschichte, Archäologie
und Religion in Verbindung; ihre Versuche, die vermutliche Gestalt der alten Tempel aus der der Ruinen und
anderen Daten zu erschliefsen, sind sehr beachtenswert.
Höchst wichtig ist die Sammlung de Clercq, meist Cylinder, auf denen religiöse oder wenigstens mythologische
Objekte abgebildet sind.

Werke über Astronomie und Geographie.

Ed. Frhr. v. Haerdtl, Astronomische Beiträge zur
assyrischen Chronologie, Wien 1884.

J. Oppert, Die astronomischen Angaben der assyrischen Keilschrift (Kais. Akad. der Wissensch.), Wien
1885, April.

G. Bilfinger, Die astronomische Doppelstunde, Stuttgart 1888.

J. N. Strafsmaier und J. Epping, Astronomisches
aus Babylon oder das Wissen der Chaldäer über
den gestirnten Himmel, Freiburg i. B. 1889.

J. Oppert, Un annuaire astronomique babylonien, traduit en partie en grec par Ptolémée, Paris 1890.

E. Mahler, Der Kalender der Babylonier (Kais. Akad.
der Wissensch. in Wien) I und II, März und Nov. 1892.

Friedrich Delitzsch, Wo lag das Paradies? Leipzig 1881.

A. Delattre, Esquisse de Géographie assyrienne, Bruxelles 1883. — L'Asie occidentale dans les inscriptions assyriennes (Revue des questions scientifiques, Octobre) 1884. — Encore un mot sur la géographie assyrienne (ibid. Avril) 1888.

L. A. Oberziner, Divisione politica e militare dell' antica Assiria, Trento 1884.

E. Schrader, Zur Geographie des assyrischen Reichs (Sitzungsberichte der Kgl. Akad. der Wissensch.), Berlin 1890.

Unter den obengenannten Arbeiten verdienen vor allem die des Wiener Astronomen Mahler Beachtung, welcher nicht nur die astronomischen Aufzeichnungen der Ägypter, sondern auch die der Babylonier untersucht und die Resultate seiner bezüglichen Forschungen in den angeführten und anderen kleinen Aufsätzen in den Werken der Kaiserlichen Akademie zu Wien veröffentlicht hat. Delitzsch giebt als Anmerkungen zu einer Rede über die ziemlich belanglose Frage, wohin man ehemals das Paradies verlegte, eine Fülle von Details aus der babylonischen Geographie, welche sein Werkchen noch lange zu einem nützlichen Ratgeber machen werden. Auch Delattre's Studien sind bemerkenswert, obschon man ihren Resultaten nicht immer beizupflichten vermag; nicht minder die Arbeit Schrader's.

Allgemeinhistorische Werke.

J. Kruger, Geschichte der Assyrer und Iranier vom 13. bis zum 5. Jahr. v. Chr., Frankfurt 1856.

H. C. Rawlinson, Outlines of assyrian history, from the inscriptions of Nineveh, London 1852.

J. Oppert, Histoire des empires de Chaldée et d'Assyrie d'après les monuments, Versailles 1865.

W. Wattenbach, Nineve und Babylon, Heidelberg 1868.

J. Menant, Annales des rois d'Assyrie, Paris 1874. — Annales des rois de Babylone, Paris 1875.

Geo. Smith, Assyria from the earliest times to the fall of Nineveh, London 1875. — The history of Babylonia, ed. by Sayce, London o. J.

E. Schrader, Keilinschriften und Geschichtsforschung, Giefsen 1878.

F. Mürdter, Kurzgefafste Geschichte Babyloniens und Assyriens, Stuttgart 1882. — 2. Aufl., revidiert und gröfstenteils neu bearbeitet von Friedr. Delitzsch, Calw und Stuttgart 1891.

Fritz Hommel, Geschichte Babyloniens und Assyriens, mit Abbild. und Karten (Oncken's Allgemeine Geschichte), Berlin 1885. — * Abrifs der babylonisch-assyrischen und israelitischen Geschichte von den ältesten Zeiten bis zur Zerstörung Babels. In Tabellenform. Leipzig 1880.

Gius. Brunengo, L'impero di Babilonia e di Nineve, secondo i monumenti cuneiformi comparati colla Biblia, 2 vol. Prato 1885. — Appendice. La Cronologia biblico-assira, ibid. 1886.

C. P. Tiele, Babylonisch-assyrische Geschichte, 2 Teile. Gotha 1886—88 (Perthes' Handbücher der alten Geschichte).

Hugo Winckler, Geschichte Babyloniens und Assyriens, Leipzig 1892 (Völker und Staaten des alten Orients I). — Untersuchungen zur altorientalischen Geschichte, ibid. 1889. — Altorientalische Forschungen I—*III, Leipzig 1893—95.

Z. A. Ragozin, Chaldaea, London and New-York 1887. — Assyria, ibid. 1888.

E. Schrader, Zur Kritik der chronologischen Angaben des Alexander Polyhistor und des Abydenus (Kgl. Sächs. Ges. der Wissensch.), Leipzig 1880. — Die keilinschriftliche Babylonische Königsliste (K. Preufs. Akad.), Berlin 1887.

L. Heuzey, Le roi Dounghi à Tello d'après les découvertes de M. de Sarzec, Paris 1886.

A. Delattre, Les Chaldéens jusqu' à la formation de l'empire de Nabuchodonosor, Paris 1877. 2. Ed. augm. Louv. 1889. Vgl. H. Winckler, Untersuchungen (s. oben). Ein Plagiat? Leipzig 1889.

Gius. Massaroli, Phul e Tuklatpalasar II, Salmanassar V e Sargon, Roma 1882.

P. Haupt, The battle of Halûlê, Andover Rev. 1886, p. 542 ff. — Wâteh-Ben-Hazael, Prince of the Kedarenes, Hebraica vol. I, Nr. 4.

W. Robertson Smith, Ctesias and the Semiramis Legend, Engl. Histor. Review, Apr. 1887.

Vict. Floigl, Cyrus und Herodot, Leipzig 1881.

A. Delattre, Cyrus dans les monuments assyriens, 1890?

R. Schubert, Herodots Darstellung der Cyrussage, Breslau 1890.

G. Brunengo, Il Nabucodonosor di Giuditta. Disquisizione biblico-assira, Roma 1888.

J. Oppert, Mémoire sur les rapports de l'Egypte et de l'Assyrie dans l'Antiquité, Paris 1869.

H. Zimmern, Die Assyriologie als Hilfswissenschaft für das Studium des A. T. und des klassischen Altertums, Königsberg 1889.

E. Bonnet, Les Découvertes assyriennes et le livre de la Génèse, Paris 1884.

D. G. Lyon, Assyriology and the Old Testament, Unitarian Rev. Dec. 1887, p. 593 ff.

Die bereits genannten allgemeinen Geschichtswerke
von Lenormant und Maspéro behandeln natürlich
auch die babylonisch-assyrische Geschichte, sind aber
in vielen Punkten veraltet[1]). Duncker ist bei der Be-
nutzung der Quellen für diesen Teil seiner Geschichte des
Altertums minder kritisch als sonst. Ed. Meyer ist zu-
verlässig. Von V. Schmidt (vgl. S. 401) gilt auch hier,
was von dem ägyptischen Teil seines Werkes gesagt wurde.
Das Buch von Kruger ist durchaus unzuverlässig. Die
Skizzen von Rawlinson und Geo. Smith sind überflüssig
geworden durch die 2. Auflage von Mürdter's Kompendium, die in Wahrheit das Werk von Friedrich Delitzsch ist. Oppert und Menant gaben eigentlich
chronologisch geordnete Übersetzungen historischer Inschriften, welche trotz ihrer Ungenauigkeit und Unvoll-
ständigkeit bei dem damaligen Stande der Wissenschaft
von Wert waren, nunmehr aber durch die oben angeführte Keilinschriftliche Bibliothek von Schrader
alle Bedeutung verloren haben. Gegen die unvorsichtige
Methode der damaligen Assyriologen trat im Jahre 1876
A. v. Gutschmid auf in seiner Schrift „Neue Beiträge
zur Geschichte des alten Orients". Leider richtete er
seinen Angriff gegen den am wenigsten Schuldigen von
Allen, Eberh. Schrader, der ihn denn auch in dem
obengenannten Werke bei weitem in den meisten Punkten siegreich widerlegte. Indessen ist v. Gutschmid's
Philippika nicht ohne gute Wirkung geblieben.

Die Geschichtswerke von Hommel und Tiele tragen den verschiedenen Charakter der Sammlungen, zu
welchen sie gehören; das erstere giebt eine umständ-
liche Erzählung mit Einschaltung zahlreicher Übersetzungen und mit Abbildungen, das zweite faßt die

---

1) *Natürlich gilt dies nicht von der neuen Ausgabe von Maspéro's
Histoire ancienne, welche inzwischen erschienen ist (Paris 1894
en cours de publication).

historische Darstellung kürzer und ist hauptsächlich dazu
bestimmt, in die Kenntnis und Kritik der Quellen einzuführen. Jenes handelt sehr ausführlich von den ältesten Zeiten; dieses, bezüglich der fraglichen Periode
skeptischer, beschäftigt sich absichtlich mehr mit der
späteren Geschichte. Beide Werke ergänzen einander
gewissermaßen. Der Zweck von Pater Brunengo's
Werk wird schon im Titel ausgesprochen: Harmonistik
auf römisch-katholischem Standpunkte; aber es beruht
jedenfalls auf gediegener Kenntnis der Keilschrifttexte.
Auch Winckler ist mit den Quellen vollkommen vertraut, und Alles, was er schreibt, zeichnet sich durch
Scharfsinn und Originalität aus; aber er stellt oft die
gewagtesten Hypothesen in eine Linie mit den bestverbürgten Resultaten. Sein Werk will nicht mehr als eine
umfassende Skizze sein und verweist deshalb nicht auf
die Quellen.

Die in dem zweiten Absatze erwähnten Schriften
betreffen einzelne Punkte; der letzte giebt die Titel
einiger Werke, welche die Beziehungen zwischen assyrischen, ägyptischen und alttestamentlichen Studien behandeln.

Religion.

F. Münter, Religion der Babylonier, Kopenhagen 1827.

E. Hincks, The Assyrian Mythology (Transact. R. Irish
Acad. Vol. XXIII), Dublin 1855. •

C. P. Tiele, Vergelijkende Geschiedenis, 2e Boek. —
Geschiedenis van den godsdienst tot aan de heerschappij der wereldgodsdiensten, 2e Hoofdst. Französische Ausgabe p. 87 suiv. — De vrucht der
Assyriologie voor de vergelijkende geschiedenis
der godsdiensten, Amsterdam 1877. (Deutsch von
K. Friederici, Leipzig [1878] o. J.) — La Déesse Istar
dans le mythe babylonien, Leiden 1884. — De
Hoofdtempel van Babel en die van Borsippa naar de

Opschr. van Nebukadrezar II (K. Akad. van Wetenschappen) Amsterdam 1866. Kurze Zusammenfassung
in der Zeitschrift für Assyriologie 1887, S. 179 ff. —
De beteekenis van Ea en zijn verhouding tot Maruduk en Nabû (K. Akad. van Wetensch.) Amsterdam
1887.

F. Lenormant, Essai de Commentaire des fragments
cosmogoniques de Bérose, Paris 1872. — La légende
de Sémiramis, Paris 1873. — Le Déluge et l'Epopée
babylonienne, Paris 1873. — La divination et la
science des présages chez les Chaldéens, Paris 1875.
Chaldaean Magic, its origine and development, with
considerable additions by the author, London (1877).—
Les dieux de Babylone et de l'Assyrie, Paris 1877. —
Les Origines de l'Histoire, 2. Edit. Vol. I: La créa-
tion de l'homme et le déluge, Paris 1880. Vol. II,
1. 2: L'Humanité nouvelle et la dispersion des
peuples, Paris 1882—84.

J. Oppert, L'immortalité de l'âme chez les Chaldéens,
Paris 1875. — Fragments mythologiques, in der
Histoire d'Israël von E. Ledrain. — Le Poème chal-
déen du déluge, Paris 1885.

Geo. Smith, The Chaldaean account of Genesis, London 1875. * 6. Aufl. 1880. (Vgl. Sayce in Aca-
demy, 1. Januar 1876. Deutsche Übersetzung von
H. Delitzsch, mit Anmerkungen und Zusätzen von
Fr. Delitzsch, Leipzig 1876.)

Paul Haupt, Der keilinschriftliche Sintflutbericht, Leipzig 1881. (Vgl. Ed. Snefs, Die Sintfluth, Leipzig
1883.)

A. H. Sayce, (Hibbert-) Lectures on the Religion of
the ancient Babylonians, London and Edinburgh
1887. (Vgl. Halévy in Revue de l'Hist. des Rel.
1888.)

Alfred Jeremias, Die babylonisch-assyrischen Vorstellungen vom Leben nach dem Tode, Leipzig 1887.

P. Jensen, Die Kosmologie der Babylonier. Studien und Materialien. Strafsburg 1890. (Vgl. Halévy in Revue de l'Hist. des Rel. 1890.)

Münter's Werk, bemerkenswert für seine Zeit, ist noch vor den grofsen Entdeckungen der Assyriologie geschrieben, deren erste Frucht auf diesem Gebiete das von Hincks ist. Die zahlreichen Schriften Lenormant's zeugen von ausgedehnten Kenntnissen, Scharfsinn und grofser Belesenheit, leiden jedoch an mangelnder Kritik infolge von Überhastung. Delitzsch's Ausgabe von Smith's Chaldäischer Genesis verdient bei weitem den Vorzug vor der englischen wegen der richtigeren Übersetzungen und des reicheren Inhalts. Die Vorlesungen von Sayce zeigen in ihrem Charakter vielfache Ähnlichkeit mit den Werken Lenormant's: es ist viel aus ihnen zu lernen, und sie regen zu eingehenderer Untersuchung an, müssen aber mit Vorsicht gebraucht werden. Jensen's Kosmologie ist eine vortreffliche Arbeit, die — wenn auch manche Ansichten des Verfassers zu begründeten Zweifeln Anlafs geben — als kritische Bearbeitung der Quellen und wegen ihrer ausgezeichneten Übersetzungen der Texte einen bedeutenden Wert besitzt. Die kleine Schrift von Alfr. Jeremias ist sehr beachtenswert und mufs mit dem verglichen werden, was Halévy über das gleiche Thema in verschiedenen Zeitschriften geschrieben hat.

Drittes Buch.

Vorderasien.

Inschriften und Texte.

Das vortreffliche „Corpus inscriptionum semiticarum", welches seit einigen Jahren in Frankreich herausgegeben wird, und dessen aus Phönicien stammender Teil von E. Renan bearbeitet ist, hat alle früheren Publikationen dieser Art überflügelt, nicht nur die mißlungenen Versuche von Hamaker und Meier (Erklär. phönie. Sprachdenkmale, 1860, und Über die nabatäischen Inschriften, 1863), sondern auch die für ihre Zeit ausgezeichneten Monumenta Phoeniciae von Gesenius. Daneben verdienen jedoch noch immer verglichen zu werden Renan, Mission de Phénicie (9 Teile, 1864—74), Clermont Ganneau, Mission en Palestine et en Phénicie (1881) und de Vogüé, Syrie Centrale, Inscriptions sémitiques, Paris 1869. Ebenso M. A. Levy, Phönizische Studien, 4 Teile, Breslau 1856—70 und Siegel und Gemmen mit aram., phöniz. u. s. w. Inschriften, Breslau 1869. Im ersten Teil der Studien wird die große Inschrift auf dem Sarkophage Ešmunazar's behandelt, bezüglich welcher man vor allem zurate ziehe K. Schlottmann, Die Inschrift Eschmunazar's, Königs der Sidonier, Halle 1868 (vgl. ebds. die Litteratur S. 9 f. Ewald's Erklärungsversuch in den Abhandlungen der Kgl. Gesellsch. der Wissensch. zu Göttingen 1856 läßt viel zu wünschen übrig). Vgl. auch d e V o g ü é, Mélanges d'Archéologie orientale. Paris 1868. Von einigen bekannten und schon von Renan und Berger behandelten Inschriften liefert G. H o f f m a n n, Über einige phönikische Inschriften (Götting. Gesellsch. der Wissensch. 1889) eine neue Erklärung, die sehr beachtenswert ist. Ein Werk, welches mir nicht zur Hand ist: A. Pelle g r i n i, Studie d'epigrafia fenicia (Acad. d. Scienze di Palermo, Torino 1891) wird im Litterar. Centralblatt 1892, Sp. 1210 f., von A. S(o c i n) sehr gerühmt.

Über den Mešastein vgl. man hauptsächlich R. S m e n d und A. S o c i n, die Inschrift des Königs Mesa von Moab, Freiburg i. B. 1886 (mit Tafel), wo die Einwände Dr. Löwy's gegen seine Echtheit genügend widerlegt werden.

Betreffs der phönicischen Sprache findet man den gröfsten Reichtum an Material bei Paul S c h r ö d e r, Die Phönizische Sprache; Entwurf einer Grammatik nebst Sprach- und Schriftproben (22 Tafeln. Halle 1869).

Vergleichende Untersuchungen.

C. P. T i e l e. Vergelijk. Geschiedenis enz. 3e Bock. — Western Asia, according to the most recent discoveries. Rectorial Address, translated by Elizabeth J. Taylor. London (1894) o. J. (Übersetzt aus dem Jaarboek der Rijks - Universiteit te Leiden 1893.) * Deutsche Bearbeitung von G. G. (Georg Gehrich) unter dem Titel: Westasiens Vergangenheit im Lichte der Funde von El Amarna. Nach einer akad. Rectoratsrede von Prof. Dr. Tiele in Leiden (Beilage zur Allgemeinen Zeitung, München 1895, Nr. 209—210).

W. G r a f B a u d i s s i n, Jahve et Moloch, Leipzig 1876.

E b. N e s t l e, Die Israelitischen Eigennamen nach ihrer religionsgeschichtlichen Bedeutung (Gekrönte Preisschrift), Haarlem 1876.

F r i e d r. B a e t h g e n, Beiträge zur semitischen Religions-

geschichte. Der Gott Israels und die Götter der
Heiden. Berlin 1888.

E. Achinard, Israël et ses voisins asiatiques (la Phénicie, l'Aram et l'Assyrie), Genève 1890.　　　.

B. D. Eerdmans, Melekdienst en vereering van hemel-
. lichamen in Israël's assyrische periode, Leiden 1891.

* K. Niebuhr, Geschichte des ebräischen Zeitalters.
I. Bd.: Erstes Buch bis zum Tode Josuas. Berlin
1894.

* H. Gunkel, Schöpfung und Chaos in Urzeit und Endzeit. Eine religionsgeschichtliche Untersuchung über
Gen. 1 und Ap. Joh. 12. Mit Beiträgen von H. Zimmern. Göttingen 1895.　　　.

Das Werkchen von Nestle, obschon es nicht unmittelbar in diese Rubrik gehört, ist ihr dennoch zugewiesen, weil dasselbe, was es über die israelitischen
Eigennamen ausführt, auch auf die der Nachbarvölker
pafst und deshalb zur Vergleichung dienen kann. Baethgen steht auf sehr konservativem Standpunkte, und seine
apologetischen Beweisführungen können sich vor dem
Forum der Kritik nicht rechtfertigen, obwohl er bisweilen
mit gutem Grund einige z. Z. ziemlich allgemein ge-
billigte Meinungen bestreitet; aber er giebt auf knap-
pem Raume eine richtige und so gut wie vollständige
Übersicht dessen, was gegenwärtig über die religiösen
Vorstellungen der vorderasiatischen Völker bekannt ist.
Von der babylonisch-assyrischen Religion schweigt er.
Auch das Werk von Achinard ist eine gute Skizze
des gleichen Gebietes, zudem in gefälliger Form. Eerdmans versucht zu bestimmen, was in den Kulten Judas,
welche die Propheten der assyrischen Periode bekämpften, israelitischen und was fremden Ursprungs ist. Inwieweit wir ihm beizupflichten vermögen, ist aus dem
Text ersichtlich. * K. Niebuhr's Buch enthält eine
phantastische und von den gewagtesten Kombinationen

getragene, aber in vieler Beziehung originelle und geist-
volle Konstruktion der Urgeschichte der Mittelmeer-
völker, welche natürlich auch die einschlägigen religions-
historischen Probleme berücksichtigt (vgl. die Recen-
sionen von Siegfried in der Theol. Litteraturzeitung 1894,
Nr. 22 und von A. Kl. im Theol. Litteraturblatt 1895,
Nr. 7). *Gunkel erörtert das Verhältnis von Gen. 1
und Apc. 12 zur babylonischen Mythologie in umfassender und gründlicher Weise, wobei er eine Beeinflussung
der biblischen Kosmologie und Eschatologie durch den
Mythus vom Kampfe Maruduk's mit Tiamat nachzuweisen
sucht. Trotz des vielfachen Widerspruchs, den sein
Werk herausfordert, bleibt es immerhin eine sehr interessante und lehrreiche Lektüre.

Phönicier und Kanaanäer.

F. C. Movers, Die Phönizier, I. Untersuchungen über
die Religion und die Gottheiten der Phönizier. II. Das
phönizische Altertum, in 3 Teilen. Bonn 1841. Berlin
1849—56. — Art. Phönizien in Ersch und Gruber's Allg. Encyclopädie XXIV, S. 319—443.

Ph. Berger, Art. Phénicie in Lichtenberger's Ency-
clopédie des sciences religieuses, t. X.

R. Pietschmann, Geschichte der Phönizier (Oncken's
Allgem. Geschichte in Einzeldarstellungen), Berlin
1889.

F. Jeremias, Tyrus bis zur Zeit Nebukadnezars, Leipzig
1891.

F. Münter, Religion der Karthager und Der Tempel
der himmlischen Göttin zu Paphos, Kopenhagen 1821.

O. Meltzer, Geschichte der Karthager I, Berlin 1879.

K. B. Stark, Gaza und die philistäische Küste, Jena
1852.

Al. Muller, Astarte (Kais. Akad. in Wien) 1861. —
Esmun (ebds.) 1864.

Das grofse, seiner Zeit epochemachende Werk von
Movers, wie sein Artikel in der Encyklopädie von Ersch
und Gruber sind jetzt veraltet, nicht allein bezüglich der
in ihnen behandelten Thatsachen, sondern auch der be-
folgten Methode. Wie bedeutend die Gelehrsamkeit
auch sein mag, über welche der Verfasser verfügte:
seine gewagten Hypothesen und kühnen Kombinationen
zeugen mehr von Scharfsinn als von kritischer Befähigung,
und das Bild, welches er von der phönicischen Religion
entwirft, ist nicht der Wirklichkeit entsprechend. Münter's Schriften leiden nicht an demselben Übel, stehen
aber natürlich jetzt nicht mehr auf der Höhe der Wissenschaft. Die gelehrte Arbeit von Stark über Gaza enthält manche Seite, die noch mit Nutzen studiert werden
kann; aber seine Hauptthese, dafs die Philister Pelasger
seien, hat er nicht bewiesen oder auch nur wahrscheinlich zu machen vermocht. Pietschmann giebt in
durchsichtiger Form die Resultate der jüngsten Untersuchungen, wenn auch die Theorie, welche seine Darstellung der phönicischen Religion beherrscht, bei aller
Wahrheit, die sie enthält, einseitig ist. Meltzer spricht
in dem ersten Teile seines Werkes (mehr nicht erschienen) nicht von der Religion der Karthager. Über San-
chuniathôn vergleiche man aufser den bereits citierten
Studien zur semitischen Religionsgeschichte von W. Graf
Baudissin I, S. 1—462, Bunsen in Ägyptens Stelle in
der Weltgeschichte V, S. 240 ff., Ewald, Abhandl.
über die phönicische Ansicht der Weltschöpfung und
den geschichtlichen Wert Sanchoniathons (Göttingen
1851), Renan, Mémoire sur l'origine et le caractère
véritable de l'histoire phénicienne de Sanchoniathon
(Acad. des Inscript. et B. L. XXIII, 1858, p. 241 suiv.).
Wagenfeld, Sanchoniathons Urgeschichte der Phönizier (Hannover 1836) ist ein litterarischer Betrug (* Näheres
darüber bei Bernheim, Lehrbuch der historischen Methode, Leipzig 1889, S. 234 f.).

Hethiter.

Eine vollständige Übersicht der bis 1884 entdeckten sogenannten hethitischen Inschriften, zusammengestellt von W. H. R y l a n d s, findet man bei W i l l i a m W r i g h t, The Empire of the Hittites (London 1884), wo zugleich alles, was die Auffindung und die Versuche zur Erklärung der Inschriften betrifft, gesammelt ist. Vortreffliche Abbildungen der wichtigsten Monumente enthält die Histoire de l'Art dans l'Antiquité von P e r r o t und C h i p i e z IV. Wer sich einen kurzen Überblick über die vielbesprochene Hypothese eines mächtigen Hethiterreiches, das sich über einen grofsen Teil von Vorderasien ausgedehnt haben soll, zu verschaffen wünscht, lese A. H. S a y c e, The Hittites; the Story of a forgotten Empire, London 1888. Dagegen G. H i r s c h f e l d, Die Felsenreliefs in Kleinasien und das Volk der Hittiter (Kgl. Akad. Berlin 1887). Auf einem eigenartigen Standpunkte steht der gelehrte Pater C. A. d e C a r a, der in einer Reihe von Artikeln in der Civiltà Cattolica (Serie XV, vol. I ff.) „Degli Hittim o Hethei e delle loro migrazioni" überall die Spuren dieses Volkes nachzuweisen sucht, aber ein Rätsel durch das andere erklärt, indem er sie mit den Pelasgern identifiziert. F. E. P e i s e r's Entzifferungsversuch (Die hetitischen Inschriften, Berlin 1892) hat bislang wenig Beifall gefunden. Über die meist mit den Hethitern identifizierten Kappadocier, welche jedoch Keilschrift gebrauchten, vgl. man u. a. W. G o l é n i s c h e f f, Vingt-quatre tablettes cappadociennes, St.-Pétersbourg 1891.

Jahve und die Götter der Völker.

Natürlich kann es nicht unsere Absicht sein, eine Bibliographie der unsagbar ausgedehnten Litteratur über

Geschichte, Altertümer und Religion Israels zu versuchen. Wir erwähnen nur die neuesten, gröfseren Geschichtswerke von **Kuenen** (De godsdienst van Israël, Haarlem 1869 — 70. Volksgodsdienst en Wereldgodsdienst, Leiden 1882. * Deutsche autorisierte Ausgabe: Volksreligion und Weltreligion, Berlin 1883), **Wellhausen** (Geschichte Israels I. Bd., Berlin 1878; 2. Auflage unter dem Titel: Prolegomena zur Geschichte Israels, ebds. 1883. * 3. Auflage, cbds. 1886. Abrifs der Geschichte Israels und Judas, in den Skizzen und Vorarbeiten I, Berlin 1884 und in der Encyclopaedia Britannica. * Israelitische und jüdische Geschichte, Berlin 1894; 2. verbesserte Ausgabe, cbds. 1895), **Stade** ; (Geschichte des Volkes Israel, 2 Bde, Berlin 1887—88, in **Oncken's** Allgem. Geschichte in Einzeldarstellungen), womit zu vergleichen die in mehr konservativem Geiste verfafste Geschichte von R. **Kittel** (Geschichte der Hebräer, 2 Bde, Gotha 1888 — 92, in Perthes' Sammlung von Handbüchern der alten Geschichte). * Mit besonderer Berücksichtigung der politischen Entwicklung und sorgfältiger Verwertung auch der aufserbiblischen Quellen sind die interessanten Aufsätze H. **Winckler's** geschrieben: Geschichte Israels in Einzeldarstellungen I, Leipzig 1895 (Völker und Staaten des alten Orients II). * Für die Kenntnis der israelitischen Antiquitäten ist auf die vortrefflichen Darstellungen von J. **Benzinger** (Hebräische Archäologie, Freiburg i. B. und Leipzig 1894, **Mohr's** Grundrifs der theologischen Wissenschaften II, 1) und W. **Nowack** (Lehrbuch der hebräischen Archäologie, 2 Bde, Freiburg i. B. und Leipzig 1894, in Mohr's Sammlung theologischer Lehrbücher) zu verweisen.

* Neben dem zuerst erwähnten Buche **Kuenen's** behandeln die Geschichte der israelitischen Religion als ihre Spezialaufgabe die Werke von H. **Schultz** (Alttestamentliche Theologie. Die Offenbarungsreligion auf ihrer vorchristlichen Entwickelungsstufe. 4. Auflage,

Göttingen 1889) und R. S m e n d (Lehrbuch der alttesta-
mentl. Religionsgeschichte, Freiburg i. B. u. Leipzig 1893,
in Mohr's Sammlung theologischer Lehrbücher), beide
im — loseren oder engeren — Anschluſs an die Vatke-
Kuenen-Graf-Wellhausen'sche Auffassung; ersteres ausgezeichnet durch gedankenreiche und flüssige Darstellung, behutsames Abwägen der Probleme und ausführliche Litteraturangaben, letzteres in knapper Fassung
den neuesten Stand der wissenschaftlichen Forschung
spiegelnd. Eine fünfte, völlig umgearbeitete und etwas
verkürzte Auflage des Werkes von H. S c h u l t z ist
soeben erschienen (Göttingen 1896). In Vorbereitung
befindet sich bei S. Hirzel in Leipzig ein „Handbuch
der alttestamentlichen Theologie" von A. D i l l m a n n,
aus dem Nachlaſs des Verewigten herausgegeben von
R. K i t t e l.

Uber die von den späteren Propheten bekämpften
Kulte in Israel schrieben u. a. H. O o r t (De dienst der
Baälim onder Israël, Haarlem 1864, und Het Menschen-
offer in Israël, ebendas. 1865) und L. F e r r i è r e (Le
Paganisme des Hébreux jusqu' à la captivité de Babylone, Paris 1884), der sich, wie schon aus dem Titel
hervorgeht, auf einen ganz anderen Standpunkt stellt
als Oort. Vgl. auch die S. 438 angeführte Schrift von
E e r d m a n s.

Schlieſslich nennen wir noch die folgenden Werke
über

Mythologie und Sagenkunde.

A. B e r n s t e i n, Ursprung der Sagen von Abraham,
    Isaak und Jakob. Kritische Untersuchung, Berlin
    1871.

J. G o l d z i h e r, Der Mythos bei den Hebräern und seine
    geschichtliche Entwickelung, Leipzig 1876.

M. S c h u l t z e, Handbuch der Ebräischen Mythologie,
    Nordhausen 1876.

Paul Scholz, Götzendienst und Zauberwesen bei den
alten Hebräern und den benachbarten Völkern, Re-
gensburg 1877.

Jul. Popper, Der Ursprung des Monotheismus, Berlin
1879.

J. Bergel, Mythologie der alten Hebräer. 2 Bde,
Leipzig 1882.

K. Budde, Die biblische Urgeschichte, Gen. I—XII, 5.
Giefsen 1883.

E. Wietzke, Der biblische Simson der ägyptische
Horos-Ra, Wittenberg 1888.

Das geistreiche Büchlein von Bernstein ist eine
sehr unterhaltende Lektüre, hat aber für die Wissenschaft keinen Wert. Was Goldziher schreibt, zeichnet
sich immer durch gründliches Wissen und Scharfsinn aus,
aber seine mythologischen Hypothesen sind trotz dieser
Vorzüge nicht überzeugend. Nicht minder gewagt sind
die Vermutungen und Kombinationen von Schultze,
dessen Werk jedoch viel tiefer steht. Das sehr gelehrte und unparteiische Buch von Popper ist zu breit
angelegt, zu konfus und zu wenig kritisch, um zur Lösung des in ihm behandelten Problems viel beitragen
zu können. Scholz steht durchaus auf dem alten
supranaturalistischen Standpunkte und will daher von
einer genuin israelitischen Mythologie und Magie nichts
wissen; aber er giebt eine vollständige und gut dis-
ponierte Darlegung alles dessen, was für sein Thema
aus dem Alten Testament und anderen Quellen zu
schöpfen ist. Bergel hat nicht allein die biblischen,
sondern auch die talmudischen Sagen gesammelt; aber er
erzählt nur, ohne sich in eine Beurteilung oder Erklärung
einzulassen. Die sorgfältige und etwas weitschweifige,
aber nach guter Methode durchgeführte Untersuchung
von Budde ist als Lektüre und zum Studium sehr zu
empfehlen. Die Identifikation Simsons mit dem ägyp-

tischen Horos-Ra, welche Wietzke versucht, mufs als
gänzlich mifsglückt zurückgewiesen werden. Über die
Simsonsage vergleiche man die Abhandlung von Stein-
thal in der Zeitschrift für Völkerpsychologie und Sprachwissenschaft II, 1862, S. 110—120 und 129—178, welche
— obwohl in manchen Punkten widerlegt — die Grundlage für alle ferneren Untersuchungen bildet.

Berichtigungen.

S. 19 Z. 5 u. ö. lies Maspéro statt Maspero.

S. 20 Z. 28 ist das Komma hinter Herodot zu tilgen.

S. 32 Z. 20 lies Šu statt Su.

S. 70 Z. 25 lies lief statt führte.

S. 81 Z. 12 lies Thebanischen statt thebanischen.

S. 120 Z. 2 lies offiziell statt offenkundig.

S. 124 Z. 26 ist das Komma hinter reicher zu tilgen.

S. 130 Anm. Z. 7 lies Kouyunjik statt Konyunjik.

S. 212 Z. 17 lies išakku statt iššakku.

S. 234 Anm. Z. 6 lies blz. statt p.

S. 259 Anm. 1 Z. 2 lies Dagons statt Dagans.

S. 291 Z. 21 ist das i bei in zu ergänzen.

S. 335 Z. 4 lies Israels statt Irsraels.

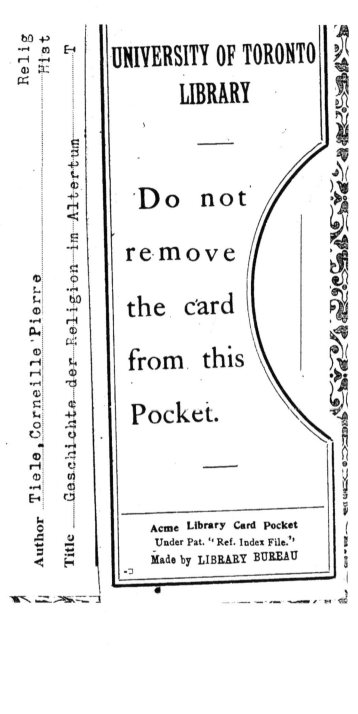

Lightning Source UK Ltd.
Milton Keynes UK
UKHW02f0646181018
330753UK00012B/1023/P

9 781332 544486